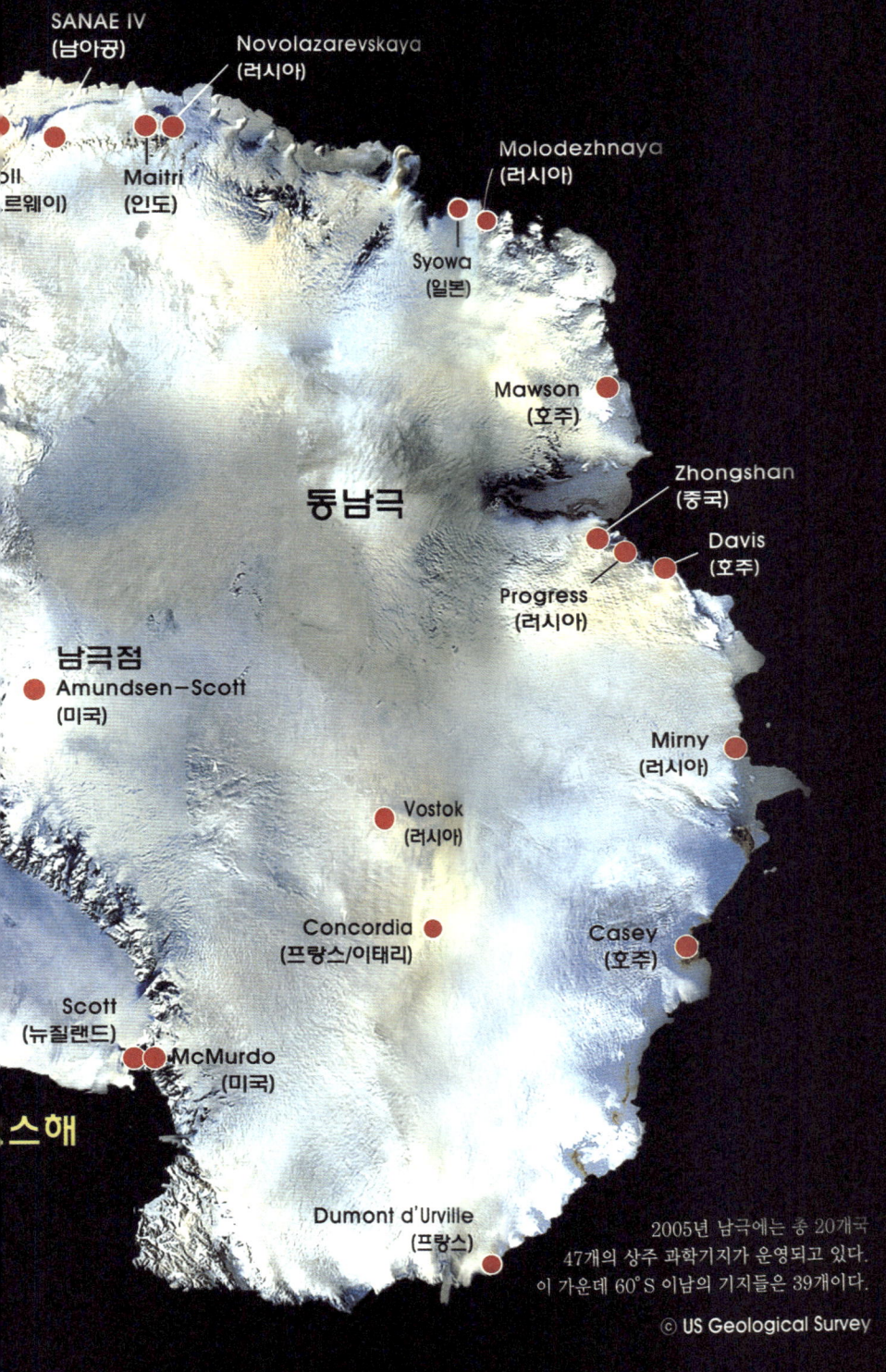

400일간의 남극 체류기

세종과학기지 전경

400일간의 남극 체류기

― 세종과학기지 24시

홍종원 지음

눈빛

홍종원은 1973년생으로 1999년 연세대 의과대학을 졸업하고, 연세의료원에서 인턴·레지던트(성형외과) 과정을 수료했다. 2004년 해양연구원 부설 극지연구소 의무실장으로 재임하였으며, 독일 브레멘에서 개최된 남극연구과학위원회(SCAR: Scientific Committee on Antarctic Research) 회의 의료분과(MEDINET meeting)에 한국 대표로 참가한 바 있다. 2004년 12월부터 2006년 1월까지 18차 월동대로 남극 세종과학기지에 파견되어 의무대원으로 임무를 수행하였다. 우리병원(경기 포천 소재) 성형외과 과장을 역임하고, 현재 신촌 세브란스병원에서 성형외과 강사로 재직중이다. 남극에서 촬영한 사진들을 모은 사진집 『하얀 숨결, 남극(White Antarctica)』 (눈빛, 2007)을 상재한 바 있다.

400일간의 남극 체류기
– 세종과학기지 24시

홍종원 지음

초판 2쇄 발행일 — 2008년 11월 20일
발행인 — 이규상
발행처 — 눈빛출판사
　　　　서울시 마포구 상암동 1653 이안상암2단지 506호
　　　　전화 336-2167 팩스 324-8273
등록번호 — 제1-839호
등록일 — 1988년 11월 16일
편집 — 정계화, 고성희, 박보경
출력 — DTP하우스
인쇄 — 예림인쇄
제책 — 일광문화사
값 15,000원

Copyright ⓒ Hong Jong-Won, 2007
Published by Noonbit Publishing Co.,
Seoul, Korea
ISBN 978-89-7409-867-4

이 책은 저작권법에 따라 보호를 받는 저작물이므로
무단전재와 무단복제를 금지합니다.

서문

홍성민
남극세종과학기지 제18차 월동연구대 대장
현 한국해양연구원 부설 극지연구소 책임연구원

사람은 누구나 살아가면서 정말 특별한 기억으로 가슴속 깊숙이 자리 잡는 순간들을 경험하게 된다. 그것이 13개월 동안 지속되었다면 한 순간의 기억이 아니라 내 인생의 한 부분으로 자리매김하기에 충분할 것이다. '동토의 땅' 남극에서 16명의 신체 건강한 사내들이 서로 부대끼며 거친 바다의 풍랑과 한치 앞도 구분할 수 없는 폭풍설을 헤쳐 나가기도 하고, 때로는 가슴을 저미는 외로움과 싸우며 지냈던 시간이야말로 지워지지 않는 소중한 경험이자 추억이며, 인생의 귀중한 시간이었다.

남극세종과학기지 제18차 월동대원들이 호기심과 설렘으로 내디딘 남극에서의 첫걸음은 우리를 날려 보낼 것 같던 강풍 앞에 이곳에서 지내야만 할 한 해의 여정이 만만치 않을 것이라는 걱정과 함께 시작되었다. 사실 남극 생활의 경험이 있던 대원들에게는 익숙한 자연환경이지만 처음 남극을 접하는 대원들에게는 그리 녹록하지 않게 다가왔기 때문이다. 하지만 고무보트에 몸을 싣고 바다를 가로질러 세종기지가 시야에 들어오자 나는 굳은 각오와 결의를 다지는 대원들의 얼굴을 보았다. 무슨 생각들을 하고 있는지 물어보지 않아도 이심전심으로 느껴졌다. 제각각 한국을 떠나기 전에 가졌던 결심대로 잘해내겠다는 스스로의 다짐을 하고 있었을 것이다.

남극에서만 만끽할 수 있는 하얀 설원과 옥색 빙산들, 그리고 태고의 깨끗함을 간직하고 있는 듯한 쪽빛 바다는 문명세계 저편에서 한동안 우리들을 버티게 하는 에너지였다. 비록 거의 매일 구름에 뒤덮인 날씨 때문에 그것들이 언제나 잿빛이었을지라도…. 백야의 여름에서 시작한 월동생활이 온종일 캄캄한 긴 겨울의 터널을 지나서 다시 여름을 맞이했을 때 우리들에겐 소중히 간직하고 싶은 추억들과 한편으로 안타깝고 아쉬웠던 기억들로 꽉 차 있었다.

돌이켜 생각해 보면 무엇보다 힘들었던 것은 반복되는 일상과 고립감, 그리고 외로움에 지쳐 흔들리곤 했던 처음의 다짐들을 다잡으려 애썼던 우리 자신들과의 싸움이 아니었을까 싶다. 폭풍설이 몰아칠 때, 소주 한 잔 기울이며 외쳤던 "18차 하나로!" 참 단순하지만 그것만큼 멋진 구호는 다시는 없으리라. 목청껏 외치던 구호처럼 힘들고 외로울 때마다 서로를 격려하고 도와주었던 우리 대원들에게 다시 한 번 감사한다.

매순간 그렇게 절절하던 기억들도 때로는 시간과 함께 아련히 멀어지기도 한다. 우리들의 소중했던 추억들이 이 책의 글과 사진을 통해 항상 우리들의 기억 속에 살아남게 되었다. 제18차 월동대의 의무대원이었던 홍종원 대원에게 월동대원 모두를 대신해서 고마움을 전하고 싶다.

사진 찍기를 무척이나 좋아했던 홍종원 대원이 눈이 오나 바람이 부나 발품을 팔아 찍은 사진들과 함께 수채화같이 잔잔한 필체로 전하는 남극 이야기가 평소 남극에 관심을 가져온 많은 독자들에게도 흥미롭게 전달되기를 바란다.

2007년 8월

■ 차례

여름　　9

가을　　99

겨울　　201

봄　　303

다시 여름　　367

서문　　5
부기　　449
에필로그　　451
부록　　453
참고문헌　　463

■── 여름

눈, 바람, 얼음… 남들은 남극 하면
추운 눈과 얼음을 먼저 떠오를지 모르지만
나에게 있어서 남극의 첫 느낌은
춥고 사나운 바람이었다.

1. 남극

눈, 바람, 얼음…. 지금 내게 남아 있는 남극의 기억은 그것뿐이다. 그중에서도 바람에 대한 인상이 더욱 강하게 남아 있다. 남들은 남극 하면 추운 겨울을 먼저 떠올릴지 모르지만 내가 받은 남극의 첫인상은 거센 바람이었다.

남미 최남단에서 세 시간 가량을 밖이 보이지 않는 C-130 수송기를 타고 날아온 우리들은 그저 '퉁' 하는 둔탁한 충격음으로 착륙을 느낄 수 있었다. 잠시 후 비행기 뒤쪽의 화물칸 문이 먼저 열렸다.

멀리 펼쳐진 활주로와 너무나 화창한 날씨. '이거, 별거 아니잖아?' 눈보라에 추운 날씨를 생각했던 우리들에게는 실망감과 함께 안도감이 들었다. 앞문을 통해서 순서대로 내리는 대원들. 그러나 활주로에 발을 내딛자마자 조금 전의 생각은 싹 달아났다. 바로 내 앞의 대원이 휘청거렸고, 나도 내리자마자 앞쪽에서 부는 강한 바람에 몸을 가눌 수가 없었다. '아니, 이런 강풍에 어떻게 착륙을 한 건가?' 착륙하는 방향에서 불어오는 강풍을 뒷문 쪽에서는 전혀 느낄 수가 없었던 것이다.

강풍은 활주로를 지나면서 흙먼지를 몰고 왔다. 얼떨결에 준비 없이 내린 우리는 몹시 당황스러웠다. 하얀 눈은 고사하고 흙바람에 정신이 없었다. 바람을 마주보고 격납고로 걸어가는데 입과 눈으로 흙가루가 들어왔다. 침을 뱉었다. '아뿔싸….' 바람이 세다는 사실을 잠시 망각했었다.

뱉은 침이 강풍에 날아가지 못하고 얼굴에 달라붙었다.

"젠장…"

이렇게 남극과의 첫만남은 시작되었다.

2. 첫날밤

강풍으로 인해 우리가 내린 칠레 기지에서 12킬로미터쯤 떨어진 세종기지로 곧바로 갈 수가 없었다. 원래는 칠레 기지에 도착해 해안가로 모든 화물과 인원이 집결하면 세종기지에서 고무보트(조디악)를 보내오기로 되어 있었다. 그러면 맥스웰 만을 건너 기지로 들어갈 예정이었다. 하지만 기상 여건이 좋지 않을 경

남극에 착륙한 수송기. 밖은 평온해 보였으나 실제로는 매서운 강풍이 불고 있었다.
수화물 위에 앉은 칠레 군인이 활주로를 내려다보고 있다.

우에는 근처 기지에서 날씨가 허락할 때까지 기다려야 했다. 반대로 남극을 떠날 때는 날씨가 좋을 때 미리 세종기지를 떠나 활주로 근처 기지에 머물다가 비행기가 오는 날 출발한다. 이런 사실을 알 리 없는 우리는 곧바로 세종기지로 들어갈 수 없다는 사실에 좀 실망했다.

어수선한 분위기. 어리벙벙한 우리 월동대원들. 도착한 비행기에서 화물을 하역해 격납고로 옮기는 칠레 군인들. 혹 무슨 도울 일이 없나 하고 온, 사실은 어떤 사람들이 왔을까 궁금해서 온 러시아 기지 대원들. 같은 이유로 좀 떨어진 곳에서 온 중국 기지 대원들. 추운 날씨보다 더 혹독한 강한 바람. 이 모든 것들이 한데 어우러져 정신이 없고, 왠지 불안했다.

우리 월동대와 함께 들어온 하계대도 같은 한국 사람들이지만 서로 잘 알지 못해 서먹서먹하고, 모두들 우왕좌왕했다. 스페인어, 영어, 한국어, 중국어 등등 너무 많은 사람들의 너무나 다양한 언어. 여기에 비행기 엔진 소리와 칠레 공군

기지 격납고 옆에 있는 발전기 터빈 소리로 옆에 있는 사람과 대화도 불가능할 정도로 시끄럽고 어수선했다.

대장님께서 무전기로 여기저기 연락하고, 이런저런 얘기를 한참 나누더니 드디어 도착 첫날 일정이 나왔다. 오늘 곧바로 세종기지로 갈 수 없으니 월동대는 중국 기지에서 머물고, 하계대 연구원들은 러시아 기지에서 머물기로 했다. 우리와 함께 들어온 야채나 중간보급품은 러시아 기지에 보관하고, 월동대 짐은 모두 중국 기지로 가지고 가기로 했다. 우리 짐들이 실린 트럭이 격납고에 도착했다. 모두들 트럭에 붙어서 열심히 부식과 짐을 날랐지만 어딘지 서투르고 불안해 보였다.

우리를 데리러 온 중국 대원들과 간단히 인사를 나눴지만 워낙 중국 사람들도 무뚝뚝하고 우리도 즐겁게 대화를 나눌 기분이 아니었다. 우리는 몇 대의 SUV 차량에 나눠 타고 중국 기지로 향했다. 이곳은 지금이 여름이라 눈이 녹은 길은 질퍽거리는 진흙탕길이었다. 차량은 온통 진흙투성이였고, 앞유리에는 걸레자국이 뿌옇게 남아 있었다.

얼마를 지났을까. 언덕을 넘어 내리막길에 들어서자 뿌연 차창 밖으로 남극의 바다와 멀리 얼음으로 덮인 땅덩어리가 보였다. 색다른 모습이었다. 온통 흰색의 거친 굴곡의 산등선. 간간이 드러나는 바위산과 바위섬. 무엇보다도 시퍼렇다 못해 초록빛이 감도는 바다에 강풍에 의한 물보라가 일어나는 모습은 캔버스에 흰 물감을 거칠게 긁은 듯했다. 남극의 풍경은 의외로 거칠게 다가왔다.

중국 장성기지에 도착했다. 중국 대원들이 알아서 짐도 내려 주고 숙소도 안내해 줬다. 하계대로 한 번 다녀간 적이 있는 대장님은 장성기지 대장님과 이런저런 얘기도 나누고 안면 있는 대원들과 인사도 나누었지만 우리는 긴장할 뿐이었다. 이전에 남극에서 월동했던 요정이나 진희에게 대원들이 이것저것 묻기도 하고 위로도 받았다. 하지만 주변 분위기가 그래서인지 그들의 표정도 밝지만은 않았다.

중국 대원들이 따뜻한 차를 내오고 담배를 권했다. 그리고 맥주도 마음껏 마시며 쉬라고 했다. 아까 차를 타고 올 때보다 그들의 표정이 많이 누그러져 있었다. 하긴 동양 사람들, 특히 동북아 사람들이 처음에는 사귀기 어렵지만 시간이 좀 지나면 살갑기는 한 것 같다. 중국 기지와의 인연은 이렇게 시작됐다.

3. "어떻게 남극에 가게 됐죠?"

남극에 오기 전에 많이 듣던 질문이었다. 면접 볼 때부터 몇몇 인터뷰, 심지어는 친구, 가족들한테서도 듣던 질문이었다.

1988년 2월, 남극에 세종기지가 처음 생겼을 때 나는 막 중3이 되었다. 부쩍 성장한 몸과 더불어 자신감과 설렘도 자라나던 시기였다.

어느 날 뉴스에서 남극에 세종기지가 완공되어 월동을 시작한다는 기사가 나왔다. "여러분이 보고 계시는 이 안테나를 통해서 여러분에게 뉴스가 나가고 있습니다." 물론 지금 생각하면 생방송은 불가능했다. 편집해서 느린 속도로 보냈든지 아니면 남극을 나와서 보냈든지 했을 것이다. 하지만 그때 그 시공간을

남극에 도착하자마자 머물게 된 장성기지(중국). 도착한 날 바람이 심해서 바다를 건너 세종기지에 들어갈 수 없었다. 긴장하고 있는 세종기지 대원들에게 따뜻한 차를 대접하는 중국 기지 대원.

초월한 느낌. 내 발밑에 보이지도 않는 땅에서 한국으로 뉴스를 보낸다는 것과 위성안테나가 자신의 모습을 자신의 능력으로 보내고 있다는 그런 야릇한 느낌. 더구나 남극에서. 정리되지 않은 막연한 동경이 그때 들었다.

이후 정신없이 중고등학교 생활을 마치고 거기에 재수까지해서 의대를 들어온 기쁨도 잠시, 이내 고교생활 뺨치는 의과대학 생활이 시작됐다. 의대 얘기만 나와도 반항을 하던 아들이 고3 중반에 갑자기 의대에 가겠다고 했을 때 부모님께서는 오히려 별 반응이 없었다. 재가 웬일일까. 맘대로 하렴. 의사가 되겠다고 한 것은 남에게 무엇인가 해줄 수 있는 직업이 어떤 것일까 고민중에 내린 결론이었다. 군인, 경찰, 선생님, 의사…. 군인, 경찰은 적성에 딱 맞아 보였지만 당시 시력이 나빠 미련 없이 선택하지 않게 됐고, 학교 선생님은 너무 지루할 것 같았다. 그래서 의대를 가기로 결심했는데 무슨 마가 씌었는지 재수까지 하면서 의대에 진학하게 되었다.

의대 6년에 그 힘든 인턴, 레지던트까지 모두 11년을 하면서도 집에 불평불만 한번 안했다. 어차피 내가 결정해서 내가 시작한 일이니까 누굴 탓하겠는가. 잠자리 가려 자던 녀석이 병원에서는 아무데서나 잠도 잘 자고, 잠 많던 녀석이 새벽 6시에 알아서 출근하는 모습을 보고 부모님께서는 안쓰럽다기보다는 싱거운 녀석이라고 생각하셨을지도 모른다.

이렇게 무작정 달려서 막바지에 이른 레지던트 4년차. 4년차 선임 당직을 서던 어느 날, 일을 마치고 의국에서 인터넷 서핑으로 의미 없는 시간을 보내고 있었다. 4년차가 된 지 얼마 되지 않았기에 앞으로 1년 뒤 의무복무를 어떻게 할 것인가 고민도 있었던 시기였다.

의사도 세종기지에 갈 수 있다고 해서 세종기지 홈페이지를 찾아갔다. 자유게시판에 나의 소개와 함께 어떻게 하면 선발되어 갈 수 있는지 문의하는 글을 남겼다. 그러고는 까마득하게 잊고 있었는데 어느 날 낯선 이로부터 이메일이 왔다. 처음 글을 남긴 때가 2002년 12월이었는데, 그때 남극에 들어가서 막 월동을 시작한 16차 의사로부터 온 답신이었다.

이메일 첫머리는 이랬다. "먼저, 선배님께 인사를 드려야겠습니다." 알고 보니 같은 대학 출신 후배였다. 비록 그와 내가 학부 때 알고 지내거나 안면이 있는 사이는 아니었지만, 이때부터 이찬 닥터와 인연을 맺게 되었다. 그리곤 다시 한 해를 정신없이 보냈다.

한국국제협력단(KOICA)에 지원할까도 했었다. 그렇지만 나를 필요로 하는 곳이 없었다. 의무봉사로 갔던 나라에 파견될 수도 있었지만 막연하게 남극에 대한 동경이 있었기에 적극적이지 않았을지도 모르겠다. 지금은 꼭 그런 것은 아니지만 그때는 국제협력단의 일원으로 가려면 군인 신분인 군의관이 되어야 하고, 세종기지에 가려면 보건복지부 소속의 공중보건의가 되어야 했다. 다행히 공중보건의가 되어서 세종기지에 지원할 수 있는 자격이 되었다.

논산훈련소에서 훈련받을 때 내가 얼마나 남극에 가고 싶어 했는지 주변 사람들은 알 것이다. 그전까지만 해도 지원과 면접을 논산훈련소에서 마무리지었기에 처음부터 교관에게 줄기차게 문의하고 혹시 면접이 있으면 알려달라고 신신당부까지 했다. 하지만 면접은 없었다. 어디서도 그런 얘기는 들을 수가 없었다. 너무나 초조했다. 밖으로 연락을 취할 수 없는 훈련병 신분이니 어디에 물어볼 수도 없었다. 훈련기간중 초조함을 반복하다 보니 어느덧 이제는 당연히 지원을 해야 하는 것 같은 자기최면에 빠졌다. 어느 순간, 당연히 남극으로 가야만 하는 것으로 내 마음속에서 정해져 버린 것이다.

훈련이 끝나고 집에 돌아오자마자 극지연구소에 전화를 걸어서 남극 가는 의사 선발에 대해 문의했더니 '내일 공중보건의사 교육 때 지원을 받는다'고 했다. 내게는 천우신조였던 셈이다.

먼저 이력서를 작성해야 했다. 인터넷에서 이력서 잘 쓰는 법부터 찾아보았다. 그때까지 나는 이력서의 호주와의 관계란에 '부(父)'라고 해야 하는 것인지 '자(子)'라고 써넣어야 하는지도 몰랐다. 꼭두새벽까지 이력서를 썼고, 검색 가능한 극지연구소의 논문초록도 모두 찾아 읽었다. 완벽한 이력서와 면접 준비를 위해 꼴딱 밤을 지새웠다.

우여곡절 끝에 겨우 면접을 보고 합격통지를 받았다. 아 역시… 여전히, 나는 당일치기에 강했다.

4. 세종기지로 출발

중국 기지에서 하룻밤을 묵은 우리들은 아침에 일어나서야 제대로 주변을 살펴볼 수가 있었다. 중국 장성기지는 우리보다 3년 빠른 1985년에 지어졌다. 우리가 묵은 숙소동은 초기에 지어진 건물로 몹시 낡았다. 하지만 어디 그런 것을 가릴 처지인가. 더구나 중국 대원들이 우리가 묵을 수 있게 침대나 모포 등을 깨끗한 것으로 갈아 놓아서 잠자리는 편안했다. 오히려 낡고 조금만 걸어도 복도가 울리는 건물, 유리창으로 투과되는 눈에 반사된 희미한 빛이 오히려 낭만적이기까지 했다.

아침을 간단히 먹고 기지 이곳저곳을 구경했다. 처음 보는 남극기지라는 곳. 세종기지가 아닌 것이 좀 아쉽지만 그래도 신기했다. 마치 장난감 레고에서 만들어 본 듯한 기지였다. 대장님께서 세종기지와 연락을 하더니 오늘도 장성기지에서 하루를 더 보낼 가능성이 많다고 하신다. 대원들이 비상용으로 가져온 컵라면

눈내린 세종기지 입구. 장승과 태극기, 그리고 고 전재규 대원의 흉상이 세워져 있다.

을 꺼냈다. 음식에 대해서는 별 상관하지 않고 이것저것 잘 먹던 나는 처음에는 안 먹겠다고 사양했지만, 결국 혼자 컵라면 바닥까지 핥아먹었다. 하긴 그곳의 음식이 제아무리 입맛에 맞는다고 해도 한국을 떠난 지 일주일이 지나자 뭔가 답답했나 보다.

2004년 12월 5일, 가족들의 환송을 뒤로하고 인천공항을 떠났다. 슬픔이 밀려올 것도 같았는데 전혀 그렇지 않았다. 어디로 잠시 여행을 떠나는 느낌과 다르지 않았다.

오후 3시에 인천을 출발한 우리는 LA에 도착해서 하루를 보냈다. 남극으로 들어가는 길은 여러가지가 있다. 세종기지는 남미에서 가깝기에 어떻든 간에 세계에서 가장 긴 나라인 칠레 최남단 도시 푼타아레나스까지 가야 한다. 대개는 인천, LA를 거쳐 칠레 수도 산티아고, 푼타아레나스의 경로를 거친다. 하지만 때에 따라서는 뉴욕을 거쳐 산티아고로 가기도 하고, 뉴질랜드를 거쳐 산티아고로 가기도 한다. 남극은 한국에서 정반대에 있기 때문에 독일 프랑크푸르트를 거쳐 산티아고로 가는 것도 시간은 비슷하다. 문제는 푼타아레나스에서부터다. 이곳까지는 민간항공사 비행기를 이용하지만 푼타아레나스에서 남극까지는 공군 수송기나 전세기를 빌릴 수밖에 없다.

남미 끝에서 세종기지가 있는 킹 조지 섬까지는 약 1,200킬로미터 정도밖에 안 되지만 기후나 기상 상태는 전혀 다르다. 쉬운 예로 푼타아레나스에는 나무가 있지만 남극에는 없다. 푼타아레나스에는 그저 강한 바람이 불 뿐이지만 고위도 저압대에 속하는 세종기지에는 블리자드라는 폭풍설이 있다. 폭풍설이 있을 때는 비행기가 뜰 수 없다. 설사 이륙했다 하더라도 되돌아오기가 일쑤다. 그래서 기상이 괜찮을 때 기장이 숙소로 통보를 해주고 그 시간에 맞춰 비행장으로 나간다. 우리도 이틀을 푼타아레나스에서 보낸 뒤에 남극으로 들어올 수 있었다. 이틀을 그냥 쉬면서 보낸 것이 아니라 연락이 오면 언제든지 뛰어나갈 준비를 하고 있었던 것이다.

어제와는 달리 하루가 지나자 여유가 좀 생겼다. 이곳저곳 사진도 찍고 얼음에 가까운 눈 쌓인 곳에서도 놀기도 했다. 아직은 서로 낯선 대원들이지만 그래도 삼삼오오 어울려 돌아다니기도 했다. 대원들은 이미 지난봄에 월동대 선발과 극지적응훈련 등으로 안면을 익혔지만 아직은 서먹서먹했다.

　오전 내내 이렇게 지내다가 점심을 먹는데 'King Sejong'이라고 밝힌 무전 소리가 들렸다. 세종기지에서 무전이 온 것이다. 갑자기 급해졌다. 지금 날씨가 좋기에 바로 데리러 온단다. 맥스웰 만은 바람이 없는 날이면 잔잔한 호수와도 같다. 이럴 때는 40분이면 거뜬히 오지만 바람이 세서 파도가 드셀 때는 1시간 반 이상 걸리기도 한다.

　점심을 먹는 둥 마는 둥하고 모두들 짐을 챙겨 부둣가로 나왔다. 저쪽은 세종기지고 이쪽은 어디고…. 한참 중국 대원이 설명을 했지만 동서남북도 모르는 우리한테는 귀에 들어올 리가 없었다. 멀리서 조그마한 점이 보이더니 점점 고무보트의 윤곽이 드러났다. 17차 대장님과 유지반장님께서 직접 조디악을 몰고 오셨다.

　드디어 출발. 세종기지로 가면서 우연찮게 조디악 가운데 앉았는데 정말 잘 선택했다. 중국 기지가 자리 잡은 조용한 해안을 떠나 맥스웰 만에 들어서자마자 너울이 한참 곡예하고 있었다. 배가 나가면서 너울과 부딪힐 때마다 파도가 일었다. 짐과 사람을 실어 무게가 나갈 텐데도 배가 뺑뺑거리면서 튀는데 앞자리로 갈수록 더욱 심했다. 이때마다 배 안으로 바닷물이 넘어 들어왔다. 얼굴에 튀긴 바닷물은 찝찌름했다. 바닷물이 짠 것은 당연할 텐데 어쩐지 이곳 바닷물은 그러지 않을 것 같은 느낌이 들었다. 17차 대장님께서 맨 앞에 자리 잡고 물보라를 모두 뒤집어쓰셨는데 표정 하나 안 바뀌셨던 모습이 지금도 생생하다.

　기지로 오면서 앞으로 정복(?)해야 할 주변 지형을 설명해 주셨다. 넬슨 섬, 칠레 기지가 있는 필데스 반도, 필데스 반도와 이어진 위버 반도, 그리고 세종기지가 있는 바톤 반도와 그 뒤에 있는 포터 반도. 지금이야 능수능란하게 이름도 대고 어디가 어딘지 분간할 수 있지만, 당시는 이곳이 남극인지도 인지하지 못하고 있을 때라 그저 멍할 뿐이었다. 다만, 지금 순서대로 명명된 지명 위로 넓게 펼쳐진 둥그런 빙원은 인상적이었다. 멀리 보이는 빙원이 이 킹 조지 섬을 내리누르고 있었다. 마치 우윳빛 피부를 가진 여인의 부드러운 신체 곡선 같았다.

멀리 산맥같이 보이던 한 부분이 점점 안으로 들어가면서 작은 만을 이뤘고, 드디어 세종기지의 주황색 건물이 나타났다. 세종기지의 부둣가에는 많은 사람들이 나와서 우리를 기다리고 있었다. 사진을 찍는 사람도 있었다. 나중에 이때 찍힌 사진이 극지연구소 홈페이지에 18차 월동대 입남극 사진으로 실렸고, 이 사진을 큰이모부, 큰이모께서 보시고 반가워하셨다고 한다.

17차 의사인 황규현 닥터가 마중나왔다. 한국에 있을 때 18차 월동대 준비로 이것저것 연락하며 지냈지만 비로소 첫 대면을 하게 된 것이다. 규현이도 동문 후배였다. 결국 16차, 17차, 18차 의무담당이 같은 동문 후배였고, 많은 질문과 답을 얻기에 부담이 없었다. 하지만 남극 생활에서는 나보다 선배이니 후배님들이 나로 인해 고생하지 않도록 해야 했다.

구명복을 벗자마자 본관동으로 안내를 받았다. 17차 월동대는 후임 월동대가 도착하자 곧 남극을 떠나는 것이 몸으로 느껴졌는지 모두들 싱글벙글했다. 이와는 달리 우리는 처음 칠레 기지 격납고에 도착했을 때처럼 또다시 긴장했다. 17차 대원들은 우리가 입남극 교육을 받을 장소를 청소하고 있었고, 곧 저녁식사 준비를 해야 하기에 모두들 분주히 움직였다. 여유로워 보이면서도 짜임새 있게 일사분란하게 움직였다. 우리는 언제나 저렇게 될까.

5. 주방 투입

긴장의 연속인 남극 생활에서 주의할 점을 전임 대장님으로부터 교육을 받은 뒤 방 배정을 받았다. 숙소동의 방들은 이미 차 있어, 우리는 우선 비상 컨테이너에 짐을 풀었다. 비상 컨테이너는 말 그대로 유사시를 대비해서 기지 옆에 준비해 둔 비상숙소이다. 여름철에는 많은 사람들이 세종기지를 방문하기 때문에 준비해 둔 것이다.

숙소는 2인 1실로 쓸 수 있게 되어 있고, 숙소 2동에는 이층침대로 10인실이 있지만 이미 하계대가 와 있어 더 이상 자리가 없었다. 특히 월동대 교체 시기에는 한꺼번에 많은 사람들이 들어오기에 숙소의 여유가 없는 편이다. 따라서 편의상 후임 월동대가 비상숙소를 사용한다. 우리는 비상숙소 2동에 자리를 잡았다.

물론 대장님 방은 따로 마련되어 있었고, 총무님도 독방은 아니지만 숙소동에 자리를 마련해 줬다. 그 외에 곧바로 숙소동으로 방을 배정받은 대원이 한 명 더 있다. 바로 조리담당의 이상훈 대원이었다. 이곳에서 조리의 위치를 알 수 있는 상징적인 예이다.

전임 차대와 우리 차대간의 상견례와 각 분야 담당자와의 인사가 있었다. 한국에 있을 때 월동물자 준비를 위해 미리 연락을 해봤던 사람도 있고, 이미 구면인 사람도 있었다. 또 전임자의 소개로 지원해 선발된 대원들도 있었다.

곧바로 인수인계에 들어갔다. 무엇이 어디에 있고, 어떤 일은 어떻게 대처를 하는지 등을 배웠다. 인수인계시에는 특히 남극에서 지내는 데 가장 중요한 사항을 전달받는 데 주력해야 한다. 전임 차대가 떠나기 전에 이곳에 빨리 적응하고 일을 시작해서 물어볼 것은 미리 물어서 내 것으로 만들어야 한다. 전임 차대가 떠나고 나면 묻고 싶어도 실질적인 답을 얻을 수가 없다.

우리가 남극에 온 것은 일을 배우러 온 것이 아니다. 각 분야의 전문가들이 와서 자신의 전문분야를 책임지러 온 것이다. 단 한 사람의 전문가만 없다고 해도 기지가 유지될 수 없다. 마치 자동차 바퀴가 하나 없는 것과 마찬가지다. 푼타아레나스에서 떠나기 전날, 슬슬 긴장이 풀어질 때 이미 대장님의 호된 질책을 들은 바 있어서 인수인계에 소홀히 할 수가 없었다.

세종기지 월동대는 연구를 위한 연구원 외에 외부 도움 없이 일 년을 보낼 수 있는 최소한의 인원으로 구성된다. 크게 연구반과 유지반으로 구성되는데 기지의 존재 목적은 연구반을 위한 것이지만 유지반의 업무가 세종기지 내에서는 더욱 중요하다고 하겠다.

유지반은 발전, 전기, 설비, 중장비, 통신, 조리 그리고 의무로 나눠진다. 이곳에서 난방을 비롯한 주동력은 전기에 의존한다. 따라서 발전기는 세종기지의 심장에 해당된다. 발전기가 멈추면 이곳에서는 아무것도 할 수가 없다. 당장 물도 안 나온다. 또한 전기를 생산하는 것만으로 끝나지 않는다. 양질의 전기를 안정적으로 공급하는 것도 발전 못지않게 중요하다. 원활한 전기 공급 없이는 연구 장비나 고가의 통신 장비들을 안정적으로 유지할 수 없다. 더구나 누전에 의한

전기시설을 점검하는 심해섭 대원. 발전과 전기는 세종기지의 심장과 같은 부분이다. 전기가 차단되면 기지가 올스톱된다.

화재 발생시에는 기지를 잃는 것뿐만이 아니라 전원이 고립될 수 있고, 이는 생명과도 직결되어 항상 전기 점검을 하는 것이 너무나 중요하다.

설비팀은 기지 전체의 보수를 맡고 있다. 쉽게 얘기하면 만능 재주꾼인 맥가이버와 같은 역할을 한다. 또한 생명유지에 가장 중요한 담수화기를 담당하고 있다. 여름에는 더운 한철 잠시 생기는 호수에서 물을 끌어다 쓰지만 모든 것이 얼어버리는 겨울에는 바닷물을 담수 처리해서 생활용수를 만들어야 한다. 만약 물을 많이 사용한 날이면 그만큼 많이 만들어야 하는데, 그 관리가 쉬운 것 같아도 손이 많이 가는 작업이다. 또한 소각기도 다뤄야 하기 때문에 이들보다 기지의 전반적인 상황을 잘 아는 대원도 드물다.

중장비팀은 중장비를 주로 다루는 대원과 정비를 주로 다루는 대원으로 나뉜다. 가장 중요한 임무는 조디악과 설상차의 운행이다. 이들 대원이 없다면 세종기지에서 아무도 밖으로 나갈 수 없고, 외부로부터 어떤 물자도 공급받을 수 없다. 여름에는 많은 기지 보수와 공사를 위해 포클레인을 움직이고, 눈이 쌓이면 설상차로 제설작업도 하고, 설상차 관리도 한다. 또 정비하는 대원이 없다면 이들이 고장났을 때 무용지물이 될 수밖에 없다. 이들 대원들 말로는 기지에서 움직이는 것 중 사람 빼고는 모두 그들 소관이라고 하니 과히 틀린 말은 아니다.

통신도 중요하다. 아무리 우리가 여기서 잘 먹고 잘 지내도 외부와 연락이 두절된다면 우리는 없는 것이나 마찬가지다. 본국의 지침과 스케줄 조절, 주간 보고 등도 중요하지만 주변 기지와 연락, 푼타아레나스 소재의 에이전시와의 연락 등으로 실질적인 업무에서도 통신의 중요성을 간과할 수 없다. 이쯤 되면 통신의 중요성은 거의 대장의 비서실장에 가깝다고 할 수 있다. 또한 1킬로미터 이상 외부로 나간 팀과 지속적으로 통신을 주고받으며 다시 기지로 복귀하는 것을 도와준다.

조리담당의 중요성 또한 누구 못지않다. 기지에서 안방마님의 위치라 생각해도 된다. 누구보다 아침 일찍 일어나 일요일을 제외하고는 항상 규칙적이고 꾸준하게 식사를 준비해야 한다. 다른 대원과는 달리 꾸준하게 일 년 동안 일이 있다는 말이다. 더구나 매번 식단을 바꿔 가면서 말이다. 단조로운 남극생활에서 음식은 너무나 중요한 생활의 활력소다. 그러기에 조리대원은 조리 외에 다른 협동작업에서는 항상 제외되고 기지에 사람이 많을 때도 독방을 쓸 자격이 있다.

의무담당은 일종의 보험과 같은 존재다. 평소에는 별로 필요하지 않지만 아

담수화기를 가동중인 이요정 대원. 겨울이면 바닷물을 끌어올려 담수를 만든다. 겨울철 생명수를 만드는 작업이다.

여름 23

쉬울 때는 정말 아쉽다고 할까? 특히 이곳에서는 말이다. 주기적으로 건강 체크를 하는 것과 의약품, 의료품 들을 관리하는 것 외에는 별 큰일은 없다. 물론 몇몇 환자가 발생할 때만 빼고 말이다. 심지어 "내가 이곳에서 가장 한가하게 보낸다는 것은 대원들 모두가 건강하다는 뜻이다"라고 역설을 해두었다. 조리담당은 늘 꾸준한 일이 있고, 의무담당은 늘 꾸준히 일이 없고. 그래서 항상 힘든 조리담당을 도와주는 것이 의무담당의 또 다른 일이다.

17차 닥터인 규현이와 숙소 1동에 있는 의무실로 갔다. 16차 닥터인 찬이한테 듣기로는 생활 본거지인 본관동에 의무실이 있다고 들었는데, 이번에 의무실을 숙소1동으로 옮기고 대신 본관동 책꽂이를 늘렸단다. 먼저 의무실에서 간단히 인수인계를 받고 곧바로 지난해에 있었던 조난사고 기록부터 찾아봤다.

한국에 있을 때 극지연구소에서 서류상으로 본 것과 의무실에 있는 실제 의무기록은 차이가 있을 수 있기에 사실 올 때부터 너무나 궁금해 했던 것이다. 극지연구소에도 그 사건과 관련된 분들이 있고, 또 고 전재규 대원 동생인 전정아 씨가 근무하고 있어 대놓고 물어보기가 어려웠었다. 지금이야 극지연구소도 어느 정도 상처가 치유돼서 괜찮지만, 내가 연구소에 들어갔을 때인 2004년 4월은 사고가 난 지 기껏해야 4개월 정도밖에 되지 않아 물어봐도 그렇게 자세히 설명해 주는 분위기가 아니었다. 조난사고 자체도 문제지만 이것이 사망사고와도 관련이 있고, 더구나 다른 조난대원 두 명이 후송된 경우였기에 이것저것 점검해 봐야 할 것들이 있었다. 그것은 어쩌면 우리에게도 닥칠 수 있는 '현실'이었다.

조난당한 것은 어쩔 수가 없다면, 사후 대처에서 의사는 무엇을 어떻게 해야 하는가, 후송된 대원들은 동상 때문에 후송되었다는데 어느 정도의 동상이었기에 그랬는지, 후송된 병원은 어떤 병원이고 우리와 어떤 관계인지, 가령 미리 사전에 협력병원으로 지정되어 있는지, 그 병원의 시설이나 수준은 어느 정도인지 등을 알아 두어야 했다.

세 명의 대원이 조난되고 이들을 구조하러 떠난 다섯 명의 대원들도 조난되었던 사고다. 처음 조난된 세 명의 대원은 다행히 무사귀환할 수 있었지만 후송된 두 명의 대원은 처음 세 명 중에 있었다. 그리고 구조를 떠난 다섯 명의 대원

중에 애석하게도 목숨을 잃은 전재규 대원이 있었던 것이다. 규현이도 이들 다섯 명에 포함된 대원이었다. 이 녀석도 죽을 고비를 넘겼기에 한국에서 이메일이나 전화상으로 물어볼 수가 없었다.

조난당한 대원들은 그들대로, 기지에 남겨져서 노심초사 발을 동동 구르며 고통의 시간을 보낸 대원들은 또 그들 나름대로 아픔을 가지고 있었다. 나뿐만이 아니라 다른 모든 분야의 인수인계에서 같은 느낌을 느꼈을 것이다. 중장비는 조디악을 운영하니까, 통신은 통신대로, 대장님은 대장님대로, 총무님은 총무님대로. 직접적인 관련 분야가 아닌 대원들도 마찬가지로 인수인계가 되었을 것이다. 전체 대원 중 여덟 명이 조난되었다고 하면 기지 월동 인원의 절반이 관련되었으니까 말이다. 하지만 어쩌겠는가. 냉정한 현실에서 과거는 과거고 현재는 현재다. 앞으로 그런 불상사를 미연에 방지하고, 혹시 발생한다 하더라도 더욱 잘 대처하기 위해서는 그 아픔을 감안하더라도 물어볼 수밖에 없었다.

미안해 하며 묻는 내게 규현이는 오히려 덤덤하게 얘기해 줬다. "죽는 게 이런 거구나 하는 생각밖에 없었어요." 조디악이 하늘과 바다 밑으로 요동을 쳐서 물에 빠지지 않게 로프를 잡고 있을 수밖에 없었단다. 하지만 어느 순간 몸이 공중에 붕 뜨더니 이내 얼음 같은 바닷물로 떨어졌다고 한다. 물론 구명복을 입고 있었지만 0도의 바닷물에서는 물에 뜨는 것보다는 빨리 저온 상태에서 벗어나는 것이 목숨을 건지는 데 더욱 중요하다. 우주복과 같은 구명복으로 헤엄치기에는 한계가 있고, 헤엄을 친다고 해도 파도가 심해 의미가 없단다. 하지만 불행 중 다행인지…. 어느 순간 다시 몸이 붕 뜨더니 바닷가에 내동댕이쳐졌다. 자신의 의지와는 전혀 상관없었다. 곧이어 김홍귀 대원이 여기저기 바닷가에 쓰러져 있는 대원들을 모아서 인원 파악을 했는데 전재규 대원만이 보이지 않았다. 그리고 이미 여러 번 월동으로 이곳 지리를 잘 아는 김홍귀 대원이 탈진한 다른 대원들을 데리고 섬 너머에 있는 대피소로 가서 구조를 기다렸다. 그 섬이 중국 기지에서 떠날 때 바로 앞에 보이던 알드리 섬이었다.

숙연하고 약간 긴장된 상태에서 그날의 인수인계를 마무리했다. 의무분야는 환자가 생기기 전까지는 늘 스탠바이 상태였기 때문에 일단 주방으로 갔다. 나의 임무는 당연히 의무이지만 일의 양은 주방이 더 많았기에 그쪽에서 인수인계해야 할 사항이 더 많았다.

　이미 상훈이형과 17차 김남훈 대원이 인수인계를 하고 있었다. 곧바로 규현이는 팔을 걷어부치고 주방으로 들어가 김남훈 대원을 도와주고 있었다. 경상도 사투리가 심한 김남훈 대원은 "닥터요! 야그 선배님이라꼬요?" 하며 반겨주었다. 이미 세번째 월동을 경험한 그는 주방에는 우두머리가 한 사람인 것이 편하다고 했다. 좁은 공간에 여러 명이 있는 것보다 차라리 혼자 하는 것이 낫다는 조리장님의 말씀. 그래서 내일부터 곧바로 바통 터치를 하겠다고 했다. 이런….

6. 스쿠아와의 첫 만남

　만남이란 표현은 어울리지 않는다. 냉정히 표현하자면 공격이라 함이 더 정확하겠다. 스쿠아는 일반적으로 남극도둑갈매기로 알려진 이름이다. 고국으로 전화했을 때 빠짐없이 물어 오는 것은 "펭귄 봤냐?"이다. 웬 펭귄. 먼발치에서 보긴 했지만, 직접 부대끼면서 처음 만난 놈은 애석하게도 스쿠아였다.

　남극에 들어오면 홈페이지뿐만 아니라 언론사에서 사진을 요구하기 때문에 들어오자마자 단체사진을 찍는다. 이곳이 남극이기는 하지만 극히 일부 지표가 드러난 곳에 기지를 짓고, 또 여름이면 이곳의 눈이 녹아 버려 흙바닥이 드러난다. 이 흙바닥이 드러난 곳에서 사진을 찍으면 아무래도 남극 냄새가 안 난다. 그래서 뒤로 빙하가 있든지, 아니면 커다란 빙산이 들어오면 그것을 배경으로 사진을 찍는다. 하지만 지난 17년 동안 웬만한 곳은 다 촬영 대상이 되었기에 우리는 좀더 색다른 곳을 배경으로 찍으려고 했다. 대장님께서 사진을 담당하고 있는 내게 기지 주변에서 좋은 그림이 나올 수 있는 장소를 찾아보라고 하셨다.

　등산용 윈드 스토퍼를 위 아래로 입고, 등산화를 신고 나섰다. 주요 건물이 모여 있는 세종로에서 반경 150여 미터 내에 대부분의 실험동과 건물이 있기에 그 주변을 돌아보기로 했다. 먼저 지구물리관측동으로 갔다가 길에서 약간 벗어났다. 마땅히 사진 찍을 곳이 없었다. 좀더 가보기로 했다.

　이곳 지형은 모두 돌조각으로 이뤄진 악산(岳山)이다. 한국의 북한산 같은 기암의 돌산이 아니라 모조리 깨진 기왓장을 쌓아 놓은 것 같은 돌산이다. 대부분의 풍화가 기계적 풍화다. 추운 온도 변화와 물이 얼었다 녹았다 해서 생긴 것이다. 스스로 결대로 쪼개져 널브러진 것들이 태반이고, 지척의 거리를 두고 돌들 사이로 발이 빠지거나 겹질러지기 일쑤다. 혹 넘어지기라도 하면 생채기가 난다기보다는 돌에 '베인다'는 표현이 걸맞을지도 모른다. 사이사이에 흙들이 쌓이기도 하지만 이런 곳일수록 조심해야 한다. 한국의 늦겨울과 초봄의 눈녹은 산길을 생각하면 딱 맞다. 쌓인 눈은 질척거려 찍찍 미끄러지기 일쑤고, 그늘에 들어가면 한기가 밀려온다.

  길에서 벗어나 회색빛과 흙빛의 돌밭으로 향했다. 돌 표면에는 남극이끼가 딱 달라붙어서 '이끼밭'을 이룬 곳도 있었다. 땅바닥만 보고 조심조심 발걸음을 내딛는데 갑자기 어디서 나타났는지 내 주위를 쌔앵하고 지나치는 것이 있었다. 순간 휘청거리며 넘어질 뻔했다. 옆에서 날개를 한껏 젖힌 채 기분 나쁘게 까악~! 까악~! 하면서 우는 놈도 있었다. 스쿠아였다. 이때까지만 해도 상황이 잘 파악되지 않았다. '뭐야.' 고개를 들어 보니 거리는 좀 떨어져 있지만 스쿠아 몇 마리가 내 머리 위를 빙빙 돌며 기분 나쁘게 울어댔다. 알고 보니 남극이끼가 넓게 군락을 이룬 곳에 스쿠아들이 새끼를 품고 있었는데 바로 그 한복판으로 내가 들어서 있었던 것이다. 별수없이 엉거주춤 걸었다. 오히려 뛰었다가는 스쿠아의 집중공격을 받기도 전에 내가 넘어질 것

포악한 스쿠아. 높은 막대기를 머리 위로 들고 다니지 않으면 스쿠아의 직접 공격을 받는다. 이들은 높은 곳을 먼저 공격하기 때문이다.

같았다. 나중에 안 사실이지만 스쿠아는 남극이끼가 있는 돌무더기에 둥지를 틀고 있었다. 스쿠아는 대개 돌이나 이끼를 이용해 둥지를 틀든지 아니면 아무것도 없는 데서 그냥 지낸다.

여전히 기분 나쁘게 울어대며 경계하는 녀석들은 피하고, 머리 위에서 공격하는 녀석들은 손을 휘저어 쫓으며 그곳에서 빠져나왔다. 드디어 돌밭이 끝나고 군데군데 흙이 쌓여 있는 곳으로 들어섰다. 잘됐다. 나는 막 달리기 시작했다. 하지만 몇 걸음 가지 못해 발목까지 진흙에 빠졌다. 겨우 한 걸음씩 옮겨 그곳에서 도망쳐 나왔다. 멀리 나간 것도 아니고 그저 기지 주변을 한 바퀴 돌아본 것뿐인데 바지와 등산화는 진흙 범벅이 되었고, 사진 찍을 장소는 찾지도 못했다.

이것이 스쿠아와 나의 첫 대면이었다.

7. 17차 마무리

우리가 들어오고 이틀 뒤에 전재규 대원의 동상 제막식 겸 1주년 추모식을 가졌다. 피상적인 뉴스가 현실로 와 닿는 행사였다. 일 년 전에는 전혀 몰랐던 사람들이 이제는 내 주변 사람이 된 것이다. 좀 묘한 느낌이 들었다.

이날 행사에는 각국 기지의 대원들도 초대되었다. 조난 당시 여러 기지의 대원들이 나서서 도와주었다. 특히 러시아 기지의 올렉 대장팀은 조난당한 두 팀 모두를 안전하게 구했을 뿐만 아니라 그 넓은 바다에서 전재규 대원의 시신도 수습했다. 바로 일 년 뒤 그날인데, 그때와는 달리 얄밉게도 날씨가 너무나 화창하고 좋았다. 바람도 없었다. 모든 기지에서 참석할 수가 있었다. 누군가가 말했다. 귀국하는 17차 대원들은 항상 슬픔을 간직할 것 같다고 말이다.

동상제막식에 참가한 사람들 중 대부분은 사고현장에 같이 있었던 사람들이다. 사진을 담당한 나는 추모식에 참석한 사람들의 표정을 자세히 살펴볼 수가 있었다. 월동대원들은 말할 것도 없고, 올해 다시 들어온 하계대들, 각국 기지 사람들, 여름철에 들어와서 기지 보수를 도와주는 칠레노(Chileno)들, 17차 윤호일 대장님, 그리고 푼타아레나스에서 부검한 시신을 인계받아 한국까지 수송했던 18차 홍성민 대장님의 숙연한 표정을 잊을 수가 없다.

고 전재규 대원 동상제막식 겸 1주기 추모식. 2003년 12월 조난당한 일행을 구조하러 나간 5명도 모두 조난을 당했다. 애석하게도 이중 전재규 대원이 변을 당하고 말았다. 맨 앞에 묵념을 하고 계신 17차 대장님.

  제막식 이틀 뒤에 공식적인 인수인계식이 거행됐다. 전임 차대와 후임 차대가 각 분야별 인수인계장에 담당자와 대장의 서명이 들어가고 단장이 최종 서명을 함으로써 공식적인 업무를 인수받게 되는 것이다. 모두 단복으로 깨끗이 갈아입고 국민의례로 시작한 인수인계식. 숨소리 하나 들리지 않았다. 모두들 경건하다. 임무를 마치는 사람들의 담담함과 새로 시작하는 사람들의 긴장감이 느껴졌다. 각 부문 중 가장 마지막으로 의무분야에 서명을 하게 되어 무척 긴장됐다. 인수인계식은 모두 모여 단체사진을 찍는 것으로 마무리했다. 이제부터는 본격적으로 기지를 '접수'해서 우리가 책임지고 운영해야 하는데 왜 이리 난감한지.
  업무를 인계한 17차 대원들은 갑자기 할 일이 없어지자 마치 남극의 모습을 마지막으로 기억해 두려는 듯이 모두들 여기저기 돌아다녔다. 펭귄마을, 세종봉, 백두봉 등등.

다음 날 저녁은 환송회를 겸해서 바비큐 파티가 열렸다. 바비큐 파티. 지금도 그립다. 물론 대한민국 어디에서도 바비큐 파티를 할 수가 있지만 남극에서의 바비큐 파티는 특별했다. 추운 극지에서 따뜻한 불 앞에서 먹는 그 느낌. 바다에서 방금 건진 빙하 조각을 곁들인 술 한 잔! 그것이 바로 남극의 별미이자 즐거움이다. 서먹서먹하던 이들과의 상견례, 한 번 부딪쳐 보자고 다짐하는 18차, 지난 일 년을 회고하면서 자축하는 17차, 모두들 마음의 평화를 느끼는 것 같았다.

하지만 이런 여유도 잠시. 갑자기 17차 일정이 촉박해졌다. 출남극을 해야 하는데 우리가 날씨 관계로 며칠 늦게 들어왔듯이, 반대로 17차는 날씨 관계로 하루 일찍 나가게 되었다. 아침식사 후에 갑자기 짐을 챙겨서 부둣가로 나오라는 방송이 나왔다. 분주해졌다. 17차 대원의 각자 짐들을 챙겨 숙소동 앞에 내려놓았고, 혹 두고 가는 물건이 없는지 다시 한 번 둘러보았다. 지금 여기에 물건을 두고 가는 것은 곧 잃어버리는 것과 마찬가지니까 말이다.

인수인계식 사진. 선임 차대와 후임 차대간의 인수인계를 공식적으로 마무리하는 자리. 각 차대 대장님과 각 분야별 대원들이 돌아가며 분야별 인수인계 서류에 서명을 하고 마지막으로 인수인계 단장이 서명함으로써 마무리된다. 같은 내용의 서류 총 3부 준비해서 해당 대원, 세종기지, 극지연구소에서 각각 보관한다.

조디악 팀은 조디악 점검에 분주했고, 나머지 대원들은 숙소동 앞의 짐을 트럭으로 부둣가로 옮겼다. 조리담당 상훈이형은 한국 가는 동안 먹으라고 고추장도 볶아 주고 김치며 사발면이며 여러가지 간식거리를 챙겨 주었다.

모두들 부둣가로 모였다. 작별 인사를 나누는 17차 대원들은 연신 싱글벙글이다. 하계대들은 한국에서 보자는 인사를 하고, 우리는 내년에 한국에서 보자고 인사를 했다. "조심해서 가라." 규현이에게 인사를 건넸다. "형도 잘 지내세요. 건강하시고요." 조디악은 떠날 준비가 됐지만 부두 위는 아직도 인사중이다. 그런데 갑자기 눈보라가 휘날리면서 잠시 스탠바이. '에이, 오늘 못 나가는구나.' 자주 있는 일이다. 좀 지루하겠지만 다시 짐을 풀고 내일 떠나면 된다. 잠시 후 기상실에서 금방 지나갈 눈보라라는 무전이 왔다. 10분 정도 기다리니 다시 잠잠해졌다.

"가자!"

이내 다시 분주해지더니 두 대의 조디악에 나눠 탄 17차 대원들이 떠났다. 남극을 떠날 때 치뤄야 할 의식이 하나 있다. 기지 앞 바다를 두 바퀴 돌고 부두에 조디악이 가까이 오면 마치 파도타기 응원처럼 모두들 고함을 지르고, 그러고 나서야 맥스웰 만을 건너간다고 했다. 하지만 날씨도 날씨였거니와 한 대원이 "야~! 그냥 가자!" 하자 모두들 동의했다. 날씨가 잠시 좋아졌을 때 안전하게 가야 했기에 아쉬움을 남기고 다들 급히 떠났다.

그들이 떠나고 나자 갑자기 기지가 적막해졌다. 뭔가 커다란 것이 지나간 것 같았다. 17차가 떠나고 이젠 우리가 모든 것을 해야 한다고 생각하니 긴장이 되었다. 중요한 하역도 남아 있었다.

18차 전 대원이 총무님의 지시 하에 17차가 비운 방들을 모두 청소한 뒤 두 명이 한 방을 쓰도록 숙소를 재배정받았다. 물론 지금까지 머물던 비상 컨테이너 청소도 해 놓아야 했다. 사실 여러 사람들이 들락거리며 써야 하는 비상 컨테이너는 숙소동 방보다는 불편하다. 사람이 많은 것은 별 문제가 안 되는데, 오가며 문을 여닫기에 따뜻했던 방이 금세 추워지고 다시 데워지곤 한다. 게다가 전기 라디에이터가 주난방원인데, 이층침대의 아래층 대원이 더워서 끄기라도 하면

위층은 정말 춥다. 처음 이곳에 와서 한동안은 스키 장갑을 끼고 잤다.

비상 컨테이너에서 다음으로 불편한 것은 화장실. 자다가 화장실 갈 일이라도 있으면 밖으로 나와서 기계동까지 가야 화장실을 이용할 수 있었다. 대략 난감이다. 이제 숙소동으로 옮기면 적어도 화장실은 실내에 있어서 좋을 것이다.

8. 하역 I

제일 중요한 일이다. 하역만 끝나면 월동의 반이 시작된 것이고 동시에 반이 끝난 것이라고 한다. 그만큼 신경 쓰이는 일도 많고, 위험한 일도 많다. 하역작업에는 모든 대원들이 차출된다. 심지어 하계 연구원이나 손님들도 차출된다. 이때 들어온 손님은 손님대접을 제대로 못 받는다. 상대해 줄 사람도 없어 오히려 손님들이 안절부절한다.

러시아의 연구선 유즈모 호에 기지로 들어오는 대부분의 짐들이 실려 온다. 예외적인 경우가 몇몇 있는데, 우리 때는 바지선과 크레인, 그리고 부두공사 자재들이 들어와야 했기에 2년에 한 번 남극에 보급품을 싣고 오는 중국의 설룡호를 이용했다. 설룡호는 1만 톤급 쇄빙선으로, 유즈모 호가 5천 톤 급이고, 대부분 유즈모 호 전후 크기의 배들이 들어오기에 이곳에서는 꽤 큰 배에 속한다. 나도 처음에는 감이 잘 안 잡혔는데, 하도 많은 배들을 보다 보니까 나중에는 몇 톤급 정도 되겠다는 느낌이 왔다. 설룡호는 많은 짐들을 한꺼번에 실을 수 있어서 좋았다. 하지만 배가 워낙 커서 만(bay) 안에 있는 세종기지 앞까지 들어올 수가 없었다. 예전에는 유즈모 호가 기지 바로 500미터 앞까지 와서 바지선이 바로 왔다 갔다 하면서 하역을 했었다고 한다. 하지만 설룡호는 최소 5킬로미터 밖에 있기에 한 번 바지선이 갔다가 컨테이너를 싣고 다시 와서 내려놓기까지는 아무리 빨라야 1시간이 넘었다.

유즈모 호나 설룡호 모두 임차로 사용하거나 아니면 그들 일정 사이에 우리 일정을 끼어 넣은 것이기에 정해진 기간에 모든 일들을 마쳐야 한다. 이를 맞추려면 가장 중요한 것이 날씨다. 아무리 준비가 잘되어 있어도 날씨가 따라 주지 못하면 아무것도 할 수가 없다. 그렇다고 그들이 세월아 네월아 기다려 주는 것도 아니다. 따라서 날씨가 좋다면 밤새서라도 하역해야 한다. 여름에는 밤 10시에도 밝으니 어두워서 못한다는 핑계도 댈 수가 없다.

사전에 팀을 짠다. 조디악을 운전할 팀, 조디악 운전시 보조할 팀, 그리고 부두에서 하역을 할 팀. 그 외에 통신은 통신실에서 꼼짝없이 자리를 지킨다. 나가 있는 팀들, 즉 물건을 싣고 온 배, 각각의 조디악, 바지선, 부두, 총무, 대장 등이 시시각각 움직이는 상황을 보고하고 지시를 받기도 한다. 또 기상대원은 기상변화를 그때마다 대장에게 보고해야 하고 그에 맞춰서 총무와 계획을 짜서 다시 무전으로 알리기도 한다. 거기에 외국기지에도 연락을 주고받아야 하니 통신은 이래저래 자리를 비울 수가 없다. 주방도 정신이 없다. 무려 최소 50인분 이상의 식사를 매 끼니 때마다 혼자 준비해야 한다. 하역으로 식사를 거른 대원들도 챙겨 줘야 하고 거기에 짬짬이 간식거리나 야식도 준비해야 한다. 모두들 긴장하다 못해 신경질적인 상태에서 그나마 유일한 낙이 배고픔과 추위를 한꺼번에 잊게 해주는 음식일 것이다. 의무도 주방보조를 하다가 갑자기 환자라도 생기면 모든 일을 중지하고 의무실로 뛰어가야 한다.

우리 차대에서는 스쿠아를 연구하러 들어온 김정훈 연구원도, 아리랑위성 관제소 설치를 위해 들어온 항공우주연구원의 연구원들도, 부두공사를 위해 들어온 남경회사 분들도 모두 하역에 투입됐다. 물론 하계 연구원들도 모두 작업복에 목장갑, 안전모를 쓰고 부두로 나갔다.

17차 강천윤 부대장님, 김홍귀 대원 그리고 진준 대원이 이번에 월동 짐들과 들어오는 자재, 장비가 너무 많아 경험이 없는 우리가 하는 것보다는 경험자가 도와주는 것이 낫겠다고 해서 남았다. 하루라도 빨리 한국에 돌아가고 싶었겠지만 말이다.

대원들은 한국을 떠날 때 모이면 됐지만, 월동물품은 모두 극지연구소에 파견 나가 있었던 지난여름에 준비했다. 남극의 '남'자도 모르는 내가 특별히 도와줄 것은 없고, 나중에 월동 짐 포장하는 것만 도와주면 된다고 했다. 일 년을 보낼 짐을 포장한다는 것은 장난이 아니었다. 물론 나보다는 총무님과 극지지원팀의 고생이 훨씬 많았다.

하역이 시작되면 다른 나라 기지에서도 도와준다. 중국 쇄빙선에 실려온 컨테이너를 중국 바지선에 옮겨 실어오고 있다.

먼저 5월경에 남극에 있는 월동대로부터 각 분야별 재고조사 목록을 받는다. 여기에는 현재까지 사용한 물품, 연말에 얼마 정도 남을지 예상치가 적혀 있고, 담당대원의 총평이 들어간다. 이 자료를 바탕으로 새로 들어갈 팀의 담당자가 항목별로 예상치를 적고, 또 추가해야 할 항목과 빼야 할 항목을 다시 정해서 수치를 조정한다. 커다란 물품부터 볼펜 한 자루까지 계산을 해야 하기에 오차가 있어서는 안 된다. 또한 예산이 명확히 정해진 것은 아니지만 특별한 사업이 없는 이상 이제까지의 예산에서 크게 벗어나서도 안 된다. 하지만 웬만한 것들은 모두 허가를 해준다. 왜냐하면 그곳에 가서 필요해서 구하려고 할 때는 이미 그 가격은 엄청나기 때문이다. 남극에서 물건이 없어서 중간 구입을 한다는 것은 비용이 엄청나다. 실제 물건 가격보다도 운송비가 만만치 않다. 비용도 비용이지만 들여올 수 있는 양이 한정적이기에 무게도 제한을 받고, 또 원하는 시기에 들여오기가 쉽지 않다. 이 모든 것을 검토에 검토를 걸쳐서 최종 승인이 나야 비로소 일괄 구매에 들어간다.

여기서부터가 본격적인 월동 짐싸기 시작인데, 여름이 꼴딱 갔다. 대부분은 그 차대 총무님과 극지지원팀 직원분들이 도와주신다고 했지만, 우리 때는 극지연구소가 너무 바쁘게 돌아가서 이쪽으로 인원을 배정하기가 여의치 않았다. 하지만 다행히 연구원으로 가는 승일이형, 정원이, 경모가 연구소에 미리 근무하게 되었고, 최초로 외부에서 오신 총무님이시지만 다행히 김승채 총무님도 미리 연구소에 근무하시게 되어서 일손은 많았다.

먼저 주문한 나무상자와 종이상자가 들어온다. 컨테이너에 딱 맞춰 규격화되어 있다. 지게차로 운반할 수 있게 제작된 플라스틱 판(팔레트라고 한다)을 깔고 그 위에 종이상자를 놓는다. 여기에 대부분의 물건을 넣는다. 공간을 잘 활용해야 하기 때문에 머리를 잘 굴려야 한다. 일단 물건을 넣고 나면 반드시 상자 번호를 붙이고 다른 사람이 그 상자에 무엇이 들어있는지 알 수 있도록 적어 놔야 한다. 마지막으로 팔레트와 종이상자를 플라스틱 끈으로 테이핑을 하고 포장용 클립으로 마무리를 짓는다. 예전에 사용했던 사과상자를 생각하면 된다.

여러 크기로 제작되어 있는 규격화된 나무상자에는 주로 부피가 큰 짐들을 싣는다. 나무상자에는 물이 들어오지 않게 비닐을 깔고 짐을 넣은 후에 비닐을 덮어서 못질까지 해야 한다. 종이상자에는 개인 짐부터 시작해서 A4 종이, 컴퓨터 기기, 간장, 고추장, 된장, 라면, 각종 장비, 주방용 앞치마, 랩…. 게다가 시멘트, 1년치 발전기 엔진 오일, 각종 작업복, 스키, 망원경, 실험자재, 건설자재…. 이 사이사이 틈새에는 작은 물건들을 넣는다. 대표적인 것이 목장갑이라 일컫는 작업 장갑.

끝이 없다. 짐 하나를 싸고 나면 또 다른 짐들이 들어온다. 역시 짐싸기의 압권은 냉동 식재료. 공산품이야 그저 신청해서 들여오면 되지만, 식재료를 들여올 때는 그렇지 않았다. 냉동 컨테이너가 짐이 들어오기 전날 연구소 창고 앞에 자리를 잡는다. 전날부터 모두들 초긴장이다.

대표적인 냉동 컨테이너 식품은 김치와 삼겹살, 생선류. 먼저 아침 일찍 김치만 1톤 넘게 들어왔다. 새벽부터 우리를 위해 특별히 김치를 새로 담가서 바로 냉동차에 싣고 온 것이다. 20킬로그램 단위로 포장된 김치는 내리자마자 바로 냉동 컨테이너에 넣는다. 다음에는 삼겹살. 무진장 주문했다. 우리 차대 대장님께서 삼겹살을 유난히 좋아하셔서 육류의 대부분은 삼겹살이었다. 다들 긴장했지만 그래도 단위별로 포장이 잘돼 있어서 검수와 포장이 손쉽게 끝났다. 하지만 수산물이 문제였다. 물론 냉동 컨테이너로 들어왔다. 갈치 몇 킬로그램, 고등어 몇 킬로그램, 큰 생선은 몇 마리, 이외에도 여러 종류의 생선이 있었다. 검수에서부터 문제였다. 비린내도 비린내지만 종이에 포장되어 비닐봉지를 감아 냉동시켜 온 생선들이 일부 녹으면서 포장이 모두 찢어지기 시작했다. 또 몇 마리가 들어 있는지 세는 것도 쉽지가 않았다. 그리고 가장 애를 먹인 것은 수산물 중 상당수가 러시아산이나 중국산인데, 그들 글씨로 써 있는 것은 이게 도대체 무슨 생선인지를 알 수가 없었다. 게다가 애써 포장을 다 끝냈는데, 항목이 빠져서 다시 뜯고 들어내서 확인하고 포장하기도 했다. 이것을 일 년치 식재료로 하니 장난이 아니었다. 그나마 오전에 냉동물품을 끝내고 오후에 건어물이나 밀가루, 소금 등이 들어오면서부터는 좀 여유가 있었다.

이렇게 포장했던 짐들을 다시 하역해서 풀 생각을 하니 막막했다.

하역작업중인 대원들.

9. 첫 사고

17차도 떠나고 하역 준비로 다들 동분서주했다. 일과 시간이 끝나도 미리 만반의 준비를 해 놔야 했기에 여름에는 잔업이 많았다. 저녁을 먹고 잠시 쉬고 있는데 기계동 앞에서 전기담당 해섭이를 만났다. 오른손이 접질러진 것 같다고 했다. 지구물리관측동에 전기시설 때문에 공구박스를 들고 가다가 그만 기계동 입구에서 넘어지고 말았단다. 그런데 넘어지면서 공구박스를 들었던 손을 이 쇳덩이에 가까운 박스가 내리 찍은 것이다.

아직 부기가 시작되지 않아서 금방 확인이 가능했다. 부러졌다. 얼핏 보기에도 골절이었다. 기계동 당직실 안으로 들어가 손바닥의 다섯번째 중수골을 만져보려고 하니 아파서 자지러졌다. 난감했다. 당연히 엑스레이를 찍어 확인해 봐야 했다. 하지만 세종기지에는 엑스레이가 없었다. 우리 기지뿐만 아니라 킹 조지 섬의 여타 기지에도 칠레 프레이 기지를 제외하고는 엑스레이가 없었다. '이거 부러졌으니 내일 칠레 기지에 가서 엑스레이 찍고 확인하고 골절 양상에 따라 밖으로 나갈 수도 있다'고 쉽게 말할 수 있는 상황이 아니었다. 그 순간 많은 생각이 스쳤다.

여기에서 손이 부러졌다고 하면 해당 대원이 받는 스트레스는 이만저만이 아니다. 다른 대원들에게 주는 영향도 생각하지 않을 수가 없다. 또, 만약 이곳에서 해결 가능하면 모르겠지만 후송해야 한다면 이 또한 기지 전체의 부담이 아닐 수 없다. 항시 외부로 나갈 수가 없기에 비행기편을 확인해야 하고, 또 그 비행기에 자리가 있는지도 확인을 해야 한다. 외부에서 해결이 돼서 다시 기지로 복귀하면 다행이지만 그렇지 못하고 한국으로 후송된 경우도 있었다.

순간에 이 모든 경우의 수가 머리에 복잡하게 뒤엉켰다. 결국 "부러진 것 같기도 한데 확인해 봐야겠는데?"라는 애매모호한 말로 결론을 지었다. 한국에서라면 아프더라도 정확한 진단을 위해서 참으라고 말하고 더 만져 보고, 아니면 엑스레이를 찍으면 그만이다. 그도 아니면 다른 검사를 진행하면 된다. 검사할 때까지 기다려야 한다면 반깁스만 하고 기다려도 된다. 반깁스를 하려고 결심하는 순간 "저자식 돌팔이야. 해섭아, 걱정하지 마라"는 소리가 들려왔다. 물론 다친 대원을 위로하고자 한 말이었겠지만 그 순간은 참기 힘들었다. 하지만 어떻게 하겠는가. "내일 다시 한 번 보자꾸나" 하고 당직실을 나왔다.

유지반과 연구반, 그 중에서도 특히 의사란 위치가 참 애매하다고 하는 말이 이런 것이구나 하는 생각이 들었다. 남극에 오기 전에 들은 얘기들이 많다. 대장은 대장대로, 총무는 총무대로, 각 파트는 그들 나름대로 들은 얘기들이 있다. 업무와 관련된 얘기가 아니라 기지 내에서의 역학관계라고나 할까? 여름에 일들이 많이 있을 때는 괜찮지만 단조로운 겨울이 시작되면서 서로간의 갈등이 나타난다는 얘기들. 그리고 직종에 따른 갈등 등이 그렇다고 들었다. 특히 의사라는 위치가 애매하다고들 했다. 대개 유지반 대원들과 연구반 대원들로 편이 갈릴 수 있다고 했다. 일하는 공간이 기계동과 연구동으로 나뉘기 때문에 그럴 수 있지만 의무실에 따로 있는 의사인 경우는 홀로 지내거나 아니면 연구반으로 몰아질 수 있다고 했다. 반대로 여기도 저기도 아닌 중립적인 위치에서 오히려 중재자 역할을 하기도 한다고 했다. 더구나 의사란 직업이 항상 아플 때만 보던 사람이라 다른 대원들이 대하기 어려운 경우가 있다는 얘기도 무수히 들어왔다. 하긴, 만약에 세종기지에 검사나 판사가 월동을 한다고 하면 나보다 나이가 어려도 어렵게 느껴질 것 같았다. 하지만 주변의 얘기는 주변의 얘기일 뿐, 이럴 때일수록 원칙과 본연의 역할에 충실하는 것이 최선이라 생각했다.

김총무님을 찾아갔다. 해섭이 손이 부러진 것 같으니 내일 프레이 기지에 가서 엑스레이를 찍어 봐야 할 것 같다고 말했다. 총무님도 동의하셨다.

다음 날 아침 해섭이가 먼저 나를 찾아왔다. 밤새 아팠다는데 손을 보니 시퍼렇게 피멍이 들고 손등은 주먹이 쥐어지지 않을 정도로 퉁퉁 부었다. 내 생각에 더 이상 의심의 여지가 없었다. 부러졌다. "총무님과 대장님한테 보고할 테니 일단 엑스레이 찍으러 가자." 해섭이도 동의하고 일단 반깁스를 했다. 그때까지도 해섭이한테는 부러졌다는 단정을 짓지 않았다. 너무나 당황스러워할 것 같았다. 일단 운을 띄우고 엑스레이를 보여주면서 앞으로의 경과와 치료에 대해서 설명하기로 마음먹었다. 하지만 총무님과 대장님한테는 골절이라고 말하고 엑스레이를 찍어 보고 수술해야 할 골절이면 다시 연락드리고 그러지 않으면 깁스를 대겠다고 했다.

이날은 하계대 연구 지원이 있는 날이었다. 간만에 좋은 날씨로 세종기지 주변의 바닷물 흐름과 해수 채취를 위해 조디악을 띄워야만 했다. 중장비 형철이형이 조디악을 몰기로 하고 내가 조디악 보조로 나가기로 했다. 아울러 형철이형 인터뷰 기사를 위해 언론사에 보낼 사진도 촬영해 주기로 했다. 이날 나의 스케줄은 오전에는 하계대 지원과 동시에 언론사에 보낼 사진을 촬영을 하고, 그 배로 오후에 해섭이를 데리고 칠레 프레이 기지의 의무실로 가는 것이었다. 의무실 방문이 가능한지는 통신담당 인호가 무전을 해서 정확한 시간을 통보해 주기로 했다.

갑자기 바빠졌다. 조디악 보조로 나가기 전에 엑스레이를 찍고 그 자리에서 깁스를 하기 위한 준비를 했다. 한 번도 프레이 기지 의무실을 가본 적이 없기에 그곳에 뭐가 있을지 몰랐다. 고식적인 석고와 솜, 탄력붕대에 심지어 어느 의무실에나 있을 법한 반창고까지 혹시 몰라 챙겼다. 물론 그쪽 의사와 첫 대면이기에 미리 한국에서 준비해 간 선물도 준비했다. 하계 지원을 나가면서도 머릿속에는 해섭이 손 생각만 났다. 하계 연구 박사님들이 바닷가를 바둑판으로 나눠 GPS 포인트를 찍으며 모내기하듯이 해수를 채취했다. 다시 손 생각이 났다. 나도 모르게 내 손을 잡고 깁스를 할 손의 자세를 취하고 있었나 보다. "너도 손 아프냐?" 형철이형이 물었다. 나는 그냥 싱겁게 웃고 말았다.

기지로 복귀하자마자 점심을 먹는 둥 마는 둥하고 바로 떠났다. 조디악 운전은 형철이형이 그대로, 조디악 보조는 발전담당 진희가 맡았고, 어제 당직 근무를 했던 기상담당 수현이형이 같이 가기로 했다. 가는 도중에 하계대원 한 명을 프레이 기지 가는 길에 있는 콜린스 만에 데려다주기로 했다. 그쪽에 이미 다른 조디악이 나가 있었기에 중간에 바다에서 합류해 배에서 넘겨 주기로 했다.

오늘 따라 바다가 잔잔했다. 콜린스 만 안쪽은 처음이기에 장관이었다. 빙하가 끝나면서 바다로 떨어지기 직전에 형성된 빙벽들. 10층 정도의 건물이 앞에 즐비한데 그것들이 갑자기 우르르 무너진다는 상상도 해보았다. 무너지기 직전에 뭔가 불안하게 기우뚱 서 있는 빙벽을 보는 것만으로도 장관이었다. 사진을 찍고 싶었지만 그럴 수가 없었다. 사실 나의 분신과도 같은 카메라를 가지고 가고 싶었지만, 이 상황에서 철없이 카메라를 들고 이것저것 찍는 것은 경우에 맞지 않는다고 생각됐다.

프레이 기지는 굉장히 큰 편에 속하는 기지이기 때문에 말만 들어서 어디에 의무실이 있는지 알 수가 없었다. 만나는 군인들에게 물어물어 의무실을 찾아갔다. 군의관인 닥터 미란다가 반갑게 맞아 주었다. 의사 한 명과 의무실 전반에 대해 관리하는 의무기사 군인이 한 명 더 있었다. 닥터 미란다와 인사치례를 할 겨를도 없이 해섭이를 엑스레이 촬영실로 데리고 갔다. 수술실겸 엑스레이 촬영실을 겸하고 있었는데 공간상 이동식 엑스레이를 사용했다. 문제는 이 군인이 온 지 얼마 안 돼서 영 노출을 맞추지를 못했다. 찍고 다시 현상하고, 매뉴얼 다시 확인하고, 찍고 다시 현상하고. 하는 수 없이 시커먼 엑스레이를 밖으로 나가 남극의 태양을 배경으로 마치 돋보기 보듯이 봤다. 골절 선이 보였다. 그때였다. 갑자기 닥터 미란다의 무전기에서 다급한 목소리가 들렸다. 그는 나에게 미안하다고 하더니 들것과 응급구조 가방을 들고 밖으로 나갔다. 기지 전체에 사이렌이 울렸다. 공항 근처에서 불이 났다는 것이다. 이런…. 오히려 이쪽 일들을 한참 도와줘야겠다고 생각했다. 하지만 얼마 안 있어 그가 돌아왔다. 오작동이란다.

현상액을 새로 만들었으므로 다시 촬영에 임했다. 몇 차례의 실패를 거듭한 후에 드디어 '볼 수 있는' 사진이 나왔다. 다행히 수술이 필요하지 않은 골절이었다. 한 시간이 훌쩍 넘자 부두에 있던 대원들이 걱정이 되서 의무실 앞에 와 있었다. 일단 해섭이를 내가 가지고 간 준비물로 깁스를 해줬다. 닥터 미란다가 의무실에 있는 물건을 원하는 대로 써도 좋다고 했다. 깁스 하면서 미란다와 처음 인간적인 대화를 할 수가 있었다. 이비인후과를 전공했고 나이는 나와 동갑이었다. 이곳 기지의 군인들 중 장교들은 2년을 월동해야 한다고 했다. 가족들도 이곳에서 같이 월동을 하고 아이가 셋이란다. 얘기하는 도중에 차츰 석고가 굳기 시작했고, 의무기사 군인에게도 감사하다는 말을 했다. 미리 준비해 간 선물을 주고, 그동안 미란다는 찍은 엑스레이 모두를 봉투에 담아서 내게 건네줬다.

1시간 반 동안 칠레 기지에 있었을 뿐인데 바다로 나와 보니 바람이 몹시 거세져 있었다. 파도가 펑펑 부딪치는데 처음 기지로 들어갈 때와는 딴판이었다.

기지에 도착했다. 대장님을 포함 다른 대원들의 첫마디. "뭐래?" 정말 신경질이 났다. 사실 전부터 좀 짜증은 나 있었다. 해섭이와 칠레 기지 의무실을 나올 때 밖에서 기다리던 대원들이 내게 건넨 첫마디도 "뭐래?"였다. 진단에서 치료까지 다 내가 했는데, 왜 내 의견과 경과보고보다는 저쪽 의견을 궁금해 할까. 저쪽에서 해준 것은 엑스레이 찍어 준 것밖에는 없는데 말이다. 생색을 내고 싶은 생각은 없지만 일에 대한 주체를 명확히 하고 싶을 뿐이었다. 이런 분위기라면 일할 분위기가 아니었다. 치료도 중요하지만 치료자에 대한 믿음도 무시할 수 없는 것이기 때문이다. "그쪽 의사 전공은 이비인후과더라고요"라고 말을 돌렸다. 달리 적절한 표현이 없었다. 경험이 많은 김총무님만이 "닥터, 어떨 것 같아?"라고 물어왔다.

규현이가 떠나기 전에 들려준 얘기가 있다. 어느 날 하계대원이 의무실로 와서는 다음 차대 의료담당이 성형외과 전공인데 감기라도 걸리면 어떻게 하냐고 그랬단다. 하긴, 나도 의과대학 임상실습 돌기 전까지만 해도 감기는 내과나 소

부두에 정박중인 조디악. 운전자는 연료통과 엔진을 떠나기 전 점검하고 있다.
부두 위에는 조디악 운행을 도와줄 대원들이 구명복을 입고 대기중이다.

아과에서만 처방하는 줄 알았으니까 말이다.

'글쎄…. 방법은 두 가지네. 나한테 처방을 받든지, 아니면 감기에 걸리지 말든지.' 쉽지만은 않은 생활이 될 것 같았다.

10. 하역 II

본격적인 하역이 시작되었다. 먼저 이번 하역을 위해 새로 제작된 '거북호'라 명명된 바지선, 그리고 컨테이너를 통째로 들어올릴 크레인을 먼저 내리는 것이 급선무였다. 그후에 거북호와 중국 바지선을 빌려서 교대로 하역을 하기로 했다.

예전에는 배에 실린 컨테이너에서 나무상자로 각각의 짐들을 모두 풀어서 포클레인으로 일일이 내렸다. 하지만 크레인으로 컨테이너째 실었다가 컨테이너째 옮긴다면 그보다 빨리 하역을 할 수 있을 것 같았다. 좋은 아이디어였다. 먼저 팀을 나눴다. 조디악 두 대는 붙박이로 17차 강천윤 부대장님과 역시 17차인 김홍귀 대원님이 맡았다. 조디악 보조로는 발전담당 진희, 설비담당 요정이와 생물연구원 정원이, 물리연구원 경모, 중장비 형철이형은 포클레인 전담, 중장비 동석이형은 크레인과 지게차 등 다른 운송수단을 맡았다. 상훈이형과 나는 무조건 주방. 나오지도 말란다. 밥만 하란다. 손을 다친 해섭이는 포터 운전만을 맡고 대신 하역 기간 동안 당직은 모두 해섭이가 서기로 했다.

하계대도 당연히 요소요소에 배치됐다. 모두 스탠바이. 날씨가 좋으면 아침 일찍 일을 시작해야 했다. 중국 설룡호에서 연락이 왔다. 일단 거북호를 끌어내렸다. 거북호는 진희와 진준 대원이 가서 몰고 왔다. 동시에 중국 바지선 위로 크레인을 내렸다. 크레인을 바지선에 단단히 고정시켜 기지로 몰고 왔다. 그런데 크레인을 어디에 내릴 것인가가 문제였다. 바지에서 들어올릴 크레인이 있는 것도 아니고. 일단 기지에서 1킬로미터 정도 떨어진 마리안 소만 안쪽에 자리 잡은 체육관 앞바다에서 크레인을 내리기로 했다.

마리안 소만 가운데로 온 바지선은 방향을 바꾸어 해안가에 수직으로 다가오고 있었다. 조디악의 동력으로 미세한 방향을 조절하고 이내 바지선이 해안에 닿았다. 로프가 바지선 앞머리 양측에 연결되고 바지선 가운데도 로프를 묶어 포클레인에 연결했다. 혹시 로프가 터질 것에 대비해서 로프 주변에는 아무도 얼씬거리지 못하게 했다. 총무님의 수신호에 모두 스탠바이 사인을 보냈고, 무전을 통한 지시에 따라 모두 동시에 당기기 시작했다. 포클레인은 당기고, 양측 설상차는 있는 힘껏 방사형으로 뻗어 나가고. 바지선이 해안에 닿을 만큼 닿았다. 양측 설상차는 그 장력으로 멈춰 섰고, 포클레인이 흙을 퍼다가 크레인이 바닷가로 나올 수 있게 바지선 높이만큼 쌓았다. 그 사이에 철판을 깔고 드디어 크레인에 시동을 걸고 내려왔다. 우당탕탕. 무사히 내려왔다. 체육관까지 가는 길에 엉성한 지대로 인해 바퀴가 빠졌지만 별 문제는 아니었다. 갑자기 체육관에서 물 빠지듯이 사람들과 각종 차량들이 서둘러 기지로 돌아왔다. 이제부터 본격적인 하역이 시작되었다.

다음 날, 눈을 동반하지는 않았지만 초속 20미터 이상의 강풍이 몰아쳤다.

이 정도면 강력한 태풍은 아닐지라도 소형 태풍 정도는 되는 바람이다. 모든 작업이 올스톱. 황천길 같은 물보라가 치는 바다 저 멀리 설룡호만이 보이다 안 보이다 할 뿐이었다. 본관동 주방에서 잠시 식당으로 나와 상훈이형과 창밖만 바라보고 있었다. 기지 전체가 조용했다. 대원들은 대원들대로 쉬고 있었고, 대장님은 대장님대로, 총무님은 총무님대로 날씨가 풀렸을 때 할 일들을 정리하고 있었다.

창밖에는 이런 강풍 속에도 날아다니는 스쿠아와 멀리 바다에 계류해 놓은 거북호만 보였다. 이곳의 새들은 참 대단하다. 이런 날씨에 늘 살아와서 그런지, 날개 길이만 2미터가 족히 넘는 자이언트 패트렐, 스쿠아 그리고 작은 새들까지 이런 강풍에도 날아다닌다. 바람을 타고 날 뿐만 아니라 이 강풍을 거슬러서도 나는 모습을 보면 아무리 공격적인 스쿠아라 할지라도 대단해 보이지 않을 수 없다. 거슬러올라가거나 바람을 타고 공중 정지를 하다가 이내 전투기 편대가 날개를 비틀며 한 대씩 옆으로 빠지듯이 폭풍을 안고 뒤로 무서운 속도로 빠진다. 이 와중에도 공중에서 자기들끼리 영역싸움을 하기도 한다.

점심을 먹고 오후가 되면서 조용했던 기지가 요란해졌다. 거북호가 사라진 것이다. 그렇지 않아도 식사 준비를 하면서 상훈이형이랑 창밖을 보니 거북호의 위치가 차츰 변하는 것 같았다. 하지만 온 지 얼마 안 되어 지형이나 주변 환경이 익숙지 않아서 그러겠거니, 구름이 끼었다 걷혔다 해서 보이다 안 보이다 하니 그런가 보다 했다. "상훈이형, 거북호가 저기 있었나?" "글쎄다." 거북호는 계속 움직이고 있었다. 바람에 밀려 마리안 소만 안쪽의 빙벽으로 점점 이동 중이었다. 닻을 내려놓기는 했지만 바람과 파도가 워낙 거세서 안쪽으로 밀려났다. 부두공사가 끝나면 그 안쪽의 도크 안에 넣어 두려고 했지만 현재 부두공사 일정은 모든 건설자재 하역이 끝나야 가능했기에 그동안은 임시로 바다 가운데에 계류를 하기로 했던 것이다.

비상이었다. 대장님, 총무님, 강팀장님과 김홍귀 대원, 우리 차대 막내이면서 가장 키가 크고 힘이 센 물리연구원 경모가 구명복을 입고 조디악에 탔다. 예전에 조난사고 때만큼의 파도와 바람이라고 했다. 다행히 맥스웰 만으로 나가는

자체 동력을 갖춘 바지선. 거북호라 명명된 이 바지선은 18차 때 도입한 것으로 설룡호에 실려 남극까지 운송됐다.

것이 아니고 마리안 소만 안쪽이라 너울이 밀려오지는 않았다. 거북호까지는 다 가갔으나 도저히 거북호로 올라갈 수 없었다. 일단 기지로 복귀했다.

이날 경모는 심한 구토 증세를 호소했다. 특수부대에서 군복무를 한 경모도 이런 폭풍에는 한계가 있을 수밖에 없었는가 보다. 다행히 거북호의 방향이 바뀌었다. 밀리고 밀리다가 체육관 앞 바닷가와 그 앞에 있는 돌섬 사이에 걸렸다.

김홍귀 대원이 로프를 매고 바다로 헤엄쳐 가서 거북호로 올라 배에 로프를 연결했다. 이어 김총무님과 진희가 로프를 타고 거북호로 갔다. 시동을 걸어 봤다. 안 걸렸다. 무슨 이유에서인지 축전지가 모두 방전된 것이다. 기지에 있던 생물연구원 정원이가 축전지를 배낭에 매고 체육관까지 뛰어가기 시작했다. 축전지가 가벼운 것도 아닌데 그 폭풍 속을 뚫고 달렸다.

축전지를 교체해 겨우 시동을 걸고 다른 한편으로는 다시 조디악 옆에 로프를 연결해서 부두로 끌고 나왔다. 잘 끝났기에 다행이지만 사고의 위험은 항상 있었다. 운이 안 따르면 항상 문젯거리가 있기 마련이다.

다음 날은 언제 그랬냐는 듯이 바람이 잔잔해졌다. 흐린 날씨였지만 다시 하역이 시작됐다. 만약 거북호가 빙하 끝에 처박혔거나 어디 암초에라도 걸렸다면 손도 써보지 못하고 잃어버릴 뻔했다.

본격적인 하역이 시작되자 거북호가 제구실을 하기 시작했다. 거북호에는 보통 바지선보다는 많은 짐을 실을 수가 있었다. 하지만 워낙 설룡호로부터 거리가 멀어서 속도를 내기 힘들었다. 중국 바지선도 빌려서 계속 작업을 했다. 간간이 눈발이 내리기도 했지만, 컨테이너째 올리거나 풀어서 짐을 올리고, 짐들은 풀지 않은 채 한곳에 쌓아 뒀다. 컨테이너는 컨테이너대로 다른 한켠에 모아 둬서 항상 부두는 새로 짐을 받을 준비를 했다. 러시아 기지에 기증할 승합차도 내렸다. 우중충한 날씨에 힘든 일들이 끝나자 모두들 녹초가 되어 쓰러졌다. 내일이면 무슨 일이 있어도 하역을 끝내야 했기에 내일만 지나면, 하고 이날 일정을

하역 작업장에 나타난 펭귄. 하역을 위해 모든 대원들과 장비가 총동원되었다.

마쳤다. 이날은 크리스마스였지만 분위기는 크리스마스가 아니었다. 크리스마스 행사는 나중에 하기로 하고, 모두들 잠자리에 들었다. 물론 해섭이가 당직을 섰다.

하역 마지막 날에는 다행히 날씨가 점점 좋아져서 바람도 잦아들고, 구름도 없어 간간이 내리던 눈발도 그쳤다. 하지만 자외선과의 싸움이 시작되었다. 내가 남극에 갈 때만 하더라도 햇빛 걱정은 안했었다. 해가 아무리 내려와도 지구 기준으로 남위 23.5도 이상 내려오지 않고, 더구나 극지방이면 해가 비스듬히 비출 것이고, 따라서 오존 구멍이 있어도 별 상관이 없을 것이라 생각했다. 하지만 이는 정말로 어설프게 알고 추측을 한 것이라 무식한 추정일 수밖에 없었다. 태양은 의외로 직접적으로 작열했고, 공기가 워낙 맑아 태양과 나 사이에는 거칠 것이 아무것도 없었다. 그대로 내리꽂혔다. '꽂혔다'란 표현이 너무나 적절하다. 어디 그뿐인가. 어딜 둘러봐도 태양빛을 흡수할 만한 것이 없었다. 앞으로는 바다, 뒤로는 눈과 얼음뿐. 하늘에서 내리꽂힐 뿐만 아니라 바닥에서도, 멀리 바다에서도 햇빛이 대원들을 공격하고 있었다. 빛이 너무 강했다. 더구나 해가 좀 길어야 말이지. 우스운 얘기이긴 하지만 한국의 공해가 그립기(?)까지 했다. 적어도 자외선은 막아 주니까. 여기서는 구름 낀 날씨에도 밖에 하루 종일 있으면 얼굴이 탄다. 아침에 본 대원이 저녁 먹을 때면 얼굴이 까맣게 타서 들어온다.

이제 작업에 탄력이 붙었다. 오늘중에 끝내야 하기에 또 다른 중국 바지선도 동원됐다. 우리가 부탁한 것도 아닌데, 자신들이 직접 운영하는 바지선을 내서 도와줬다. 너무나 고마운 일이다. 결국 거북호, 우리가 직접 운전하는 중국 바지선, 중국 대원들이 운전하는 바지선 총 세 대가 움직였다. 부두에서도 이제는 역할 분담이 되자 작업에 속도가 붙어서 빠르게 짐들을 정리했다.

일단 개인짐들이 담긴 상자를 찾아 풀었다. 얼마나 반가운지. 지난여름에 일년을 보낼 짐들을 포장하고 풀기를 여러 번. 이런 짐도 넣었던가 싶을 정도로 기억이 가물가물 했지만, 그래도 잘 도착해서 다행이었다. 당연한 일이었지만 이곳 남극까지 내 짐이 도착한 것을 보니 참 신기했다.

11. 한 해를 보내며

며칠 전 기지 앞에 들어온 연구선 유즈모 호는 12월 31일에 떠나기로 되어 있었다. 이제 숨을 좀 돌리는가 싶더니 얼마 전 외해로 나갔던 유즈모 호가 다시 들어와 있었던 것이다. 12월 31일은 아침부터 너무나 정신없었다. 어느 광고의 표현을 빌리자면 12월 31일은 '그저 숫자에 불과' 했다. 한국에서처럼 연말연시 분위기는 전혀 없었다. 일부 연구선에서 탐사작업을 하던 하계 연구팀도 잠시 기지에 들렀다. 기지에 머물렀던 하계 연구팀 중 일부가 이 배로 출남극하기로 되어 있었다.

남극에 들어오는 방법은 앞에서 설명한 항공편 외에 배를 타고 들어오는 경우도 있다. 칠레 남단 푼타아레나스까지는 비행기로 오고, 이곳에서 떠난 연구선을 타고 남극으로 들어온다. 연구선을 타고 들어오는 경우는 오는 도중에 다양한 분야의 해양조사를 하거나 해저탐사를 한다. 물론 바로 들어오는 경우도 있다.

세종기지 앞바다에 정박하면 하계대가 기지에 내린다. 누구는 하루만 왔다가 가기도 하고, 누구는 기지에 하계 동안 상주하기도 한다. 또 낮에 들어왔다가 밤에는 배에 가서 자는 연구원들도 있다. 그리고 가장 중요한 것, 바로 월동 짐들을 실어 온다. 우리가 들어갈 때는 설룡호를 이용했지만 대개는 연구선을 이용한다.

하역이 끝나면 또 중요한 일 한 가지가 바로 선적이다. 이곳에 들어온 물건도 있지만 나가야 하는 물건도 있다. 지난 한 해 동안의 쓰레기 중에서 음식물이나 소각 가능한 것은 모두 소각한다. 하지만 타고 남은 재는 일 년 동안 모았다가 반출한다. 나머지 분리수거가 가능한 것은 분리수거해서 내보낸다. 그리고 엔진오일을 비롯한 각종 폐유들도 분리해서 내보낸다. 지난해 월동한 대원들의 짐도 보낸다. 모든 짐들을 한국에서 떠날 때 지고 와서 지고 가는 것이 아니다. 대부분 생활할 짐들은 미리 보내서 이곳에서 받고, 한국에 보낼 때도 마찬가지다. 일 년간 연구한 샘플이나 하계 동안 모은 샘플 중에 냉동칸에 넣어서 운반해야 하는 것도 이 배를 통해서 나가야 하기에 갑자기 분주해진다. 대개는 미리미리 준비되어 있지만, 기지 냉동고에서 샘플을 다시 찾기도 하고, 한국에서 다른 연구원들이 전화로 챙겨 올 것을 얘기해 주기도 한다.

배가 정박해 있는 동안 일부 하계 연구도 마쳐야 하고, 한편에서는 나가야 하는 짐들을 챙겨서 실어야 한다. 또 유즈모 호가 떠나면서 배편으로 나가야 하는 인원들도 미리 떠날 준비를 해야 한다. 배와 기지 사이만 바쁜 것도 아니다. 이 모든 인원의 출입과 기지 상주시에 숙소 배치 및 관리를 총무님이 모두 도맡아야 한다. 어느 인원이 언제부터 언제까지 있고, 나갈 때는 무슨 경로를 통해서 나가는지 등등. 비행기편도 항상 일정치가 않기에 어느 날 갑자기 비행기가 올 수도 있고, 안 올 수도 있다.

상훈이형은 항상 총무님께 오늘 기지 상주 인원이 얼마인지를 묻는다. 또 변동이 있으면 총무님이 먼저 주방으로 전화를 준다. 그래야 식사 준비를 어느 정도 해야 할지 알 수 있기 때문이다.

마지막 배편으로 남아 있던 사람들마저 모두 나갔다. 갑자기 또 바빠졌다. 일 년을 보낼 월동 짐 하역을 마치고 쓰레기를 포함한 모든 물건들을 반출했고, 또 1차 하계팀들도 다 빠져나갔기에 뭔가 새로운 시작을 하는 느낌이었다. 그리고 무엇보다 크리스마스도 제대로 못 보냈으니 일 년을 마감하는 송년 파티를 거하게 열기로 했다. 12시간 빠른 한국은 이미 새해가 밝았겠지만 말이다.

이곳에 들어와서 처음 푸는 소주. 모든 세종기지의 물품을 관리하는 총무님도 술을 좋아하시지는 않지만 소주를 푸는 데 신나셨다. 다들 기지 여기저기서 왁자지껄하고 간만에 여유롭게 이런저런 대화를 하는 통에 웃음이 끊이지 않았다. 오래간만에 사람 사는 냄새가 났고, 대장님은 월동의 반은 끝냈다고 좋아하셨다. 갑자기 유즈모 호에서 남단장님의 무전이 왔다.

"세종기지, 세종기지, 유즈모."

"네! 세종기집니다."

유쾌한 대장님의 목소리.

"우리 유즈모 호는 지금 떠나겠습니다."

"조심해서 떠나시고, 한국에 도착하면 연락바랍니다."

"네! 일 년 월동 잘 보내시고 내년에 다시 뵙기를 바랍니다. 대원들 모두 건강히 지내십시오!"

　창밖으로 유즈모 호가 멀어지는 것이 보이고, 뱃고동 소리도 들렸다. 하지만 이내 왁자지껄한 분위기에 뱃고동 소리도 묻혀 버렸다. 요즘은 통신이 워낙 발달해서 남극이나 한국이나 별반 차이가 없게 느껴진다. 속도는 좀 느리지만 이메일을 주고받거나 한국 소식을 국내에서만큼이나 잘 알 수 있기에 나중에는 여기가 한국인지, 남극인지 구분이 안 갈 정도이다. 위성전화가 있지만 불편해서 거의 사용하지 않는다. 대신 인터넷 전화를 쓴다. 음질도 좋고, 중간에 끊기지도 않는다. 그리고 무엇보다 무척 싸다. 해외에서 걸어도 거의 시내요금 수준이니 이곳에서 즐겨 쓸 수밖에 없다. 메신저도 마찬가지다. 그래서 다들 떠나면서 하는 말이 한국 도착하면 메일 달라, 혹은 메일 하마 등이다. 처음에는 이곳에서 메신저로 연락을 주고받으면 모두들 신기해 하고 잘 지내는지, 춥지는 않은지, 건강한지, 그리고 먹는 것은 잘 먹는지 안부를 물어오곤 한다. 하지만 매번 컴퓨터를 켤 때마다 자동 로그인을 해 놓으면 또 들어왔느냐, 일은 하지 않느냐는 핀잔을 듣기 일쑤다. 어느 대원은 자동 로그인 설정을 해서 어린 딸에게 대화 신청을 했는데, 대화 수락도 안하고 한참 뒤에 아빠 또 들어왔냐고 하면서 엄마한테 키보드를 넘겼단다. 나는 메신저를 별로 이용하지 않지만 자동 로그인 설정은 해 놓지 않았다.

　하지만 예전에는 달랐다고 한다. 전화도 한 번 걸기가 쉽지 않았고, 또 전화요금도 만만치 않았던 시절. 그저 편지 한 번 보내면 빨라야 한 달, 그쪽에서 거기에 답장을 보내면 또 한 달. 그래서 여섯 번 정도 편지 주고받으면 일 년이 간다고 했다. 더구나 겨울에 비행기편이 없으면 겨울이 끝날 무렵에나 한꺼번에 편지를 받기도 했단다. 그나마 편지가 도중에 없어지지 않고 배달되기만이라도 하면 다행이었다. 어떤 대원은 이곳에서 받는 월급 대부분을 전화요금에 다 쓰기도 했단다. 그런 시절에는 유즈모 호가 출발하는 날에는 모두들 부두에 나왔다고 한다. 흐린 날씨에 구름이 몰려오거나 눈발이 날리면 더욱 쓸쓸했다고 한다. 유즈모 호가 안개 속으로 사라지면서 뱃고동 소리를 계속 울리고, 한 대원이 기지에 있는 차량을 부두로 가져와 멀어지는 배를 향해서 안 보일 때까지 헤드라이트를 깜빡깜빡거리기도 했단다. 몇몇 대원은 눈물을 비치기도 하고, 몇몇 대원은 자신의 감정을 보이기 싫어 일부러 일찍 들어가기도 했단다.

세상이 바뀌어서 이제 이런 일은 없어졌다. 모두들 유쾌하게 작별을 하고 또 월동을 기대하고, 내년을 기대하는 것은 아무래도 긍정적인 것 같았다. 그리고 무엇보다도 하역이 다 끝나지 않았던가.

12. 조디악

사실 '조디악'이란 이름은 고무보트를 만드는 프랑스 회사의 상표 이름이다. 이것이 고무보트의 일반명사로 많이 불린다. 남극에서 가장 기동성이 좋은 이동수단은 바로 이 조디악이었다. 더구나 세종기지는 인근 기지와는 많이 떨어져 있었기에 육로를 이용할 수 없었고, 배로 이동하는 것이 인원과 물자를 가장 많이 기동성 있게 운반할 수 있다. 세종기지에는 두 대의 조디악과 한 대의 비상 조디악이 있었다. 각 조디악에는 60마력 엔진이 두 개 장착되어 있고, GPS와 무전기가 달려 있다.

조디악 운행이 결정되면 유지반장님 책임하에 중장비팀이 사전점검을 한다. 예비 기름과 비상식량을 다시 챙기고 GPS와 무전기를 점검한다. 포클레인을 이용해서 조디악을 보관동에서 부두로 옮기는데, 이때 두 명의 도우미가 앞뒤 로프로 흔들리지 않게 줄을 잡아 주고 바다에 내리면 부두에 묶는다.

조디악을 운행할 때도 최소 두 명이 필요하다. 한 명은 조디악 운행을, 다른 한 명은 도우미로 전방에 얼음이 나타났을 때 대처를 하거나 먼저 해안에 내려서 로프를 당기거나 부두인 경우 로프를 던져서 조디악을 정박시킨다.

조디악에 타는 모든 사람들은 구명복을 반드시 입어야 한다. 구명복에도 몇 가지 종류가 있다. 보통은 일반 구명복을 입지만 도우미는 옷부터 신발까지 하나로 된 일체형 구명복을 입는다.

조디악과 승선 인원이 준비되면 모두 부두에 모인다. 약속시간은 반드시 엄수. 떠날 때 부두에서 도와줘야 하는 사람도 있는데, 추운 날씨에 밖에서 사람을 기다리는 것만큼 싫은 일도 없기 때문이다.

조디악 출발 전에 미리 승선 인원을 정하지만 그때그때 변동사항이 있기도 했다. 따라서 부두를 출발하자마자 반드시 해야 할 일은 통신실에 몇 번 조디악에 누구누구가 탔는지 정확히 불러 주는 것이다. 그리고 행선지를 반드시 밝히고 변동이 있으면 그때그때 기지로 보고를 해야 했다. 마찬가지로 목적지에 도착했을 때 몇 시에 어디에 있는지 보고하고, 떠날 때도 똑같은 절차를 거쳤다. 별것 아닌 것 같지만 무시할 수 있는 절차가 절대 아니다.

무전기도 승선하는 사람들이 몇 개는 예비로 가지고 있어야 했다. 목적지에 도착해서도 조디악과 이동인원간의 연락을 위해서 반드시 필요했다.

13. 새해

새해라고 별다를 것은 없었다. 단지 다음 날 모처럼 오전에 쉬는 일정을 빼고는 말이다. 하지만 나는 좀 드라마틱한 것을 하고 싶었다. 송년회 만찬중에 의무실로 와서 집에 전화를 했다. 신년인사를 남극에서 하고 싶었다. 내년 새해는 집에서 보낼 수 있을 것이라고 말씀을 드렸다. 그리고 지인들에게 전화를 드렸다. 의대 교실 선생님들과 선후배들과 통화했다. 너무들 반가워하고 여기서 전화 건 것에 모두들 놀란 모양이었다.

친구들과도 통화했다. 새해 인사로 이렇게 많이 전화를 해 본 적도 없었지만, 그래도 이럴 때 전화라도 하지 않으면 전화할 거리가 없지 않은가. 하지만 갈수록 춥냐는 질문과 펭귄을 봤냐는 질문에 더 이상 같은 대답을 하기에도 지쳤다. 개중에 북극곰 봤냐고 묻는 질문에는 정말….

남극은 대륙이라 남극 대륙, 북극은 바다라 북극해라고 부른다. 펭귄은 북극에는 없고, 북극곰, 즉 흰곰은 남극에 없다. 물개나 해표는 남극이나 북극에 모두 존재하지만 펭귄과 북극곰은 독보적이다. 에스키모나 이글루도 북극과 관련된 용어다. 하지만 정작 남극에 오는 나도 처음에는 착각을 했었다. 이름에서도 알 수 있듯이 북극곰은 북극에만 있는 줄 알았던 나에게 뜻밖의 '사건'이 있었다. 남극연구과학위원회(SCAR: Scientific Committee on Antarctic Research) 의무분과 참가차 독일에 갔을 때 서점에서 『남극(*Antarctica*)』이란 책을 샀다. 그런데

조디악을 운행중인 월동대원들이 손을 흔들고 있다.

이 책에 엄연히 북극곰이 헤엄치고 다니는 모습이 있지 않은가? 물론 펭귄 사진도 있었고. 이날 이후로 내 '상식'이 바뀌었다. 남극에도 북극곰이 사는 것으로 믿게 되었다.

어느 날 연구소에서 담소중에 북극곰 얘기가 나왔다. 남극에서 북극곰을 만날 때는 어떻게 하냐는 나의 말에 다들 놀라는 표정. 하지만 이내 한심하다는 표정으로 나를 째려봤고, 책에 근거한 나의 이론에 대장님은 반론할 일말의 가치도 못 느낀다는 표정으로 "시끄럽다"란 말만 남기시고 연구실로 들어가셨다. 집에 와서 그 '근거'를 들이댈 책을 찾았다. 그런데, 이런…. 책 제목이 『남극과 북극(Antarctica & Arctic)』이었다. 결국 북극곰은 북극에만 있었다.

"남극에 있는 느낌이 어때?"

느낌? '여기가 남극인지 아닌지도 모르겠다'가 정답이었다. 왜냐하면 아직까지 춥지도 않았고, 펭귄을 보지도 못했으니까. 물론 춥다. 여름에도 춥다. 하지만 이 여름 추위가 한국을 떠날 때만큼 춥지는 않았다. 오히려 한국의 겨울이 더 춥게 느껴질 정도였다. 종종 기지로 올라오는 펭귄들은 있었지만, 펭귄마을에서 무리를 지어 사는 녀석들은 아직 보지 못했다.

한국에서 이곳까지 오는 데 시간이 좀 걸리기는 했지만 그래도 편하게 온 편이었다. 그냥 대장님과 총무님, 그리고 승일이형이 시키는 대로 따라오기만 하면 됐다. 몇 시까지 모이라고 하면 그대로 모이면 됐고, 도착하는 공항마다 미리 현지 담당자가 와 있어서 차에 짐을 싣고 타기만 하면 됐다. 숙소도 이미 예약이 되어 있었고, 아침에 제때 일어나기만 하면 됐다. 이전에 다녔던 해외여행은 끊임없는 질문의 연속이었다. 비행기표에서부터 숙박, 여권, 비자 등등. 한국에서도 여기저기 수소문했고, 해당국에서도 줄기차게 물어물어 비행기도 타고 예약한

기지에서 1킬로미터 이상 이동시에는 출발과 동시에 통신실에 연락을 해야 한다. 출발 인원 모두의 이름, 목적지, 도착 예정시간 등을 반드시 통보해야 한다. 통신실도 반드시 이 사항들을 기록해야 한다. 지레짐작과 방심은 사고로 이어지기 쉽기 때문이다.

호텔도 찾고, 안내책자를 바탕으로 이것저것 물으면서 다니는 동안 어느새 '이곳'에 있구나 하고 느꼈었다. 항상 이렇게 다녀서인지 내 평생 가장 먼 곳까지 왔지만 오히려 가장 쉽게 왔다.

　주위를 둘러보면 처음 보는 풍경뿐이다. 멀리 차가운 파도가 넘실거렸고, 그 뒤로는 얼음에 덮인 섬과 해안으로 떨어지는 빙하들, 간간이 보이는 펭귄들. 하지만 그뿐이었다. 오자마자 이런저런 일들로 바쁘고, 주방에서 도와주다가 환자 생기면 의무실로 가고, 기지에 머물면서 식사 때면 밥만 먹고 있었다. 주변에 보이는 풍경은 마치 영화 「매트릭스」에서 설명한 가상의 공간 같았다. 여러 가상 세계 중 하나에 불과한 것 같았다.

　"매트릭스 안에 있는 것 같아요."

　이것이 나의 대답이었다.

　1월 1일도 역시 숫자에 불과했다. 이날은 승합차 한 대를 러시아 기지에 기증하기로 한 날이었다. 승합차는 한국에서 실어와 이번 하역 때 기지에 내려놓았다. 사실 우리가 칠레 프레이 기지에 비행기가 와서 사람이나 물건들을 수송할 때 이만저만 불편한 게 아니었다. 매번 프레이 기지에 이웃한 러시아 벨링스하우젠 기지에 부탁했었지만, 그것도 한계가 있었다고 한다. 물론 반갑게 도와준다. 하지만 그들 일정도 있을 테고, 기름도 외부에서 공급받는데 매번 빌려 쓰기도 불편했다. 지난번 조난사고 때 많은 도움을 준 것도 있고 해서, 이번에 아예 승합차 한 대를 러시아 기지에 기증하기로 했다. 물론 겉에는 세종기지 마크가 붙어 있다. 평소에는 러시아 대원들이 쓰고 우리가 필요로 할 때는 빌려 쓸 용도였다. 그 승합차를 거북호로 운반해 주었다. 잘생긴 올렉 대장이 직접 부두에 나와 차를 인수했다.

　이 승합차가 처음 경기도 안산에 있는 해양연구원 앞마당에 왔던 날이 기억난다. 새빨간 차가 주차장에 주차돼 있었다. 멀리서 보니 바퀴 튜닝도 엄청 높게 되어 있었다. '허이구…. 어떤 녀석 것인지는 몰라도 엄청 튀네. 연구소라 점잖은 분들만 있는 줄 알았는데, 어떤 녀석 것인지. 끌끌…' 하고 의무실로 왔다. 한참 뒤에 알고 보니 우리 차대에서 싣고 갈 차란다. 남극에서는 눈에 잘 띄게 하기 위해서 건물이나 설상차에 빨간색이나 주황색 등을 칠한다. 차가 다니는 길은 있지만 눈이 항상 쌓이기에 튜닝을 높게 해 놓았다. 나중에 러시아 기지에 기증한 승합차를 나도 몰아 봤고, 이 차는 우리에게 많은 도움이 됐다.

　무전을 할 때는 상대방을 호출하는 방법이 정해져 있었다. 부르고자 하는 상대방을 두 번 호출하고 내가 누구인지를 한 번 말해 준다. 가령 세종기지에서 칠레 프레이 기지를 부르려고 하면, "프레이, 프레이, 킹 세종" 하면 된다. 밖에 나간 대원이 세종기지와 연락하려면 "통신실, 통신실, 펭귄마을 홍종원" 하면 된다. 하역할 때도 마찬가지다. 무전기가 여러 대이기 때문에 "1번 조디악, 1번 조디악, 김총무" "남진희, 남진희, 김동석" 하면 된다. 김총무님과 동석이형이 상대방을 부르는 것이다. 이렇게 여러 번 무전을 하다 보면 명칭이 헷갈리는데 거북호가 대표적이었다. 한참 부르다 보면 "거북선, 거북선" 혹은 "거북이, 거북이" 하게 되곤 했다. 무전이 반복되면 생길 수 있는 상황이었다.

　거북호와 조디악이 일을 마치고 나란히 기지로 돌아오고 있었다. 통신대원 인호가 다른 대원과 교신하는 내용이 들렸다. 아마 대장님을 찾는 무전이 어디서 왔나 보다. "지금 대장님 조디악이 거북호를 예인해서 오고 있습니다." 처음에는 그런가 보다 하고 있었는데 거북호는 멀쩡히 잘 가고 있었다. 대장님과 거북호가 같이 기지로 오고 있다는 말을 대장님을 주체로 말하려다 보니까 말이 엉킨 것 같았다. 그런데 잠시 후에 갑자기 거북호 엔진이 멈추고 말았다. 기관고장이 났는데, 정말 조디악이 예인을 하게 생겼다. 한 대로는 불가능했기에 마침 크레인 와이어 때문에 중국 장성기지로 나갔던 김총무님팀을 바다 한가운데서 조우했다. 결국 인호의 말대로 예인을 하게 된 것이다. 정말 말조심해야지.

　제 역할을 다한 거북호는 체육관 뒤편 해안으로 끌어올리고 아예 말뚝을 박아 고정시켜 놓았다. 올 연말까지는 쓸 일이 없으니 말이다. 그리고 다음 차대가 들어오면 알아서 쓸 것이니, 수리해 놓기만 하면 될 일이었다.

　다음 날, 그동안 수고해 주신 17차 강부대장님과 김홍귀, 진준 대원이 떠났다. 대부분의 하계 연구원들도 함께 떠났다. 이로써 전임 차대 대원들은 모두 떠나고 기지에는 18차 월동대, 남경회사 직원들, 항공우주연구원 연구원들, 칠레노들만 남았다.

항공우주연구원, 줄여서 항우연이라고 했다. 항우연 연구원들은 아리랑위성 관제소를 설치하기 위해서 왔다. 또 남경회사 분들은 18년 된 노후한 부두를 공사하기 위해 들어와 있었다. 따라서 이제 남은 큰일들은 세종관제소 설치와 부두공사였다. 그 외에 다른 일은 헬기가 내려앉는 헬리포트 공사, 대피소 설치, 이정표 교체, 고 전재규 대원 동상 주변정리 등이 있었다. 그리고 새로 들어올 인원으로는 처음 시도되는 남극체험단, 정부검열단, 그리고 세종기지의 풍력 발전 가능성을 알아보기 위해 협동과제팀이 들어오는 일정이 남아 있었다.

14. 남극체험단과 펭귄과의 첫 만남

우리가 남극에 들어올 무렵에는 다시 남극에 대한 관심이 고조되었다. 사실 조난사고 전에는 세종기지에 대한 관심이 많이 사그라져 있었다. 일반인은 물론 정부에서도 그랬다. 일례로 내가 보건복지부에서 파견되었는 데도 병무청이나 여권과에서 여행허가서와 여권을 받을 때 쉽지 않았다. 불행이긴 하지만 사고 이후로 관심이 많아진 듯했다. 특히 언론의 관심이 많았다.

극지연구소에서 남극에 대한 인식의 제고를 위해 처음으로 시도한 것이 일반인들을 대상으로 한 남극체험단 프로젝트였다. 일반인이라고는 했지만 남극의 특성상 직업에는 제한이 있었다. 첫번째로 과학교사 두 명, 예술인 두 명을 선발했다. 그렇게 선발된 분들이 김현태 선생님, 이경 선생님 그리고 강명희 화백과 사진가 정종원 씨다. 물론 방송팀에서도 이들의 활동을 촬영하기 위해 같이 들어오기로 했다.

1월 12일, 남극체험단이 들어왔다. 날씨가 좋지 않아 정부검열단이 전날 미리 칠레 기지로 나갔다. 체험단을 태우고 들어온 비행기로 나가는 일정이었다. 날씨가 좋지 않을 경우 체험단도 우리와 마찬가지로 하루를 칠레 기지에서 보낼 수도 있었다.

남극체험단이 푼타아레나스에 도착한 지는 이미 1주일 가량 됐었다. 그런데 계속 날씨가 안 좋아서 남극으로 들어오지 못했다. 반대로 하루 일정으로 왔던 정부검열단은 기지에서 나가지 못했다. 사실 하루 이틀이야 있을 만하지만 기지에 갇혀 일주일씩이나 대기하는 것은 지겨운 일이었다. 더구나 체험단의 경우는 한국으로 돌아가야 할 날짜까지 정해져 있어서 푼타아레나스에서 보내는 하루하루는 피가 마르는 듯했다고 한다. 하지만 결과적으로 체험단은 운이 좋았다. 며칠 사이에 남극의 모든 것을 보고 갔다. 모든 자연현상이 며칠 사이에 모조리 나타난 것이다.

남극체험단은 하마터면 하루 더 늦게 남극으로 들어올 뻔했다. 새벽 6시에 공항에 나갔지만 남극 날씨가 좋지 않아 다시 스탠바이. 오후에 시간을 알려준다고 했단다. 오후 5시에 비행기가 뜬다고 해서 모두 다시 공항으로 왔지만, 체험단 단장님인 정호성 박사님이 비행기에 탑승하려고 하지 않았다. 중간보급으로 들어오기로 한 부식이 공항에 도착하지 않아서 도착할 때까지 버티기로 한 것이다. 우리가 얻어 타는 비행기가 아니라 전세 낸 비행기라 가능한 일이었다.

그래도 규정은 있는 법. 부식이 너무 많아서 다 싣지 못하게 했다. 그래도 정 박사님께서 아이디어를 내서 좌석에 부식을 실었다. 이게 말이 쉽지 실제로 이렇게 하기는 쉽지가 않다. 이런 경우에는 쓸데없이 딴죽을 거는 사람들도 많고, 심지어는 웃돈을 요구하는 경우도 있다. 따라서 경험도 있어야 하고 목소리도 커야 한다. 일단 안전상 많은 짐은 비행기에 실을 수가 없다. 또 칠레 프레이 기지 공항 활주로가 비포장 활주로이기에 활주로 보호를 위해서도 규정은 지켜야 한다.

하지만 이번에 부식을 가지고 들어오지 않으면 이미 동나기 시작한 야채나 과일을 당분간 기지에서 먹을 수가 없고, 싣지 못한 부식은 다음 비행기를 기다리다가 혹시 썩으면 그대로 버릴 수밖에 없었다. 그래서 항공사 직원들과 안면 있는 기장을 설득해서 빈 좌석에 나머지 부식상자를 실었다고 한다. 그래도 정원에 못 미치는 중량이니까 그것이 가능했다. 어디에서든지 대화로 잘 풀어 나가면 통하는 것인가 보다.

체험단이 남극에 도착한 시간은 밤 10시가 조금 넘어서였다. 이미 세종기지 대원들은 저녁식사를 모두 마치고 저녁 8시쯤에 체험단을 마중하러 칠레 기지로 떠났다. 밤 10시인데도 밝았기 때문에 이동하는 데는 아무 지장이 없었다. 부식도 들어올 것이 많았기에 저녁식사 후 여러 대원들이 체험단을 마중나갔다. 저녁 식사 준비와 정리도 다 끝났기에 상훈이형이나 다른 대원들도 나보고 같이 가자고 했다. 하늘을 보니 구름도 끼어서 흐리고, 밥 먹고 나니 피곤하기도 하고, 상훈이형 혼자 또 체험단 저녁식사 준비하게 두는 것이 미안하기도 해서 괜찮다고 사양했다. 주방에서 상훈이형과 이런저런 얘기를 주고받으면서 간간이 무전으로 흘러나오는 소리로 어디쯤 왔는지, 무엇을 하고 있는지 대충 짐작할 수 있었다. 다시 식사 준비나 할까 하면서 본관동 뒷문을 잠시 열었다. 하, 정말…. 안 따라 나간 것이 후회막급했다.

조금 전까지만 해도 흐렸었는데 넬슨 섬 뒤쪽 하늘이 열리더니 이내 붉은 물결이 차양막 같은 구름 아래를 따라 퍼졌다. 이 붉은 빛은 바다뿐만 아니라 넬슨 섬을 덮은 하얀 빙원은 물론이고 우리 기지와 그 뒤쪽에 있는 킹 조지 섬 빙원까지 모두 물들였다. 기지에서 아무리 잘 보인다 한들 이 풍광 가운데에서, 바다 가운데에서 보는 것만 같으랴. 앞으로 이런 기회도 많지 않을 것이고. 왜냐하면 기지 바깥 출입은 되도록 날씨가 좋은 낮 동안이지, 이렇게 밤까지 이어지는 경우는 특별한 경우를 제외하고는 없을 것이기 때문이다. 설사 기회가 온다 해도 이렇게 멋진 장면이 펼쳐지리라는 법도 없었다. 내 예상은 적중했다. 체험단이 들어왔을 때 좋은 카메라를 가진 정종원 기자와 김현태 선생님은 연신 감탄사를 연발하고 계셨다.

2주 일정으로 들어왔던 체험단은 1주를 푼타아레나스에서 소비해서 이곳에 머물 시간은 1주일밖에 없었다. 모든 시스템이 체험단 지원 위주로 돌아갔다. 조디악과 무전기 사용은 체험단 일정에 먼저 맞춰졌다. 한편으로는 헬기장 공사, 부두공사와 항우연 공사가 시작됐다. 형철이형은 포클레인으로 위성안테나 위치 맞추랴, 관제소 컨테이너 옮기랴, 부두공사 자재 옮겨 주랴 정신이 없었다.

원래 헬리포트 공사는 예정에 없었던 일정이었다. 1999년에 헬기장을 만들었지만 워낙 추운 날씨에 바닥재가 조금씩 깨지기 시작했는데 최근에는 너무 심하게 파손이 됐다. 설룡호에 탑재된 헬기로 중국 VIP들이 우리 기지를 자주 방문했었는데 헬기가 내릴 때는 잘게 부서진 바닥판들이 흩날려서 위험했다. 그래서 일단 급하게 헬리포트부터 손보기로 했다. 매년 기지 보수를 위해 들어오시는 장종철 반장님께서 칠레노 인부들 그리고 유지반 대원들을 총동원해서 공사를 시작했다.

이 일을 시작으로 본격적인 여름작업이 시작됐다. 물론 하역을 끝냈을 때 큰일들은 끝냈지만, 그 하역 짐들에는 이번에 해야 할 공사들이나 시설, 장비 등이 끊임없이 있기에 이것을 마치기 전까지는 안심할 수가 없었다.

항우연 관제소 건설도 중요했고, 기반시설이나 다름없는 부두공사도 중요했다. 이곳 남극의 위치적 특징을 제대로 이용할 수 있는 시설이 세종관제소였다. 한국에서 아리랑위성을 만나는 횟수는 하루에 네 번에 불과하지만, 위성이 지구를 공전하는 궤도에 극지방은 반드시 포함되기에 위성에 지시하는 횟수나 지시를 받는 횟수가 증가해서 위성 이용도를 더 높일 수 있다. 그러니 극지방의 위치를 제대로 이용하는 시설이라 할 수 있을 것이다. 그만큼 중요하고 기밀에 가까운 시설이라 무인으로 통제되는 세종관제소 안은 대장과 통신담당 외에는 출입이 금지되었다. 상시 잠겨 있었고, 창문도 없다.

이곳 바다는 거센 바람과 파도도 문제지만 그 위에 떠다니는 얼음들도 그 위력이 대단하다. 여러 얼음 조각들이 이리저리 떠다니는데 작게는 사과만한 얼음 조각들부터 바위만한 얼음 조각들까지 무리를 지어서 떠다닌다. 물론 건물만한 얼음도 있지만 이것들은 너무나 커서 바닷가에 오기 전에 밑둥이 걸리고 바위만한 것들은 해안에 걸린다. 이런 얼음들이 파도가 칠 때마다 함께 부둣가를 때린다고 생각해 보면 그 위력은 상상하고도 남는다. 부두 주변에 폐타이어를 두르는 것은 전혀 의미가 없다. 바다에 장치한 기기들은 방심하는 사이에 어느 순간 파괴되고 만다. 기지 부두도 매번 보강공사는 했지만 근본적인 치료는 안 됐다. 계획이 잡혀 있는 중에도 계속 손상되어 급기야 공사 시작 무렵에 부두 밑에 있던 흙더미가 약해진 부두 한쪽으로 빠지면서 꺼지기도 했다. 임시방편으로 막고 빨리 부두공사를 시작하는 수밖에 없었다. 철제 빔을 부두를 둘러가며 바다 속으로 깊이 박는 한편, 거북호를 보관할 도크를 만드는 것이 주공사였다.

이 바쁜 와중에 블리자드(심한 추위와 강한 눈보라를 동반하는 강풍)가 찾아

블리자드가 왔다.
하역을 비롯한 모든 야외업무는 중단되고 기지 밖 외출도 금지된다.
멀리 험한 바다에 정박한 중국 쇄빙선이 보인다.

왔다. 모든 활동 올스톱. 이유가 너무 확실하지 않은가. 블리자드. 하지만 한편으로 편하기도 했다. 상훈이형과 나야 하던 대로 계속 주방에 있어야 했지만 그래도 편했다. 아무래도 다들 실내에서 조용히 머물다 보니까 우리도 좀 여유가 생긴 것 같았다. 사실 그동안 너무 바빴다. 얼마 전부터 몸이 아픈 대원들이 생기기 시작하더니 이날은 여러 번 의무실로 가야 했다. 식사중에도, 본관동에서도 나를 찾는 사람들이 있었다. 다행히 큰 병들은 아니었지만, 그래도 이런 곳에서 아프면 서러운 것 아니겠는가. 사실 해섭이 마음고생이 참 심했다. 하역 기간 동안 당직을 서고 낮에는 포터를 모는 것이 공식적인 임무였지만 해섭이는 항상 대원들에게 미안해 했다. 대원들 모두 이해하고 괜찮다고 했지만 정작 본인은 부담감에서 벗어나지 못했다.

상훈형도 어깨에 이상이 있었다. 물리치료기기가 있었지만, 신통치 않아서 내가 직접 안마를 해주기도 했다. 나도 이곳에 오기 전에 똑같은 부위가 아팠었기 때문에 어떻게 해주면 덜 아픈지 알았기 때문이다. 모든 사람들에게 그렇게 해줄 수는 없지만 상훈이형에게는 그렇게 해줬다.

오전부터 불던 폭풍설은 저녁식사 때가 되니 점점 잔잔해지기 시작했다. 오히려 저녁을 먹고 나서는 구름도 걷히기 시작했다. 시간이 없던 체험단이 펭귄마을을 가겠다고 했다. 원래는 블리자드일 때, 그리고 해질 무렵에 야외활동은 금지였다. 하지만 블리자드가 거의 걷혀 가고 있었고, 해도 길었기에 허락이 떨어졌다.

대장님께 펭귄마을에 같이 갔다오면 안 되겠냐고 조심스럽게 여쭤 보았다. 다행이 갔다 오라는 허락이 떨어졌다. 바로 주방에 가서 상훈이형을 꼬셨다. 형도 흔쾌히 가기로 했다. 사실 세종기지에 들어온 지 한 달이 넘었는데 펭귄마을을 한 번도 못 갔다는 것은 말이 안 됐다. 너무 가고 싶었다.

17차 대원들이 떠나기 전에 마지막으로 가봤던 곳이 펭귄마을, 남극에 들어오는 모든 사람들이 처음 가는 곳도 펭귄마을, 하계대 대원들이 오자마자 다시 가보는 곳도 펭귄마을. 도대체 어떤 곳일까.

막상 출발할 시간이 되자 무엇을 입고 가야 하는지 몰랐다. 다들 기지 주변이나 배로 이동한 경험이 있을뿐 눈 내린 육지를 걸어갈 때는 어떤 복장에 어떤 신발을 신어야 할지 좀 난감했다. 일단 홈페이지에 올릴 사진도 찍어야 하는데, 멋을 좀 부릴 옷을 입어도 되는지, 참. 일단 신발을 신고 가는 것도 그랬다. 일상 작업화만 신고 가려고 했는데, 눈이 많이 쌓여서 눈이 못 들어오게 무릎까지 대는 보호대도 착용해야 하는 줄 잊었다. 연구동 현관에서 보시던 최문영 박사님께서 안쓰러웠던지 직접 해주셨다. 담배 피우러 나오신 대장님이 한심하다는 듯이 쳐다보셨다.

드디어 연구동 앞에 모두 모였다. 나를 시작으로 상훈이형, 형철이형, 요정이까지 합류를 했다. 아무래도 다른 사람들보다는 우리끼리 같이 갈 수 있어서 신났다. 무전기를 받고 인원 파악을 한 후에 아무래도 월동을 한 번 했기에 지리나 여러가지를 잘 아는 요정이가 우리를 안내하는 역할을 맡았다. 뒤도 안 돌아보고 떠났다.

세종기지는 바톤 반도의 끝자락에 있다. 날름 내민 혀같이 생긴 바톤 반도를 따라가다 보면 펭귄마을이 나온다. 해안가는 절벽처럼 깎아지른 듯하다. 그 위에서 혹한에 깨진 무수한 돌들이 흘러내려 급격한 사면을 이룬다. 이런 해안이 세종기지가 있는 세종곶부터 그 뒤쪽에 있는 포터소 만까지 이어진다. 이 기암절벽이 끊임없이 있는 것은 아니고 중간중간에 계단식의 언덕이 해안으로 이어진다. 이런 언덕에 펭귄들이 올라가 살고 있고, 이런 서식지를 펭귄마을이라 부르게 된 것이다.

남극 주변에는 이렇게 펭귄들이 모여 사는 서식지가 있다. 그리고 그 안에서도 윗동네 아랫동네같이 여러 동네가 나뉘어 살고 있다. 물론 개중에는 이곳에서 떨어져 나와 서식지가 아닌 그냥 바닷가나 언덕에서 몇 마리씩, 혹은 혼자 지내는 녀석들도 있다. 이런 펭귄 서식지는 세종기지가 있는 곳만이 아니라 노출된 육지 곳곳에 형성되어 있다. 우리가 있는 맥스웰 만에는 대표적인 서식지가 세 군데 정도 있고, 작은 규모로 한 군데 더 있다.

사실 기지에서는 앞에 바다와 바톤 반도 위쪽의 봉우리 외에 다른 것은 보이지 않는다. 기지 뒤쪽의 산이 점차 낮아지면서 해안가 기지가 있고, 이보다 더 낮고 더 넓은 평지가 바다로 뻗어 있다. 이곳이 세종곶이다. 펭귄마을을 가려면 세종곶을 조금 지나 외해쪽 해안가로 가야 한다. 처음으로 기지를 벗어나서 펭귄마을로 가는 길은 나에게 앞으로 펼쳐질 또 다른 생활을 가르쳐 주는 것 같았다.

그곳에서 본 그 절벽을 뭐라고 설명해야 할까. 블리자드가 불고 난 후라 눈 덮인 절벽. 눈이 덮이다 못해 각각의 돌들 끝이 뾰족뾰족 올라와 절벽에서부터 사면을 이루고 있었고, 오히려 평지보다 옆으로 기운 사면은 입체감까지 느끼게 했다. 눈은 쌓였지만 남아 있는 바람에 물안개가 올라오듯 땅에서는 눈입자가 바람을 타고 올라오고 있었다. 눈먼지란 표현이 있다면 딱 맞는 표현일 것이다.

인기척을 느꼈는지, 멀리 눈먼지가 일어나는 바닥에서 쉬고 있던 펭귄 한 마리가 갑자기 일어나 바닷가로 가고 있었다. 그 옆으로 계속 이어진 기암절벽과 회색빛 하늘과 눈.

어느 정도 커진 새끼들은 한곳에 모여 무리를 이룬다. 그동안 어미는 바다로 나가 먹이인 크릴을 물어다 먹인다.

일출을 바라보고 있는 친스트랩 펭귄. 밤 10시이지만 아직도 날이 환하다.

연신 셔터를 눌러댔다. 이때 찍은 사진은 내가 좋아하는 사진 중의 하나가 되었다. 사진을 찍고 일행에서 뒤쳐진 것을 만회하기 위해 뛰어가고, 또 찍고 뛰어가곤 했다. 몇몇 사람들을 제외하고는 모두가 이런 광경을 담고 즐기느라 정신이 없었다. 체험단은 체험단대로, 이들을 찍는 방송팀은 방송팀대로 바빴다. 이들 체험단과 촬영하시는 감독님이나 PD님께 방해가 되지 않을까 조심스러웠다. 결국 20분이면 가는 펭귄마을을 1시간이 넘게 걸려 도착했다.

펭귄마을에 도착했더니 다 큰 새끼들이 추위에 얼굴을 어미 가랑이 사이에 묻고 펑퍼짐한 엉덩이는 하늘로 뺀 채 엎드려 있었다. 새끼들 등에 난 솜털에 붙은 눈은 녹았다 다시 얼어서 새끼들 등짝에 달라붙어 있었다. 몇몇 새끼는 블리자드를 견디지 못하고 죽은 녀석들도 있었다. 펭귄마을 위쪽으로 올라가면 펭귄이 더 많다는 요정이의 말에 언덕으로 올라갔다. 상당히 경사진 언덕인데, 이 녀석들도 종종걸음으로 오르내리고 있었다.

여름 67

언덕에 거의 다다랐을 때 다시 한 번 놀라지 않을 수 없었다. 아래에 있던 녀석들의 숫자와는 비교도 안 됐다. 그 위에 그렇게 넓은 분지가 있는지도 몰랐었고, 그 넓은 땅을 뒤덮은 펭귄 무리는 그야말로 장관이었다. 가히 펭귄왕국이라 할 만했다.

쌓였던 눈들이 바람에 휘날렸다. 하지만 바람도 점점 잦아들고 있었다. 어둡지는 않았지만 시간은 밤 9시 반을 넘어가고 있었다. 슬슬 걱정이 됐다. 무전으로 언제 돌아올 것인지 간간이 물어오는데 괜히 불안했다. 하지만 지금 아니면 언제 다시 이 시간에 여기에 올 수 있겠는가. 조금 지나니 지난번 체험단이 입남극할 때와 마찬가지로 넬슨 섬 너머로 구름이 갇혔다. 펭귄들이 석양빛을 받아 아름다운 주홍색 실루엣을 만들었다. 그 모습이 아직도 눈에 선하다.

이곳에는 몇 가지 생활 법칙이 있는데 그중에 한 가지가 '있을 때 하자'이다. 다음으로 미루지 말자라고 해도 틀린 말은 아니다. 이런 좋은 광경이나 좋은 기회가 있으면 그때그때 누려야지 나중으로 미루면 결코 그 순간은 다시 오지 않는다. 특히 사진 찍을 때 더욱 그렇다. 나중에 찍어야지, 혹은 조금 있다가 하고 미루면 그 순간을 영영 놓치기 마련이다. 해가 있는 순간도, 없는 순간도 그때뿐이다. 구름이 있는 순간도, 없는 순간도 그때뿐이다. 이곳은 단조로운 곳이라 작은 변화에도 굉장히 멋진 광경을 연출하고, 멋진 색깔을 띠게 된다. 하지만 그 작은 변화가 주위와 조화를 이루는 시간은 순간이다. 해가 필요하기도 하고 구름이 필요하기도 하다. 하지만 그 필요할 때 적절하게 있기는 쉽지가 않다. 여기에 변화하는 자연이 첨가되면 그 순간은 더욱 짧아질 수밖에 없다. 후회하기 싫다면 그 순간을 놓치지 말거나 아예 그 순간을 잊어야 한다.

정기자와 촬영팀의 촬영이 점점 길어지면서 나는 속으로 쾌재를 불렀다. 그저 우리 대원들끼리 있었다면 대장님이나 총무님한테 엄청 꾸지람을 들었겠지만 체험단과 같이 있으니까 일종의 면죄부를 얻게 된 것이다. 이 험한 남극에서 그들만 내버려두고 우리만 돌아오는 것은 더욱 안 될 일이니 이 어찌 좋은 일이 아니겠는가.

15. 장반장님과 칠레노

다음 날 다시 막바지 공사가 시작되었다. 부두공사는 시일을 두고 해야 했기에 별 무리는 없었지만 세종관제소나 대피소는 빨리 설치해야 했다. 왜냐하면 이곳에 투입된 맴버들이 며칠 뒤에 출남극해야 했기 때문이다.

장종철 반장님은 매년 여름 이곳에 들어오셔서 기지 보수 책임을 맡고 있다. 이곳 기지 보수 때는 한국 사람들도 오지만 칠레에서 일할 분들을 모아 여름 한 철에 와서 도와준다. 항상 똑같은 사람들은 아니지만 아름아름 아는 분들이다. 또 여러 번 오다 보니 그중에서도 검증이 되신 분들만 오시는데, 이분들을 실질적으로 감독하고 챙기는 분이 장반장님이다. 주로 건설 분야의 사람들이 오지만 여름철에는 주방 일이 많아지므로 주방보조도 심어 준다. 이들은 비상컨테이너 2개 동 중 하나를 월동 내내 쓴다. 장반장님이 이들과 같이 지내면서 챙겨 주신다. 이중에 기억에 남는 사람은 루이스와 호세. 40대 후반에서 50대 초반인 이들은 세종기지에 대해서 모르는 것이 없다. 특히 루이스는 오래전부터 여름마다 기지에 들어와서 세종기지를 거쳐간 대원들 중 루이스를 모르는 사람이 없다. 또 호세는 루이스의 둘도 없는 친구로 중장비에 강하다. 그는 인심 좋게 생긴 어른으로, 기침이 심해서 의무실에 자주 오기에 친하게 됐다.

주방보조로 식재료 준비부터 설거지까지 도맡아 해주는 친구도 이름이 루이스였다. 이 루이스는 먼저 말한 루이스의 아들이다. 참 신기하게도 아버지와 아들 이름이 같았다. 성이 아니다. 그래서 우리는 아빠 루이스, 아들 루이스라고 부르기도 했다.

이곳에 처음 왔을 때 여러 번 왔던 하계대나 월동대 중에서도 예전에 월동했던 대원들, 17차 대원들 모두에게 익숙하지만 처음 온 우리에게는 익숙지 않은 몇 가지들이 있었다. 당황스럽기도 하고 알지 못해서 불안하기도 한 몇 가지들. 그중에 하나가 칠레노, 칠레노 하는 말이었다. "칠레노들 아직 식사 안했는데?" "하역 때 칠레노들 이리로 보내면 안 돼?" 등등. 칠레 인부들을 뜻하나? 아니면 칠레노(勞)? 스페인어를 조금이라도 아는 사람이라면 이 책 처음에 나온 칠레노란 단어에 별로 낯설지 않았을 것이다. 칠레노란 '칠레 사람들'이란 뜻의

'Chileno'였다. 한국 사람들은 '코레아노(Koreano)'라고 불렀다. 별것 아닌데 처음에는 어찌나 당황스럽던지. '아니, 아무리 이곳에 일하러 오신 분들이지만, 그리고 우리끼리 얘기지만 칠레노(勞)라 불러도 되는 건가?' 이런 생각을 했었기에 알고 나서 그저 웃고 말았다. 이쪽 남미는 브라질을 제외하고는 모두 스페인어를 사용한다. 그들은 남미권 기지에 가면 모두 말이 통해서 부럽기도 하고 재밌을 것 같기도 했다. 러시아, 중국과 우리만 영어로 얘기를 해야 했다. 폴란드 기지는 스페인어권하고도 말이 통했고, 동구권이라 러시아어로도 말이 통했다. 브라질 기지는 주로 영어를 썼고 스페인어도 얼추 알아듣는 듯했지만 굳이 스페인어를 하지는 않았다. 세종기지 일로 많이 교류를 하신 분들이나 오래 머문 분들도 웬만한 스페인어는 다 하실 줄 알았다. 그중에 한 분이 장반장님이셨다. 그외에는 상훈이형이 요리를 배우기 전 원래 전공이 해상통신이었기 때문에 스페인어를 어느 정도 할 줄 알았다.

여하튼 스페인어가 많이 사용되기에 친분을 위한 인사 정도는 스페인어로 할 줄 알아야 했다. 안녕하세요, 감사합니다, 친구야, 아가씨 정도. 특히 감사합니다를 뜻하는 '그라시아스(Gracias)'는 입에 뺄 정도로 많이 했다. 우리끼리도 무엇을 부탁하거나 고마울 때, "종원, 그라시아스!" 그러곤 했다. 나중에 한국에 와서 그냥 통상 "땡큐!"라고 할 것을 나도 모르게 "그라시아스!"라고 할 정도였다.

급히 항우연 컨테이너를 관제소가 세워질 위치에 옮겨 놓아야 했다. 컨테이너 안에 모든 설비가 되어 있고, 이곳에 와서 조립을 하는 작업이었다. 항우연 연구원들은 세 명이 들어왔는데, 이들은 이 관제소를 위해서 한국에서 미리 조립하고 시험운행을 해보고 다시 분해해서 조립하기를 수차례 한 뒤, 컨테이너를 트레일러에 싣고 해양연구원으로 왔다. 지난여름에 저 컨테이너가 왔을 때 거의 입을 다물지 못했다. 한참 물건이 들어오고 그걸 다시 내려서 나눠서 박스에 싸고 못질하고 있을 때 저런 컨테이너가 또 들어왔으니 당황스러울 수밖에. 그때 연구원들도 왔었는데, 저 컨테이너 그대로 가는 것이니 당황할 필요없다고 했을 때 너무나 다행스러웠다. 그 컨테이너를 지금 이곳에 세워야 했다. 장반장님팀이 기초

공사를 하고 형철이형이 컨테이너를 얹고 다시 장반장님이 마무리를 했다. 이후에 연구원들이 안에 기기와 위성안테나를 설치하고 이곳 위치를 다시 잡았다. 위치를 잡을 때 사용하는 것으로, 위도와 경도, 지방시를 넣으면 그날 일출·일몰, 월출·월몰, 각각의 고도를 알 수 있는 간편한 프로그램이 있는데 내게도 하나 주었다. 아주 요긴하게 썼다. 또한 위성 텔레비전을 수신할 수 있는 위성안테나도 설치했다. 물론 대부분 외국 방송만 나오고 한국 방송으로는 아리랑방송과 연합뉴스 채널만 잡혔지만 말이다.

문제는 이런 것을 모두 설치한다고 해도 전기공사나 인터넷선 연결은 해섭이밖에는 할 수가 없는데, 오른손을 깁스하고 있어서 영 부담이 아닐 수 없었다. 그렇다고 다른 사람이 할 수도 없는 노릇이었다. 발전담당 진희나 통신담당 인호가 도와주기는 했지만, 한 손이 그래서 담당자도 도와주는 사람도 안쓰러울 수밖에 없었다. 하지만 그들이 떠나기 전까지 마무리를 하지 않으면 나중에 할 수 있는 일이 아니었기에 무조건 끝내야 했다.

키가 큰 인호가 안테나 조립을 도와주었는데 그 날개 하나하나를 들고 있느라 고생이 많았다. 같이 들고 있다가 '어, 내가 안 들어도 되네' 하고 빠졌더니 무겁다고 난리였다. 사실 내가 들을 높이도 아니었는데 말이다. 위성안테나 자리 잡는 것도 위성 위치를 찾아 수신 여부를 확인하고 고정해야 했기에 주방에 있던 내가 텔레비전 앞에서 수신율을 불러 주고 항우연 연구원은 다시 위치를 선정했다. 형철이형은 포클레인으로 안테나를 들고 있었다. 그 와중에 지구물리관측동 확장공사가 마무리되어 갔다. 막내인 경모가 있는 곳인데 기지에서 가장 넓고 컴퓨터도 많고 아늑한 장소이다.

날씨가 좋은 날 장반장님팀이 기지 바로 앞에 있는 바다 건너 위버 반도로 건너갔다. 비상대피소 설치를 위해서였다. 조난사고 때 다른 나라에서 만들어 놓은 대피소 덕을 톡톡히 봤기에 기지 주변에 다른 나라 조난자들도 사용할 수 있게 대피소를 만들게 되었다. 일차로 우리 차대에 한 곳을 만들고, 점차 여러 곳에 만들기로 했다. 자재와 비상식량, 비상연료 등을 싣고 갔다.

대피소를 만들고 왔는데, 대장님께서 화가 단단히 나 계셨다. 자재 운반하는 도중에 조립식 판넬 모서리가 조디악 한쪽에 구멍을 낸 것이었다. 다행히 조디악 자체가 여러 겹으로 나뉘어 있어서 한쪽이 찢겨도 큰 지장은 없었지만 대장님은 대원들의 부주의를 탓했다.

이정표를 예전에 교체하기는 했지만, 워낙 눈바람이 세서 부식이 되었고, 나무에 칠한 도시 이름이나 거리가 명확하지 않았다. 각 기지에는 기지를 알리는 표석과 이정표가 있다. 물론 이 이정표를 보고 그곳을 찾아가는 것은 아니다. 하지만 이곳에서 각국의 대표적인 도시를 적고 그 방향과 거리를 적어 놓는 이정표는 기지의 명물일 수밖에 없다. 모두들 이곳에서 사진을 찍는다. 다른 곳에서 사진을 찍으면 그곳의 위치가 도시로부터 얼마나 떨어져 있는지 나타나지 않기 때문이다.

주방 뒷문에서 상훈이형과 담배를 피우고 있노라면 항상 보이는 것이 표석과 이정표였는데 못내 아쉬웠다. 그래서 장반장님 출남극하시기 전에 부탁을 했다. 대장님과 총무님의 허락도 있었다. "대충 공사가 끝나가니까 아마 남는 나무가 있을 거야." 그렇다. 이곳에서는 나무가 무척 귀하다. 나무가 자라지 않기도 하지만, 나무를 들여오는 것도 쉽지가 않다. 대부분 계산된 양만 가지고 들어오기 때문이다. 전재규 대원의 시신을 수습해서 수송기로 푼타아레나스로 내보낼 때는 나무관에 넣어 보낼 수 있었다고 한다. 고맙게도 러시아 기지에서 밤새 나무관을 짜주었다고 했다.

장반장님께 부탁하는 김에 하나 더 부탁했다. 이곳이 남극이라는 것을 실감하고 싶었다. GPS 포인트로 찍히는 위도와 경도는 단지 숫자에 불과했다. 해가 무척이나 길거나 또는 짧은 것을 느끼기까지 걸리는 기간이 너무 길었다. 그래서 생각해 낸 것이 해시계. 사실 이곳에 와서 동서남북 방위를 일상적으로 느끼기까지 오랜 시간이 걸렸다. 분명 해는 동쪽에서 떠서 북쪽을 정중자오선을 지난 후에 서쪽으로 졌다. 미리 나침반을 준비해 와서 늘 확인하고 확인했지만 몸에 밸 정도는 아니였다. 한낮에 해가 북쪽으로 떴지만 북쪽이라고 느껴지지 않았다. 북반구에 익숙한 우리는 북쪽 하면 뭔가 암울하고 춥고 어두운 느낌이 드는 것이 사실이다. 또 남쪽하면 따뜻한 남쪽나라, 명랑하고 밝은 이미지다. 평생을 알게 모르게 몸에 밴 이 느낌이 단지 해가 북쪽에 있다는 이유로 쉽게 바뀌지는 않았다. 얼떨결에 말을 하다 보면 해가 있기 때문에 북쪽을 남쪽이라고 했고, 은연중 뭔가 이상하고 혼란스러웠다. 더구나 해가 길 때는 동쪽이라 하기도 뭐한 남쪽에 가까운 기지 맨 뒤편에서 떴다가 서쪽으로 진다. 서쪽도 아니다. 남쪽이다. 남남서보다 좀더 남쪽으로 졌던 해는 바다 뒤로 노을을 이룬다. 그런데 이 노을이 가만히 있는 것이 아니라 점점 남쪽으로 가면서 점점 검붉은 노을이 되는 가 싶더니 또 남쪽을 지나 동쪽으로 이동한다. 이쯤 되면 노을이 노을이 아니다. 좀 전에 해질녘 노을은 노을이지만 여명이라고 하는 것이 더 옳다. 왜냐하면 조금 뒤에 다시 해가 뜨기 때문이다. 말하자면 바다 밑으로 떨어진 해는 노을을 남겼지만 이내 여명이란 이름으로 바뀌고 얼마 뒤 해가 뜬다. 해는 그저 바다 밑에서 잠시 몸을 식혔다 나올 뿐이다. 해가 뜨는 쪽이 동쪽, 해가 지는 쪽이 서쪽이란 상식을 몸으로 느끼기에는 혼란스러울 수밖에 없다. 겨울은 또 어떤가. 반대다. 해는 북쪽에 가까운 동쪽에서 떠서 잠시 얼굴을 보이는 듯하다 북쪽 가까운 서쪽으로 진다. 아니다. 그냥 북에서 떠서 북으로 진다.

지금까지 설명한 것은 그나마 날씨가 좋을 때를 기준으로 한 말이다. 해를 볼 수 있는 날이 거의 없다. 기상담당 태건이형 말에 의하면 만약 이곳에서 뉴스 수준의 날씨예보를 한다면, 그냥 원고 없이 무조건 "오늘 날씨는 흐립니다"라고 하면 될 거라고 했다. 90퍼센트 이상 맞을 거란다. 정말 그렇다. 이런 조건에서 남극임을 느끼고 내 몸으로 느끼는 가장 쉬운 방법은 해시계를 만들어 매일 그 방위와 그림자 길이를 측정하는 것이었다. 장반장님께 메모지에 대략적인 그림을 그리고 크기를 적어 부탁드렸다. 다음 날 바로 가져다주셨는데, 무척 마음에 들었다.

장반장님과 루이스, 호세를 비롯한 칠레노 그리고 항우연 사람들이 다시 펭귄마을에 간다고 했다. 대충 일들도 마무리되고, 하계대들도 빠졌고, 체험단도 자신들 일정에 맞춰 알아서 움직이고, 대원들도 이제는 자신들의 일에 익숙해졌기에 상훈이형과 나도 합류하기로 허락을 받았다.

펭귄마을을 갔다 오는 것이 목적이었지만, 실제 목적은 따로 있었다. 장반장님이 알고 있는 이곳의 구석구석을 안내받기 위해서였다. 이곳에 들어왔을 때부터 계획했는데, 일들이 바빠서 그러지를 못했다. 결국 장반장님이 떠나기 전날 같이 동행을 했다.

점심을 마치자마자 떠났다. 펭귄마을까지는 가 봤지만 더 이상은 가 보지를 못했다. 이곳 킹 조지 섬에서는 화석도 나온다. 바톤 반도 일대로 퇴적암인 셰일층이 넓게 분포되어 있는데 흔히 볼 수 있는 이곳은 세종층이라고 명명되어 있다. 고사리와 활엽수 등 나뭇잎 화석이 대부분이다. 교과서에서야 예전에 남극대륙도 판게아 대륙일 때는 따뜻한 곳에 있었다고는 하지만 그건 과학자들이 밝혀낸 얘기고, 그것을 내가 현장에서 직접 확인한다면 이보다 감동적일 수가 있을까. 화석이 나오는 절개지는 나의 주요 관심 대상이었다. 앞에서 설명했듯이 이곳 해안가는 절벽이나 언덕이 많기에 이런 절개지는 쉽게 노출되어 있다. 하지만 모든 절개지에서 화석이 나오는 것은 아니고, 우리가 전문가도 아니기에 그런 곳에서 확인하는 것은 위험하다. 그저 풍화작용으로 떨어져 나온 돌무더기에서 확인할 수밖에 없었다.

통신담당 김인호 대원이 위성안테나 조립을 돕고 있다.

겨울 대비로 가로등을 점검하는 심해섭 대원과 김형철 대원. 이정표에 서울 방향과 거리가 적혀 있다. 세종로에서는 설상차가 한창 제설작업중이다.

여름 75

펭귄마을 언덕과 분지를 지나 다시 바닷가로 내려갔다. 내려가자마자 해안을 따라가는데 그 절개지가 나왔다. 그냥 다른 절벽과 같았다. 평범했다. 그래도 한 번 확인을 해봤는데, 잘 찾을 수는 없었다. 후에 우리들은 이곳을 화석마을이라고 불렀다. 무전으로 마땅한 위치를 표시할 것이 없었기에 그냥 화석마을이 되고 말았다.

내친김에 바톤 반도 반대편으로 갔다. 거리로는 5킬로미터 정도밖에는 되지 않았다. 하지만 가는 길이 모두 처음 보는 것들이라 너무나 신기했다. 연신 카메라를 들이댔다. 결국 바톤 반도 뒤까지 가는 데 세 시간이 넘게 걸렸다. 사실 중간에 돌아가고 싶었다. 상훈이형과 나는 저녁식사 준비를 해야 했기에 그랬다. 저녁 6시에는 예외적인 일이 없으면 무조건 식사 준비를 마쳐야 했기 때문이다. 이곳에서는 시간을 엄수해야 했다. 뭐, 몇 명 있지도 않은데 그냥 편하게 지내면 되는 것 아닌가 할 수 있지만 결코 그렇지 않다. 이미 예정된 1시간 연장은 용납이 되지만 예고 없이 10분 늦는 것은 용납되지 않는다. 긴장이 느슨해지면 사고로 이어질 수 있고, 몇 명의 책임 없는 행동이 기지 전체에 큰 영향을 끼칠 수 있기 때문이다.

장반장님께서는 자신이 아는 지식을 조금이라도 더 가르쳐 주고 싶어하셨다. 워낙 많이 다니셔서 지형에 익숙했다. 언덕을 넘으니 또 다른 넓은 평지가 나왔다. 물론 돌밭이다. 반도의 끝을 돌아 다시 내륙 쪽으로 돌아가는 모서리 부근이다. 이쪽에 보이는 바다가 포터 소만이었고, 그 건너편 반도에 봉우리 두 개를 가진 높은 돌산이 보였다. 저쪽 반도 끝에 우뚝 솟아오른 산은 바위산을 누가 저 평지에 꽂아 놓은 것 같았다. 비록 시간은 없었지만 지금 아니면 다시 볼 수 없을 것 같아 계속 사진을 찍었다. 하지만 이곳도 그 다음 행선지를 위한 맛보기 수준이었다.

반도를 완전히 돌아 포터 소만 안쪽으로 들어갔을 때 보인 광경. 아니, 저건 또 뭐야. 우리 기지 쪽에 있는 만 안쪽같이 빙원이 바다로 흘러 빙벽을 이루고 있었다. 그 넓은 빙원 뒤로는 우뚝 솟은 삼각 봉우리가 있었다. 넓은 흰색의 얼음 위에 고깔 모양으로 우뚝 솟아올라온 검은 바위산. 그 둘레는 빙하가 이 산에 부딮혀 돌아간 듯이 움푹 파여 있었다. 물론 그 속 깊이까지는 모르지만 겉으로는 그렇게 보였다. 누구라도 이 광경을 봤다면 너무나 신기하고 너무나 감탄스러웠을 것이다. 나중에 알고 보니 이런 지형은 남극에서는 흔한 지형이었다. 과거 화산지대였던 곳이 빙하에 덮이면서 깎이고 깎여 나가는데 화산 자체는 우뚝 솟았기에 마지막에는 저런 형태로 남는다고 한다. 이런 지형을 누나탁(Nunatak)이라고 한다. 빙원 저 너머로는 많이 널려 있다고 했다. 예전에 월동했던 진희 말에 의하면 저 얼음 절벽 앞까지도 갔었다고 한다. 요즘이야 위험해서 가지 못하지만 말이다.

상훈이형과 나는 먼저 돌아가기로 했다. 반도를 가로질러 가면 빠를 수도 있었지만 상훈이형이나 나는 초행길이라 오히려 더 늦을 것 같았다. 그냥 온 길을 따라 해안으로 돌아가기로 했다. 오후 4시 20분이었다.

5킬로미터 정도 거리는 얼마 안 되는 거리다. 하지만 이곳에서는 다르다. 모두가 돌밭이다. 곳곳에 평지도 있지만 돌밭이 대부분이다. 절벽이 접해 있는 해안은 더욱 심하다. 불과 몇 미터 사이를 두고 돌의 성질이 다르다. 바닷가에는 파도에 마모된 부드러운 자갈들이 많다. 바로 옆은 절벽에서 떨어져서 쌓인 돌들은 뾰죽빼죽 모가 난 돌이 많다. 모래사장에서 걷거나 뛰어 본 사람들은 알 것이다. 제대로 걸을 수가 없다. 발을 디디면 그 반동으로 박차고 나가야 하는데, 뒤로 쭉쭉 밀리기 일쑤다. 이곳이 그랬다. 돌들이 뭉글뭉글한 데는 걸을 때마다 모래사장같이 발이 뒤로 빠지고, 좀 밟을 만한 곳은 뾰족한 돌들이 있어서 발을 딛기도 쉽지가 않았다.

좋은 풍경이 있으면 카메라를 들이밀게 될까봐 카메라는 가방에 넣고 아예 꺼내지도 못하게 하고 떠났다. 그러나 좋은 풍경을 몇 개 놓치고 나니 좀 아쉬웠다. 한 컷만 순식간에 찍고 다시 넣었는데, 좀 이상해서 확인해 보니 렌즈 뚜껑이 없어졌다. 여러 색의 돌들이 보호색을 만들어 찾기가 쉽지 않았다. 더구나 어디에서 떨어뜨렸는지도 모르고, 3분만 찾아보기로 했다. 다행히 왔던 길 뒤쪽에서 곧바로 찾아냈다. 카메라를 써본 사람은 알겠지만, 만약 렌즈 뚜껑 없이 지낸다면 정말 난감할 것이다. 필터를 끼웠지만 그래도 렌즈 깨질까봐 걱정될 것이

바다에서 바라본 크레바스의 빙원과 누나탁. 과거 화산이었던 곳에 빙하가 쌓이면서 주변을 깎고 남긴 지형이다.

고, 그 렌즈에 손때나 기름이 노상 묻는다면 그처럼 귀찮고 성가신 일도 없을 것이다.

찾게 되어 너무나 다행이라고 생각한 이 렌즈 뚜껑은 지금 남미 아마존 밀림 어딘가에 뒹굴고 있을 것이다. 남극에서 잘 보내고 잃어버리지 않았던 렌즈 뚜껑을 귀국길에 들른 이과수 폭포에서 잃어버렸다. 문 열고 탄 남극의 헬기에서도 잃어버리지 않았던 것을 기껏 밀림을 지나는 코끼리 열차에서 떨어뜨렸으니….

우리가 서 있는 곳과 펭귄마을 사이에 넓고 평평한 지대가 있다. 아마 축구장 하나 반 정도 될 듯하다. 이 평원 가운데는 얕은 호수가 있다. 앞은 바다, 뒤는 절벽이었다. 바닷가에는 코끼리 해표 여러 마리가 흉측한 모습으로 잠을 자고 있었고, 호수에는 그 사나운 스쿠아들이 떼거리로 모여 있었다.

좀전에 지나갈 때는 무리지어 갔기에 그렇게 공격적이지는 않았지만 지금은 상훈이형과 나 둘밖에 없어서 고민이었다. 해안으로 가자니 집채만한 코끼리 해표들이 깨면 좀 위험할 것 같고, 호수를 지나가자니 스쿠아들이 오싹오싹하게 공격을 해올 것 같았다. 편한 길이지만 위험요소가 많은 곳을 갈 것인가, 위험요소가 적더라도 험난한 길을 갈 것인가. 결국 우리는 안전이 중요하기에 스쿠아들을 뚫고 지나가기로 했다. 스쿠아의 공격을 한 번 받아 본 경험이 있다면, 아니 공격까지는 아니더라도 위협이라도 받아 본 경험이 있다면, 그래서 등골에서부터 정수리까지 쏴악 하는 느낌을 받아 봤다면 다시는 스쿠아 곁에 가까이 가고 싶지 않을 것이다. 일단은 그 위협을 피해야 한다. 주위를 둘러보니 자갈이 많이 있었다. 자갈을 한 움큼 집어서 던졌다. 그렇게 흩뿌렸지만 자갈에 맞는 녀석은 한 마리도 없었다. 바람을 안고 정지비행을 하는 녀석들은 그저 바람을 한 번 안고 높이 오르면서 비웃기만 한다. 물론 새들이 표정이 있는 것은 아니지만 고개를 살짝 갸우뚱하는 것을 보면 정말 기분 나쁘다.

상훈이형과 계속 자갈을 던지며 스쿠아들이 있는 곳을 벗어났다. 물론 던진 돌에 상훈이형이 맞을 뻔하기도 했지만 말이다. 이후 우리는 스쿠아를 보면 자갈을 던졌다. 눈이 많을 때는 눈을 뭉쳐 던졌다. 새로 들어온 사람들에게 스쿠아를 피하는 법을 가르쳐 주면 처음에는 그래도 남극인데 자연보호를 해야지 말이 되느냐며 황당하다는 표정을 짓는다. 하지만 한 사람이 눈뭉치를 던지기 시작하면 이내 모두들 따라 던졌다. 그렇지만 눈뭉치나 자갈에 맞더라도 스쿠아 녀석들은 꿈쩍도 하지 않는다.

이후 이곳을 해표마을이라고 명명했다. 해표마을을 지나면 바로 보일 줄 알았던 펭귄마을은 한참이 지나도 나타나지 않았다. 모퉁이를 돌았을 때 비로소 펭귄마을이 보이기 시작했지만 그렇게 멀리 보일 줄은 몰랐다. 다시 펭귄마을을 올라가 한참을 걸어 내려왔다. 기지가 보이기 시작하자 좀 안심이 됐다.

기지에 들어온 시간이 5시 반. 큰일이다. 저녁식사는 6시. 기지에 늦게 들어온 줄은 아무도 모른다. 30인분 식사 마련에 30분밖에 없었다. 추운 곳에서 땀에 흠뻑 젖었지만 씻지도 못하고 주방으로 가서 식사준비를 했다.

이제는 익숙해졌다. 쌀도 어느 정도 씻어야 몇 인분이 나오는지 대략 짐작이 갔다. 급히 씻어 불에 올리고, 상훈이형은 재빨리 요리를 하고, 식사 준비는 다

돼 가는데 압력밥솥에서는 이제 겨우 김이 나고 있었다. 6시 정각이 되어서야 식사준비가 끝났다. 휴~. 다행히 김총무님께서 눈치를 채지 못하셨다.

우리 차대에서 월동을 처음 하는 대원들 중에 상훈이형과 내가 지금까지 남극에 와서 가장 멀리 나간 대원이 되었다. 분위기가 좀 안정될 때까지 이 얘기는 비밀로 했다. 하지만 이후에 바톤 반도 얘기가 나왔을 때 모두들 반나절 걸린다고 했지만 우리는 1시간 조금 남짓 걸린다고 강변할 수 있었다.

16. 일상생활 I

따지고 보면 그렇게 특이한 것도 아니다. 하지만 일반 사회에서는 당연한 일이 이곳에서는 그렇지 않은 경우가 있다. 밤에 불이 들어오고, 제때 밥이 나오고, 더운 물이 나오고, 식수가 나오고, 컴퓨터로 인터넷이 되고, 그리고 아플 때 치료받을 수 있는 등 너무나 당연한 것이 이곳에서는 결코 당연할 수 없었다. 어느 것 하나 대원들 중 누군가의 손길이 미치지 않으면 불가능했다. 반대로 장점도 있었다. 전화 하나면 모든 것이 다 해결되었다. 주방에 스피커 소리가 잘 안 들린다고 했더니, 해섭이가 그냥 천정에다 스피커를 하나 더 다는 공사를 바로 해줬다. 인터넷과 컴퓨터에 문제가 있으면 인호에게 전화 한 통 하면 바로 해결해 줬다. 식수는 반장님과 요정이가 쉴새없이 현대호를 점검하고, 호수가 마르고 나서는 담수화기를 하루 종일 돌려 공급해 줬다. 아픈 대원들도 의무실로 전화하면 언제든지 해결이 됐다. 식사중이나 잠시 만나서 얘기를 해도 바로 의무실로 가서 치료해 줬다. 식사도 세끼 꼬박꼬박 시간 맞춰 나오니 오히려 한국에서보다 더 규칙적으로 할 수 있었다. 무엇보다도 이 모든 것들이 무상으로 이루어졌다. 이 얼마나 매력적인 일인가.

청소는 각자의 담당구역이 있었다. 대청소는 일주일에 한 번씩, 토요일 아침에 있었다. 아침회의가 끝나면 일단 자기 구역에서 청소를 하는 것으로 일과가 시작됐다. 동석이형, 승일이형, 태건이형, 정원이, 그리고 나는 본관동 청소를 맡았다. 본관동이 가장 큰데다가 주방 앞 식당에서 텔레비전이 놓여 있는 응접실까지 속해 있었기 때문에 인원이 많았다. 나는 주로 주방에 있기 때문에 갑자기 손님이 올 때나 필요에 따라 본관동 청소를 하기도 했다. 본인 생활 영역에 가까운 구역을 맡아 필요시 바로 투입할 수 있게끔 총무님이 계획한 것이다. 하지만 평소 주말 청소는 본관동 청소 인원이 많아서 오히려 일찍 끝났다.

이곳에 처음 왔을 때 동생들이 너무 솔선수범해서 웬만큼 하지 않으면 티도 나지 않았다. 경모도 그렇고, 인호도 그렇고, 정원이도 다들 착했다. 키는 기지에서 이들 세 명이 가장 큰데, 착하기로도 이런 천사들이 없었다. 정원이는 이곳으로 떠나기 전부터 연구소에 있어서 알고 지냈는데, 너무 착해서 거절할 줄을 몰랐다. 그래서 가끔 정원이의 예전 얘기를 듣고 있노라면 너무 양보해서 나 혼자 열 받는 일도 많았다. 왜 그랬냐? 그러면 안 되는 거야, 그러면서 말이다. 한국을 떠나 이곳에 올 때까지 그와는 계속 룸메이트였다. 그가 항상 양보하는 게 미안해서 먼저 어느 침대를 쓸지 정하라고도 했는데, 아무래도 부족한 게 있지 않았나 싶다. 기지에 들어와서도 정원이는 항상 힘든 일을 앞장서 했다. 본관동 청소도 화장실 청소도 도맡아했다. 고맙기도 했지만 한편으로는 미안하기도 했다. 다른 대원들과 돌아가면서 청소할 때도 있었지만 정원이가 한 발 빨랐다. 정원이도 정원이지만 대원들 모두가 청소에 앞장서서 오히려 편했던 것 같다. 청소가 끝나고 식당에 앉아 마시는 커피는 정말 맛이 좋았다.

주방보조 루이스가 떠나고 나서 설거지 당번을 정했다. 세끼 식사가 끝나면 일주일에 하루를 2명씩 돌아가며 설거지를 해야 한다. 한 달에 한 번씩 추첨을 통해서 뽑는데, 이것 또한 재밌는 이벤트(?) 중의 하나였다. 누구와 설거지 당번이 되느냐도 중요했지만, 무슨 요일에 걸리느냐가 더 중요했다. 아, 물론 청소나 설거지 당번에서 대장님과 상훈이형은 열외다. 16명 대원 중에 2명을 제외하고 14명이 설거지를 하는데, 하루에 2명씩 돌아가면서 일주일 동안하면 14명이 정확히 골고루 배치됐다. 단연 인기 있는 요일은 일요일. 일요일 아침과 점심은 자율식사이기에 저녁 설거지만 하면 됐다. 토요일 설거지가 최악이었다. 토요일 저녁은 일주일 중 가장 잘 먹고 술자리도 있는 날인데, 식사 시간이 늦게 끝나기도 하고, 일단 불판에 붙은 삼겹살을 떼내는 것이 쉽지가 않았다. 토요일 설거지는 거의 벌칙에 가까웠다. 한 번은 제비뽑기에서 김총무님의 실수로 용지가 하나 빠지면

대원들의 생일 파티는 그 달의 생일자들을 모아 한 달에 한 번 열린다.

서 총무님께서 일요일 설거지 당번이 됐다. 대원들이 모두 벌떼같이 들고 일어났지만, 그때까지도 총무님께서는 왜들 그러는지 모르셨다고 한다. 오히려 다들 쉬는 날 설거지하는 것이 더 싫지 않을까 여기셨단다. 그러나 막상 일요일 설거지를 해보니 이렇게 편할 수가 없었다고 했다.

개인적으로 잘 걸리는 요일이 있었다. 착한 정원이와 승일이형은 어찌나 토요일이 잘 걸리던지. 먼저 뽑아도 토요일, 나중에 뽑아도 항상 토요일이었다. 어쩌다가 토요일이 아니면 다들 축하해 줄 정도였으니. 모두가 토요일 설거지가 힘든 것을 알기 때문에 되도록 일찍 술자리를 끝내고, 혹 더 마시고 싶은 사람은 대신 나머지 설거지를 도왔다. 또, 대원들이 알아서 불판이나 수저 설거지를 도와주기도 했다. 사실 설거지 맨 마지막에 그 많은 사람들 수저 닦는 것도 귀찮을 때가 많았다. 가끔 음식 준비가 끝나갈 무렵에 큰 그릇은 나나 상훈이형이 닦기도 했다.

하지만 이런 일들은 각자의 업무 중에 속하니 별로 힘든 것이 아니었다. 정말 우리들을 힘들게 했던 것들은 너무나 당연한 일상적인 일이었다. 소위 뒷정리가 그것이다. 청소는 그래도 정해 놓고 하는 일이니까 낫다. 설거지도 돌아가면서 하니까 괜찮다. 하지만 정해지지 않은 일들은 정말 애매했다. 여기서는 자신이 할 일은 자신이 해야 했다. 남을 도와주면야 좋겠지만 적어도 남에게 피해를 줘서는 안 됐다. 남에게 피해를 주려고 의도한 것은 아니지만, 자신도 모르게 남에게 피해를 주는 일이 의외로 많았다. 자신도 모르고 하는 행동이기 때문에, 그것을 스스로 알아서 지키기가 더 힘들었다.

자기가 마신 컵은 자신이 씻어서 갖다 놓고, 자기가 빵이나 간식을 먹은 접시는 당연히 자신이 씻어서 원위치에 갖다 놔야 했다. 당연한 것 아니냐고 생각하는 사람 중에서도 실제로는 이렇게 행동하지 않는 사람이 대부분일지도 모른다. 왜냐하면 사회에서, 직장에서 이런 것을 구성원 모두에게 강조하는 사람은 오히려 빡빡한 사람 또는 피곤한 사람으로 인식되곤 하기 때문이다. 그래서 청소 아주머니들을 고용하고 그분들께서 일일이 치우시는지도 모른다. 아마 이런 일을 해본 사람이 아니라면 사람들이 얼마나 무심하고 무성의하게 아무곳에나 쓰레기를 버리는지, 그리고 정리를 안하는지 잘 모를 것이다.

자기 자리는 자기가 정리하는 것은 이곳에서 대장님이나 김총무님께서 처음부터 누차 강조하던 것이다. 그리고 월동 경험이 있는 요정이나 진희가 평소 생활하는 것을 보면 알아서 먼저 치우는 경우가 많았다. 어쩔 때는 지나치다 생각할 정도로 알아서 치웠다. 조금 있다가 치워도 될 텐데 말이다. 그런데 이전 차대와 같이 지낼 때 그들도 그랬다. 처음 들어온 나와 다른 대원들이 어디서 무엇을 해야 할지 잘 모르고 있을 때나, 지금 나서서 해도 되나 판단이 서지 않아 쭈뼛거리고 있을 때도, 경험 있는 사람들은 알아서 타이밍 맞춰 일상적인 일을 해나갔다. 뒷정리할 때도 한발 앞서서 시작했다. 그런 모습이 좀 생소하기도 하고, 다소 과한 것 같기도 했다. 그러나 왜 이래야만 하는지는 얼마가지 않아 모든 대원들이 느끼게 됐다. 내가 어지럽히지 않은 것을 치운다는 것은 정말 짜증나고 열 받는 일 중에 하나다. 치울 때마다 보상이 있는 것도 아니고, 그렇다고 누가 칭찬해 주는 것도 아니다.

한번은 컵 하나가 평소 보이지 않던 곳에 놓여 있는 것이 보였다. 저곳에 컵을 둘 위치가 아니었는데 하루 이상 그곳에 있었다. 누가 저런 곳에 저것을 뒀을까, 끌끌끌…. 그냥 그러고 있었는데, 아뿔싸. 어느 순간 생각을 해보니 내가 내려놓은 컵이었다. 내 스스로에게 뒤통수를 맞은 느낌이었다. 그 이후로는 눈에 띄는 컵은 무조건 알아서 치우게 됐다.

17. 일상생활 II

발전기는 세종기지의 심장이라고 할 수 있다. 발전기가 없으면 아무것도 할 수가 없다. 주동력원인 것이다. 모든 장비는 물론 이곳 냉동고, 난방도 전기로 가동되기 때문에 발전은 곧 생명과 직결된다. 물론 발전기는 발전담당인 진희가 책임지고 있지만, 진희의 일이 모든 대원에게 영향을 미칠 때가 있다. 바로 발전기를 교체할 때이다.

한 대의 발전기를 일 년 내내 가동시킬 수는 없다. 세종기지에는 네 대의 발전기가 있는데, 한 대가 가동하는 동안 나머지 세 대는 쉬거나 정비를 했다. 하지만 발전기 교체 때는 네 대가 동시에 멈출 수밖에 없다. 열흘에 한 번씩 발전기 교체가 있었는데, 소요시간은 10분 이내이다. 하지만 10분 동안은 기지가 모두 올스톱이다. 화장실도 못 간다. 물을 올려 주는 것도 전기로 해야 하기 때문에 만약 일을 보다가 발전기가 교체될 때는 참 난처하기도 하다.

아침회의에서 미리 일정이 전해지고, 발전기 교체 30분 전과 5분 전에는 기지 내에 방송으로 알려 준다. 이때는 모든 전기기기는 끄는 것이 좋고, 24시간 전원이 공급되어야 하는 기기는 미리 설치되어 있는 전기공급기인 UPS(무정전 전원장치)를 점검해서 차질이 없게 해야 한다. 이영일 유지반장님의 통솔하에 발전담당 진희와 전기담당 해섭이가 손발을 척척 맞춰 교체가 이뤄졌다. 일반 대원들은 그냥 10분간 잠시 정지하고 있으면 됐지만 진희와 해섭이는 교체된 발전기가 안정적으로 가동될 때까지 1시간 정도 발전기와 전기계기판을 점검해야 한다.

모두들 시계를 가지고 있지만 이곳만의 시간을 알려 주는 때가 있다. 바로 기상시간과 식사시간, 너무나 중요하다. 예전에는 기상시간이나 식사시간에 맞춰 사이렌을 울렸다고 한다. 하지만 예전 차대의 누군가의 제안으로 언제부턴가 음악을 틀기 시작했는데 인기가 정말 좋았다. 자신이 신청한 음악이 나오면 더 좋았다. 물론 매일매일 선곡해야 하는 인호는 골치가 아팠지만 몇몇 대원들은 선곡하는 것을 좋아했다. 그날 날씨에 어울릴 것 같은 곡이 있으면 인호한테 전화로 미리 신청을 했다.

"오늘 점심에 틀고 싶은 음악을 공유해 놨으니 그거 틀어 줘. 폴더는 '오늘의 음악'으로 만들어 놨다."

"고맙습니다, 형!"

이곳에는 라디오도 영화관도 없다. 콘서트는 더군다나 없다. 인터넷으로 라디오를 듣는다고 하지만, 이곳에서는 속도가 느려서 들을 수가 없다. 한국에서 이런 매체에 매료되었던 사람들이 이런 것 하나 없는 곳에서 생활하려니 뭔가 답답했다. 숨구멍을 틔워 줄 만한 것이 필요했는데, 그것이 바로 시간을 알려 주는 음악이 되어 버렸다. 영화 「쇼생크 탈출」에서 주인공이 우연히 열린 방송실로 들어가서 문을 잠그고 감미로운 음악을 틀었을 때, 주인공과 그 안에 수용되어 있던 사람들이 느꼈을 감동에 견줄 만하다. 물론 우리는 억류되어 있는 것이 아니어서 그만큼의 감동은 아니겠지만 아마 이런 느낌이었으리라.

모노 스피커로 울리는 음악. 식사준비가 끝나고 음악이 흘러나올 때 상훈이 형과 주방 뒷문에서 같이 담배를 피며 멀리 바다 건너 빙원을 보고 있으면 가슴속 무언가가 풀리는 것 같았다. 그날 당직이면 아침에 듣고 싶은 음악을 선곡하는 것도 중요했다. 충분히 사람들을 깨울 수 있는 음악이면서 그렇다고 너무 과하지 않은 음악. 나중에는 취향을 알게 되어 음악을 들으면 누가 선곡했는지 대충 짐작이 가기도 했다.

아침 음악방송은 정말 중요했다. 가끔 '방송사고'가 나기도 했지만 일단 일찍 당직실에서 일어나서 6시 순찰을 돌고 음악 틀 준비를 했다. 늦게 일어나 방송을 못 튼다면 정말 혼날 일이었다. 하지만 그런 경우는 한 번도 없었고 오히려 스피커가 작동을 안하거나, 컴퓨터와 방송 시스템 사이 연결선이 빠져 있어서 방송사고가 난 적은 있었다.

　내가 당직일 때, 제 시간에 음악이 안 나오니 당직실로 어찌나 전화가 빗발 치던지. 전화받느라 수습할 시간도 없는데, 전화를 안 받으니 당직실에서 뻗어 있는 줄 알고 일찍 일어난 대원들이 당직실로 막 뛰어오기도 했다. 본의 아니게 늦잠을 자버린 것 같은 오해를 받기도 했는데, 다행히 해섭이가 와서 연결선이 빠졌다면서 곧바로 수습을 해줬다.

　아침방송이 좋은 점은 적절한 위치에 가 있기만 하면 이 모노 스피커로 서라운드 음향을 즐길 수 있다는 것이다. 기계동에서 중장비보관동으로 올라가는 사이가 그 지점인데, 기계동 앞에 있는 스피커와 중장비보관동 스피커의 딱 가운데에 있어서 이곳에서 들으면 음질이 그나마 좋았다. 아침에 이곳에서 음악을 듣고 있으면 일찍 일어난 사람들이 거기서 뭐하느냐는 듯한 표정을 지으면 설명하기도 난처하고 민망했다.

　음악방송이 원하는 대로 되지 않을 때도 있었다. 인호가 내가 골라 놓은 음악을 깜빡 잊거나, 갑자기 대장님께서 신청곡을 올려 놓을 때도 그랬다. 힘없는 우리야 그저…. 또 누구의 의지와도 상관없이 음악을 듣기 어려울 때가 있었다. 바로 블리자드가 불어서 스피커에 눈이 꽉 끼었을 때였다. 바람이 센 이곳에서는 눈이 위에서 아래로 내려 쌓이는 것이 아니라 눈이 수평이동을 하다가 장애물을 만나면 그 뒤로 쌓이거나, 스피커같이 오목한 곳에 쌓이게 된다. 그래서 귀에 귀지가 꽉 차듯이 스피커가 눈으로 막혀 버렸다.

　아무튼 음악방송은 일상생활뿐 아니라 대원들 정서에도 중요한 역할을 했던 것 같다. 일 년 뒤 다음 차대가 와서 방송 '권한'을 넘겨 줬을 때 어찌나 서운했는지 모른다.

　이곳도 당직이 있다. 이곳에서 당직은 정말 중요하다. 기계동 사무실이 당직실을 겸했는데, 당직의 여러가지 임무 중에 가장 중요한 것은 정해진 시간에 순찰을 도는 것이다. 발전기는 과부하 없이 잘 돌아가고 있는지, 화재 위험은 없는지, 담수화기의 물이 넘쳐서 얼지는 않았는지, 각 건물에 문이 열려 있지는 않은지, 냉동고와 냉장고, 야채창고의 온도는 적정한지가 그렇다.

순찰 돌 때 밖에 위험요소는 없는지도 살펴야 한다. 또한 정규시간 외에 수신하는 외국의 무전과 한국에서 오는 전화는 모두 당직자가 받아서 처리해야 한다. 그리고 문제가 생겼을 경우는 무조건 담당자와 총무님께 지체없이 보고해야 했다. 괜찮겠지란 생각은 이곳에서 금물이었다. 병원에서도 환자 괜찮겠지 하고 안일하게 생각했다가 낭패를 보는 경우가 있듯이 이곳에서도 모르면 물어보고, 이상하면 욕을 먹더라도 계속해서 보고를 해야 했다. 보고한다고 누가 뭐랄 사람도 없었다.

　　발전기는 계기판을 보고 회전수, 전류, 발전기 온도 등을 적는다. 냉동고와 냉장고, 그리고 야채창고는 각 온도를 적으면 된다. 야채창고는 바깥 목공실 안에 있는데, 이곳에는 전기 라디에이터를 켜 놓는다. 정비동에서는 소각기가 잘 꺼져 있는지 확인하고 이후 각 건물별로 문은 열려 있지 않은지, 사람들은 모두 들어갔는지 확인을 한다. 이곳 날씨가 워낙 변화무쌍해서 자정 순찰 때 괜찮다고 문을 꼭 닫지 않으면 새벽 3시 순찰 때는 운이 안 좋을 경우 더 큰일을 맞이하기도 한다. 순간 블리자드라도 불면 그 문틈 사이로 실내에 눈이 하나 가득 쌓인다. 마치 계곡의 급류가 평원에 퍼지면서 선상지를 이루듯이 말이다. 그래서 한순간도 방심하면 안 된다.

　　그렇지만 아주 맑은 날 순찰을 돌다가 하늘 위 쏟아질 듯한 별을 보고 있노라면 이곳이 남극인지 우주인지, 내가 있는 곳이 지구는 맞는지 황홀해질 때도 있다. 멀리 바다에 달에 비친 빙산이라도 있으면 이런 청풍명월이 따로 없다. 반대인 경우도 있다. 처음에 이곳에 도착해서 당직을 돌 때는 자정에도 밝았고, 새벽 3시에는 이미 동틀 무렵이라 밝았다. 하지만 여름이 지나가면서 점점 어두워지더니, 이미 자정이나 새벽 3시가 되면 아무것도 안 보였다. 이런 칠흑같은 밤이면 당직 순찰 돌기가 무섭다. 내 등뒤로 기지의 불빛 때문에 저 멀리는 더 안 보인다. 이곳에서도 가로등 불이 띄엄띄엄 있었다. 건물 사이의 세종로 주변에는 불빛이 많았지만, 이곳을 벗어났을 때, 그 다음 불빛까지는 거리가 상당했다. 어떤 때는 그것 또한 운치가 있었지만, 또 어떤 때는 어렸을 때 느꼈던 어둠에 대한 두려움을 갖게끔 했다. 플래시를 들고 순찰하지만, 플래시로 비춘 곳 밖으로는 오히려 더욱 어둡기 때문에 뒤가 더 불안하기도 했다.

　새벽 3시에 일어나서 발전기를 보고 발전동 정문으로 나온다. 그 앞의 부둣가에는 가로등이 하나 있는데, 부슬비에 바람이라도 부는 날이면 가로등과 부두, 물방울이 너무 멋있었다. 폭풍설이 부는 날에 부두로 쏟아지는 물보라도 멋있었다. 눈보라가 동반된 블리자드가 부는 날에는 야간순찰이 건물과 건물 사이에 한정되는 경우도 있었다. 다른 기지에서 블리자드가 불 때 위치를 잃고 사망한 전례가 있었기 때문이다. 대부분 기지 근처에서 그랬다는 것을 보면 더욱 조심해야 했다. 그리고 혹시 부둣가에서 파도나 바람에 휩쓸린다면 구해 줄 사람은 아무도 없었다.

　바람 한 점 없이 조용한 날 밤 역시 무섭다. 어둠에 대한 두려움과 운치, 양가감정이 있었다. 아무 소리도 나지 않는 조용한 곳. 파도 소리도 잔잔하다 못해 고요하다. 조그마한 소리도 눈밭에 묻혀 버린다. 이 어둠 속 평평한 눈밭 앞에서 뭔가 불쑥 올라와 고개를 든다. 너무나 놀라서 온몸에 소름이 쫙 끼친다. 이번에도 펭귄이다. 이런…. 녀석은 소리를 한 번 내더니 다시 누워 잠을 청한다. 싱거운 녀석 같으니. 혼잣말을 내뱉기는 하지만 그저 나 혼자의 민망함을 감추기 위해서다. 이 추운 곳에서 식은땀까지 흘려 놓고서는.

　적막함으로 가득 차서 오히려 갑갑함마저 느껴진다. 멀리서 은은하게 쾅…, 이번에는 저쪽에서 쾅…. 빙벽이 무너지는 소리가 여기저기서 들린다. 처음에는 너무 놀랐는데, 이 소리는 오히려 갑갑했던 고요함을 멀리 떨쳐 버리게 했다. 수천년 동안 쌓여 있었던 빙하가 소멸되는 소리였다. 수천년 전에 내렸던 눈이 다시 태어날 수 있는 기회가 온 것이기도 했다. "만일, 한 번만이라도 한데서 밤을 새워 본 일이 있는 분이라면, 인간이 모두 잠든 깊은 밤중에는, 또 다른 신비로운 세계가 고독과 적막 속에 눈을 뜬다는 것을 누구나 알고 있을 것입니다." 알퐁스 도데의 「별」. 너무나 많은 사람들이 많은 곳에서 인용을 해서 진부하기까지 하다. 하지만 그만큼 잘 묘사를 해서가 아닐까.

　밤에는 다른 기지와 연락할 일이 별로 없다. 게다가 중요한 무전은 모든 기지의 무전기가 공용채널에 맞춰져 있기에 대장님이나 총무님, 통신담당 인호가 본관동, 혹은 통신실이나 대장실에서 먼저 응답할 수 있었다. 혹여 밤늦게까지 일을 하거나 중요한 연락이 올 경우에도 담당자가 미리 알고 있었기 때문에 당직자가 먼저 무전을 받을 일은 없었다. 하지만 한밤중에 오는 무전도 간간이 있었다. 그중에서 가장 중요한 내용은 갑작스럽게 잡힌 비행기 스케줄이었다. 무전을 정확히 받아서 알려 줘야 하는데 정말 스트레스다. 잘 알아듣지도, 잘 대답할 줄도 몰랐다. 만약 우연히 밤늦게까지 있던 총무님이나 인호가 중간에 끼어들어서 해결해 주면 너무나 좋았다. 총무님은 스페인어로 하면 되고, 인호는 영어로 하면 됐다.

    한국에서 전화가 오는 경우도 많았다. 시차가 12시간이라 대개 오전에 연락이 오지만 밤에 오는 경우도 가끔은 있었다. 특히 여름이 되서 하계대가 들어오기 시작할 무렵이면 한국에서 오는 전화가 정말 많다. 하역과 관련되서 오는 전화도 많다. 제일 난처한 경우가 아무개 박사님을 바꿔달라고 하는데, 그 많은 하계대원 중에서 아무개 박사님이 누군지도 모르겠거니와 그분이 이 기지내에 어디에 있는지 아는 것도 쉽지않을 때이다. 전화요금도 전화요금이겠거니와 수신 상태가 좋지 않은 경우도 있어서 오래 기다리게 할 수도 없었다. 바로 연결이 되는 경우도 있었지만, 메모를 전해 주겠다고 하거나 그분이 전화를 걸게끔 하겠다고 하는 편이 더 낫기도 했다.

    이런 경우만 아니면 당직도 설만 했다. 하계 때는 바빠서 그렇지 않지만 하계대가 빠지면서 당직은 오히려 기다려졌다. 왜냐하면 당직 다음 날은 하루종일 쉴 수가 있었기 때문이다. 하루 종일 자도 됐다. 낮에 하루 종일 자는 경우도 있었지만, 대개는 반나절만 자고 오후에는 자유시간을 보낼 수 있어서 여유로웠다. 멀리 갈 수는 없어도 자유시간이 주어지는 것만으로도 좋았다.

    당직의 또 다른 매력은 마음대로 영화나 텔레비전을 볼 수 있다는 것이다. 물론 당직이 아니어도 그럴 수 있다. 하지만 본관동에서 그렇게 혼자 영화를 보는 것이 쉽지는 않았다. 여러 사람들이 있어서 그런 것도 있거니와 다른 것을 할 수 있는 시간에 영화만을 보며 지낸다는 게 시간이 아깝다는 생각도 들었다. 그러나 당직을 설 때면 당직 쇼파 앞에 있는 텔레비전과 DVD 재생기는 지루하거나 잠자는 것을 막기 위한 당직의 몫이었다. 전방부대 초소에서 임무를 서는 것도 좋겠지만 이 먼 남극에서 당직을 서는 것도 많은 사람들이 누릴 수 없는 '특권'이란 생각도 해보았다.

18. 독서 I

룸메이트 정원이는 정말 책을 많이 읽었다. 하역을 해도, 외부 탐사를 갔다 온 아무리 피곤한 날이라도 침대에서 책을 읽고 잤다. 책 읽는 속도가 참 빨랐다. 나도 책을 읽기로 마음먹었다. 그래도 명색이 이곳의 도서관 관장인데 말이다. 그래서 고른 책이 『우리들의 일그러진 영웅』이었다.

나는 정말 책 읽는 것을 무척이나 싫어했다. 소설도 싫었다. 단편소설은 좋아했지만 장편소설은 아주 소름이 끼쳤다. 그러나 이곳에서 읽어 본 『우리들의 일그러진 영웅』은 정말 좋았다. 비록 주인공이 어린 초등학생이었지만 공감할 수 있었다. 정원이가 책을 읽기에 나도 고른 책이었다. 두꺼운 책이 싫어 적당한 길이의 책을 고르다 보니 이 책을 고르게 되었다. 처음에는 조금만 읽고 자려다가 결국은 단번에 다 읽고 말았다. 그리고 그 소설을 다시 몇 번이나 읽었는지 모른다. 처음에 읽기가 힘들어서 그렇지 두번째부터는 더 빨리 읽게 되지 않는가. 오래간만에 책 한 권을 다 읽었다.

19. 기지를 방문하는 외국인들

연구를 위해서 방문하는 사람과 상주하는 사람, 다른 기지에서 행사 참여를 위해 오는 사람, 연구선에서 헬기 타고 오는 사람, 배 타고 가다가 들리는 사람, 기상이 안 좋아져서 중간에 묵으러 오는 사람, 공식적으로 기지 검열을 위해서 오는 사람, 심지어 지나가다가 심심해서 들리는 사람 등 실로 세종기지 내 유동인구는 엄청나다. 이들이 오면 이들의 국적에 맞는 국기를 게양하는데, 근처 기지와 자주 방문하는 나라의 국기는 모두 가지고 있다. 우리가 다른 나라 기지를 방문하는 것도 비슷한 이유이고, 마찬가지로 그때마다 태극기가 게양된다.

남극조약협의당사국회의(ATCP: Antarctic Treaty Consultative Party)에서 세종기

세종기지에는 다른 나라 대원들도 연구를 위해 참여하고 있다. 물론 다른 나라 기지에 한국 연구원도 상주하면서 연구를 할 수가 있다. 헝가리 대원들이 1주에 걸친 빙원 탐사를 마치고 세종기지로 복귀하였다.

지를 검열하겠다는 통보가 왔다. 영국, 호주, 페루 등의 검열관으로 구성된 검열단이 영국 왕실 해군의 연구선을 타고 왔는데, 배에서 기지까지는 헬기를 타고 왔다. 마침 그때가 유럽의 럭비 시즌이었고, 그 경기가 새로 위성안테나를 설치한 텔레비전으로 운좋게 수신이 됐다.

고무보트를 타고 왔던 장교 일행이 잠시 쉬면서 그 경기를 보고 갔는데, 바로 다음 날 연구선 군의관이 헬기로 비디오 공테이프를 가져와서 경기 중계가 있으면 녹화해 달라고 하고 떠났다. 하지만 유감스럽게도 해당 채널로 수신이 불가능해 녹화를 할 수 없었다.

연구선이 먼 외해로 나가서 연락을 못했는데 약속 당일에 비디오테이프를 받으러 헬기를 타고 다시 기지를 방문했다. 그들은 영국에서 이곳까지 멀리 나와 있는 동료들의 노고를 생각해 그 정도의 수고는 당연하다고 여기는 것 같았다.

여름 91

그들이 기대하는 녹화를 해주지 못해서 미안했다. 원래 잘 성사만 되면 헬기를 태워 주기로 약속했었는데 아쉬웠다.

20. 하계대 출남극

장반장님과 칠레노들도 떠나고 체험단도 떠날 때가 다가왔다. 취재팀에서 남극의 이모저모를 찍으면서 해섭이의 치료과정을 촬영하기를 원했지만 내키지 않았다. 그 누구보다도 본인이 원하지 않았다. 원래 예정으로는 체험단이 떠나기 전날 깁스를 풀기로 했지만 분위기가 어수선해서 풀기가 싫었다. 이런 분위기에서는 괜히 뼈가 제대로 붙어 있지 않거나 문제가 생길 것 같았다. 조심스럽게 해섭이한테 내 의견을 말했는데, 해섭이도 나와 같은 생각이었다. 사람들이 떠나고 나면 풀기로 했다.

체험단이 떠날 때 모두들 부두에 나와 환송을 해주었다. 나는 빨리 해섭의 깁스를 풀어 주고 싶었다. 해섭이도 마찬가지였다. 체험단이 떠나자마자 나와 해섭이는 마치 약속이나 한 듯이 곧바로 의무실로 왔다.

나는 막연하게 가지고 있던 남극에 대한 동경을 어느 순간 구체화하여 결정적일 때 한 번에 들이밀어 선발된 경우라면, 해섭이는 꾸준하게 남극에 대해 구체적이고 적극적인 준비를 해서 들어오게 된 경우였다. 처음에는 무엇이 부족해서 떨어졌다고 해서 그 무엇을 준비하고, 다음에는 저것이 부족하다고 해서 저것도 준비했단다. 급기야는 통신에 대해서도 알아야 한다고 해서 자신의 전공과는 별 관련도 없는 통신기술사 자격증까지 공부해서 따냈다.

이번에 자신이 다쳤을 때 많은 고민을 했단다. 만일 자신이 후송되면 일정내에 끝내야 하는 공사가 걱정이었다. 특히 세종관제소 전기공사 같은 경우는 전기가 들어와야 세팅도 하고 점검도 해서 관제소를 운영하게 되는데 그 일을 담당할 수 있는 사람은 자신밖에 없는데, 이를 어쩌나 하고 마음을 졸였단다. 또 한 가지 고민은 어떻게 해서 온 것인데, 제대로 시작하기도 전에 민폐를 끼치고 나갈 수는 없다는 것이었다.

드디어 깁스를 풀고 부러진 부위를 만져 보았다. 다행이 잘 붙었다. 해섭이랑 포옹을 한 번 하고 의무실을 나섰다.

체험단이 떠난 뒤 한참 뒤에 한국에서 연락이 왔다. 촬영팀이 만들어서 내보낸 체험단 프로그램과 남극 월동대 얘기를 잘 봤다고 했다. 아는 사람이 텔레비전에 나온 것만도 신기한데, 거기가 또 남극이라니 얼마나 신기했을까. 집에서도 부모님께서 전화 받느라고 정신이 없었단다. 누나 친구들한테서도 연락이 와서 안부를 물어올 정도였다고 한다.

촬영 내내 박익찬 PD님, 지재우 촬영감독님과 친해지면서 인터뷰를 했었다. 다행히 그 화면이 방송되어 많은 사람들이 봤던 것 같다. 사실 떠날 때도 집에서 걱정을 많이 하셨다는데, 오히려 그 화면을 보고는 안심이 되었다고 한다.

얼마 뒤 한국에서 또 연락이 왔다. 세종기지 입구에 장승과 태극기, 환영 인사가 씌어진 나무 현판이 있는데 그곳에 써 있는 인사말이 문제가 됐다. '어서 오십시오'가 맞는 표현인데 '어서 오십시요'라고 씌어져 있다는 것이었다. 체험단 특집을 봤던 시청자 중 한 분이 극지연구소 홈페이지에 글을 올렸다고 했다. 그래도 대한민국을 대표하는 곳인데 맞춤법이 틀려서야 되겠냐는 것이다. 맞는 말이다. 하지만 아침회의 때 나온 이 말에 대원들은 아연실색하고 말았다. 인사말 나무 현판을 바꿔 달아야 했다. 쉴 만하면 일이 생기고, 또 쉴 만하면 다시 일이 생기고….

정원이와 경모가 나무판을 만들어 글자를 페인트로 칠하고 말리고 다시 니스를 칠하고 말리고 했다. 현판이 마르자마자 바꿔 달았다. 모두들 바빠서 이때는 경모와 한가한 내가 같이 달았다.

그 긴 화면 중에 어떻게 이 잘못된 글씨를 알아보고 또 인터넷에 글을 올렸을까. 어떤 프로그램에서 '옥의 티'란 코너를 보면서, 드라마를 보면서 어떻게 소품 하나하나가 바뀐 것을 알아냈을까 생각했는데, 실제로 그런 지적을 받고 보니 정말 세상 무섭다란 생각이 들었다.

어느덧 부두공사도 끝났다. 남경회사 직원분들과 하계대원들도 모두 떠났다. 기지 전체가 적막에 휩싸였다.

21. 스쿠아의 횡포

남극의 도둑갈매기라 불리는 이녀석들의 포악성은 이미 누차 얘기해서 짐작이 갈 것이다. 추운 곳에 사는 녀석들이라 몸은 펭귄만큼은 아니더라도 오동통하다. 머리는 뒤로 넘겨서 올빽 머리에 무스로 떡칠을 한 듯이 반질반질하기까지 하다. 그런 얼굴을 하고서 눈은 쪽 찢어져 있다. 그것도 새들 특유의 무표정한 모습으로 말이다. 거기에다 고갯짓은 부드럽게 움직이는 것이 아니라 똑똑 끊어지는 모습이다. 걸을 때도 그렇고 고갯짓을 할 때도 그렇고, 그런 얼굴에 그런 눈빛으로 먼 발치에 앉아 고개를 갸우뚱거리며 쳐다볼 때는 정말 기분 나쁘다.

헬리포트에서 해시계로 취미활동을 하고 있으면 멀리서 떼거지로 날아와 머리 위에서 공중정지를 한 채로 째려보기도 한다. 날개가 크고 바람을 잘 타니까 그냥 날개를 활짝 벌려 안으로 약간만 접으면 바람을 안고 공중정지를 할 수 있다. 밑에서 눈을 뭉쳐 던져도 그저 날개에 힘 한 번 끙 하고 준 뒤 더 많은 바람을 안고 위로 뜨면 그만이다. 그러고는 다시 고개를 갸웃뚱거린다. 이러다가 자기들의 영역으로 조금이라도 들어설라 치면 공중정지는 바로 공격 모드로 바뀌면서 크게 선회한다. 마치 스타워즈에서 데드스타를 폭파시키려고 공격하는 엑스-윙(X-wing) 전투기같이 말이다. 데드스타의 환풍구로 향하는 비행선처럼 크게 선회해서 돌진해 온다. 아, 정말 싫다. 등뒤에서 머리끝까지 소름이 끼친다. 하지만 이녀석들, 이곳 남극에서는 없어서는 안 될 존재이다. 상위 포식자로서 이곳에서 죽은 펭귄이나 해표들을 먹어 치우는, 일종의 청소부다.

주방에서 나온 쓰레기를 바로바로 버리기는 하지만 한참 바쁠 때는 모아두었다가 나중에 버릴 수밖에 없다. 하지만 스쿠아들이 하도 쓰레기를 뒤져서 온통 휘저어 놓기에 하는 수 없이 주방 밖 테라스 안에다 두고 나중에 갖다 버리곤 했다. 버릴 때도 문제다. 음식물 쓰레기는 소각기에 넣어 태우는데, 기름을 아끼기 위해 하루중 정해진 시간에만 소각기를 돌린다. 하지만 이 스쿠아들은 정비동 문틈까지 비집고 들어와서 쓰레기를 뒤지다가 멀리서 보고 쫓아가면 재빨리 도망치곤 했다. 그래서 귀찮지만 항상 정비동 큰 문을 닫아 놓을 수밖에 없었다.

한번은 주방에 늦게 들어온 적이 있었다. 대개는 본관동 입구로 들어가서 슬

일몰과 함께 서쪽으로 지고 있는 오리온의 삼태성. 남반구의 오리온은 칼집을 거꾸로 차고 높이 치켜 든 손은 땅을 짚고 있다. 멀리 바다 건너 기지의 불빛과 어우러져 있다.

리퍼를 신고 주방으로 가는데, 그것이 귀찮을 경우 바로 주방 뒷문을 통해서 들어가기도 했다. 여느 때와 마찬가지로 그렇게 들어가는데, 테라스 계단을 올라갈 때만 해도 몰랐다. 그런데 뭔가 흑갈색 뭉텅이가 나를 향해 돌아서더니 그대로 날아오고 말았다. 스쿠아였다. 으악! 우당탕탕. 그 넓은 날개를 펼치고 나한테 날아오는 녀석을 보고 나도 모르게 비명을 지르고 말았다. 막상 눈앞에 그런 일이 닥치니 그저 으악하고 소리를 지를 수밖에.

그러나 이녀석들을 좋아하는 사람이 있었다. 바로 김정훈 연구원. 기지에서는 새박사라고 불렀는데, 그는 정말 스쿠아를 좋아하는 것 같았다. 원래 교사가 되려고 했지만 새를 너무 좋아해서 새에 몰두하게 되었고, 급기야는 이곳에서 스쿠아를 연구하게 되었다. 그가 새 연구하는 것을 보면 정말 대단했다. 혼자서 덩치 큰 스쿠아를 다치지 않도록 기술적으로 잡아서 날개에서 피를 뽑아 DNA를 연구한다. 그래서 그런지 김연구원 손은 항상 새 발톱에 할퀴어 있었고, 상처 치료를 위해 의무실에도 자주 오곤 했다.

스쿠아도 새인지라 둥지가 있긴 했는데 상당히 높은 곳에서도 발견되었다. 멀리 경치가 좋은 봉우리를 힘들게 올라가더라도 금세 김이 빠지고 마는 것은 그곳에도 어김없이 김연구원이 표시해 놓은 둥지 푯말이 세워져 있었기 때문이다. 세종기지 근처의 바톤 반도에 스쿠아가 있는 곳은 어김없이 김연구원의 손길이 미쳐 있었고, 녀석들의 발목에는 발찌가 채워져 있었다. 나로서는 엄두도 못낼 일이었다.

폭풍이 불고 있을 때 바람을 '즐기는' 녀석들을 보고 있으면 멋져 보였다. 이곳에 있는 새들은 대부분이 바람에 강했다. 그중에서도 스쿠아는 전투기와 같았다. 성격도 그렇지만 모양도 그렇고 비행하는 모습도 그랬다. 강풍이 불면 이곳 새들은 모두 밖에 나와 바람을 한껏 안는다. 그러고는 그 폭풍 속에서 공중에 정지한 채로 떠 있는다. 날개에 힘을 주면 조금 더 높이 뜬다. 그러다가 갑자기 날개를 비틀면서 그 강풍을 안고 뒤로 순간이동을 한다. 정말 멋진 장면이다. 또 강풍을 뚫고 바람이 부는 방향으로 전진할 수도 있다. 체중을 이용하는 모양이다. 정말 대단한 녀석들이 아닐 수 없다.

22. 주간 뉴스

많은 분들이 이곳 세종기지에서 대원들이 무엇을 하고 지내는지 궁금해 한다. 그래서 매주 있었던 일들을 주간 뉴스라는 형식으로 인터넷에 올리기로 했다. 이곳에서 벌어지는 모든 일들이 기사거리가 되었다. 연구원들이 중심이 돼서 주간 뉴스를 담당하기로 했다. 나는 주간 뉴스 담당은 아니었지만 그 주에 뉴스거리가 되는 기사를 한두 개씩 꼬박꼬박 제출했다. 사진을 찍다 보니 기지 주변의 변화도 알 수 있었고, 더구나 사진이 필요한 경우 내게 요청이 들어왔기에 대략적인 일들의 진행을 알 수 있었다. 그러다 보니 자연스럽게 모든 일들을 사진에 담을 수 있었다.

23. 연날리기

남극에서 심심하지 않게 이런저런 오락거리를 준비하는 것도 의사의 몫이었다. 여러 보드게임 기구도 사 가지고 왔지만 그것을 즐기는 것도 잠시뿐이었다. 뭔가 의미심장한 놀이를 하고 싶었다. 그래서 준비한 것이 연날리기. 원래 연을 날릴 생각으로 사지는 않았다. 대장실에 걸어 둘 연을 사러 나갔다가 몇 개 더 사서 들여왔다.

이곳에서 연 날리는 것은 그렇게 만만하지 않았다. 일단 바람이 너무 강했다. 바람이 센 날 날렸는데 창호지가 어찌나 밀리던지 멀리서 보면 대나무살만 앙상하게 보였다. 창호지는 찢어질 듯했고 대나무살은 금방이라도 부러질 것 같았다.

연을 날릴 때는 기지를 등지고 날려야 했다. 만약 연이 끊기거나 추락해서 연줄이 기지 안테나에 걸리기라도 하면 낭패가 아닐 수 없다. 기지의 유일한 통신 수단인데 말이다. 안테나도 하나둘이 아니다. 위성안테나 2개에 각 건물마다 해상통신용 안테나가 있고, 거기에 기상관측기기까지 있다.

설날이 다가오고 있었다. 연을 본관동에 놓고 대원들에게 새해 인사말을 쓰게 했다. 새해 인사를 적은 연을 날리고 싶었지만 바람이 워낙 강해서 실행하지는 못했다. 그 연은 다시 한국으로 가져와서 지금 내 방에 보관하고 있다.

24. 오리온

남극의 여름이 끝나가고 있었다. 밤이 점점 길어졌다. 이곳 여름의 대표적인 별자리인 오리온이 점점 서쪽 하늘로 기울어져만 갔다.

가을

기나긴 겨울보다 정작 그것을 기다리는 긴장감과 설레임.
저 멀리 빙원 너머로 지고 있는 마지막 햇빛이 야속하기만 하다.

1. 천고마비의 계절, 가을

가을 초입에는 보통 낮에는 한껏 덥다가도 밤이 되면 쌀쌀해지듯이 이곳의 가을은 어떤 때는 여름과 같았고, 어떤 때는 겨울과 같았다. 물론 사계절이 겨울이긴 하지만, 이곳에서 한철을 지내고 나니 그 나름대로 계절의 구별이 있었다. 가을은 가을이었다. 한국의 가을빛과 같았다. 여름에 한껏 높던 햇빛이 가을이면 은은하게 비스듬히 비추듯이 여기서도 점점 햇빛이 길게 들어왔다.

태양의 고도는 생각보다 높았다. 세종기지가 남극대륙의 변두리라 하더라도 오존 구멍은 세종기지를 포함하는 것은 물론 넓을 때는 남미 남단까지 뻗친다. 따라서 이 구멍으로 들어오는 자외선은 어마어마하다.

처음 이곳에 와서 그래도 남극이고 보지 못한 풍경이니까 폼도 잡고 사진도 찍고 했다. 하루 종일 돌아다닌 다음에 기지에서 저녁을 먹는데 거의 먹지 못했다. 이날 메뉴가 낙지볶음. 낙지볶음을 한 젓갈 떠서 입으로 가져가는 순간 눈물이 쏙 나왔다. 얼굴 전체에 일광 화상을 입었던 것이다. 매운 낙지볶음이 입술에 닿기도 전에 입 주위부터 화끈거리더니 젓가락이 올라오던 관성으로 입안에 들어가자마자 이 화끈거림이 얼굴 전체로 번진 것이다. 더운밥도 그 더운 기운이 얼굴에서는 쓰라리게 느껴졌다. 결국은 찬물에 밥 말아 먹고 말았다. 이 추운 날씨에 샤워도 찬물로 해야 했다. 화끈거려서 더운 김이 얼굴에 닿는 것조차 도저히 견딜 수 없었다.

흐린 날이라고 절대 안심하면 안 된다. 아침부터 오후 늦게까지 야외에 있는다면 흐린 날이라도 저녁 때면 얼굴들이 모두 그을려 있다. 그 정도로 이곳 자외선은 강하다. 역시 경험자와 초행자의 차이는 이런 작은 것에서 드러난다. 처음 온 나와 새로 들어오는 하계대는 그냥 마구 다니다가 정도의 차이는 있지만 이런 고생을 한다. 선글라스 안 쓰고 다니다가 자외선에 의한 결막염으로 고생하는 사람들도 많다. 색감을 중요하게 생각해서 선글라스를 쓸 수 없는 카메라 감독님과 강화백님께서 그러셨다. 그 외에 다른 몇몇 대원들도 그랬다.

지난번에 해섭이 엑스레이 촬영차 칠레 기지에 갔을 때다. 엑스레이 촬영으로 시간이 오래 걸려 진희는 그냥 햇빛이 쏟아지는 조디악에 남아 잠을 청했다.

위, 아래. 대원들이 막바지 월동준비에 부산하다.
폭설 때 길을 표시하기 위한 풋말작업을 하고 있다.

하지만 이미 월동 경험이 있는 진희는 구명복을 입고 온몸에 감싸고 고글까지 끼고, 마치 우주복을 연상하는 복장으로 잠을 잤다. 이래야 한다. 이것이 정답이다.

자외선 차단제? 차단지수 20은 명함을 꺼내지도 말라. 30대 단위? 별로 소용없다. 이곳에 올 때 친구한테 52단위를 선물 받았는데, 이 정도 돼야 좀 쓸만 했다. 하지만 50단위 정도 되는 것을 얼굴에 바르면 이건 화장품이 아니라 거의 마요네즈 수준이다. 얼굴이 어찌나 찐득거리고 번들거리는지…. 선글라스 한 번 잘못 만지면 손에 기름기 가득한 자외선 차단제가 묻거나 카메라 여기저기에 손자국이 남기 일쑤다. 그래서 그 다음부터는 자외선 차단제는 안 바르고 무조건 복면을 썼다. 선글라스에 반드시 고글까지 썼다. 선글라스 위에다 고글을 덧쓴다기보다는 눈썹 위 이마로 올림으로써 안경 사이사이로 쏟아지는 햇빛을 고글로 가리기도 했다. 물론 햇빛이 너무 강할 때는 선글라스 위로 고글을 쓰기도 했다. 이런 경우 복면으로 가린 입과 코로 숨을 쉴 때 그 입김이 위로 올라와서 안경에 서리가 끼기도 한다. 하는 수 없이 복면을 코 아래로 내려서 숨을 쉽게 쉬도록 하는 수밖에 없었다. 이런 경우에는 콧등에만 의료용 종이테이프를 붙여서 자외선을 막기도 했다. 좀 과하다 여길 수도 있겠으나 콧등이나 얼굴을 한 번 제대로 데인 후에는 남의 시선은 전혀 문제가 되지 않았다.

하지만 가을로 접어들면서 상황은 전혀 달라졌다. 물론 아직까지는 햇빛이 강했지만, 햇빛의 세기가 어느 순간 급격히 꺾이고 있었다. 여름에 기대 이상의 광량에 친구에게 필터 몇 개를 부탁했다. 12월에 부친 소포가 3월에 도착했는데, 이때는 이미 필터를 쓰기에는 늦었다. 그냥 찍어도 될 정도였다. 오히려 필터를 쓰면 침침한 사진이 나왔다.

앞에서 이곳 공기가 맑다고 했는데, 한 번 짚고 넘어가야겠다. 정말 맑다. 먼지 하나 없다. 공기도 좋다. 신선하다. 대기권 안의 공기 중 산소가 20퍼센트를 차지한다는 것은 당연한 사실이지만, 이곳에는 나무가 하나도 없기에 내가 숨쉬는 산소는 어디서 왔을까 상상해 볼 정도였다. 먼지가 있을 리 없다. 수증기가 많은 날만 아니면 흐린 날에도 멀리까지 잘 보인다. 너무나 잘 보여서 멀리 있는 것도 가까이 보인다. 그래서 조심해야 한다. 착각하기가 쉽다. 특히 조난되었을 경우 조심해야 한다고 한다. 사실 평범하게 넓기만 한 빙원에서는 착각이 잘 일어났다. 설상차로 달리고 달려도 같은 위치인 것 같았다. 저 너머에 뭔가 있을 것 같았지만 그 앞까지는 한참을 가야 했고, 그 앞에 가면 아까 봤던 위치는 다시 그만큼 멀어져 있는 것 같았다. 아마 사막 한가운데서도 이런 느낌일 것이다. 다만 사막의 모래가 하얀 눈으로 바뀌었다고 생각하면, 그리고 더위 대신 추위로 바뀌었다고 생각하면 그 착시현상은 별반 차이가 없을 것이다.

세종기지, 맥스웰 만 건너의 칠레 프레이 기지, 맥스웰 만 안쪽의 콜린스 만이 지도에서 보면 거의 정삼각형에 가깝다. 육안으로 보기에는 이들이 손에 잡힐 듯 가깝게 보이기만 한다. 또 프레이 기지와 맥스웰 만이 바로 옆에 서로 붙어 있는 것처럼 보인다. 하지만 기지에서 콜린스 만 안쪽까지 거리는 맥스웰 만 건너에 있는 칠레 프레이 기지만큼 먼 거리이고, 콜린스 만에서 프레이 기지까지도 상당히 먼 거리다. 공기가 맑아서 그렇게 보인다.

하늘은 높았고 말(馬) 대신 대원들은 살쪄 가기만 했다. 점점 익숙해진 생활에 때 맞춰 세끼 꼬박꼬박 먹어대니 살이 찔 수밖에. 역시 가을은 가을이었다.

2. 첫 명절

가을이면 추석을 생각하겠지만, 이곳에서는 음력 설을 맞이하게 된다. 남극에서 맞이하는 구정은 남달랐다. 우선 대원들 모두가 아침 일찍 일어나서 음식과 차례 준비를 했다. 합동차례를 지내는 것이다. 경험 많으신 김총무님께서 대원들에게 일을 분담시키고 음식준비를 하려고 했지만 상훈이형이 거절했다. 그냥 혼자 하는 것이 편한단다. 도와주는 것은 고맙지만 미리 준비하면 되니까 음식 나르는 것만 도와달라고 했다.

아침 일찍 일어나 모두 준비해 온 단복에 넥타이까지 매고 차례 준비를 했다. 한국에서 평소 차례를 지내던 대원들도 그 절차가 지역마다 또 집집마다 달랐지만 여기서는 너무 격식을 차리지도, 그렇다고 너무 가볍지도 않게 올릴 수 있는 음식을 올려서 차례를 지냈다.

조리담당 상훈이형은 실질적으로 일하는 사람 외에 주변에서 얼쩡거리는 것을 무척 싫어했다. 오히려 일에 방해가 된다고 생각했다. 실제도 그랬다. 본인이 알아서 하는 스타일이다. 13개월 남짓 남극에 있으면서 단 하루도 식사시간을 빼먹은 적이 없다. 하루는 전날 술을 너무 많이 먹어 다음 날 아침 준비를 내가 시작했을 때도 어김없이 나와서 바통을 이어받았다. 오히려 내가 아침에 쉬고 빼먹은 적이 많았다. 그래도 그냥 쉬라며 챙겨 줬다. 사실 1년 이상 매일 식사준비를 하기란 쉽지가 않다. 최소 16명이다. 최대로 치자면 60명 넘는 인원의 식사를 몇 주씩이나 준비했다. 나와 루이스가 주변 일을 도와주기는 했지만 그 일이라는 것이 식재료를 챙기거나 씻는 일, 혹은 다 준비된 재료를 불에 굽거나 뒤집는 일뿐이다. 실질적으로 재료를 다듬거나 양념을 준비하거나 하는 핵심적인 일은 모두 상훈이형이 했다. 이렇게 고된 일이다 보니, 예전에는 아침을 빼먹거나 남은 음식으로 한 끼를 더 해결하는 경우도 가끔은 있었다고 한다.

　　김총무님은 이번으로 네번째 월동을 하는 분이었다. 첫번과 두번째는 평대원으로, 세 번째는 유지반장님으로, 그리고 이번에는 총무님으로 월동을 하시게 된 입지전적 인물이다. 산전수전 모든 일들을 겪으신 터라 대원들의 생각 하나하나를 모두 꿰뚫고 있었다. 그리고 어떤 점들이 문제가 되고 대원들 간에 갈등이 되는지 너무나 잘 알고 있었다. 사실 처음에야 다들 친하고 잘 대해 주지만, 이곳도 사람 사는 곳인지라 갈등이 없을 수는 없었다. 성격상 갈등이 일어날 수도 있지만, 사람들이 살면서, 서로 부대끼면서 어쩔 수 없이 생기는 갈등도 있는 것이다. 나는 그런 의미로 말한 것이 아닌데, 받아들이는 쪽은 상처를 받기도 한다. 이런 일들을 너무 많이 보신 총무님이라 미리미리 예방하기 위해 대원들에게 이것저것 얘기해 주고, 미리 챙기고 혹은 모른 척도 하시곤 했다. 하지만 우리 대원들 입장에서는 챙겨 주는 것이 오히려 간섭처럼 느껴지는 부분도 있었고, 자율적으로 할 수 있는 것도 오히려 시켜서 하는 것 같은 느낌을 갖기도 했다. 이것 때문에 김총무님 개인적으로도 힘드신 적이 있었지만 그래도 김총무님이 다져놨기에 별 무리없이 지내지 않았나 생각들 하고 있다.

　　김총무님은 각 분야별 대원들에게 많은 말씀을 들려주셨다. 내가 들은 얘기는 늘 나이가 어린 의사들이 오다 보니, 어떤 조리 대원은 당연히 의사가 조리를 도와줘야 하는 것으로 알고 너무나 쉽게 일을 시키고, 당연하게 생각하여 제일 가까워야 하는 사람이 제일 어렵고 힘든 사이가 되어 모두가 힘들어질 때도 있었다고 한다. 이곳에서 유일한 낙은 먹는 것이고 모두가 모일 수 있는 시간이자 하루 중 가장 기다려지는 시간이 바로 밥 먹는 시간인데, 둘이 인상 쓰고 있으면 다른 대원들도 식사 때마다 눈치를 보지 않을 수 없었단다.

또 의사는 의사대로, 주방장은 주방장대로 까탈스러우면 일일이 대하기도 힘들다고 한다. 이해가 됐다. 이제 알게 됐지만 조리라고 하는 것이 워낙 독보적인 분야라 공동으로 요리를 한다고 해도 그 요리의 핵심은 당사자가 맡아야 하는 것이다. 그러고 보면 조리장도 성깔이 장난이 아닌 직업이다. 내가 쓰던 주방이 내가 원하는 방식으로 정리되어 있는데 밤새 누가 말없이 어지럽히고 가면 나라도 화가 난다.

의사는 또 어떠한가. 이 또한 워낙 독자적인 분야라 누가 대신 해줄 수 있는 것도 아니다. 외과 분야면 당연히 말할 것도 없고 내과 분야도 같은 병에 같은 약을 쓰더라도 자신만의 패턴이 있기 마련이다. 어느 날 나 대신 다른 의사가 대진을 보고 그 다음에 내가 그 환자를 봤을 때 쓰던 약들이 바뀌어 있으면 짜증나기는 마찬가지다.

총무님이 중재 역할을 계속 해줬다. 나에게는 의사로서 주방에서 지켜야 할 일들, 상훈이형에게는 의사에게 해줘야 할 것들을 끊임없이 말해 주셨다. 쉽게 얘기해서 나한테는 상훈이형 편을, 상훈이형한테는 내 편을 들어 주신 것이다. 거기에 상훈이형과 나의 궁합이 잘 맞아서 더 잘 지냈던 것 같다.

지금에야 고백하지만, 중간보급으로 과일이나 야채가 들어온 다음 날이면 주방 안쪽 냉장고에는 항상 나를 위한 과일주스나 야채주스가 있었다. 사이다가 부족할 때도 내 사이다는 따로 있었다. 바깥 추위에도 아랑곳 않는 열기 가득한 주방에서 느끼는 더위! 그 더위에 마시는 사이다의 시원하고 톡 쏘는 맛! 이열치열, 아니다. 이열치한이다! 혹 튀김이라도 하는 날이면, 아니 전이라도 좋다. 이 추운 남극에서도 주방에서는 땀이 삐질삐질 난다. 튀기자마자 건져낸 빙어나 굽자마자 쟁반에 담은 생선전을 상훈이형 입에 넣어 주고 나도 먹고 맥주 한 잔으

구정을 맞이하여 윷놀이를 하고 있다. 대원들의 표정이 사뭇 진지하다.

로 건배하면 그 더위마저 가시는 듯하다.

땀도 식힐 겸, 잠시 음식들을 불에 올려놓은 채 뒷문을 열고 먼산, 아니 먼 빙산이나 빙원을 바라본다. 게다가 블리자드라도 불어오면 금상첨화다. 블리자드는 전체 대류순환과도 밀접한 관련이 있기에 반드시 동쪽에서 불어온다. 극동풍의 영향을 받은 저기압의 방향과 저기압 내의 회전방향이 일치할 때 시너지 효과로 부는 강풍이다. 그래서 반드시 동풍이다. 뒷문 테라스는 서쪽으로 터져 있어서 동풍을 막고 블리자드 영향 없이 바람을 즐길 수 있다. 거센 바람에 담배의 붉은 불은 모닥불마냥 더욱 벌개진다.

자고로 세종기지에 있는 일 년 남짓한 동안 식은 음식을 먹어 본 적이 없다. 오히려 뜨거워서 식혀 먹었을망정. 이곳에서 매끼 따뜻한 음식을 먹으며 어머니 생각을 정말 많이 하게 됐다. 집에 있을 때는 어머니와 정말 많은 의견 충돌이 있었는 데도 말이다. 특히 인턴 때와 레지던트 1년차 때 충돌이 가장 심했다. 집에 일주일에 기껏해야 두 번 정도 올 수 있었고, 쉰다고 해봤자 집에 오는 시간이 밤 10시면 이른 것이고, 자정을 넘기지 않으면 다행이었다.

집에 오면 그냥 쓰러져서 잤다. 6시에 일어나서 6시 반 전에 도착해야 아침 7시까지 회진 준비를 끝낼 수가 있었다. 잠이 부족할 때 5분 더 잔다는 것은 큰 행복이었다. 밤새 2-3시간 자는 것보다 아침에 5분 더 자는 것이 더 행복했다. 아침에 일어나면 어머니는 항상 새로 지은 밥을 차려 주셨다. 어찌나 뜨거운지…. 사실 나란 사람은 아침을 굶더라도 아침에 있는 일부터 끝내고, 여유롭게 밥을 먹든지 아니면 쉬는 것을 좋아하는 스타일이다. 뭘 먹어도 아침 회진이 끝나고 먹으려 했다. 지금도 그렇다. 하지만 어머니께서는 그렇지 않았다. 간만에 온 아들한테 새로 한 밥을 먹이고 싶은 것은 모든 부모님의 심정이지만 나는 그게 싫었다. 아침에 새로 한 밥을 식혀 가며 먹는 것보다 5분 더 자는 게 좋았다. 화내고 그냥 나간 적도 많았다. 차라리 찬밥이 좋았다. 그저 찬밥에 김, 어머니가 직접 담그신 김치와 계란프라이. 그게 오히려 좋았다. 어머니께서는 그런 아들이 야속했을 것이다. 그래서 나는 어머니와 합의하여 절충안을 냈다. 아침에 새로 한 밥을 먹이고 싶으신 어머니와 빨리 나가야 하는 아들 사이의 절충안은 이랬다. 밥그릇에 밥을 푸는 것이 아니라 접시에 밥을 떠서 피자같이 넓게 폈다. 그러면 아침에 일어나 씻는 사이에 밥이 적당히 식었다. 그러면 순식간에 밥을 입 안에 '쏟아' 넣을 수 있었다.

그에 비하면 남극에서의 아침식사는 우아하고 진수성찬에 가깝지 않은가? 늘 새로 한 밥에 계란프라이, 내가 좋아하는 젓갈과 맘껏 뿌려 먹을 수 있는 참기름. 게다가 미역국이라도 나온다면 정말 좋았다. 오히려 남극에서는 1년 내내 한국에서 가려 가며 먹었던 찬 음식조차 먹어 본 기억이 없다. 어머니께서 아신다면 상훈이형을 나보다 더 좋아하실지도 모를 일이다.

내가 남극에 가기로 결정되고 극지연구소로 출근하기 전까지도 집에서는 남극에 간다는 사실을 몰랐다. 말을 안했다. 극지연구소로 출근하기 며칠 전에 얘기를 꺼냈다. "엄마, 제가 사실은 좀 특별한 데서 근무하게 됐어요." 그러면서 추가설명을 했다. 만약에 내가 집에서 정말 먼 곳에 배정돼서 일주일에 왕복 800

킬로미터씩 운전을 하고 다니는 것이 안전할지, 아니면 남극에 한 번 들어가서 1년 내내 거기서 묻혀 지내는 것이 더 안전할지 생각해 보시라고 협박 아닌 협박을 했다. 그래서 부모님의 허락도 얻을 수 있었다. 만류했다가는 평생을 두고 원망을 들을지 몰라 허락하셨는지도 모른다. 이곳에 오니 굶을 일도 없고, 찬밥을 일부러 먹을 필요도 없었다. 너무나 편했다. 그렇지만 그래도 어머니를 생각하지 않을 수가 없었다.

이곳에서 구정을 쇠면서 떡국도 먹고 차례도 지냈다. 정말 차례의 의미가 남달랐다. 조상의 은덕으로 이곳에 올 수 있었던 것에 감사하고, 조상님들께 안전을 기원하는 자리였다. 혹 조상님께서 정말 차례를 지내러 오신다면 정말 멀리 왔다고 느꼈을지 모른다.

오래간만에 양복을 입었기에 양복을 입은 채로 단체사진과 개인 사진을 찍었다. 아직까지도 여름의 연장이기 때문에 기지 주변에는 눈이 없었다. 지금 생각으로는 한겨울에 눈 많이 내렸을 때 양복 입고 단체사진 찍는 것도 괜찮았을 것 같았다.

3. 일상생활 III - 하루 일과

남극에서의 규칙적인 일과는 기지에 들어올 때부터 시작됐다. 비상 컨테이너에 묵기는 했지만 인수인계가 끝나기 전에 각자 맡은 구역과 일들이 정해졌다. 그리고 하루 일과도 빡빡하게 짜여졌다.

하루 일과는 이렇다. 아침 7시에 기상이다. 아침 7시 반에 아침식사가 시작되는데, 인원이 많은 여름철에는 월동대원들은 7시 반, 하계대원들은 8시에 식사를 한다. 식당에 자리도 모자랄 뿐만 아니라 접시도 모자라기 때문에 식사 중간에 한 번 설거지를 해서 다시 내놓아야 한다. 더구나 월동대원들은 하루 일과를 빨리 시작해야 하기에 식사시간 배정을 앞당겨 했다. 상훈이형과 주방보조인 루이스는 6시 반부터 아침 준비를 하고 나는 7시에 나온다.

남극에 들여온 달걀이 대략 1만 알이 훨씬 넘는데, 그중에 거짓말 조금 보태서 90퍼센트 정도는 내가 깼을 것이다. 아침에 계란프라이는 말할 것도 없고, 생

위버 반도에서 떠오른 태양. 겨울로 가면서 해가 짧아지고 있었다.
태양이 뜨는 가 싶다가 이내 지기 시작했다. 사진 방향은 북쪽이고,
멀리 부드러운 곡선을 그리는 빙원이 보인다.

선전이나 부침에 들어가는 계란, 그 외에 식재료에 용매 비슷한 역할을 하는 계란까지 모두 합하면 그 정도 되지 않을까 싶다.

오전 8시에 연구동의 대장님 방에서 아침회의가 있다. 운영하기 나름인데, 우리 차대는 매일 오전 8시에 아침회의를 했다. 하계 때는 할 일이 많고 그날그날 일정이 다양하기 때문에 일정과 인원 배분을 하고 공지사항과 지시사항, 건의사항 등을 전하다 보면 금세 시간이 흘렀다. 너무나 바쁠 때는 빨리 마무리하고 흩어진다. 회의는 대략 30분 내외였지만 한 시간 가량 하기도 한다.

대장님 방 가운데 테이블에 대장님과 총무님, 반장님은 무조건 상석에 앉으시고, 몇 개 남은 의자에는 선착순, 그리고 나머지 대원들은 카펫 바닥에 앉는다. 발전기 교대가 있는 날은 진희가 아침에 미리 시간을 공지한다. 한 달에 한 번 홈페이지에 올린 퀴즈 정답자 중 추첨을 할 때는 통신담당 인호가 추첨통을 가지고 와서 돌린다.

한 주를 시작하는 월요일 아침에는 약품창고에서 드링크류를 가지고 온다. 가끔 야외작업이 많을 때 풀기도 하지만 그래도 주중에 한 번 풀 때가 가장 좋았다. 매주 보급할 수는 없었다. 하계대가 있을 때는 더 그랬다. 좀 치사해 보이더라도 어쩔 수가 없었다. "한국 가서 많이 먹으라고 그래!" 대장님의 말씀이다. 한국에서 사먹지도 않던 것을 기지에서 굳이 줄 필요가 없다는 것이다. 맞는 말씀이다. 월동 대원들도 마찬가지다. 한국에서 거의 먹지도 않았지만, 이곳에서는 왜 이리 맛있는지. 특히 한겨울에 설상축구나 스키를 탄 다음에 먹는 드링크의 맛은 정말 맛있다. 운동 전에 눈에다 박아 놓았다가 운동 후에 마시는 그 맛이란….

아무튼 아침회의는 중요한 시간이다. 별 이야깃거리가 없어도 무조건 모여서 이런저런 얘기들을 나눈다. 대개 대장님 중심으로 이뤄지는 아침회의는 기지 내에서 적당한 긴장을 주기에는 충분했다. 겨울이 되면 밤이 길기 때문에 한 시간씩 늦춰졌다. 기상시간 8시에 아침회의 9시.

아침에 회의가 끝나면 다들 각자 자리로 흩어진다. 나와 상훈이형은 다시 주방으로 와서 뒷정리를 하고, 승일이형과 정원이는 해수 샘플 채취하러 부두로 나간다. 지질연구원 경모는 지구물리관측동으로 간다. 유지반 대원들은 일단 유지반 사무실에 가서 유지반장님 주재하에 그날 일정에 대해서 다시 간단한 회의를 한다. 기상대원인 태건형이과 수현이형은 당직 교대를 하고 기상실에서 24시간 기상관측을 하여 정해진 시간에 하루 네 번씩 칠레 기상실로 이곳 기상을 무전으로 알려 준다. 대장님방과 바로 이웃한 통신실은 기지 내에서 중요한 구역으로 인호가 책임지고 있다.

인호는 대장님의 비서실장이다. 모든 대외적인 업무에서 인호를 통하지 않을 수 없다. 하역 때는 말할 것도 없고 겨울에도 마찬가지다. 대장님께서 미리 알아보라고 하는 것이나 비행기 스케줄, 남극에 들어오는 사람들의 현재 위치, 언제 데리러 가고 언제 이곳에서 떠나는지, 그리고 본국과의 연락까지 인호의 역할은 너무나 중요하다. 인호의 원래 전공은 지질학이다. 지질연구원으로 온 막내 경모의 학교 선배다. 하지만 인호가 여기 남극까지 오게 된 경로를 보면 정말 파란만장하다. 지금 하고 있는 업무는 이 녀석의 전공과는 전혀 무관한 일이었지만 그 누구보다도 전문가였다.

학창시절에 군대를 마치고 인호는 무작정 호주로 어학연수를 떠났단다. 하지만 호주가 좋았던 그는 더 머물기로 하고 거기서 돈을 벌기로 했단다. 그래서 결정한 것이 바로 양배추 농장에 들어가서 하루 종일 일하는 것이었다. 뙤약볕의 그 넓은 농장에서 일하는 것이 어디 쉬운 일인가. 그래서 그런지 이곳 남극에서 가장 인기 있고, 중간보급 때 무척이나 기다려지는 양상추를 인호는 무척이나 싫어했다. 더구나 농장에서 일할 때가 2002년 월드컵 기간이어서 월드컵을 별로 즐기지도 못했다고 했다. 그래서 가끔 나오는 월드컵 얘기에 인호는 소외되곤 했다. 하지만 호주에서 차 하나 렌트해서 사람들을 모아 여행을 하기도 하고, 사막에서 차가 박살나자 다시 차를 구해서 여행을 계속한 강인한 청년이다.

그가 내뱉는 말은 늘 새로운 얘기였다. 한국에 돌아와서는 고향 경주에서 컴퓨터 회사에도 다녔다. 한창 PC방 열풍이 불어서 이런저런 공사하러 많이 다녔다고 했다. 그래서 컴퓨터나 전기에 대한 지식이 참 풍부했다. 컴퓨터, 무전기, GPS 등을 비롯한 모든 전자기기는 반드시 인호의 손을 거쳐야 했다. 더구나 통신담당은 외국기지와 연락도 주고받아야 하기에 영어도 잘해야 한다.

　인호가 이곳에 오게 된 것도 참 우연이었다. 18차 선발에서 다른 대원들을 모두 선발했는데 전자통신대원만을 못 뽑았다. 그러던 중 연구소에 먼저 들어왔던 경모가 인호에 대해서 대장님께 말씀드렸다. 대장님께서 흔쾌히 만나 보겠다고 하셨고, 의외로 괜찮은 청년임을 알고 뽑겠다고 했다. 하지만 인호의 개인적인 문제와 몇 가지 절차상의 문제가 있어서 포기해야 했다. "그래, 이것도 인연인데 다음에 또 보자꾸나"란 인사를 하고 돌려보내야 했다. 하지만 이 질긴 녀석이 어찌어찌 개인적인 문제를 해결하고 막바지에 합류하게 되었다. 지금은 본업인 지질 관련 일을 하지만 그에게서 컴퓨터를 포맷해서 새로 설치하는 것부터 많은 것을 배웠다.

　오전 11시가 되면 나와 상훈이형은 다시 주방으로 가서 점심 준비를 한다. 여름에는 더 일찍 나가기도 하지만 겨울에는 나의 경우는 11시 반쯤 나가서 상훈이형이 준비해 놓은 음식들을 '가열'한다. 요리라는 표현보다는 가열이란 표현이 나의 수준에는 적절하지 않을까. 음식을 하는 여러 과정 중에 가장 의미 있는 작업은 식재료의 '표면적 넓히기'라고 하는 것이 맞을지도 모르겠다. 상훈형이 기

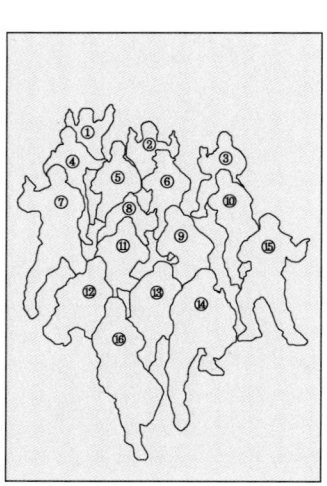

밤새 밀려온 유빙을 배경으로 단체사진을 찍었다.
손가락을 이용한 저 포즈는 김승채 총무님이
주로 사용하던 것인데 나중에는
우리 차대 전용 포즈가 되었다.

① 조리담당 이상훈 대원　　⑨ 통신담당 김인호 대원
② 중장비담당 김동석 대원　⑩ 유지반장 이영일 대원
③ 생물연구원 박승일 대원　⑪ 18차 월동대 홍성민 대장
④ 발전담당 남진희 대원　　⑫ 총무 김승채 대원
⑤ 생물연구원 여정원 대원　⑬ 전기담당 심해섭 대원
⑥ 기계설비담당 이요정 대원　⑭ 기상담당 서태건 대원
⑦ 지구물리연구원 구경모 대원　⑮ 기상담당 전수현 대원
⑧ 중장비담당 김형철 대원　⑯ 의무담당 홍종원 대원

본적으로 하는 일은 식재료들을 잘게 썰거나 다듬어서 재료에 최대한 많은 솜씨를 입히는 일이었다. 그래서 그 솜씨가 사람들 입에 고루 퍼질 수 있게 하는 작업인 것 같았다.

넓은 식당용 프라이팬에 굽는 것은 당연히 내가 해야 할 일이었고, 기름에 튀기는 것도 내가 했다. 특히 자주 사용하는 그 넓고 네모난 프라이팬에는 애착이 갈 정도였다. 누가 잠시 사용하기만 해도 즉각 알아챌 수 있을 정도였다. 사무실 책상 정도 크기였는데, 프라이팬 위에서도 위치마다 불의 세기나 음식 익는 속도가 각각 달랐다. 음식의 종류나 시간에 따라 적절한 위치에 배분해서 구울 수 있는 수준까지 도달했다. 특히 스테이크를 굽게 될 때는 레어(rare)에서 웰던(well-done)으로 익힐 위치까지 파악하여 음식이 나갈 때는 같은 시간에 한꺼번에 나갈 수 있게 조절하는 수준에 도달했으니 나름대로 한 우물을 판 보람이 있었다. 또 프라이팬에 기름을 빼는 구멍이 하도 막히고 더러워져서 17차 조리대원이 마개를 막아 버렸는데, 프라이팬 위의 기름을 제거하는 노하우도 익히게 되었다. 결국 상훈이형도 이 프라이팬에 대해서만큼은 나에게 전권을 일임했다. 인수인계를 할 때도 그랬다.

12시에 점심식사를 한 후에는 대개 주방, 식당이 같이 있는 본관동 건물에서 당구를 즐기거나 소파에 앉아서 텔레비전을 봤다. 위성안테나를 단 이후로는 여러 위성방송이 나왔는데 미국, 일본, 중국, 독일, 칠레 등등 다른 나라 채널과 한국의 YTN, 아리랑방송이 나왔다. 다른 나라 방송도 자국의 공용방송만 수신되니 정말 재미없었다. 그래도 유일하게 한국말로 알아들을 수 있는 방송은 YTN밖에 없었다. 처음에는 영어 공부도 할 겸, 다른 나라 방송도 들었다. 특히 주변국 이해도 할 겸, 이해하기 쉬운 일본 NHK 영어 뉴스와 중국 CCTV 영어방송을 들었다. 간간이 BBC 뉴스도 들었지만 매번 들을 때마다 노력하면서 듣는 것이 지겨웠다. 결국은 모두들 YTN 뉴스를 보거나 아리랑방송에서 보여주는 영어 자막의 예전 드라마만 보게 됐다. 점심 후 삼삼오오 모여서 오순도순 얘기를 나누다가도 스포츠 뉴스만 나오면 다들 뉴스 쪽으로 관심이 집중됐다. 2005년도에는 월드컵이나 올림픽, 아시안게임 등 굵직한 경기들이 없어서 오히려 야구나 농구가 더 재밌었는지도 모르겠다.

오후 1시부터 다시 오후 일과가 시작된다. 오전에 마무리 못한 것들을 하거나 오후 일을 하기도 했다. 일이 벅차면 하루가 모자랄 경우도 있었지만, 일찍 일을 끝내면 여유로운 오후를 보내기도 했다. 대개는 5시경에 일과를 끝내고 운동을 했다. 물론 상훈이형과 나는 저녁 준비를 위해 주방으로 향했다.

매번 식단을 짜는 것도 보통 힘든 일이 아니었다. 조리대원의 절대 권한이지만 누군가가 특별한 것을 먹고 싶어한다면 그것을 식단에 반영하기도 했다. 특별한 날에는 특별한 음식을 준비하기도 한다. 그 대표적인 것이 생일날 아침 미역국이다. 미역국이 특별한 음식은 아니지만 부산 사람이 끓이는 미역국은 좀 달랐다. 상훈이형은 반드시 고기를 볶다가 그곳에 미역을 넣어 미역국을 끓였다. 거기에 다시 떡국 떡을 넣었다. 맛이 아주 좋아 인기가 있었다.

부식의 대부분은 한국에서 가져오지만 쌀과 육류는 칠레에서 구입해서 가져온다. 이 짐들은 한국에서 도착한 짐들과 함께 남극으로 보내진다. 그래서 고기 같은 경우, 어떤 부위가 어떤 맛을 낼지는 직접 요리를 해보기 전에는 모른다. 좋은 고기도 반입되지만 그중에는 별로 좋지 않은 고기가 섞여 있기도 한다. 일단 이곳으로 들어온 고기는 반품이고 뭐고 할 수가 없기에 먹을 수밖에 없다. 그중에 너무나 아니다 싶은 고기는 그냥 다시 보관한다. 버릴 수는 없다. 소비를 적절히 해서 1년 동안 꾸준히 먹을 양을 유지하기 때문에 질이 안 좋다고 버릴 수는 없다. 비상용으로 뒀다가 다음해에 보급이 들어와서 더 이상 쓸모가 없어지면 버린다. 음식뿐만 아니라 모든 물품 관리의 기본이다.

아무튼 새로 들어온 고기는 뜯어서 요리를 해봐야 한다. 그 고기 테스트를 바로 내가 하게 된다. 상훈이형이 미리 녹인 고기를 내 전용 프라이팬에 굽는다. 소금만을 준비하기도 하고, 소금, 후추, 참기름을 섞은 기름장을 준비하기도 한다. 때로는 겨자만을 준비하기도 한다. 그리고는 적당히 익혔을 때 맥주를 곁들여 시식을 한다. 개중에는 정말 A급 고기도 있었다.

오후 6시에 저녁식사 시작. 저녁을 먹고 나면 다시 텔레비전 앞에 삼삼오오 모여 YTN을 본다. 이때 한국은 새벽 6시 반경. 다들 출근 준비로 정신없을 때다.

그런데 참 신기하다. 대개 아침 뉴스는 하루의 시작이니까 활기차고 경쾌한 느낌이고 저녁 뉴스는 하루를 마감하는 듯 뭔가 정리하는 느낌이다. 하지만 이곳에서는 가끔 한국 시간을 잊고 뉴스를 보게 된다. 아침 뉴스도 저녁 때 보면 뭔가 포근하고 정리된 느낌이고, 저녁 뉴스도 아침에 보면 뭔가 활기찬 느낌이 든다.

점심 후의 인기 프로가 스포츠 뉴스라면 저녁에 보는 최고 인기 뉴스는 출근길 '교통정보'다. 이곳에서는 전혀 필요하지도 않은 교통정보. 이곳에 차가 있기야 하지만 교통체증이 있는 것도 아니고, 한국의 교통정보가 세종기지에 필요할 리 만무하지 않은가? 하지만 세종기지에 있는 우리에게 교통정보 프로는 무한한 정보와 함께 감동, 그리고 한국을 잊지 않게 하는 유일한 통로다. 그 화질도 좋지 않는 교통정보 방송의 CC TV 화면이야말로 한국을 남극에 그대로 전해 주는 생방송이기 때문이다. 뉴스 앵커가 등장하는 화면은 그저 실내에 있는 세트에서 방송되는 것이고, 이미 과거의 뉴스 현장일 뿐이다. 하지만 CC TV에 나오

단조로운 생활에 활력을 불어넣어 주는 것은 아무래도 세끼 식사 때가 아닐까 싶다. 틈틈이 준비되는 별식은 기지 전체에 활력이 된다.

식사가 끝나고 본관동에 모인 대원들. 화기애애하게 대화가 오고가고 뒤에서는 당구로 여유를 즐기고 있다.

는 화면은 바로 대한민국 자체였다. 바로 지금 한국의 모습이었다. 지금 한국은 비가 오는지, 아니면 맑은 날인지, 뜨거운 여름인지, 아니면 낙엽이 곱게 물든 가을인지는 교통방송을 통해서만 알 수 있었다.

저녁 7시가 되면 모두들 뿔뿔이 흩어진다. 하지만 이후에도 텔레비전 방송을 기다리는 사람들이 있다. 바로 칠레 방송을 보기 위해서이다. 특히 여름철에는 더욱 그렇다. 칠레 프레이기지 안테나에서 잡은 칠레 방송은 다시 다른 기지로 전송되는데, 그것을 우리 안테나에 수신해서 본다. 화질이 그렇게 썩 좋지는 않지만 그 인기는 대단했다. 저녁 7시가 되면 양대 방송사에서 매일 춤과 노래를 하는 프로그램이 있다. 항상 생방송인데, 남자와 여자 거의 동수로 나와서 집단으로 춤을 춘다. 한국과는 좀 다른 개념이다. 중국, 일본 등 동양 가수들이나 댄스그룹의 경우 춤동작 하나하나를 모두 맞추거나 박자가 칼 박자로 들어가서 절도가 있는 반면, 이쪽 춤들은 같은 동작의 춤이지만 모두들 제각각이다.

가을 **119**

그런데 이곳에 출연하는 댄서들이 우리로서는 난리가 날 복장들이다. 남자들이야 그냥 그렇지만 여자들의 경우 노출이 엄청 심하다. 골반에 걸치는 반바지에 배꼽은 당연히 드러내고 브래지어에 가까운 복장들을 하고 나와서 정말 신나고 경쾌하게 춤도 추고 노래도 부른다. 겨울에는 방송국 세트장에서 촬영하지만, 여름에는 남태평양을 접하고 있는 휴양지의 하나인 비냐 델 마르(Vina Del Mar) 해변에서 쉬지 않고 방송한다. 각 방송사가 내놓는 그 프로그램의 주제곡과 춤도 있다. 중간중간에 게임도 하는데, 멤버들 간의 스킨십은 다반사고 한국에서면 인터넷에서 난리가 나도 한참을 난리가 날 만한 프로그램이다. 하지만 이곳에서는 저녁 7시 황금시간에 경쟁적으로 내보낸다.

방청객들 구성을 보면 더욱 놀란다. 우리네 음악 프로그램같이 중고등생들이 무척이나 많다. 하지만 방청객 중에는 초등학생 정도의 앳된 학생들도 많다. 또 하나 신기한 것은 코흘리개 애들을 데리고 오는 엄마들도 무척이나 많다는 것이다. 이들 모두가 같이 노래하고 춤추고 즐기는 그런 가족 모두의 프로그램인 것이었다. 나중에는 너무나 자연스럽게 받아들였지만 처음에는 무척 놀랐다.

텔레비전 시청 후에는 각자 시간을 보낸다. 운동을 하기도 하고, 샤워를 하기도 한다. 각자 책상 컴퓨터 앞에 앉아 한국과 인터넷 메일이나 인터넷 전화를 하기도 한다. 하루 중 가장 한가롭다. 이러다가 밤 10시경이 되면 삼삼오오 식당에 모이는 사람들이 생긴다. 대부분은 야식을 먹으러 오는 사람들이다. 라면을 먹기도 하고 인스턴트 자장면을 먹기도 한다. 각 건물의 중요한 위치에는 화재예방 차원에서 CC TV가 달려 있는데, 이는 통신실 모니터로 볼 수 있다. 연구동 휴게실에서 오순도순 얘기를 하다가 이 화면을 볼 때가 가끔 있다. 누가 라면이라도 끓이고 있으면 바로 주방으로 전화를 해서 "하나 더!"를 외친다. 대신 설거지는 뒤에 합류한 대원이 하기로 한다. 겨울에는 이런 밤이 자주 있다.

한국에서는 유통기한이 하루라도 지난 것은 시중에서 보기도 쉽지 않지만 이곳에서는 유통기한을 넘긴 음식들이 허다하다. 물론 구입할 때는 유통기한 이내의 것이다. 하지만 라면의 경우는 유통기한이 기껏해야 제조일로부터 몇 개월 이내이다. 따라서 여름에 구입한 물품은 남극에 들어오는 동안 유통기한 내에서

3개월을 이미 지나 버리고, 그해 남극에서의 겨울이 오면 벌써 1년이 지나 버리는 것이다. 여름에만 들어오는 우유도 그렇다. 식빵의 경우는 영하 20도 냉동고에 얼렸다가 필요한 양만 다시 냉장고로 넣어 두니까 괜찮다. 결국 유통기한이 지나서 버리는 것은 그 전년도에 남았던 재고 중에 이번에 새로 보충이 된 물품들, 이들 중에 유통기한이 지난 것들이다. 따라서 적어도 생산일로부터는 2년이 훨씬 넘어야 버릴 수 있다. 꼭 버리지 말라고 정해진 것은 아니지만 이곳에 있다 보면 그렇게 된다.

　　의약품도 마찬가지였다. 대개 의약품은 식품과는 달리 유통기한이 길다. 보통 3년에서 길게는 5년 정도이다. 의료소모품 같은 주사기나 봉합사도 마찬가지다. 하지만 유통기한이 지났다고 무작정 버리지는 않았다. 정확히 표현하면 그러질 못했다. 이곳에 와서 약품창고 정리와 재고정리를 하면서 얼마나 많은 갈등을 느꼈는지 모른다. 분명 유통기한이 지나서 버려야 하는데…. 물론 중복되는 약이라든가 중요도가 떨어지는 약이라면 버릴 수 있었지만, 만약 이 약이 없다면 어떻게 될까 싶은 약들도 꽤 있었다. 응급을 요하는 약들이야 절대 쓸 일이 없어도 많이 가지고 오고, 유통기한을 넘기면 바로바로 폐기처분하지만 그렇지 못한 경우도 있었다. 대표적인 약이 장기 복용해야 하는 혈압약과 결핵약이었다. 이곳에 오는 대원들은 미리 건강검진에서 본인이 가지고 있는 병들이 대개는 걸러진다. 하지만 건강검진에서 나타나지 않은 것이 이곳에서 나타나지 말란 법이 없다. 그래서 아주 기본적인 혈압약을 가지고 들어온다. 하지만 있지도 않은 '환자'를 위해 모든 혈압약을 1년치 가지고 들어오는 것은 그야말로 낭비가 아닐 수 없다. 그래서 이런 종류의 약은 중간보급을 받을 수 있는 기간까지 버틸 정도만을 보유하고 있다. 매해 가지고 들어가기는 하지만 그렇다고 지난 약들을 버릴 수 없었다. 만약 고혈압 환자가 발생해서 그 많은 혈압약 중에 본인에게 맞는 약을 찾아서 쓰고 있다고 치자. 무슨 약이 필요하니 중간보급을 넣어 달라고 해도 겨울 첫 비행기가 뜨기 직전까지는 이곳에서 해결할 수밖에 없기에 유통기한이 조금 지났다고 바로 버릴 수는 없었다. 유통기한 다음 날 바로 상하고 부서지고 약효가 떨어지는 것은 아니기 때문이었다. 항상 버릴까 말까로 고민하다가 다시 제자리에 갖다 놓기를 수차례 했다. 나뿐만 아니라 그 전 차대의 의사들도 똑같은 고민들을 했었다. 그래서 결국에는 유통기한이 지난 재고도 엄청났다. 그래서 월동이 끝날 무렵에 정말 더 이상 못 쓰는 재고는 '독한 마음'을 먹고 모두 폐기처분했다. 개똥도 약에 쓴다는 말이 이곳에서는 참말이고 심지어 개똥도 없어서 못 쓰는 곳이 이곳이었다.

　가끔 술이 고픈 사람들이 모이면 총무님께 요청해서 소주 몇 잔 정도는 기울일 수도 있다. 차대마다 술 운영이 다양한데, 우리 차대의 경우는 총무님께서 모두 총무 창고에 보관을 해 두시고 원하는 만큼만 풀어 주셨다. 소주야 워낙 국민 알콜이기에 넉넉히 준비했지만, 맥주와 양주는 수량도 적어서 그렇게 하지는 못했다. 그런데 우리 차대 대원들은 맥주를 유독 더 좋아했다. 추울 때 소주가 잘 나가고 더울 때 맥주가 잘 나간다고 하지만, 우리는 맥주를 더 좋아했다. 추울 때 마시는 맥주도 톡! 쏘는 맛이 일품이었다. 하는 수 없이 맥주는 일주일에 한 번 수요일에만 한 사람당 한 병씩 배당되었다. 이렇게 관리가 되니까 맥주를 잘 안

누룩으로 술을 담그고 있는 전수현 대원. 식량을 아껴야 하지만 생활 활력을 위해 재고 조사 후 여유분의 일부를 사용했다.

기계동 2층의 체육관. 이상훈 대원이 일과를 끝내고 운동을 하고 있다.

먹던 사람도 분위기 때문에 맥주를 마시게 됐고, 남으면 좋아하는 사람에게 안 주기도 뭐하고 하니까 마시는 분위기가 돼 버렸다. 개중에는 맥주를 모아뒀다가 선물 등으로 나눠주기도 했다.

    일찍 잠자리에 들어가는 사람들도 있지만 대개는 느지막이 잠자리에 든다. 나는 의무실이 숙소1동에 자리 잡았고, 의무실 옆방이 바로 내 방이라 늘 그 자리에 있었다. 문만 열고 옆방으로 가기만 하면 됐으니까. 하계대가 모두 빠져나간 2월부터 독방을 쓰게 됐는데, 나름대로 자신의 방을 자신의 취향에 맞게 꾸밀 수가 있었다. 가령, 나의 경우는 이곳에 들어오면서 구한 남극전도, 칠레 남단을 포함한 남극반도 전도, 한국에서 구입해서 배로 미리 보낸 남반구, 북반구 천문도를 문과 벽에 걸어 놨다. 원래 내가 쓰던 방은 숙소 1동 휴게실로 쓰던 공간인데 숙소동의 휴게실을 없애고 방으로 돌리게 된 것이다. 그래서 내 방이 2인실 방으로는 가장 컸다.

    혼자 쓰게 되자 바로 침대와 옷장, 책상과 금고를 재배치했다. 원래 그 전해 사고 이후 정신없는 가운데 이곳은 가구만을 넣었던 방이었다. 그래서 처음 배치받은 방은 무슨 창고 같은 느낌에 공간 활용도 잘 안 됐었다. 금고는 원래 다른 곳에서 쓰던 것으로 둘 곳이 없어서 이곳으로 갖다 놓았다고 한다. 침대를 나란히 배치하지 않고 대각선 구석으로 밀어 넣었고, 금고는 벽에 붙여 훌륭한 받침대 겸 책꽂이로 사용하였다.

난방은 전기 라디에이터를 이용한다. 이곳에서 직접적인 불을 이용한 난방은 화재의 위험이 높기 때문에 안 쓴다. 그렇다고 전기장판과 같은 전열기는 개인 사용 불가다. 역시 화재의 위험이 있기 때문이다. 전기 라디에이터도 반드시 각 방마다 개별 차단기가 설치된 전기 콘센트에만 사용할 수 있었다. 기지 각 동별로 자체 차단기가 있었지만, 그래도 방마다 따로 차단기가 설치되어 있다.

방에는 낮이 긴 여름에 대비해서 검고 두꺼운 커튼이 달려 있다. 햇빛을 차단하기 위해서다. 내 방 창문은 그리 큰 편은 아니었다. 그리고 건물 가장 안쪽이라 창문 밖의 경치가 그렇게 좋지는 않았다. 하지만 다른 대원들 방에서는 남극의 전경을 보기에 너무 좋았다. 특히 숙소 2동의 전망이 좋았는데 대부분 창문 앞에 놓인 책상에서 공부를 하거나 책을 읽으면서 창밖을 내다보기도 했다. 창밖 바로 앞에는 기지 뒤에 있는 호수가 보이고 그 너머로 작은 언덕이 보인다. 그 위로 칠레에서 설치한 항해표지판이 있는데 멀리서 보면 그것도 낭만적으로 보인다. 그리고 넘실대는 바다와 빙원. 기지 가운데 길을 세종로라 불렀는데, 세종로 풍경도 좋았다.

추운 날은 미리 라디에이터를 켜 놓고 잠자리에 든다. 한겨울에는 침대 속까지 춥고, 게다가 블리자드라도 부는 날이면 잠들기가 쉽지는 않다. 밖에서는 바람소리와 눈보라가 창문에 부딪히는 소리가 밤새 들린다. 지면에서 1.5미터 정도 높이에 지어진 고상식(高床式) 건물이라 건물 전체가 흔들리고 울린다. 바람과 공명이라도 일어나면 떨림이 증폭되기도 한다. 부르르륵! 이내 창문에는 서리가 끼고 눈이 쌓여 밖이 보이지 않는다. 밤새 몰아치는 폭풍설 소리를 듣다 보면 어느새 아침이 되곤 한다.

4. 우편물 배달

설마설마 했다. 정말 이곳 남극에서까지 한국에서 보내온 편지를 받을 수 있을까? 그런데 실제로 우편물이 도착했다. 한동안 칠레 프레이 기지에 갈 일이 없었는데 고맙게도 칠레 기지에서 헬기로 우편물을 '배달'해 줬다.

다른 나라 기지에서는 육로로 칠레 기지에 갈 수 있어서 우편물을 바로 찾으면 됐지만 우리는 배를 타고 가지 않으면 불가능했다. 또한 칠레 기지에서는 매일 우체국을 여는 것이 아니라 수요일 낮에만 열었다. 왜냐하면 우체국 직원이 상주하고 있는 것이 아니라 군인들 중 시간이 나는 사람이 일을 봤기 때문이다. 그래서 되도록이면 수요일 우체국 여는 시간에 맞춰 칠레 기지에 가려고 했지만 쉽지가 않았다. 일단 기지 스케줄에 맞춰야 했고, 설사 수요일에 간다고 정해도 그날 날씨가 좋지 않으면 갈 수 없었다. 그래서 칠레나 러시아 기지, 중국 기지가 있는 필데스 반도로 갈 일이 있으면 무조건 편지를 나가는 팀에게 부탁했다. 편지를 가지고 나가 러시아 기지나 중국 기지에 다시 맡기면 그들이 수요일 우체국 여는 시간에 맞춰 보내줬다. 물론 그러려면 미리 우표를 사서 붙여야 했다. 우편물을 맡기는 처지에 우표까지 사서 붙여 달라고 할 수는 없는 노릇이었다.

한번은 수요일 우체국 여는 시간에 맞춰 간 적이 있다. 우표를 충분히 사서 기지에 가져다 놓아야 대원들이 우편물을 보낼 때 여유 있게 쓸 수가 있었다. 우표값은 공금에서 지원해 줬다. 칠레 프레이 기지를 위주로 이뤄지는 모든 업무는 칠레 화폐가 사용되었다. 우표도 칠레 우표가 사용됐다. 당연했다. 결국 칠레 우체국 소인이 찍혀서 전세계로 퍼져 나가기 때문이다.

우체국에서 우표를 사려면 일단 칠레 화폐가 있어야 했고, 없다면 칠레 기지에 있는 은행에서 환전을 해서 사야 했다. 그렇지만 그 환전 비율도 그렇게 만만치는 않았다. 사실 이곳에서는 부르는 것이 값이 아니겠는가? 하지만 그런 점을 감안하더라도 칠레 현지 환전소에서 아주 턱없이 비싸지는 않았지만 그래도 비싼 편이었다.

우체국에 와서 편지 한 통에 얼마짜리 우표가 붙는지 계산을 했고, 그에 맞는 우표를 구입했다. 그 과정에서 우편업무 담당 군인과 이런저런 실랑이가 있었다. 한 통을 보내는 우편료가 430페소였는데, 우표는 450페소짜리와 400페소짜리 그리고 10페소짜리 우표밖에 없었다. 개인이 가서 우표를 산다면 450페소 우표 하나 사서 붙이면 됐겠지만 백 장에 가까운 우표를 사다 보면 20페소 차이는 적은 것이 아니다. 귀찮더라도 400페소짜리와 10페소짜리 우표 석 장을 붙이는 것이 비용 면에서는 훨씬 절약되었다. 돈을 아낀다는 것보다 그러면 같은 비용으로 좀더 많은 편지를 보낼 수 있지 않겠는가. 이곳에서 우표가 없어서 편지를 못 보낸다면 얼마나 답답한 노릇인가.

그 군인은 처음에는 계산하기 편하게 그냥 450페소짜리 우표로 구입할 것을 권했지만, 김총무님의 집요한 설득으로 거의 없던 10페소짜리 우표도 우리만 다량 구입할 수 있었다. 물론 나중에 우리 차대 스티커와 패치를 선물로 준 것은 당연하다. 그 군인은 키가 크고 귀티 나게 생겼는데, 자기의 업무는 이 우체국 업무가 아니라며 자기만 지금 시간이 나서 이 업무를 보게 됐다고 말했다. 나중에 알고 보니 이 군인은 공군 장교 파일럿이었다.

편지봉투에 스탬프를 찍어서 보내는 것도 하나의 즐거움이었다. 우체국에는 각종 스탬프가 많이 있었다. 칠레 프레이 기지, 펭귄, 비행기 등등의 스탬프….

우체국이 문을 여는 시간이면 다른 나라 기지 대원들도 모두들 우체국으로 모였다. 일주일에 한 번 여니까 당연했다. 중국 기지 대원들, 칠레 기지 대원들, 우루과이 기지 대원들로 작은 우체국이 북적거렸다. 그 와중에 우리는 10페소짜리 우표 확보에 정신이 없었고, 한쪽에서는 스탬프를 찍어댔다.

우체국에 온 날은 각 기지 앞으로 와 있는 편지도 찾아간다. 그런데 우리는 매번 올 수가 없으니 계속 편지가 쌓일 수밖에 없었다. 너무 많이 쌓이면 칠레 기지에서 알아서 헬기로 배달을 해준다. 우편물과 소포를 넣은 포대자루를 헬기장에 내려놓고 간다. 그 자루는 나중에 칠레 기지에 갈 일이 있을 때 가져다준다.

이곳의 주소는 정말 단순하다. 칠레, 푼타아레나스, 킹 조지 섬, 세종기지 (Chile, Punta Arenas, King George Island, King Sejong Station). 우편번호나 번지수도 없다. 아파트나 건물같이 층이나 호수도 없다. 세상 어디에서 보내도 세종기지로 배달된다는 것이 정말 신기했다. 한 친구가 과자와 초콜릿과 책을 보내왔는

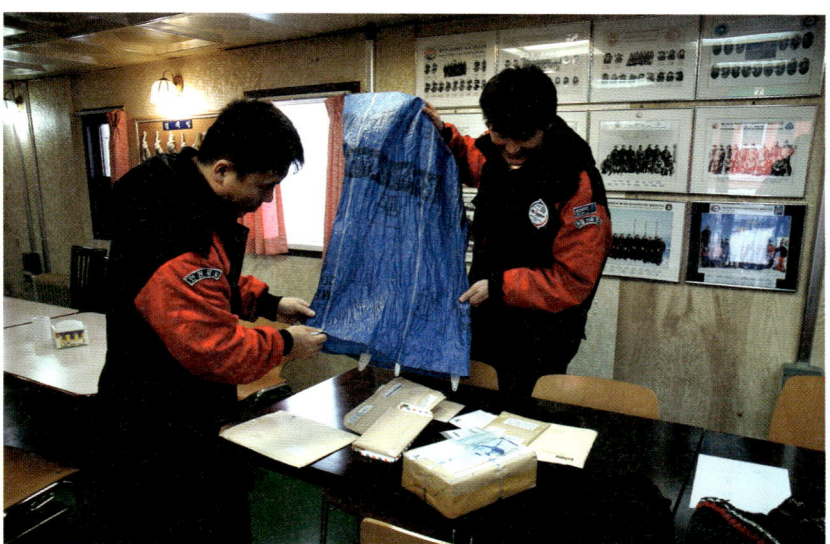

위. 우편물을 배달해 준 칠레 헬기. 바다가 얼기 시작하면 해상 이동이 불가능하다. 소포 자루를 내려놓고 이륙한 헬기에서 칠레 대원이 인사를 하고 있다. 우편물을 받는 대원들의 표정이 밝다. 아래. 우편물을 확인하는 대원들. 아무리 인터넷이 잘된다 하더라도 손으로 직접 쓴 엽서 한 장의 느낌과는 비교가 되지 않는다. 그래서 우편물을 받은 대원들은 하루 종일 기분이 좋다.

데 물건값보다 우편료가 더 많이 나왔다고 했다.

　칠레 남단의 푼타아레나스까지는 우편물이 잘 도착하지만 문제는 그 다음부터다. 비행기가 있으면 들어오고, 없으면 안 들어오고. 칠레 기지에 들어와도 세종기지까지 오는 데는 빠를 수도 있고, 늦을 수도 있었다. 그래서 대개 한국에서 편지를 보내면 빠르면 한 달, 늦으면 두 달 만에 편지가 도착한다. 반대로 이곳에서 보내도 마찬가지였다.

　편지가 한참 쌓여 있다가 본인에게 배달되기 때문에 한국에서 몇 주 간격으로 보낸 편지들이 한꺼번에 도착하기도 한다. 순서대로 읽지 않으면 내용도 뒤죽박죽이다. 편지 잘 받았다고 한국에 전화하면 보낸 사람조차 잊고 모르는 일이 되어 있기도 했다. 심지어 부인이 보낸 초콜릿을 일 년 후에 받은 사람도 있었다. 그래도 이 먼 곳에서 받는 편지 한 통만큼 소중하고 마음 설레게 하는 것은 없다.

5. 일상생활 IV - 당연하지만 당연하지 않은 것들

　화재는 이곳에서 치명적이다. 따라서 각자의 방에서는 절대 담배를 피우면 안 된다. 또한 담배를 안 피우는 사람에게 담배연기는 굉장히 역겨울 수 있다. 그것도 일 년 내내 잠자리에서 간접흡연을 한다면 더욱 피해가 클 수밖에 없다. 그래서 숙소동에서는 절대 금연이었다.

　정 담배를 피우고 싶으면 숙소동 밖으로 나가서 피워야 했다. 사실 건물 한쪽에서 피우는 담배연기는 복도를 따라 숙소 저 안쪽에서도 냄새가 났다. 몰래 방에서 담배를 피우고 환기를 해도 안 된다. 본인 방이야 냄새가 빠진다고 생각할지 모르지만 창문으로는 바람만 들어오고 담배연기는 그 힘에 밀려 복도나 다른 방으로 옮겨 가기 때문이다.

　담배…. 사실 민감한 부분이다. 먹는 것은 말할 것도 없고 입는 것, 신는 것조차 지급을 해주지만 담배는 철저히 개인이 준비해야 한다. 일 년치 담배를 사서 미리 보내야 한다. 대장님이나 총무님께서 누차 강조했다. 이번 기회에 담배를 끊겠다고 생각한 사람도 준비해서 보내라고 하셨다. 그것도 충분히. 왜냐하면 이곳에 와서는 대책이 없기 때문이다. 없으면 없는 대로 견뎌야 한다. 이곳도 사람 사는 동네라 힘든 일이 왜 없겠는가. 들어와서 담배를 끊은 사람도 있지만 지겨움에 담배를 더 피우게 된 대원들도 있었단다. 심지어 담배가 다 떨어져서 중간보급을 하는 대원도 있었단다. 담뱃값보다 운송비가 더 많이 든다.

일반 사람들이 가장 궁금해 하는 것 중의 하나가 이발이다. 과연 머리는 누가 깎아 주는가. 군대 내무반 생활을 해본 분들은 모두 알겠지만 부대 내에서 한 사람이 맡아 머리를 깎아 준다. 모두 짧은 머리니까 아무나 할 수 있을 것 같지만 그래도 해본 사람과 안 해본 사람과는 이발하는 솜씨가 다르다.

우리 차대에서는 요정이와 승일이형이 맡아서 깎아 줬다. 요정이는 이전에 월동할 때 머리를 손질해 주는 역을 자청했었단다. 승일이형도 군대에서 이발을 담당했었다고 했다. 사실 남자 머리 뭐 있겠나 싶겠지만 그래도 머리 깎으러 가서 내 마음에 들게끔 깎는 것을 기대하기가 그리 쉽지가 않다. 하지만 여기서는 그렇지 않았다. 요정이도 그렇고 승일이형도 그렇고 정말 잘 깎았다. 웬만한 헤어샵보다 실력이 좋았다. 그리고 더욱 좋은 것은 머리 스타일에 대해서 언제나 '상담'이 가능했다. 애프터 서비스도 확실했다. 돈도 안 낸다. 그렇지만 이발하고 싶다고 항상 할 수 있는 것은 아니었다. 대개 저녁 먹고 일과 후 시간에 했기에 깎아 주는 사람도 개인 시간을 한없이 희생할 수는 없었다. 머리 깎을 때쯤이 되면 요정이나 승일형이 오늘 머리 깎는다고 공고를 낸다. 그리고 시간표를 만들어서 배식 위치에 붙여 놓는다. 그러면 깎을 사람들이 원하는 시간에 이름을 쓴다. 혹 시간이 비게 되면 다른 대원들이 미리 깎을 수도 있고 너무 깎을 사람이 적으면 다음으로 연기되기도 한다.

머리는 기계동 2층에 있는 목욕실에서 깎는다. 이곳 목욕실은 킹 조지 섬 내의 여느 기지와 비교해 봐도 거의 호텔 수준이다. 월풀도 있다. 뜨거운 물도 잘 나오고 옷 갈아입는 곳도 잘 되어 있고, 조그마한 사우나도 갖추고 있다. 샤워 물은 담수지만 월풀 물은 해수다. 월풀에 쓸 만큼 물의 여유가 없어서이다. 이곳에 샴푸, 비누, 로션 등은 모두 총무님이 관할하시고, 파스, 연고, 의료밴드 같은 의료소모품은 내가 갖다 놓는다. 머리를 깎고 나면 대부분 요정이나 승일형이 뒷정리를 하지만 맨 마지막에 깎은 사람이 도와줘야 한다.

예전 월동대 사진을 보면 장발, 긴 수염의 대원들이 종종 있다. 일반 사회에서는 그런 모습을 쉽게 할 수가 없기에 이곳에서만 할 수 있는 것을 해본다. 나도 처음에는 장발도 하고 잘 자라나는 수염을 살려 '에헴' 하는 수염을 기르려고 했다. 하지만 대장님께서 다른 것은 다 좋은데 지저분하게 수염만은 기르지 말라고 하셔서 수염은 중간에 자르고 말았다. 대신 머리를 길러 보려고 했으나 우리 차대는 이상하게 머리를 짧게 자르려는 경향이 강했다. 급기야 막내 경모가 스타트를 끊었다. 완전 삭발, 스님 머리를 하고 말았다. 갑자기 삭발 경쟁이 붙었다. 상훈형도 삭발을 했다. 유지 반장님도, 해섭이, 정원이, 기상담당 수현이 형과 태건이 형도 삭발을 했다. 머리가 별로 없으신 대장님까지 포함하면 기지의 반수 정도가 두상을 고스란히 드러내고 있었다.

　대원들의 건강 유지에 커다란 영향을 끼치는 사람은 의사보다도 조리장이다. 의사야 아플 때야 찾지만, 세끼 밥은 건강 유지에는 필수였다. 한국에서야 밥 먹고 싶을 때 먹고, 먹기 싫으면 나가서 먹든가 아니면 시켜 먹으면 됐다. 오늘은 이 식당에서, 내일은 저 식당에서 그저 골라 먹기만 하면 된다. 하지만 이곳에서는 그렇지가 못하다. 무조건 기지에서 먹을 수밖에 없고, 상훈이형이 해주는 것밖에 먹을 수 없다. 따라서 조리대원의 스트레스는 이루 말할 수 없다. 제때 밥이 나오게 하는 것은 당연한 것이고, 한 번이라도 늦으면 핀잔을 들을 수밖에 없다. 오늘은 반찬이 어쩌네, 저쩌네 하는 말도 이 사람 저 사람한테 듣게 되면 짜증이 날 것이다. 그래서 조리대원 특성상 성격이 거칠 수밖에 없었다. 그 모든 스트레스를 견뎌야 하니까. 누가 만약에 음식이 짜다고 하면 "그럼 내년에 한국 가서 실컷 싱겁게 먹어" "니 먹고 싶은 것은 한국에서 먹으렴" 정도로 응수하는 경우도 종종 있었다.

　조리담당은 항상 일찍 일어나서 먼저 일을 시작하고, 또 남들 저녁 먹고 쉬고 있을 때 마무리 일을 해야 했다. 사실 처음에는 나도 이 점이 불만이었다. 특히 일 끝나고 나서 다음 날 식재료를 준비해야 하는데, 상훈이형은 저녁 먹고 하기를 원했다. 상훈형이야 열심히 일하는 대신 중간 시간은 보장이 되었지만 나의 경우는 좀 애매했기에 낮에도 쉴 수는 없었다. 그리고 남들은 다 쉬고 운동도 하는데, 나와 상훈이형만 냉동고, 부식창고에서 식재료를 나르는 것이 싫었다. 그래서 상훈이형에게 얘기를 했고, 이후로는 아침식사가 끝나면 식재료를 나르거나, 저녁식사 먹는 동안 갔다 오기도 했다. 그때 좀 심하게 얘기를 했는지 아니면 하계대가 나가면서 식사 인원이 줄어서 그런지, 미안한 얘기지만 이때 이후로 식재료 나르는 것은 특별한 경우가 아니면 거의 상훈이형이 혼자 했다. 가끔 너무 바쁠 때는 내가 했지만 말이다.

냉동고가 2대, 냉장고가 2대, 부식창고 1개, 야채창고 1개가 식품 보관창고다. 냉동고와 냉장고는 기계동 1층에 있고, 부식창고는 2층에 있다. 야채창고는 밖에 있는 목공소 한 켠에 마련되어 있다. 정리를 하자면 기계동은 1층에 유지반 사무실 겸 당직실, 냉동고, 냉장고, 담수화기 그리고 발전기가 있는 발전동으로 연결되어 있다. 2층에는 간단한 체육시설, 목욕탕, 부식창고로 이루어져 있다. 이 건물이 세종기지의 심장이라고 생각하면 된다.

조리대원이 정리하기 나름이지만 영하 20도로 유지되는 냉동고 하나에는 닭고기를 포함한 육류, 나머지는 생선류 위주로 정리를 했다. 물론 군데군데 여러

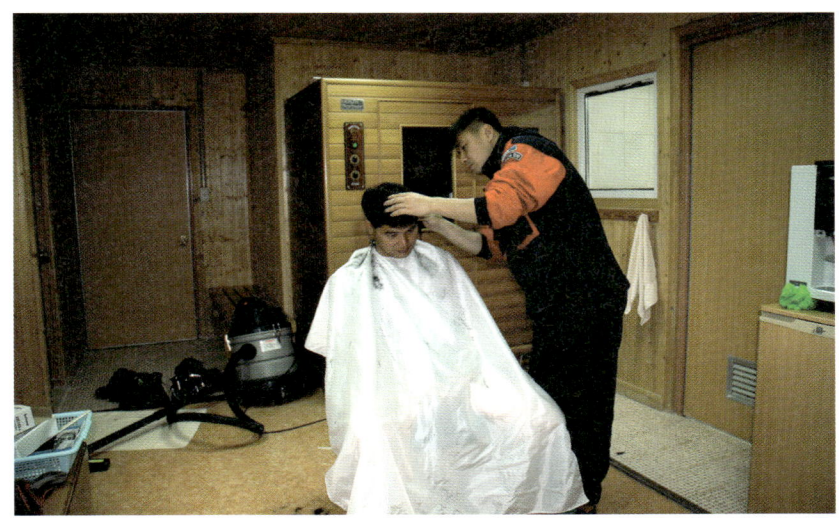

이요정 대원의 머리를 깎아 주고 있는 박승일 대원. 이 두 사람이 지난 1년간 세종기지 대원들의 머리 손질을 담당했다.

가지가 들어간다. 그중에 가장 큰 비중을 차지하는 것은 바로 김치. 20킬로그램 단위로 비닐에 포장되어 있는데, 거의 돌덩이라고 생각하면 된다. 냉동고 하나 가득 차 있는 김치를 보고 있으면 이 많은 김치를 언제 다 먹고 집에 갈까 막막하기만 했다.

우리 차대가 도착하기 전에 냉동 컨테이너가 먼저 도착해서 냉동 컨테이너 하역은 먼저 차대에서 해줬다. 하계대가 일부 빠지고 한가해졌을 때, 대원들 모두가 동원되어 냉동고와 냉장고 정리를 했다. 총무님 말씀에 의하면 예전에는 너무 복잡해서 냉동고에서 손에 잡히는 것이 그날그날 식사거리가 됐다고 하셨다. 그러니 나중에 떠날 때 '잘 보관했던' 맛있는 음식들을 못 먹고 떠나기도 했단다. 김치도 마찬가지였다. 열무김치가 잡히면 일단 열무김치를 꺼내 와야 했다. 다행히 열무김치는 상훈이형이 나중에 국수 말아 먹으려고 따로 보관하게 되었지만 말이다. 갓김치를 먹고 싶다고 갓김치부터 꺼낼 수는 없었다. 다행히 갓김치가 나오면 다음번에 다시 갓김치가 나올 때까지 두고두고 아껴 먹어야 했다.

세종기지 월동대는 전국에 흩어져 있던 사람들이 모여 이루어진다. 전문분야도 전혀 다르고, 지역도 다르다. 그래서 언어소통에 약간의 제한이 있다. 특히 서울에서 태어나고 자라고, 심지어 본적까지 서울인 나 같은 서울 촌놈은 더욱 그랬다. 도대체 빠른 경상도 억양의 말을 제대로 알아들을 수가 없었다. 그리고 발음도 조금 달랐다.

한 번은 부산 출신인 상훈이형이 '살'을 가져다 달라고 했다. '살? 살이 뭐지?' 생선전을 바로 할 수 있게 썰어 놓은 생선 '살'을 얘기하는 줄 알고 냉동고로 갔다. 한참을 뒤졌다. '지난번에 본 것 같은데…' 무더기로 쌓여 있는 냉동 김치를 헤집고 한참동안 '살'을 찾아 보았지만 없었다. 다시 주방으로 갔다. "형, 냉동고에 살 없던데?" "어, 그러냐?" 하고 말았다. "그런데 왜 그것을 냉동고에서 찾았냐?" 나중에 알고 보니 '살'은 '쌀'을 뜻했다. 쌀 좀 가져다 달라고 했는데 한참이 지나도 안 오고, 기껏 한다는 소리가 냉동고에 없다고 했으니 상훈이형 입장에서는 정말 제대로 걸린 문제아라고 생각했을지 모르겠다.

체험단 촬영팀이 부식 나르는 것을 찍을 때도 상훈이형이 " '살'은 2층 부식창고에 있다"란 말에 담당 PD님이 그게 뭔가 하는 의아한 표정을 짓기에, 옆에서 쌀이라고 넌지시 가르쳐 줬다. 그제야 고개를 끄덕거리는 것을 보고, 나만 잘못 해석한 것이 아니구나란 생각을 했다.

눈이 쌓이기 직전인 가을까지 부식을 식당으로 옮기는 데는 원년에 들어온 코란도를 이용했다. 애마라고 칭했던 코란도 초기 모델. 처음 스틱으로 몰아보는 자동차였다. 속도도 제법 났다. 음식물도 나르고 쓰레기도 나르고. 아쉬운 대로 정겹게 쓰던 차였다. 더구나 우리 차대 때 기존의 칠을 다 벗기고 빨간색으로 칠했다.

눈이 쌓이는 겨울 직전에 모든 바퀴 달린 것들은 창고로 옮겨진다. 이때는 필요한 식재료를 냉동고에서 꺼내서 기계동 입구에 놓으면 유지반 대원들이 점심식사하러 오면서 옮겨 줬다. 김치도 커다란 플라스틱통에 돌덩이같이 얼은 김치를 넣어 두면 하루 정도면 모두 녹고, 일주일이면 실내 온도로 어느 정도 익는다. 그렇게 김치가 익을 무렵 대원들이 주방으로 옮겨 주면, 나는 그 김치를 플라스틱통에 나눠 담아 모두 김치냉장고로 옮겨 놨다. 김치통에 한참 김치를 옮겨 담고 나면 손에서는 항상 마늘 냄새가 났다. 손을 한참 씻어도 한동안은 마늘 냄새가 지워지지 않았다. 음식에 들어가서 특유의 향을 내는 그런 마늘 냄새가 아니라 뭔가 눅눅한 냄새였다. 가만히 음미해 보니 어머니에게서 나던 냄새였다.

6. 마지막 하계대

가을이 되면서 비행편도 뜸해지고, 배도 뜸해지지만 그래도 가끔씩 사람들이 들어오기도 한다. 그중 두 팀이 들어왔다가 나갔는데, 아리랑위성을 통제하는 세종관제소 개소식을 위한 팀과 이곳의 강풍을 이용한 풍력 발전의 실효성을 검증하기 위한 공공기술연구회의 협동과제팀이 들어왔다. 세종관제소 개관을 위해 극지연구소 소장님뿐만 아니라 지금은 항공우주연구원 원장님이 되신 관계자분도 오셨다. 비록 날씨 관계로 오셨다가 행사 후 바로 출남극하셨지만 그 준비는 정말 눈물겨웠다.

2미터 간격의 세종관제소 건물은 온통 흰색이고, 지구물리관측동 건물은 세

빙벽이 무너지면서 떨어진 유빙 중 하나. 물에 잠긴 부분이 위에 있는 부분보다 훨씬 크다. 물 위와 아래 부분간 녹아서 안으로 들어간 부분이 있는 것으로 보아 바다를 떠다닌 지 상당히 오래된 유빙인 것 같다.

종기지의 색깔과 같은 주황색이었다. 세종관제소 전실은 녹방지를 위한 빨간색 페인트가 칠해져 있는 자재의 색깔 그대로였다. 그래서 이 전실에 하얀 페인트를 칠하기로 했다. 날씨가 좋은 날을 기다리느라 차일피일 연기되었다. 무슨 일을 하려고 하면 계속 눈이 오거나 바람이 세거나 해서 할 수가 없었다. 그러던 차에 한국에서는 벌써 그 관제소 관련 팀이 떠났고, 급기야는 도착 전날이 돼서야 맑은 날씨가 됐다. 그런데 이날은 간만에 맑은 날씨라 밀렸던 야외작업들이 너무나 많았다. 그래서 전실을 칠할 사람이 없었다. 하는 수 없이 경모와 내가 전실을 칠하기로 했다. 하지만 이날 바람이 너무나 강하게 불었다.

몸이 가벼운 내가 전실 천정에 올라가서 페인트를 칠했는데, 페인트 통에서 페인트를 묻힌 붓을 들면 페인트들이 바람에 날려 실타래같이 흩날렸다. 그래도 전실 천정에만 떨어져서 다행이었다. 그 사이 경모는 전실 벽을 칠하고 있었다. 한참을 칠하고 내려와 보니 페인트 실타래가 앞에 마주보고 있는 지구물리관측동 문에 점점이 붙어 있었다. 아…. 경험이 없는 나로서는 황당할 수밖에. 원래 이웃한 건물이나 창문은 신문으로 모두 가린 다음에 해야 했는데, 그러지를 못했던 것이다. 더구나 온통 흰색의 남극에서 눈에 잘 띄라고 주황색으로 칠해진 건물들인데, 반대로 그 주황색 바탕에 흰 점들이 오죽이나 강렬하게 눈에 띄던지.

나와 경모가 이 추운 남극의 가을에 손톱과 동전을 이용해서 그 페인트 자국들을 떼기 시작했다. 그때 갑자기 들려오는 투박한 경상도 억양의 목소리. "잘 되고 있나?" 총무님이었다.

아니나 다를까. 총무님의 불호령이 떨어졌다. 그렇지 않아도 바쁜 와중에 멀리서 보니까 경모와 내가 사이좋게 전실을 칠하고 있으니 얼마나 아름다운 일인가. 모두들 공동작업으로 '동료애'를 키우고 있었으니. 응원차 잘되고 있냐고 시간을 내서 이곳으로 오셨는데, 응원은커녕 한참 열받게 되었다.

총무님이 직접 페인트통을 들고 칠하시기 시작했다. 일단 시작부터 틀렸단다. 너무 짙단다. 시너를 더 타라고 하셨다. 그리고 지구물리관측동에 묻은 페인트를 떼라고 하시면서 원래 칠해져 있던 페인트가 벗겨지지 않게 주의하라고 하시고는 신문지를 가지러 다시 기지로 가셨다.

경모한테도 미안했지만 어쩌겠는가. 내 불찰인 걸. 경모와 한참을 떼고 있으니 총무님이 다시 오셔서 직접 칠작업을 하셨다. 어느새 11시가 되자 나는 주방으로 슬며시 '도망'치고 말았다. '미안하다, 경모야. 총무님 잘 모시렴.' '형, 어디 가. 뭐야….' 상훈이형에게 사건의 전모를 말하자 배꼽을 잡고 웃었다.

관제소 개소식 하는 날은 가을비가 부슬부슬 내렸다. 지구가 온난화해서 그런지 가끔은 이곳에도 비가 온다. 플랜카드를 걸고 전 대원들이 함께 사진을 찍고, 현판식을 함으로써 무사히 끝낼 수가 있었다. 이렇게 중요한 역할을 하는 세종관제소의 전실은 하얀색으로 칠해졌었다.

3월에 들어서 여러 기관의 관련 분야 박사님들로 구성된 협동과제팀이 들어왔다. 풍력발전기를 하나 세우기 위해서 이렇게 많은 분들이 관여하셔야 하는 줄은 미처 몰랐다. 지질조사부터 포함한 여러 분야가 모여야 하기에 협동과제팀이란 명칭으로 사업을 추진하고 있었다. 2006년 1월 우리가 떠날 때 새 풍력발전기를 체육관 옆에 설치했다. 지금도 기지 사진을 보면 풍력발전기가 체육관 옆에서 잘 돌고 있다.

2005년 3월에는 일단 타당성과 실효성 조사를 위해 들어오셨기 때문에 작은 풍력발전기를 달았다. 발전기는 본관동 앞의 넓은 바닷가에 설치했다. 예전에는 헬기가 이곳에 착륙하기도 했었다. 하지만 헬기장이 기지에서 조금 떨어진 곳에 만들어진 후로는 헬기가 내리지는 않는다. 대신 이 공간에는 위성안테나, 오존측정기 등이 세워졌고, 기지 확장을 위해서 컨테이너를 하나 갖다 놨다. 일종의 통풍 실험이라고 해도 되는데, 블리자드가 1년 동안 왔을 때 주변에 눈이 어떻게 쌓일 것인가 관찰하기 위해 가져다놓은 것이다. 이 위에 실험용 풍력발전기를 달았다. 그리고 그 전력은 기계동과 설비사무실 사이에 있는 좁은 길을 밝히는 등으로 연결됐다. 바로 해섭이가 넘어져서 손이 부러진 곳이다.

실험은 성공적이었다. 풍향계 같은 발전기에 세종기지 마크 스티커를 붙이고 발전기가 쓰러지지 않게 여러 방향으로 와이어를 연결해서 땅에 고정시켰다. 이미 이곳 바람이 얼마나 센지는 누차 얘기했다. 대장님께서 혹시나 해서 이곳 바람이 정말 센데 작은 발전기가 버텨낼 수 있을지 여쭤봤다. 이 실험용 발전기

중간보급을 마치고 떠나는 배를 향해 한 대원이 손을 흔들고 있다.

는 바람이 가장 센 마라도에서 실험할 때도 끄떡없이 견뎠다고 했다.

우리가 이곳에서 바람의 세기를 느끼는 방법은 아침에 일어나서 태극기를 바라보는 것이라고 말했다. 그래서 일어나자마자 화장실에서 이 닦으며 바라보는 것이 창밖의 태극기이고, 숙소동을 나오자마자 살피는 것도 태극기였다. 바람이 세다고 막연히 아는 것보다는 태극기의 펄럭거리는 소리나 휘날리는 모습을 보면 대충 감이 잡혔기 때문이다. 이제는 여기에 풍력발전기까지 추가되었다. 숙소동에서 보면 본관동 너머에 있는 풍력발전기가 보였다. 덕분에 그 어둡던 설비사무실 앞이 밝아졌다.

7. 일상생활 - 착각

바람 때문에 착각이 생기는 경우가 많았다. 바람이 셀 경우 건물이 미세하게 흔들릴 때가 있다. 처음에 사람들은 이때마다 무의식적으로 주머니로 손이 갔다. 마치 휴대폰 진동이 온 듯했다. 기계동에서 운동을 하다가도, 주방에서 음식을 하다가도, 아니면 의무실에 가만히 앉아 있다가도 주머니로 손이 갔다. 나만 그런 것이 아니었다. 그럴 때면 혼자 피식 웃고 말았다. 여기에 휴대폰이 어디 있던가.

8. 일상생활 - 호칭

이곳에서는 호칭도 중요하다. 어느 때는 모두들 OO씨라 호칭했던 적도 있었단다. 또 어느 때는 호형호제하는 경우도 있었단다. 호칭 문제로 서먹서먹한 적도 있고, 다툼이 있었던 적도 있었단다. 우리 차대는 호형호제하기로 했다. 월동하기 전 여름에 떠난 극지적응훈련 때 회식 자리에서 결정된 것이다. 나와 말을 트고 지내기로 한 진희, 해섭이, 요정이와 나는 기지에서 허리 부분에 해당하는 나이였다. 대장님, 총무님, 반장님을 제외하고는 밑으로는 3명의 동생과 위로는 6명의 형들이 있었다. 그렇기 때문에 우리 4명이 나름대로 중요한 역할을 했다. 일종의 소통 역할을 했던 것 같다. 사실 진희나 해섭이는 내가 형이라고 해도 됐다. 그런데 그냥 말을 놓으라고 해서 그렇게 지냈다. 이렇게 할 수 있었던 것은 나이가 비슷하다는 공통점을 찾으려고 했기 때문이다. 졸업년도가 같거나 아니면 입학년도가 같으면 그냥 동갑같이 행동했다. 그런 무언의 약속과 배려가 있었기 때문에 편하게 지낼 수 있었다.

직책이 있으신 분은 그 직책을 불렀다. 우리는 익숙했지만, 내가 처음에 부를 때나 지금도 통화중에 부르는 호칭을 옆 사람이 듣거나 하면 좀 웃긴 호칭이 있다. 바로 대장님. 한국에서 한참 대장님이라고 부르고 있으면 주위에서 이상하게 쳐다보곤 했다. '뭐야, 무슨 골목대장이야?' 이런 표정들. 하지만 사람들이 어색해 했던 호칭은 바로 내가 아닐까 싶다.

의사. 나이는 어리지만 엄연히 의사다. 사실 의사를 항상 만난다는 것은 그렇게 좋은 일이 아니다. 어디가 아파서 만나는 경우가 대부분이기 때문이다. 그래서 처음에 사람들이 나를 부를 때 굉장히 어색해 했다. 그냥 말을 놓으라고 해도 처음부터 내 이름을 부르지 않았다. 대장님도 그러셨다. 그래서 내 호칭은 형, 종원아, 그리고 닥터, 독토르. 이 네 가지였다. 스페인어로 의사를 독토르라고 했기에 독토르라고 불리기도 했다. 물론 대화는 모두 편하게 했다. 내 이름을 부르지 않을 때는 좀 섭섭하기도 했지만 그래도 괜찮았다. 그렇게 오랫동안 같이 지냈던 태건이형은 끝까지 '닥터'라고 했다. 반장님도 '닥터'라고 불렀다. 수현이형은 항상 종원 씨라고 했다. 다 좋았다. 그러나 가장 충격적인 분은 바로 가장 많은 얘기를 나누고 나를 가장 많이 이해해 주셨던 김총무님. 총무님은 스페인어를 잘하시는 분답게 '독토르'라고 하셨다. 특이한 억양의 특이한 어휘, 좋았다. 하지만 김총무님과의 첫 대면은 잊지 못한다. 경상도 억양으로,

"닥터 아저씨, 한 잔 받아라."

'뭐야, 이 아저씨.'

물론 김총무님의 경우는 친근한 표시를 하고 싶은데 초면이니까 어색하고, 그렇다고 딱딱한 표현을 쓰는 것보다는 좀더 좋은 표현이 없을까란 생각에 공식적인 명함인 닥터와 친근함의 표현인 아저씨가 더해져서 '닥터 아저씨'란 어휘가 나온 것을 이해한다. 하지만 내가 아는 이 표현은 그렇지가 않았다. 환자와 의사 간에 말싸움이 생겼거나 불만이 있을 때, 상황이 험해지기 직전, 그 전 단계가 바로 '의사 양반', 혹은 '닥터 아저씨'인 경우가 많았다. 딱 이 느낌이었다.

한참 지난 뒤 극지연구소에서 김총무님과 스스럼없이 지내게 됐을 때에야 이때 너무 당황스러웠다고 말씀을 드렸다. 닥터면 닥터, 아저씨면 아저씨라고 부르실 것이지 닥터 아저씨가 뭐냐고. 그런데 이 말에 너무 충격을 받으셨나 보다. 총무님도 한참이 지난 다음에, 그것도 남극에서, 내 얘기를 듣고 충격을 받으셨다고 말씀하셨다. 서로 마주보며 한참을 웃었다.

9. 월동준비와 소방훈련

마지막 하계대도 다 떠났다. 이제는 정말 들어오는 사람들도 없고, 우리 16명 월동대원들만 남겨지게 되었다. 이제야 두 다리 뻗고 좀 쉬는구나. 하지만 바로 월동준비에 들어가야 했다. 여태껏 월동준비를 해왔지만 지금부터는 세세한 분야의 일들을 할 차례였다.

일단 눈이 많이 쌓이게 되면 길이 어디에 있는지 잘 알 수 없기에 길을 표시

하는 깃발을 세워야 했다. 기지에서 세종호를 중심으로 있는 지구물리관측동과 세종관제소, 그 위에 있는 고층대기동, 그리고 중장비보관동을 잇는 원형의 길을 표시해야 혹 호수 쪽으로 빠지는 일이 없다. 길을 따라 있는 배선 보호를 위해서도 길 표시는 중요했다. 또한 기지에서 1킬로미터 정도 떨어진 체육관 가는 길도 깃발로 표시를 해야 했다. 반장님과 요정이가 깃대를 추가로 만들었다. 땅에는 꽂을 수가 없고, 깃발 받침과 깃대를 만들어야 하는데 바람에 날아가지 않게 받침으로는 철제 H빔 조각을 사용했다. 정원이가 합류해서 트럭에 싣고 깃발을 꽂았다.

눈이 쌓이면 모든 작업이 불가능하므로 모든 일들은 눈이 쌓이기 전에 해야 했다. 모든 차량은 중장비보관동으로 옮겨졌다. 하역에 썼던 크레인도 이동했다. 대신 2량짜리 설상차와 이번에 들여온 제설차, 그리고 스키두(snow mobile)도 다시 점검을 하고 밖으로 꺼내 놔야 했다. 기상대원들도 기기 점검에 나섰고, 통신은 안테나를, 생물연구원 정원이는 해수 펌프와 해수 컨테이너를 점검해야 했다. 나는 의약품 재고가 얼마나 있고, 또 그 사이에 유통기한이 지나 폐기처분해야 할 것은 어떤 것이 있는지 확인을 해야 했다.

총무님과 인호는 계속 비행기 스케줄을 확인하면서 언제 비행기가 들어오는지, 그리고 만약 비행기가 있을 경우 중간보급에 필요한 것이 무엇일지 미리 챙겨 놓고 있었다. 특히 중간보급 일순위는 식재료이고, 또 중요한 것이 발전기 관련 물품과 정비 관련물품이었다. 식재료 중에서도 과일을 포함한 야채가 가장 중요했다.

이곳에서 물품을 준비할 때 보면 주문한 것과 실제로 들어온 물품이 맞지 않는 것들이 있었다. 물론 주문한 대로 들어왔지만 착오가 있었던 경우다. 쉽게 비유를 하자면 우리가 요구한 것이 라면 한 상자였다면, 들어온 것이 라면 한 봉이거나 반대로 한 개를 원했는데 한 상자가 들어오는 경우가 있었다. 식용유가 그런 경우였다. 여름이 채 가기도 전에 식용유가 떨어졌다. 문제는 식용유가 원체 무게가 많이 나가는 물건이라 비행기 공간을 배정받는 입장에서 무조건 많은 양을 싣고 들어올 수가 없었다. 하지만 다행히 이번 3월에 건설자재와 항공유를 실

태극기를 게양. 강풍에 찢기기 일쑤고 태극기에 붙은 눈이 녹았다가 얼 때는 수명이 더 짧아진다.
또한 태극기를 내리고 올릴 때는 로프에 달라 붙은 얼음을 모두 깨야 한다.
그래서 한 번 올린 태극기는 닳아서 못 쓸 때까지 게양한다.

은 칠레 배가 들어온다고 해서 그 배를 이용하기로 했다. 기왕 주문하는 김에 계란과 야채, 그리고 음료수와 싱싱한 과일을 맘껏 주문했다.

드디어 세종기지 앞으로 약속했던 배가 들어왔다. 이날은 또 날씨마저 화창했다. 김총무님의 또 다른 역할은 외교관. 이번에도 김총무님께서 선장을 만나 두런두런 얘기도 나누고 사진도 찍고, 그 덕에 선장실과 조타실도 구경하고 모든 하역이 끝난 뒤 선물을 주고받고 기지로 돌아왔다.

총무님은 네 번의 월동을 거치면서 스페인어를 공부하셨단다. 그래서 이곳에서 남미에 관련된 사람들을 만날 때는 항상 김총무님과 동행했다. 김총무님은 항상 주머니에 우리 차대 스티커와 마크가 새겨진 패치를 가지고 다니셨다. 그것들은 우정의 선물로 주는 경우가 많았지만 더 큰 가치는 다른 데 있었다. 난처한 경우에는 '청탁' 물품으로 쓰이기도 하고, 원하는 것이 있을 때는 물물교환을 하는 '금전'의 역할을 하기도 했다. 인사치레로 준비한 것이 더 많지만 총무님은 한국에서 떠날 때부터 남극에 들어갈 때까지, 그리고 반대로 남극에서 한국에 올 때까지 항상 차대 스티커와 패치를 준비하고 다니셨다.

이러한 준비성이 돋보였던 곳은 일단 인천공항에서부터였다. 월동대 짐은 무게 제한을 넘길 수밖에 없다. 하지만 부과된 요금을 전부 내기에는 경비에 제한이 있었다. 설사 돈이 있어도 이런 돈은 아껴야 했다. 그래도 한국에서는 좀 낫다. 말이 통하니까. 인사인지 청탁인지 구분이 안 가지만 일단 패치 하나를 선물한다. 그래도 한국 사람들한테 주는 것은 전혀 아깝다는 생각이 안 든다.

외국 공항에서는 무조건 김총무님께서 맨 선두에서 상황을 주시하시고, 티켓팅 때 좀 까탈스럽게 구는 직원에게는 총무님이 직접 나서서 스페인어로 한참을 얘기하신다. 우리가 단체로 가기 때문에 전체 짐 무게에서 인원수 별로 나누면 얼마 나가지 않을 것이다. 이래도 얘기가 잘 안 통하면 남미 가수나 연예인들 얘기를 하신다. 또 인기 있는 오래된 연예인들 얘기까지 하곤 하신다. 그때쯤 되면 직원들이 고개를 들고 쳐다본다. 워낙 멀어서 동양 사람들은 잘 오지도 않는데, 스페인어에다 자기네들 연예인 얘기까지 하니 신기한 것이다. 우리도 눈이 퍼런 녀석이 한국말도 잘하고 갑자기 조용필 씨나 주현미 씨 얘기를 하면 놀랍고 친근감이 가지 않겠는가? 이때 총무님이 슬그머니 내놓는 월동대 스티커와 패치. 가끔은 주객이 전도되어 총무님과 남미 아가씨의 대화가 길어지기도 하지만 말이다.

스페인어를 잘하시는 덕에 비행기 타기 직전에 이코노미석에서 비즈니스석으로 업그레이드되기도 했다. 별 얘기도 안 하셨단다. 요즘 텔레비전에 나오는 아무개 탤런트가 예전보다 예뻐졌다고 하셨다나? 그래서 혹시 떡고물이라도 떨어지지 않을까 해서 보세구역에 들어왔을 때는 총무님 옆에 있기도 했다. 총무님의 스페인어 실력은 세종기지에서 대원들의 궁금증을 풀어 주는 데도 지대한 공헌을 했다. 뭐, 대원들이라기보다는 나의 궁금증을 말이다. 사실 나는 칠레 본토 방송의 '로호' 프로그램의 왕 팬이다. 나와 인호, 그리고 총무님이 주로 시청을 했는데, 너무나 많이 보다 보니까 관심 있는 연예인들이 생겼고, 그들의 일거수 일투족이 너무 궁금했다. 그래서 그들 인터뷰나 얘기하는 것들은 항상 총무님께 물어보았다. 또 총무님께서 들려주시는 몇 년 전 저 배우의 에피소드, 누구는 어땠고 하는 얘기는 이곳에서 연예소식통에 가까웠다. 스페인어를 할 줄 모르면 알 수 없는 내용이었다.

이곳에서 화재는 상당히 치명적이다. 인명사고가 나서는 절대 안 되겠지만, 그것이 아니라 건물만 피해를 입어도 그렇다. 다른 곳에 가 있을 곳이 없기 때문이다. 2004년 독일에 SCAR 미팅을 갔을 때 영국의 한 기지가 완전히 전소된 사진을 본 적이 있다. 대부분 화재가 나지는 않지만, 예전에도 위험할 뻔한 적이 있었다고 한다. 일단 초기 진화가 중요했다. 그래서 건물 곳곳에는 항상 소화기가 비치되어 있었다. 그리고 유사시에 창문과 그 주변을 부수고 탈출할 수 있게끔 방마다 망치가 있었고, 각 건물 현관 밖에는 비상용 곡괭이가 준비되어 있었다.

체험단이 떠나고 나서 소방훈련을 실시했다. 모든 건물의 소방 비상벨은 전기담당 해섭이 사무실로 연결되어 있었다. 먼저 해섭이의 강의가 있었다. 이어서 건물 곳곳에 있는 소화기 위치와 각자가 책임져야 할 소화기를 총무님이 지정해 주셨다. 평소에는 본인이 있는 가장 가까운 곳의 소화기를 점검한다. 관리 소홀은 담당자가 책임을 져야 한다. 그리고 유사시에 대비해서 두 개의 진화반과 하나의 구조반으로 대원들이 나뉘었다. 일단 불이 나면 무조건 소화기나 진화장비를 들고 세종로로 모인다. 하지만 유사시에는 본인의 소화기를 이용하는 것이 아니라, 그 순간 가장 가까운데에 있는 소화기를 이용한다. 실제 상황에서는 어떤 일이 일어나고 어떻게 행동할지 모르는 것이다. 우리도 실제 상황에서 어떻게 화재에 대비해야 할지 기존의 지침과 실제 사이에 차이를 줄여야 했다.

일반적으로 직장에서 이루어지는 소방훈련은 어느 면에서는 무용지물일 수 있다. 내용을 읽어 보면 너무나 많은 것을 요구해서 무엇을 먼저 해야 할 것인지 알 수가 없었다. 교과서적이었다. 화재를 발견하면 초기 진화를 시작하고 비상벨 등을 이용해서 사람들에게 알리고 사람들을 모아 진화를 한다는 것이다. 실용적인 지침 같지만 실제로 불이 났을 때, 비상벨을 누르고 당직실에 전화를 하는 것은 상황 파악이 됐을 때 가능한 것이었다. 일단 비상을 감지하면 "불이야!" 하고 큰소리로 주변에 알리는 것이 중요하다는 결론을 얻었다. 그러면서 비상벨을 누르고, 사람들이 상황을 인식하고 모이면 다음 단계로 넘어가는 것으로 간소화했다.

이곳에서도 소방훈련을 했다. 진화훈련이었다. 하지만 진짜 소방훈련은 한 달에 한 번 불시에 이루어지는 소방훈련이다. 대장, 총무님, 화재현황판을 조작하는 해섭이만 안다. 대장님께서 무작위로 정한 한 곳에서 비상벨을 누른다. 그러면 진화장비를 들고 발화 지점으로 5분 이내에 집합해야 한다. 구조반도 구급장비 외에 진화장비를 가지고 와야 한다. 5분 이내에 집합하지 못하면 다음에 다시 시행한다.

이 추운 곳에서 자다가 뛰쳐나와서 다시 잠을 든다는 것이 쉽지만은 않았다. 일단 몸도 춥고, 이미 조금 자둔 터라 잠을 다시 청하기가 어려웠다. 게다가 기껏 데워 놓은 잠자리가 그 사이에 다시 식어 버려 그 안에 들어가기가 영 그랬다. 그래서 언제 소방훈련을 할 것인지 대원들끼리 추측하는 것이 또 하나의 관심거리였다. 본래 취지에 어긋나기는 하지만 대략 얼추 예상을 하고 그날은 다들 잠을 자지 않고 본관동에 모여서 영화를 보거나 당구를 치거나 아니면 각자의 사무실에서 시간을 보냈다. 물론 맞추기가 쉽지는 않았다.

일단 대장님의 동태가 중요했다. 일찍 들어가셔서 주무시는지, 아니면 대장실에 계속 계시는지가 관건이었다. 하지만 대장님도 늦게 잠자리에 들어가시는 경우가 많아 이것만으로 추측하기는 힘들었다. 그 다음은 전체 기지 분위기가 여유가 있거나 좀 느슨해졌다고 느꼈을 때다. 사실 모두 긴장하고 일하는 여름에는 일 때문에도 그렇지만 밤까지 업무건 연구건 뭔가 일하느라 안 자고 있는 사람들이 많아서 화재가 발생한다면 대처는 그만큼 빠를 수 있으니 소방훈련을 할 필요가 없었다. 물론, 사람이 많아서 화재의 위험이 있을 수도 있었겠지만 말이다. 그리고 다음 날도 쉴 새 없이 일해야 하기 때문에 느닷없이 잠을 깨우는 소방훈련은 가급적 줄였었다. 여하튼 좀 느슨해졌다고 느껴지면 간만에 술자리를 하는 경우도 술을 많이 마시지 않았다. 노는 것도 좀 자제를 했다. 그래도 훈련을 맞추기가 쉽지 않았다. 하지만 맞추는 날도 있었다. 그달 훈련을 안했을 경우 날짜가 얼마 안 남았을 때 상황을 고려하면 충분히 맞출 수도 있었다. 그때 쾌감이란. 지금 생각해 보면 이미 한 달 그런 마음으로 준비를 했기 때문에 오히려 화재에 대해 늘 준비를 했던 것이 아닌가 싶다.

한번은 예상 가능한 날이 있었다. 대장님께서 어느 정도 정보를 흘리셨었기 때문이다. 아침회의 때부터 요즘 분위기가 해이해졌다는 얘기를 꺼내는 것을 시작으로 온종일 긴장하란 말씀을 하셨다. 그날은 마침 간만에 술자리를 했기에 모두들 분위기가 풀렸는데, 오히려 이 분위기를 역으로 소방훈련 날로 정할 수도 있다고 생각했다. 날짜도 이날밖에는 없었다. 그리고 대장님께서도 일부러 술자리에서 이를 암시하는 말씀을 하셨기에 더욱 믿음이 갈 수밖에 없었다. 사람들이 해섭이를 불렀다. 이실직고 하라고. 참 난처한 일이 아닌가. 훈련 비밀을 말할 수도 없고, 말하지 않을 수도 없고. 결국 이날이라는 것을 알고 다들 잠자리에 들지 않고 준비하고 있었다. 대부분의 훈련은 새벽 1시에 했다. 그런데 새벽 1시가 돼도, 2시가 돼도 훈련은 없었다. 대장님 방을 보니 안에 불이 켜져 있었고, 슬리퍼도 대장님 방 입구에 있고 대장님 신발도 연구동에 있었다. 이번에는 3시에 하나 보다. 3시까지 기다렸다. 그러나 사이렌은 울리지 않았다. 다시 대원들이 해섭이를 찾아갔다. 뭐야. 가뜩이나 착한 해섭이는 굉장히 난처한 표정을 지었다.

정기적으로 시행되는 소방훈련. 소화기 점검도 하고 유의사항도 점검하기 위해 실시한다. 불시에 행하는 소방훈련은 한 달에 한 번 실시한다.

3시가 조금 넘은 시간에 결국 내가 총대를 메고 대장실에 노크하고 들어갔다. 그런데 이런…. 약주를 많이 드신 대장님께서 카펫이 깔린 방바닥에 쓰러져 주무시고 계셨다. "대장님." 눈을 뜨셨다. "오늘 소방훈련하기로 하신 것 아닌가요?" 이제야 분위기를 파악하신 대장님. 얼떨결에, "어, 미안." 아니, 그럼 진짜 이날 소방훈련하기로 하셨던 것인가. 그래서 결국 그날의 소방훈련이 취소되었다.

그전에도 소방훈련이 취소된 적이 있었다. 우연히 소방훈련 계획을 전 대원이 알게 되었다. 그래서 확실한 정보를 바탕으로 본관동에 모여서 영화도 보고 바둑도 두고 있는데, 대장님께서 훈련 전 점검차 본관동에 들어오신 것이다. 그런데 한 대원이 대장님이 오신 줄도 모르고, "그런데, 몇 시쯤 훈련을 하시려는 거지?" 모두들 아연실색! 이날 대장님께서는 엄청 화가 나셨었지만, 오히려 담담히 계셨다. 정말 수습이 안 되는 상황이었다. 당구를 치다가 들어오는 대장님

가을 **147**

과 저쪽에서 말하는 대원을 동시에 본 나로서는 정말 난감했다. 다음에 다시 하는 수밖에 없었다.

각자의 개인적인 월동준비도 필요했다. 춥고 긴 겨울을 무엇을 하고 보낼 것인지. 공부를 할 것인지, 취미생활을 할 것인지, 아니면 그저 조용히 쉴 것인지를 생각하고 있었다. 물론 각자 일들이 있지만 겨울에는 그렇게 바쁘지 않기 때문에 자기 시간이 많았다. 예전에는 기지에 있는 모든 영화를 다 본 사람, 책만 보는 사람, 그리고 운동으로 몸을 만드는 사람, 자기 공부를 하는 사람 등 다양했다고 한다.

처음에 나도 무엇을 할까 고민을 많이 했었다. 16차 의사인 찬이는 스페인어와 요리 공부를 주로 했다고 했다. 그래서 한국에 오자마자 여자친구 생일날 케이크를 만들어 줬단다. 같이 월동했던 김총무님과 진희 말에 의하면 찬이는 월동이 끝날 무렵부터 항상 의무실에만 있고, 밤에도 숙소에 늦게 들어왔더란다. 그런데 남극을 떠나 칠레에 도착하자마자 스페인어를 하기 시작하는데, 다들 놀랐단다. 너무나 유창하게 현지인과 프리토킹을 해서 정말 독한 녀석이구나 하고 느꼈던 것이다.

그럼 나는 무엇을 할까. 일단 많이 정했다. 기본은 운동. 17차 규현이 몸이 장난이 아니었다. 소위 몸짱이었다. 월동 막바지에 9월부터 꾸준히 운동을 했단다. 김홍귀 대원 몸도 장난이 아닌데, 그의 지도하에 저녁마다 늘 같이 운동을 했다고 한다. 나는 운동을 잘하지는 못하지만 체육시간은 그래도 좋아해서 기본적인 계획으로 정했다. 사실 기술이 필요한 운동은 그렇게 잘하지는 못한다. 축구, 농구, 배구 등은 잘 못한다. 대신 승부가 바로 나는 그런 운동은 잘한다. 100미터 달리기, 턱걸이, 오래달리기. 뭐, 이런 것에 강했다. 지고는 못 살아….

미술용품도 많이 사갔다. 와트만지 스케치북과 물감으로 쓸 수 있는 색연필, 4B 연필, 목탄, 미술용 지우개, 정착액 등등. 그리고 모형항공기 제작에 사용하는 연한 항공합판과 조각칼도 샀다. 그뿐이랴. 영어 공부도 하기로 했다. 그래서 재미있다고 하는 소설들을 모두 영어책으로 사서 보냈다. 그중에는 해리포터 시리즈도 있었다. 아는 내용을 책으로 읽는 것이 좀더 접근성을 높일 수 있을 것 같았다. 그리고 가장 중요한 카메라 필름도 엄청 샀다. 삼각대도 새로 구입했다. 원래 사진을 좋아했으니까 말이다. 필름만 50만 원어치 이상 샀는데, 그것도 부족해 후회막급이다. 별보기를 좋아했는데, 홍대장님과 미국으로 공부하러 가신 원영인 박사님의 추천을 받아 천체망원경도 구입해서 들여갔다.

이곳 월동준비도 막바지에 이르렀고, 각각의 대원들도 나름대로 세운 계획을 실천할 준비를 하고 있었다. 겨울이 기다려졌다.

10. 세종극장

매주 수요일 저녁에는 영화를 상영했다. 그리고 평일 저녁에는 드라마를 볼 수 있게 했다. 나는 드라마를 무척 좋아했다. 이곳에서 드라마를 보는 이유는 첫째 지루하지 않게 시간을 보내기 위해서였다. 둘째는 여자들이 좋아하는 드라마를 이해함으로써 나중에 한국에 갔을 때 부부간 좋은 시간을 보낼 수 있게 하기 위해서였다.

남자들이 드라마를 안 좋아하는 이유는 싫어서가 아니라 볼 기회가 별로 없어서일 것이다. 그래서 드라마에 흥미를 느끼게 하기 위해 남자들이 좋아할 만한 드라마를 골랐다. 첫 작품은 '올인', 너무 인기가 좋았다. 나도 드라마를 처음부터 제대로 보기는 이 작품이 처음이었다. 매번 모두 모여서 볼 수 없어서 새로운 드라마 방영시 첫날 1회 때만 모두 참석하는 것을 원칙으로 했다. 겨울이 되면서 자유롭게 보기도 했다. 이후 몇몇 드라마의 브로마이드를 책상 위에 걸어놓는 대원이 나오기도 했다.

매주 수요일 저녁에는 모두 모여 영화를 봤다. 원래 영화는 의무대원이 담당했지만, 컴퓨터의 발달로 영화도 컴퓨터를 이용해서 빔프로젝트로 스크린에서 보게 되었고, 따라서 컴퓨터를 잘 다루는 막내 경모가 담당하게 되었다. 새로 들어온 DVD를 하나씩 풀었다. 세종극장에서 모두들 모여서 영화도 보고 일주일에 한 번씩 제공되는 맥주도 마시면서 여유있는 시간을 보냈다.

11. 낚시

남극에서 낚시라니, 좀 생소하게 여겨질 것이다. 하지만 생물연구원 정원이의 연구과제가 남극대구를 시료로 해서 연구하는 것이라 잡을 수밖에 없었다. 남극 생물에 축적된 중금속을 측정해서 오염 정도를 알아보는 것인데, 가장 많고 흔한 것이 남극대구라 시료가 된 것이다. 물론 이름이 '대구'라고 해서 우리가 아는 대구는 아니다. 그냥 이곳에서 흔히 보이고, 생긴 것이 대구와 비슷해서 대구라고 불리는 것이다.

우리나라도 남극조약에 가입된 국가라 남극의 생물을 마음대로 잡을 수 없었다. 우리가 들어올 때부터는 남극에 들어가는 모든 사람은 외교통상부 장관의 허락을 받아야 했고, 과학적 목적으로 잡는 생물은 잡을 양을 미리 외교통상부에 통보해서 그만큼만 잡아야 했다. 무척이나 까다로웠다.

샘플을 채취하려면 날씨가 좋은 날 바다로 나가야 했다. 하지만 하계대가 있을 경우는 하계대 지원이 우선이라 마음놓고 나갈 수가 없었다. 양은 그렇게 많지는 않았지만, 그렇다고 마냥 시간이 있는 것은 아니었다. 하루에 잡는 양이 있기 때문에 한꺼번에 잡을 수는 없었다. 그렇다고 겨울까지 기다릴 수도 없었다. 가을까지 모두 잡아서 대구에서 필요한 부분을 적출하고, 분류해서 냉동 시료로 만들어야 했다. 그리고 이듬해 냉동 컨테이너가 나갈 때 같이 내보내서 분석은 한국에서 해야 했다. 이곳에서 분석할 수도 있지만, 여러 실험을 할 때 화학약품들이 많이 쓰이기에 이곳에서의 실험에는 한계가 있었다.

날씨가 좋은 날 다른 기지로 가서 처리해야 할 업무를 위해 조디악을 띄워야 할 때, 아침회의 때마다 정원이는 샘플을 채취하러 갈 수 있는지를 대장님과 총무님께 여쭤 봤다. 왜냐하면 시료 채취에는 조디악과 정원이뿐만 아니라 샘플 채취를 도와줄 사람들이 필요했기 때문다. 쉽게 말하자면 강태공들을 많이 데리고 가야 많이 잡을 수가 있었다. 대개 한 번에 6-7명은 나가야 했다. 기지 대원의 절반 가까이 되는 인원이 나가야 했기에, 이를 조정하기도 쉽지 않았다.

첫번째 낚시를 나갈 때 나도 따라나갔다. 낚시는 한 번도 해본 적이 없었지만 어떻게 낚시를 하는지, 그리고 손맛이란 것이 어떤 것이길래 그렇게 낚시들을

출항 전의 부두. 대원들이 손을 흔들고 있다. 부두 위에는 도우미 대원들이 로프를 풀기 위해 대기중이다. 이미 부두에 얼음이 달라 붙기 시작했다.

나가나 알아보고 싶었다.

낚싯대를 던져서 하는 낚시인 줄 알았는데, 줄낚시였다. 일단 펭귄마을이 보이는 작은 돌섬 근처로 갔다. 낚싯줄이 잘 가라앉게 중간에 무거운 볼트를 하나 걸었다. 그리고 낚싯바늘 두 개를 거리를 두고 걸고, 낚시바늘에는 고기를 썰어서 미끼로 썼다. 이곳에서 남극대구를 잡으면서 우스갯말로 물고기를 육고기로 바꾼다란 말이 실감이 났다. 간단했다. 조디악 양편에 각자 자리를 잡고 낚싯줄을 푼다. 그 사이에 정원이는 물고기를 담을 커다란 욕조에 바닷물을 채웠다. 그리고 잡힌 부근의 위치와 바닷물의 수온, 염도 등을 측정했다. 낚는 곳의 위치가 중요하다고 했다.

낚싯줄을 바다 바닥까지 내려야 잘 낚였다. 그쪽은 아마 수심이 약 15미터 정도 됐을 것이다. 아무래도 볼트 무게의 줄을 내리는 것이라서 그렇게 팽팽하지는 않았지만 한없이 낚싯줄을 내리다 보면 더 이상 잘 안 내려갈 때가 있었다. 그러

가을 **151**

면 대충 바닥에 도착했거니 생각하면 됐다. 그러고는 낚싯줄을 올렸다 내렸다 하면서 미끼가 움직이는 것같이 해줘야 했다. 그러면 남극대구가 무는데, 이것을 느끼기가 쉽지 않다. 그냥 녀석은 물고만 있는 것 같았다. 입질? 그런 거 없다. 한참 위아래로 줄을 움직이다 보면 좀 이상하다 싶은 느낌이 든다. 그때 올려보면 이미 남극대구가 달려 올라왔다. 처음 잡아 보는 물고기라 신이 났다. 불쌍해 보여서 낚싯바늘을 물고 있는 녀석을 빼지도 못했다. 옆에서 보고 있던 수현이형이 낚싯바늘에서 녀석을 빼서 수조에 넣었다. 다시 낚싯줄을 내려서 몇 번 흔들었다. 또 잡혔다. 다시 내렸다. 또 잡혔다. 뭐야….

간략히 말하면 낚싯줄 내려서 몇 번 위아래로 흔들면 알아서 물려 올라왔다. 심지어 어떤 녀석은 꼬리가 걸려서 올라오기도 했다. 물 반, 고기 반이었다. 이 녀석들은 한 곳에 여러 마리가 그냥 배 깔고 세월아 네월아 그러고 지내는 녀석들이었다. 물론 나름대로 움직이고 먹이도 잡아먹으면서 생활하겠지만 말이다.

위치를 고정시킨 조디악에 앉아 있어도 잘 잡히는 쪽과 그렇지 않은 쪽이 있었다. 그만큼 한곳에 몰려 있었고, 바로 이웃한 곳에는 먹이가 있더라도 자기 위치가 아니면 별로 관심을 두지 않았던 것 같다.

처음에는 재미있고 신났지만, 시간이 지나면서 점점 지루해졌다. 나름대로 강태공들의 운치를 느껴 보고 기다림의 미학도 즐겨 보려고 했지만, 낚싯줄 내리기 무섭게 올려야 하고, 다시 내리고, 또 올리고, 나중에는 지쳤다. 정원이는 수조에 찬 물을 일부 버리고 다시 새 바닷물을 길어 채우기를 반복했다.

시간이 돼서 다시 기지로 복귀할 때가 됐다. 남극 나름대로 따사로운 해가 지는 가을 날씨가 참 좋았다. 물론 날씨는 춥고 바닷물은 얼음장같이 찼지만 말이다. 이 날씨에 햇살이 따뜻하게 느껴질 정도가 됐으면 이곳에 적응됐나 싶기도 했다. 처음 하는 낚시치고는 너무나 색다른 경험이었고, 처음 하는 사람치고는 이렇게 많이 잡아 본 사람도 없을 것만 같았다.

12. 체육활동

가을이 되고 우리만 남게 되면서 본격적인 체육활동이 시작됐다. 각자가 알아서 체력단련하는 것은 이미 이곳에 들어오면서 시작됐지만, 단체 체육활동은 하계 기간 동안은 실시하지 않았었다. 수요일 오후를 체육시간으로 정하고 점심 후에 체육관에 모여서 족구나 배구를 했다.

움직이는 것을 싫어하는 사람이 있을 수도 있고, 혹 그런 경우 흐지부지 될 수도 있었기에 처음 시작은 모두가 참여하는 것으로 정했다. 남극 최대 '명절'인 동지를 기념해서 이곳에는 남극 올림픽이 열린다. 각 기지 사람들이 모여서 국가별 대항전이 시작된다. 배구, 농구, 마라톤, 스키 등등. 이곳에서 가능한 경기를 하게 된다.

남극 올림픽도 준비하고 겨울의 지루함도 달랠 겸, 또한 체력 유지를 위해서도 체육활동은 필요했다. 체육부장은 몸 좋고 특수부대 출신인 막내 경모가 맡았다. 이곳에 오기 전 극지적응훈련 때 간간이 체육활동을 한 적이 있었다. 모두들 체육에는 도사였다. 나만 빼고 모두들 너무나 운동을 잘했다. 족구면 족구, 배구면 배구, 농구면 농구 못하는 운동종목이 없었다. 나는 오히려 팀에 폐만 끼친 적도 많았다. 하지만 대원들의 무조건 '잘한다'라는 칭찬과 긍정적인 사고 덕을 톡톡히 봤다. 그래서 체육시간은 재미있었다.

체육활동의 대부분은 우연하게도 총각팀과 유부남팀으로 나뉘었다. 총각팀이 초반에는 항상 앞서 나갔지만, 시간이 지날수록 유뷰남팀의 연륜을 따라가기가 힘들었다. 이곳이 춥다고는 하지만 그래도 뛰어 놀면 무척이나 더웠다. 이곳에서 몸에서 땀이 나면 이곳 바닷가의 습한 공기와 만나 김이 모락모락 피어올랐다. 한참 체육활동을 하다 보면 어느새 저녁시간이 됐다. 처음에는 상훈이형이 체육시간 끝나기 전에 나와서 저녁 준비를 했다. 그렇지만 누구는 즐기고 누구는 또 들어가서 힘들게 저녁 준비를 하는 것에 대해 미안하게들 생각했다. 그래서 나온 '제도'가 진 팀이 라면 끊이기였다. 어차피 밥이야 쌀만 보온밥솥에 올리면 되니까 상관없었고, 하루 한 끼 정도 라면으로 때워도 별 상관은 없을 듯싶었다.

라면의 이름은 '신마구리'. 3개의 라면 이름을 따서 만든 것이다. 16명이면 라면을 25~30개 정도 끌이면 적당했다. 진 팀이 미리 들어와서 라면은 라면대로

중국 장성기지 대원들이 에서 세종기지를 방문했을 때 남극 올림픽을 대비한 친선경기를 가졌다.
탁구 경기 서비스중인 장성기지 대장님.

준비하고, 분말 스프는 스프대로 따로 준비하고, 계란은 계란대로 미리 준비해 놓고 있어야 했다. 물론 물은 팔팔 끓이고 말이다.

처음에는 이렇게 많은 라면을 끓이는 경험이 없어서 물이 끓기 시작할 때 라면을 하나씩 뜯어서 넣었다. 그렇지만 몇 명이 달라붙어서 이것만 해도 마지막 라면을 넣을 때면 이미 처음 넣은 라면은 퉁퉁 불어 있었다. 또 한 번은 음악 나올 시간에 맞춰 라면을 넣었는데 음악이 몇 분만이라도 늦게 울리면 라면이 불었다. 그래서 음악이 나오는 시간에 라면과 모든 것을 넣으면 사람들이 도착할 무렵에 먹기 좋게 익었다.

이상하게도 라면은 식사 대신으로 하게 되면 하나 끓여 먹을 때보다 무지막지하게 먹게 됐다. 여기에 밥까지 말아 먹으니 더 많이 먹을 수밖에. 하지만 이 추운 날씨에 신나게 땀을 흘리고 먹는 라면의 맛은 특별했다. 거기에 마지막 국물 맛은 정말 시원했다.

13. 응급의료교육

응급실에 연락을 받고 내려가거나 응급실 당직을 서다 보면 일반인들이 생각하는 응급과 의료진들이 생각하는 응급에 차이가 있을 때가 있다. 전혀 응급이 아닌데 먼저 안 봐준다고 소란을 피우는 환자가 있는가 하면, 정말 응급인데 쓸데없이 이것저것 많은 검사를 한다고 불평하는 사람들도 있다. 대부분 설명과 대화를 통해 환자의 상태를 알게 되고 치료를 하면서 왜 그랬었는지 이해를 하게 되지만 그렇지 않는 경우도 있다. 처음에 어긋난 관계는 치료가 잘된다 하더라도 의사나 간호사 모두를 지치게 하고, 만약 결과라도 좋지 않으면 불신으로 이어진다. 이곳에서도 같은 경우가 생길 수 있을 것이라 여겼다. 따라서 불필요한 오해의 소지를 없애기 위해서라도 모든 대원들에게 의료교육을 해둘 필요가 있었다.

소방교육은 워낙 중요한 일이라 곧바로 실시되었다. 하지만 응급의료교육은 그렇지가 못했다. 극지적응훈련 때 교육받은 적이 있어서 그렇기도 했겠지만 이곳 여름에는 시간이 없었다. 미리 시간을 정했을 때는 사정이 생겨 하지 못하게 되었다. 간혹 시간이 나기도 했지만 갑자기 생긴 시간이기에 그 시간에 하는 것은 원치 않았다. 자칫 가볍고 건성으로 받아들여질 수 있기 때문이었다.

그러던 차에 마침내 시간이 났다. 무엇을 어떻게 할까 생각을 많이 했었지만, 단 한 가지만 하기로 했다. 지킬 수 있는 한 가지를 확실하게 인식시키는 것이 중요할 것 같았다.

"환자 발생시 무조건 의무실로 데리고 올 것. 반드시 나를 찾을 것."

의료진이 아닌 일반인에게 응급교육 전반에 대해서 모든 것을 가르치는 것은 별 의미가 없어 보였다. 전혀 배우지 않은 언어를 사용하는 나라에 여행을 갔을 때, 얼마인지, 어디로 가는지, 오늘 날씨가 어떤지 묻는 것을 회화로 배우는 것이 얼마나 실용성이 있을까. 현지어로 대답해도 알아듣지도 못할 것을. 차라리 간단한 인사, 감사나 미안한 표시, 숫자 등 바로 쓸 수 있는 것이 짧은 기간 더 요긴하다고 생각한다. 마찬가지였다. 고민하고 헤매면서 시간을 낭비하는 것보다는 의무실로 바로 데리고 오는 것이 더 빨랐다.

모든 장비를 들고 현장으로 나가는 것보다는 현장에서 의무실로 오는 것이

가을

더 빠르다. 내가 없거나 너무 멀리 있으면 나를 찾아서 무전으로 설명하는 것이, 의사가 현장으로 가서 보는 것보다는 현장을 의무실로 옮기는 것이 더 빠르다. 어차피 현장에서 할 수 있는 것은 제한되고, 결국은 의무실로 옮겨야 한다. 시간을 배로 손해 보는 것이다. 만약 이런 동의가 없다면, 혹 외부에서 의료문제가 생겼을 경우, 의사가 빨리 오지 않아서 문제가 커졌다고 오해를 살 수 있고, 이는 다분히 현실이 아닌 주관에 의한 판단일 수밖에 없었다.

예를 들어 체육관에서 환자가 발생하는 경우라면? 펭귄마을에서 발생하는 경우라면? 그리고 조디악으로 바다에 나갔을 때 발생하는 경우라면? 의무실로 바로 오는 것이 정답이었다. 하지만 현장이 바다일 때, 칠레 기지가 가깝다면 칠레 기지로 가는 것으로 정했다. 결론은 무조건 나한테 먼저 연락을 할 것, 그리고 동시에 의무실로 오는 것을 원칙으로 했다.

또 하나는 응급상황에서 나를 도와줄 사람을 정했다. 상훈이형과 정원이를 도우미로 정했다. 만약 심폐소생술을 할 경우가 생기면 정원이는 산소포화도 센서를, 상훈이형은 심전도를 붙이기로 했다. 당연히 그 기계에 대한 세팅도 맡겼다. 여러 사람에게 전부를 가르치는 것보다는 한 사람에게 확실한 것 하나만을 맡기는 것이 훨씬 더 효율적이라고 생각됐다.

14. 바람

여전히 바람뿐이다. 협동과제팀이 떠나고 이틀 지났을까. 칫솔질을 하며 창밖을 봤더니 텔레토비 풍차 같은 풍력발전기가 잘도 돌고 있었다. 너무나 빨리 돌아서 회전 날개가 보이지 않을 정도였다.

옷을 갈아입고 숙소 1동을 나섰다. 역시 바람이 강했다. 태극기가 찢어질 듯 휘날렸다. 그런데, 어? 텔레토비 풍차 도는 소리가 나지 않았다. 휘리리릭! 매일 들어 환청이 된 소리와 실제 소리가 일치하게 되면 그것이 일상생활이 되는 것인데, 일치가 되지 않았다.

숙소동 현관에서 다시 자세히 보니, 풍력발전기 날개 세 쪽이 모두 부러져 어디론가 날아가 버렸다. 아까 화장실에서 봤던 텔레토비 풍차는 이미 날개가 다

잘려 나갔던 것인데, 서리 낀 뿌연 창문을 통해서 봐서 착각했던 것이다. 바로 당직실과 총무님께 알렸다. 의무담당으로서 혹시 저 날개에 누가 다치지나 않았나가 가장 걱정이 되었다. 다행히 당직도 알고 있었고, 다친 사람도 없었다.

주방으로 와서 미리 나와 있던 상훈이형에게 말했다. 이미 알고 있었다. 잘 부러졌다. 안 부러지고 잘 견디는 것이었다면 모를까 기왕 부러질 것이라면 일찍 잘 부러졌다. 그것도 설치 초기에. 그리고 인적이 뜸한 밤에 부러진 것은 정말 다행이었다. 의무담당인 나로서는 사람이 다치지 않은 것만으로도 천만다행이었다. 강풍에 하나가 부러지고 균형을 잃은 날개가 연달아 부러졌을 것 같았다.

한국에서 지시되는 내용이나 작업들이 바로 대원들에게도 모두 만족스럽고 긍정적인 것만은 아니었다. 풍력발전기가 그랬다. 발전기가 설치될 때까지만 해도 몰랐지만 막상 설치되고 나서 보니 그 바람개비 소리가 정말 섬뜩했다. 혹시 저 날개가 부러지면 어찌 되나, 사람이 다치면 안 될 텐데. 그러던 차에 부러졌으니 내 입장에서는 불안과 걱정을 덜게 되었다. 물론 아직 한국에 도착하지 않은 하계대가 도착해서 결과를 보고하기도 전에 이 사실을 알게 되면 스트레스를 받겠지만 말이다.

쉽게 찾을 수 있을 것 같았던 날개는 그날 발견되지 않았다. 나중에 발견됐는데, 두 개는 5미터 정도 떨어진 발전동과 조디악 보관동 사이에서 발견됐고, 나머지 한 개는 30여 미터 떨어진 중장비보관동에서 발견됐다.

다행히 우리가 나갈 무렵에 다시 들어온 풍력발전기는 기초를 땅속 깊숙이 박고 위치도 본관동과는 멀리 떨어져 있는 체육관 옆에 다시 세웠다. 그리고 체육관의 전기를 안정적으로 공급하고 있다.

귀국 후 이따금 19차 의사이자 오랜 친구인 경남이가 홈페이지나 사진동호회에 올리는 사진을 보게 됐다. 모두들 멋진 곳에서 일하고, 멋진 사진에 감동받았다는 댓글을 달지만, 난 그 사진에서도 남들 눈에 잘 띄지 않는 풍력발전기만 보였다. 그리고 안전하게 잘 돌고 있어서 다행이라는 댓글을 달아 주었다.

세종기지에서 바라본 세종봉과 빙원. 동이 텄지만 쟁반구름에 가려 아직도 어둡다.

15. 칠레 프레이 기지와 공군관제탑

여름이 지나면서 이곳에 들어오는 비행기편은 급격히 줄어든다. 더구나 들어오는 횟수도 일정치가 않다. 그저 대략적으로 언제라고만 알 수 있었다. 칠레 기지 대장에게 전화를 해도 전혀 알 수가 없었다. 주 칠레 한국대사관과 세종기지 사이에는 핫라인이 있는데, 그쪽 담당자를 통해 칠레 공군에 물어도 알 수가 없었다. 그래서 결국 총무님이 칠레 프레이 기지 공항을 직접 방문하기로 했다.

칠레 기지로 가는 날 마침 나도 따라갔다. 칠레 프레이 기지는 공군기지다. 칠레뿐만 아니라 대부분 남미 국가의 남극 기지는 공군기지다. 서로의 영토라고 주장하지는 않지만 미래에 어떻게 될지 모르는 상황에서 선점하기 위해 군사기지로 운영하고 있다. 우루과이, 아르헨티나 기지도 군인들이 상주하는 군사기지였다. 하지만 겉으로 봐선 전혀 군사기지 같지 않다. 촬영을 할 때도 형식적으로는 허가를 받는다. 하지만 전체 생활은 다른 남극 기지와 마찬가지이고, 이곳에서는 서로 돕고 지내야 하기에 군대라고는 하지만 분위기는 상당히 좋다.

서로 돕는다고는 하지만 이곳에서는 많은 기지들이 주로 프레이 기지의 도움을 받는다. 원래 이곳에 처음 기지를 건설한 것은 러시아다. 러시아 벨링스하우젠 기지는 구소련이 미국과 모든 분야에서 경쟁 관계에 있을 때 만들어졌다. 그래서 규모도 상당히 크고, 인원도 많았다. 의사만도 두 명이 파견되어 있었고, 영화관도 따로 있었다고 한다. 하지만 지금은 이웃해 있는 프레이 기지가 규모나 시설 면에서는 더 크고 좋다. 그래도 소프트웨어적인 것은 러시아 기지에 더 의존하기도 했다. 가령 물품이나 짐을 맡기거나 나를 때, 그리고 날씨 관계로 미리 바다 건너 칠레 기지가 있는 필데스 반도로 건너갔을 때, 혹은 그쪽에 갔다가 갑작스런 기상악화로 세종기지로 못 건너올 때는 러시아 기지에 도움을 청했다.

오랜만에 여유 있게 칠레 기지로 갔다. 해안에서 공항까지는 한참을 가야 하기에 승합차가 있는 편이 나았다. 조디악에서 내려서 일단 러시아 기지로 갔다. 러시아 기지에서 지난번에 우리가 기증한 빨간색 승합차를 빌렸다. 역시 높게 튜닝 되어 있어서 시야도 높고 다니기도 편했다. 승합차도 처음 몰아봤다.

이곳에도 길이 있다. 각 건물마다 배선이나 상하수관이 있기 때문에 이것을 피해야 한다. 때로는 지상으로, 때로는 지하로 매설되어 있기 때문에 바로 보이는 거리도 길을 따라 돌아가야 한다. 길을 따라 언덕을 올라갔다. 올라가는 길에는 이번에 새로 지은 공항 소방서가 있었다. 이 길을 올라가니 활주로가 나타났다. 아하, 이곳이구나.

이곳은 남극으로 들어올 때 처음 온 곳인데 정말 인상적이었다. 감회가 새로웠다. 이야, 이런 곳이구나, 그때는 잘 몰랐었는데. 활주로 옆에 있는 돌산에 세워진 관제탑에 갔다. 사실 활주로와 격납고, 그리고 관제탑의 거리가 그렇게 멀지는 않았다. 우리가 있는 격납고에서 활주로까지 길이가 약 50미터도 채 되지 않았으니 비행기 이착륙 때는 정말 조심해야 했다. 축구 운동장만한 넓이에 모든 것이 있었다. 활주로 길이는 1킬로미터가 조금 더 넘는 길이지만 모든 비행기가 다 이착륙했다. 바닥은 포장된 활주로가 아니라 이곳 땅을 다지는 잘잘한 돌들이 깔린 활주로였다. 이런 활주로에도 수송기가 거뜬히 착륙했다.

관제탑에 올라가는 급경사로 차를 몰고 올라가서 관제탑 입구에 세웠다. 차에서 내려서 주변을 바라보니 이런 풍경은 또 처음이었다. 우리가 기지에서만 보던 앞바다와는 차원이 달랐다. 킹 조지 섬 주변과 어우러지는 맥스웰 만도 멋지지만, 그래도 얌전한 경관이었다. 하지만 관제탑 너머로 보이는 바다는 무슨 별천지 같았다. 태고적 저 산 너머에 무엇이 있을까, 저 바다 건너에 무엇이 있을까.

성산일출봉 같은 바위섬이 바로 앞에 보였는데, 그 깎아지른 듯한 절벽을 본 사람은 나와 같은 느낌일 것이다. 이곳이 모두 빙하에 깎여 남은 부분이 섬으로 되어 있어서인지 형태 자체가 거칠다. 필데스 반도, 넬슨 섬 그리고 그 뒤에 있는 이 외해는 모두 거칠고 험하다. 물 밑에도 암초가 많고, 위에서 찍어내려 바다에 박힌 돌섬들이 많았다. 그런 돌섬들은 누런색의 거친 상처를 드러내고 있었고, 물속에 숨어 있는 암초들은 비록 보이지는 않지만 그 위로 거친 물보라를 만듦으로써 자신들의 존재를 드러내고 있었다. 활주로 옆으로 깊게 파여 있는 U자 계곡, 그리고 바다로 들어가서 없어지고 지금은 해안만 남아 있는 바닷가. 그 옆에 그 U자 계곡 입구를 지키는 듯 한두 개의 첨탑 같은 봉우리와 건너편의 해안

빙원 위로 떠오른 쟁반구름. 렌즈운이라고도 한다. 대개 날씨가 나빠지려고 할 때 생긴다고 한다. 세종기지에서 쟁반구름은 자주 볼 수 있었다.

절벽.

비행기 시간을 알아보는 것은 뒷전으로 밀렸다. 항상 카메라를 가지고 다니다가 하필 오늘 안 가지고 온 것이 너무나 아쉬웠다. 이곳에 있는 칠레나 러시아, 중국 기지 대원들은 세종기지가 있는 바다와 그 반대쪽 바다도 다 볼 수 있어서 좋겠다고 생각했다. 하지만 너무 자주 보면 지금의 나와 같은 느낌을 갖기는 힘들 것 같다는 생각도 들었다.

관제탑으로 들어갔다. 관제탑 운영은 공군장교인 소장과 그 휘하 군인들, 그리고 칠레 기상청에서 파견된 기상관 등이 하고 있었다. 마침 식당에서 커피를 마시고 쉬고 있어서 우리도 함께 자리를 잡았다. 소장은 마침 자리에 없었으나 비행 스케줄을 알려면 그를 기다려야 했다. 기상관들이 무전으로 관제소장을 찾았다. 한참 후 준수하게 생긴 군인이 들어왔다. 관제소장이었다. 겉옷에 새겨진 이름이 'JARA'였다. 자라? 물론 이곳에서 'J' 발음이 'ㅈ'으로 소리나지는 않지만 기억에 남는 이름이었다. 소장실에 같이 들어가서 총무님이 스페인어로 묻고 답하고, 나도 궁금한 것은 직접 영어로 물었다. 애석하게도 이곳 관제소에서도 전체적인 비행 스케줄을 정확히 알지는 못했다. 여름이 지나가니 대략적인 비행 스케줄조차 너무나 유동적이었기 때문에 이곳에서도 알 수가 없다고 했다. 지금 말해 줄 수 있는 것은 앞으로 2주 정도의 일정인데 아직은 잡힌 스케줄이 없다고 했다. 만약에 이후 비행 스케줄이 잡히면 바로 세종기지로 연락을 해주기로 했다.

이날 방문은 내가 개인적으로 얻은 것이 많았다. 기지 밖에 있는 필데스 반도 건너의 바다도 봤고, 관제소 높이에서 비행기 착륙하는 것을 촬영해도 괜찮은 그림이 나올 것 같고, 그리고 그 뒤의 U자 계곡도 다음에 꼭 와봐야 할 곳이었다.

16. 경남이

제주도가 배출한 천재. 우리 어머니는 그렇게 경남이를 기억하고 있었다. 재수 때 나와 같은 반을 해서 몇몇 친한 사람들이 있었는데 모두들 의대를 가려고 재수를 하고 있었고 그중의 한 명이 경남이었다. 어느 정도로 친했냐면 이 친구 제주도 집 전화번호를 아직도 외우고 있을 정도다. 경남이는 국어를 엄청 잘했었다. 전혀 이과생 같지 않았다. 재수한 뒤 좋은 대학교 좋은 과를 갔는데, 다시 삼수를 해서 그 대학교 의과대학을 갔다.

아무리 친했어도 학교와 병원이 다르니 아무래도 소원해질 수밖에 없었다. 일 년에 한두 번 전화하고 말았다. 대학교에 와서도 국어를 잘했던 것을 십분 살려 연극반 활동을 하고, 또 대학신문에 희곡을 제출해서 신춘문예에 대상으로 선정되기도 했다.

내가 남극 가는 것으로 결정이 되고 당시 안산 해양연구원에 있던 극지연구소로 출퇴근 할 때였다. 경남이는 소아과 레지던트 4년차였다. 나는 집이 삼선교에 있었고 경남이는 병원이 혜화동에 있어서 퇴근길에 들러서 만나기도 했다. 나도 여유가 있었고, 경남이도 4년차라서 여유가 있었다. 최근 근황을 말하면서 그 해 말에 남극에 간다고 했다.

"미쳤구나. 세종기지 말하는 거야? 거기 남극?"

"남 걱정 말고 전문의 시험공부나 잘해."

그로부터 몇 개월 뒤, 메일을 검색하는데 경남이로부터 메일이 왔다. 잘 지내냐로 시작해서 며칠 전에 훈련을 끝내고 지역 배치를 기다리고 있다는 내용이었다. 그런데….

"그런데 종원아. 나 남극 가려고 하는데 어떻게 해야 하냐? 지원했거든."

'으이고. 잘하는 짓이다. 일찍이나 얘기하지. 나한테는 미쳤네, 네 나이가 어쩌네 할 때는 언제시고.'

경남이에게 전화를 했다. 간만에 많은 얘기를 나눴다. 극지지원팀에 전화를 해서 물어보았더니 자세히는 말해 줄 수 없고 일단 경남이는 2순위라고 했다. 경남이가 면접 때 나를 안다고 해서 면접관들끼리 한참 추리를 했다고 한다. 학교도 다르고, 전공과도 다른데…. 혹시 닥터 홍이 제주도 출신이었나? 내 얘기를 듣고서야 어떻게 안 사이인지 알았다고 했다. 결국 1순위에 올랐던 선생님보다 경남이가 배치시험을 잘 봐서 다음 차순에는 이녀석이 오게 됐다.

이 친구도 제대로 미쳤나 보다.

17. 중국 장성기지 상호방문

칠레 기지와는 실무적 차원에서 많은 교류가 있지만 사실 일 때문에만 연락을 주고받을 뿐 인간적인 교류는 없었다. 다만, 기상대원들은 하루에 네 차례 기상상황을 통보해 줘야 하기에 기상대원들끼리, 통신은 통신대원끼리, 그리고 의사는 의사끼리만 교류가 있을 뿐 그 외에는 전혀 대화할 기회가 없었다. 기껏 가 봐야 조디악 끄는 것 도와주는 것 정도? 물론 이것도 고마운 일이다. 우리가 도착하게 되면 지나가던 군인들이 알아서 해안까지 올려주고는 간단한 인사와 함께 자기 갈 길을 간다.

칠레 기지를 갈 일이 있으면 러시아 기지도 항상 들르고, 또 러시아 기지에 일 때문에 가더라도 항상 들어오라고 해서 간식을 대접해 준다. 특히 올렉 대장이 그랬다. 그냥 지나가다가 만나기라도 하면 빨리 들어오라고 한다. 그러고는 항상 쿠키나 초콜릿을 내놓곤 했다. 하지만 대화를 해도 그뿐, 겉돌기 일쑤였다.

그래서 나중에는 사생활 얘기를 한다. 서양 사람들에게 사생활을 묻는 것은 실례라고 하지만, 이곳에서는 꼭 그렇지만도 않다. 한참 얘기하다 보면 할 얘기가 없기도 하지만, 이곳에 있다는 동질감이 그래도 쉽게 자신의 얘기를 꺼내게 하는 것 같다. 한 명이 그렇게 얘기하다 보면 여기저기서 모두 자신의 고민거리도 얘기하곤 했다. 하지만 아무래도 서양과 동양의 정서적 차이를 극복할 수는 없었다. 특히 여자 문제에 있어서는 참….

그런 점에서는 우리는 중국 기지와 좀 비슷했다. 처음 왔을 때 머물렀던 그 대원들은 이미 떠나고 다음 차대가 자리 잡은 지 꽤 됐지만, 그래도 처음 만나 얘기해 보면 뭔가 비슷한 구석이 있었다. 한참 여름이 지나고 우리도 인사차 중국 기지에 들렀고, 중국 기지에서도 우리 기지를 방문했었다. 중국 기지는 통역이 있었다. 먼젓번에도 그랬었는데, 이번에도 비서 겸 통역대원이 있었다. 항상 우리 대장님, 중국 대장님, 그리고 통역 셋이서 한참 얘기를 하곤 했다. 또 중국 사람들의 특징은 고위층이나 공식적인 모임 초청이면 이 남극에서도 항상 와이셔츠에 넥타이를 매고 왔다. 처음에는 좀 이상해 보였지만, 시간이 지날수록 그것이 그들의 예의고 성의라는 생각이 들었다. 그래서 우리도 다른 기지에 갈 때, 넥타이는 아니더라도, 가급적 깔끔하게 입고 가려고 노력했다.

중국 기지 대원들이 떠나고 나서 다음 날 아침회의 시간에 재미있는 계획을 들었다. 중국 기지 대장님과 상의 끝에 서로 대원들 상호방문을 하고 하룻밤 자고 오는 계획을 세우셨단다. 하루는 우리가 가고 다른 하루는 중국에서 오고, 또 나머지 반이 가고 나머지 반은 그 다음에 오는 것으로 했다. 다른 나라 기지에서 자고 오기도 한다고는 들었는데, 워낙 바쁜 일정 때문에 전혀 그럴 여유가 없었다. 지난해에 월동했던 진희나 요정이 얘기를 들어봐도 올해는 너무 일이 많단다. 더구나 예전 대장님들은 하도 대원들을 여기저기 데리고 다녀서 나중에는 대원들이 "오늘 어디어디 가는데 갈 사람?" 하면 모두들 뒤꽁무니를 뺐다고 한다. 그런데 올해는 일도 일이거니와, 그 전해에 사고도 있고 해서 자중하는 분위기가 있었던 것도 사실이었다. 대장님도 그렇고 우리들도 그랬다. 그러던 차에

중국 장성기지를 방문하고 바닷가에서 촬영한 단체사진. 모두들 즐거운 표정이다.
특히 같은 직종끼리는 유별난 친분을 보였다.

대장님께서 다른 기지에 가자고 하시니 모두들 즐거울 수밖에.

다음 날 1진이 떠나기로 했다. 일단 대장님과 총무님은 인솔자이기 때문에 동시에 갈 수 없었다. 그리고 중장비 담당 동석이형과 형철이형은 조디악 운전을 위해 동시에 갈 수 없었다. 그리고 발전의 진희와 전기의 해섭이도 동시에 갈 수 없었다. 기상담당 수현이형과 태건이형 또한 그랬다. 조리 상훈이형은 사실 아무도 가지 않기를 바랐지만 그럴 수는 없었고 대장님의 무언의 압력으로 대장님과 같이 가기로 했다. 그래야만 대장님께서 식사를 제대로 하실 수가 있어서였다.

결국 1진은 대장님, 반장님, 동석이형, 상훈이형, 태건이형, 요정이, 해섭이, 경모, 그리고 나 이렇게 9명이 가게 되었다. 총무님께서 총무 창고에서 선물을 한참 꺼내 주셨다. 각 개인들도 자신과 담당이 같은 대원에게 줄 선물을 챙겼다. 물론 기본적인 세면도구도 챙겼다. 오후 3시경에 떠나기로 했다. 날씨도 좋았다.

오후 3시가 되자 모두 부두로 나왔다. 칠레 프레이 기지나 중국 장성기지는 세종기지에서 거리가 비슷하다. 하지만 방향은 조금 다르다. 중국 기지는 필데스 반도 끝에 있다. 그 끝 건너에 있는 넬슨 섬 사이에는 좁은 해협이 있는데, 아마도 이 사이는 원래 붙어 있던 부분일 것이다. 이 사이 해협은 물살도 세고, 암초도 제법 많다. 그래서 중국 기지를 갈 때는 항상 주의해야 했다.

중국 기지 앞에는 알드리 섬이 있다. 이 섬 양쪽으로 모두 지나갈 수 있는데, 해협 쪽에 있는 항로는 안전했지만, 반대쪽 방향은 썰물일 경우 암초에 걸릴 위험이 있었다. 우리는 해협에서 먼 쪽으로 가고 있었는데, 오히려 너무 안쪽으로 들어와서 알드리 섬 안쪽 항로로 들어가고 말았다. 하지만 다행히도 밀물일 때라 암초에는 걸리지 않았다. 하지만 이 덕에 나는 알드리 섬을 잘 볼 수 있었다. 이 알드리 섬은 조난사고 때 생존 대원들이 피신했던 곳이었다. 어떻게 보면 인접 기지에 무척 가까운 편이다. 물론 바다를 건너서 중국 기지로 갈 수는 없었지만 말이다.

세종기지를 방문한 장성기지 대원들. 대장님께서 건배를 제의하고 있다.

장성기지가 가까워질 무렵 도착 무전을 보냈는데, 이미 마중을 나와 있었다. 반갑게 내려서 인사하고 조디악은 불도저에 들려 해안 쪽으로 옮겼다. 우리가 처음 올 때 한 번 묵은 적이 있어 익숙한 중국 기지 본관동으로 갔다. 우리는 손님이 오면 본관동에서 접대를 하고 숙소동에 여장을 풀게 했지만, 중국 기지 본관동은 손님들 숙소동과 같이 있었다. 2층 건물이어서 가능했다. 이곳에서 2층 건물을 짓는 것은 쉽지 않다. 바람이 너무 거세기 때문이다. 중국에서도 몇 해 전에야 이 건물을 지은 것이다. 식당과 주방, 그리고 그 옆에 응접실로 구성된 본관동. 대장님과 반장님, 그리고 중국 대장님과 통역대원은 응접실에서 중국 대장님의 환대를 받고 있었다. 따뜻한 커피와 간식이 나왔다. 우리들은 식당에 앉아 중국 대원들과 얘기하기 시작했다.

상훈이형은 곧바로 식사준비에 여념이 없는 식당으로 들어가서 중국 조리대원과 반갑게 인사를 했다. 내가 부러워하는 면이기도 하지만 상훈이형은 넉살이 좋았다. 그냥 안고 인사를 잘했다. 빠질 때는 빠지고 오버할 때는 오버할 줄 아는 그 센스. 처음에는 서먹서먹하게 마주 앉아 있었다. 우리는 당연히 중국어를 할 줄 모른다. 그들도 한국어를 할 줄 모른다. 그렇다고 우리와 그들이 영어를 잘하냐 하면 그것도 아니었다. 손짓 발짓에 어설픈 영어까지. 명함을 주고받으면 늘 하는 것이 우리 이름을 한자로 적어 주는 것이다. 그리고 그들 명함을 받으면 성이 어디까지고 어디부터 이름인지 묻는 것이 수순이었다.

중국 기지 챈 의사는 이미 몇 번 봐서 반갑게 포옹을 했다. 나보다 한 살 많은 의사인데, 이번 월동이 끝나면 중국으로 돌아가서 결혼한다고 했다. 나이에 비해 무척이나 어려 보였다. 그리고 나중에 친숙하게 된 린 부대장. 그는 영어를 곧잘 했다. 키도 크고 호쾌하게 생긴 사람이었다.

식당에 중국 맥주와 차, 커피, 그리고 간단한 안주가 나왔다. 역시 술을 조금 걸치니까 대화가 무르익기 시작했다. 내가 중국 사람 만나면 늘 하는 얘기는 내 큰매형이다. 대만에서 초등학교부터 대학교를 다 나와서 중국어는 너무나 잘하신다. 그리고 한국 회사에서 중국 쪽 일을 하시기 때문에 그 얘기와 중국 여행했던 얘기는 꼭 한다. 또 한 가지. 고량주를 좋아한다는 것도 반드시 얘기한다.

대학교 1학년 때 의과대학 교수님께서 사주신 저녁식사 때 처음 마셔 본 고량주. 향이 너무나 좋았다. 그 이후로 고량주를 아주 좋아하게 되었다.

어느덧 저녁식사 시간이 됐다. 사천요리라고 했다. 뷔페식으로 차려진 음식을 덜고 각 대장님들의 축사와 브라보가 외쳐졌다. 내 앞에는 린 부대장과 의사 챈이 앉았다. 막 식사를 하려고 하는데, 갑자기 소주병보다 커다란 고량주 한 병을 가져오더니 잔을 권했다. 한국에서는 고량주를 시키면 엄지손가락 끝마디 정도 크기의 잔을 주지만, 이곳에서는 그런 잔이 없어서 소주잔보다 조금 큰 잔을 줬다. 원래 마시던 잔 크기에 비하면 엄청 큰 잔이었다. 아무리 안 들어가도 보통 고량주 잔의 다섯 배는 족히 들어갈 만했다.

린 부대장이 한 잔을 권했다. 그렇지 않아도 빈속에 맥주를 마셔서 취기가 올라오고 있었는데, 그래서 뭣 좀 먹고 마시려고 했는데, 곧바로 린 부대장이 건배를 제의해 온 것이다. 잔 크기도 크기지만 양이 많아서 홀짝거리다 내려놨는데, 린 부대장이 벌써 한 번에 들이키고 내 잔을 쳐다보는 것이 아닌가. 갑자기 쓸데없는 오기가 발동했다. 나도 '원샷'을 하고 다시 건넸다. 이제는 괜찮겠지.

그러나 식사중에도 계속 옆에서 다른 중국 대원들이 술을 권했다. 그리고 식사 도중에 잠시 틈이라도 생기면 담배와 술을 권했다. 아무것도 거절할 수가 없었다. 담배와 고량주. 잠시 눈을 돌려 상훈이형을 봤다. 순간 눈이 마주쳤는데, 그쪽 상황도 나와 별반 차이가 없었다. 대장님도, 동석이형도 마찬가지였다. 어디를 봐도 다들 괴로워하고 있었다.

겨우 식사를 마쳤다. 하지만 술을 너무 많이 마셨다. 하는 수 없이 화장실에 가서 한 번 비우고 왔다. 티 나지 않게 하기 위해서 소변은 나중에 보더라도 일단 비운 다음 바로 나왔다. 그러고는 또 마셨다. 이곳은 우리와는 달리 대원들 각자의 그릇과 수저가 있고, 자기의 식기는 각자가 씻었다. 그래서 우리도 각자 그릇을 씻어서 원위치에 놓아야 했다. 식사가 끝나고 다 같이 노래방 기기를 켜고 노래를 했다. 중국 기지에도 예전의 한국 노래가 있었고, 세종기지에도 중국 노래가 있었다. 그리고 잘 모르는 노래더라도 대충 들으면 다음 음절을 예상할 수 있었다. 이렇게 해서 즐겁게 하루를 보내고, 그 건물 2층의 숙소로 잠자리를 옮

가을

겼다. 2층에는 2인 1실 침대에 새 수건도 깨끗이 준비되어 있었다.

　다음 날 아침 식사 후 떠날 준비를 하고 있었다. 떠나기 전에 중국 기지 대장님이 우리들에게 중국 기지를 소개해 주겠다고 했다. 그것도 그냥 대충 설명해 주는 것이 아니라 속속들이 설명을 해주겠다는 것이다. 정말 속속들이 들여다볼 수 있었다. 중국 대장님 말인즉, 이제 우리와는 생각도 많이 비슷하고 서로 많은 신뢰도 쌓였기 때문에 겨울을 나기에 앞서 고충과 문제점을 공유하고 싶다고 했다. 우리는 1년에 한 번씩 차대가 교대할 때마다 보급을 받지만 중국 기지는 2년에 한 번씩 받는다. 지난여름에 들어왔던 설룡호가 2년치 월동식량과 물품을 들여왔다. 하지만 한꺼번에 들여와서 다음 차대까지 쓰기 때문에 오히려 필요없는 것들을 버리지 못하고 오랫동안 방치하기도 한단다. 그것들을 이번에 모두 정리했다고 했다. 중국 기지의 기계동이나 정비동은 크고 시설이 좋았다. 동석이형과 요정이가 위치를 정해 사진을 찍어달라고 했다. 나중에 우리가 참고하기 위해서였다.

　출발해야 할 시간이 다가왔다. 불도저가 다시 조디악을 해안으로 내려다주고 우리는 구명복을 입었다. 그런데 저쪽에서 중국 대원들 여럿이 뭔가를 들고 오고 있었다. 린 부대장이 대장에게 말해서 우리에게 맥주를 몇 박스 선물로 줬다. 이게 웬 떡인가? 맥주를 유난히 좋아하는 우리 대원들에게는 너무나 고마운 선물이었다. 그런데 또 한 가지. 어제 고량주를 같이 마셨던 린 부대장이 중국 대장에게 나를 가리키면서 한참을 얘기했다. 무슨 얘기인지 전혀 알아들을 수 없었는데, 나중에 고량주 몇 박스를 들고 나오는 것을 보고는 그 대화 내용이 짐작되었다. 그렇지 않아도 어제 오가피를 넣은 고량주를 따로 선물 받았었는데…. 만선의 기쁨을 안고 기지로 돌아왔다. 기지에 도착하면서 지금 배에 뭐가 실려 있는 줄 아느냐고 소리를 지르기도 했다. 재미있고 의미있는 교류였다.

18. 대원 요리

　일요일에는 조리담당인 상훈이형도 쉰다. 그렇다고 굶을 수는 없다. 일요일 아침이야 늦잠들 자니까 걸러도 상관은 없다. 아침 겸 점심을 먹으니 굳이 점심을 거하게 먹을 필요도 없었다. 하지만 저녁은 그렇지가 않았다. 제대로 먹어야 했다. 그렇다고 상훈이형에게 식사 준비를 시키는 것도 너무 미안했다. 그래서 나온 '제도'가 이름하여 대원 요리.

일단 요리할 대원을 추첨해서 정한다. 두 명이 한 조가 된다. 여기에는 상훈이형과 나는 빠지고 대장님이 들어가게 된다. 14명이 돌아가면서 하는 것이니 7주에 한 번씩 걸리는 것이다.

이 대원 요리가 먹는 입장에서는 별 상관이 없는데, 요리하는 입장에서는 스트레스가 이만저만 한 것이 아니었다. 왜냐하면 자기 한 사람만 먹고 마는 것이 아니라 모든 사람들을 먹여야 하기 때문이다. 만약 음식이 변변치 못하면 모두가 저녁을 망치는 수밖에 없다. 그래서 그 준비부터가 대단한 고역이다. 먼저 메뉴를 정하는 것부터가 만만치가 않다. 하긴 일반 사회에서도 오늘 점심은 무엇을 먹을까 고민될 때가 한두 번이 아닌데, 무엇을 만들어서 남에게 먹일까, 그것도 16명씩이나. 고민되는 문제가 아닐 수 없다.

언제 걸리냐도 중요하지만, 누구와 같이 대원 요리를 하느냐도 중요하다. 당연히 요리를 잘하는 사람과 걸리면 같이 하는 사람은 너무나 편할 수밖에 없다. 그냥 도와주기만 하면 되니까 말이다. 또 매도 먼저 맞는 것이 낫다고 빨리 하는 것이 낫다. 게다가 할 줄 아는 요리도 몇 가지 안 되는데, 다른 조에서 하기 전에 선수쳐야 했다. 그래서 대원 요리 항목은 그 해당 조만 알아야 하는 '비밀'이 되고 만다. 사전에 상훈이형에게 부식 여유가 어느 정도인지 확인하고, 또 준비할 요리에 대해 상의를 하게 된다. 그래야 부식 조절이 되기 때문이다. 이때 다른 조가 준비하는 것이 무엇인지 최대한 묻게 된다. 사전에 조리대원과 상의는 필수적이다. 또 아무리 자신들만의 요리를 하고 싶어도 재료가 없으면 할 수가 없다.

대원 요리는 그 준비 단계부터 처절하다. 결혼한 사람은 남극에서 한국으로 전화해서 아내에게 요리 상담을 하고, 인터넷으로 요리법을 모두 조사해서 출력한다.

남들 다 쉬는 일요일이지만 요리를 맡은 대원은 절대 쉬지 못한다. 저녁식사 준비를 점심부터 시작한다. 식재료 다듬는 것을 시작으로 본격적인 요리를 시작할 시간까지 정해 놓고 오후 내내 주방에서 보낸다. 혹 시간이 너무 남아서 잠시 쉴까 하더라도 다른 곳에서 오래 못 쉬고 그냥 본관동에서 영화나 한 편 보고 만다. 그 영화도 무슨 내용인지 들어오지도 않고, 계속 시계만 쳐다보게 된다.

일단 요리가 시작되면 긴장은 좀 풀린다. 그렇지만 그것도 오래가지 못한다. 식사시간을 알리는 저녁 음악방송이 나오고 대원들이 삼삼오오 모이면 다시 긴장이 된다. 이제 평가가 기다리고 있기 때문이다.

하지만 대원들은 무엇이든 잘 먹었다. 게다가 연신 맛있었다고 칭찬까지 해준다. 수고한 것을 알기 때문이다. 그렇지만 요리한 대원들은 그중에 숨어 있는 표정을 읽으려고 무척이나 노심초사한다. 정말 맛있는 음식도 있었다. 하지만 참 뭐라고 표현하기 힘든 음식도 없지 않았다. 그래도 누구나가 대원 요리를 한 번씩은 해야 했고 또 그 수고를 알기 때문에 열심히 먹었다. 혹, 음식이 형편없어서 먹지 못했더라도 설거지 다 끝나고 한참이 지난 다음에야 식당에 몰래 와서 라면을 끓여 먹곤 했다.

그래도 놀랐던 것은 음식을 잘하는 대원이 너무나 많았다는 사실이다. 나는 상훈이형 덕분에 대원 요리의 스트레스 없이 1년을 잘 보냈다. 또한 다른 대원들 덕분에 일요일에도 잘 먹을 수 있었던 것은 감사한 일이다.

19. 건강검진과 의료

남극에서의 의료는 일반인들이 생각하는 것처럼 탐험의 시대에 요구되던 생존을 위한 의료가 더 이상 아니다. 인류의 건강 증진에는 의학의 발전보다는 영양과 위생, 경제와 과학이 더 중요했다. 마찬가지로 남극에서 인간생활을 위한 과학, 즉 이동수단, 거주, 음식 저장 등이 발달하면서 의료는 생존보다는 건강유지에 더 초점이 맞춰져 왔다. 그런 의미에서 이곳에서 의사의 역할은 대원들이 처음 이곳에 들어온 그 상태로 나갈 수 있도록 도와주는 것이 더 중요할 수도 있다.

한참 하역이 끝나고 하계대 일부만 남게 되었을 때부터 건강검진을 했다. 한국의 여타 기관에서 하는 건강검진과는 다르다. 그냥 기본적인 신체검사와 몇 가지 항목들을 측정하는 것이 고작이다. 하지만 문진을 통해서 알지 못하던 새로운 것들을 알 수가 있었다.

대원들이 별 문제로 생각하지 않았던 것들이 의사 입장에서는 굉장히 위험한 요소일 수도 있었고, 답이 있는 것인데도 으레 그러려니 하고 지내던 것들도 있었다. 그런 점들을 사전에 알게 되서 미리 조치를 취하는 것이 오히려 더 의미가 있었다. 건강검진의 목적은 그것이 아닌가 싶다. 월동대의 건강을 추적관찰한다는 것만으로도 건강검진은 대원들 각각에게도 의미가 있었다.

대원들이 특히 신경을 쓰는 부분은 몸무게와 허리둘레였다. 아무래도 이곳에 있다 보면 실내생활이 많다 보니 더 느려지고 굼떠지면서 살이 찌기 좋은 환경이었다. 그래서 각자 알아서 운동을 하는데, 하는 사람들도 안하는 사람도 있었다. 따라서 한 달에 한 번씩 건강검진이란 형식을 빌어서 점검해 주는 것이 좋기도 했다.

어떻게 보면 의사로서는 한직일 수도 있었지만, 나름대로 알게 된 점도 많았다. 평소 대원 대 대원으로 수평적이고 친근한 관계였기에 일단 아파서 환자와 의사와의 관계가 되더라도, 친근함 덕분에 오히려 몸에 대해서 상의하는 데 많은 도움이 됐다. 쉽게 물어보는 것이 환자 입장에서는 좋았고, 의사 입장에서도 보통 원칙적인 얘기만 할 수 있는 것에 반해 오히려 진솔하게 대답해 줄 수 있어서 좋았다. 그렇지만 같은 이유로 환자를 보는 것이 힘들기도 했다. 병원에서야 아파서 오는 환자가 의사의 처방대로 하겠다는 무언의 마음가짐으로 오지만, 이곳에서는 친한 관계이기 때문에 치료 협조가 떨어지기도 했다.

평소 허물없이 지내고 장난치고 즐겁게 지내던 사람이 자신의 몸에 대해서 얘기하는 것이 과연 믿을 만한 것인가란 생각을 가지는 것 같았다. 한국에서야 의사를 믿지 못하겠으면 다른 병원에 가면 그만이지만, 이곳에서는 결국 나한테 다시 올 수밖에 없었기에 치료협조에서 수긍이 떨어진다는 것은 의사로서는 답답하기 그지없었다.

그러면서 또 하나 알게 된 것이 의사가 생각하는 것과 일반인들이 생각하는 의료 사이에 거리가 있다는 것이다. 어느 정도 본인이 질병에 대해 예상한 대로 의사가 얘기해 주면 치료 순응도가 높았지만, 그렇지 않을 경우는 민간요법에 의존하는 경우도 심심치 않게 있다는 것을 알게 되었다.

　의사로 병원에 있을 때, 나름대로 독종이었다. 인간애는 가지고 있었지만, 환자 개개인별로 대응하지 않았다. 일일이 대응할 필요도 없었고, 그러기도 싫었다. 내가 아는 지식의 범위에서 설명하고 설득하기에도 벅찼다. 환자가 애들도 아니고, 그만큼 설명했으면 본인들이 알아서 판단할 문제지 모두 이끌고 갈 필요도 없었다. 그저 원칙에 맞게 의료행위를 하기만 했다.

　대표적인 질문이 술, 담배. 찢어진 것 꿰매고 나서 가기 전에 아저씨들이 묻는 질문들이 술, 담배를 해도 되냐고 묻는다. 처음에는 전부 설명을 해줬다. 당연히 술, 담배는 안 되고, 상처 염증반응을 부추길 수 있으며, 그럴 경우 상처도 더디 낫고 흉도 질 수 있다. 그리고 술 드시고 넘어져서 똑같은 부위 찢어져서 오는 경우가 허다하니 드시지 마시라고. 그런데도 꼭 술 드시고 다시 넘어져서 오는 환자들을 몇 번 보고 나면 그런 구체적인 설명을 할 필요가 있냐란 회의가 들면서, 그런 환자가 왔을 때는 공격적일 수밖에 없었다.

　말이 좋아 회의감이 들지 솔직한 심정은 짜증이 난다. 그저 상식선에서 생각을 하시라, 그리고 본인의 몸으로 실험을 하실 생각을 마시라고 했다. 그럼 몇몇 환자들은 무슨 의사가 그렇게 대답을 할 수 있는가라고 물었고, 그럼 내가 술, 담배 하시지 말라고 하면 평생 그러지 않으실 수 있냐고 되받았다. 이런 말 같지도 않은 질문에 일일이 대응하기도 너무 피곤했고, 그 환자로 인해 대부분의 선량한 환자들을 보는 데 지장을 줄 수는 없었다. 가끔 너무나 인간적이고 선량한 의사들을 보면, 그리고 그런 의사들이 환자들로 인해 상처받는 것을 보면 왜 저럴까, 그냥 의사는 의사의 본분만 다하면 되지 않을까라고 생각하면서 오히려 그런 감정적인 것에 얽매이는 의사는 냉정하지 못한 것으로 생각하고 일부러 그러지 않으려고 했다.

　하지만 이곳에 오니 조그마한 것에도 신경을 쓰게 됐다. 처음 내가 이곳에 올 때 대원들에게 의무대원이 할 일이 없이 한가하게 지내다 가는 것이 월동대원들이 건강하다는 반증이라고 농담으로 얘기를 했었다. 그러나 한국에서 하루 종일 환자를 보는 것보다, 없다가 느닷없이 생기는 환자에게서 더 스트레스를 받았다. 어떻게 보면 정말 간단한 환자들이었지만, 가끔 치료협조가 되지 않을 때, 그리고 환자가 생기는 것 자체가 사람을 피곤하게 했다. 내가 하는 일이 의사이니 이런 느낌이겠지만 아마 다른 대원들도 일에 대해서는 비슷한 느낌을 가지지 않았을까 생각한다.

의무실이 좀 조용하던 참에 환자가 생겼다. 의무실에 있는데 나를 찾는 전화가 왔다. 하계대 한 분이 갑자기 복통을 호소하셨기 때문이다. 너무나 아파 하셨다. 청진을 해보고 진찰을 해봐도 특별한 소견은 없었다. 혹시 요로결석이 아닐까 했지만 옆구리나 등쪽에 통증도 명확하지는 않았다. 하지만 다행히(?)도 예전에 요로결석을 경험하셨었고, 간단히 소변검사를 하는 키트에서 적혈구가 다량 나타나 요로결석으로 진단하고 주사와 먹는 약을 처방했다. 요로결석을 경험해 본 사람은 알겠지만 허리를 못 필 정도로 아프다고 한다. 그래서 의학서적에서도 '산통'이란 표현을 쓴다. 따라서 아프기는 엄청 아프지만 치료는 의외로 단순

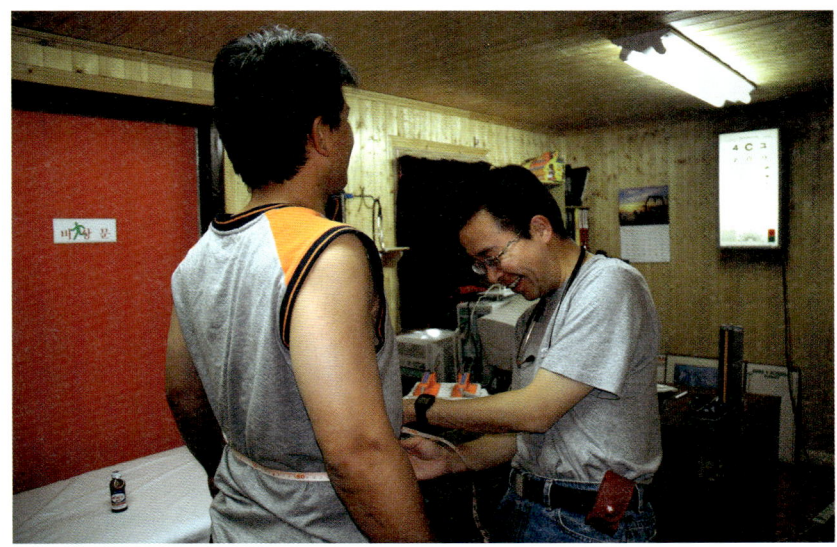

한 달에 한 번 있는 정기 건강검진. 김동석 대원의 복부 둘레를 측정하고 있다. 이때만큼은 모든 대원들이 의무실을 들어오면서 괜히 긴장하곤 한다.

하다. 결석이 나올 때까지 진통이 있을 때 진통제를 주거나, 결석이 안 나오면 초음파로 깨주는 것이다. 하지만 이곳이 남극이기에 의사나 환자 모두 불안한 것이다. 그래서 의무실 옆에 있는 내 방을 입원실 대신으로 사용하였다.

또 진통이 시작되었다. 너무나 아파해서 참 난감할 수밖에 없었다. 다시 진통제를 투여했다. 하지만 그것도 잠시였다. 하는 수 없이 수액을 달았다. 주사바늘로 수액이 들어갈 혈관을 잡는 것을 라인을 잡는다고 하는데, 오랜만에 라인을 잡았더니 익숙지가 않았다. 라인 잡는 것까지는 잘됐는데 그 뒷마무리가 영 아니었다. 그래도 한때는 익숙하게 했던 것들인데 말이 아니다. 나 혼자 피식 웃었다. 우연의 일치인지 수액을 맞고 통증은 좀 가라앉았다. 사실 수액과 통증은 별 상관이 없는데 말이다.

환자는 통증이 심할 때 출남극을 원했지만 비행기가 없었다. 있다고 하더라도 그 비행기를 타기까지는 그렇게 쉽지가 않다. 나쁜 기상으로 배를 띄울 수도 없었다. 칠레 의무실로 가 봐야 아무 소용없었다. 더구나 본토로 간다고 해서 여기서의 치료보다 더 나을 것도 없었다. 하지만 출남극을, 그것이 아니면 칠레 의무실로 보내달라고 했다. 이곳이라는 환경 때문에, 이곳보다는 칠레 기지가 더 크다는 것 때문에, 전혀 나와 상관없는 질문을 내가 왜 받아야 하는지, 그런 것을 내가 왜 설명해야 하는지 생각하면서도 설명해야만 할 수밖에 없는 이 상황이 답답할 뿐이었다.

예전에도 병원에서 이런 경우를 봤었다. 누군가의 실수를 내게 일방적으로 따지는 환자와 보호자들. 참 답답할 노릇이지만 그들 또한 얼마나 답답하면 나에게 저럴까. 결국은 내가 보기로 한 환자이니까 내가 해결을 해줘야 한다고 생각했다. 나 또한 내가 저지른, 나는 인지하지 못한 어떤 실수를 다른 사람들이 해결하느라 전전긍긍했을지도 모른다. 더구나 내가 누군가에게 받았을지도 모르는 도움을 생각한다면 나 또한 최선을 다해야 하지 않을까. 이곳에서 의료와 관련된 모든 것은 결국 내 소관이었다. 그것이 나로 인한 문제가 아니고, 세종기지로 인한 문제가 아니더라도 결국은 내 책임이었다. 왜냐하면 세종기지 의무담당으로 온 사람은 바로 나였으니까 말이다.

20. 빙산

　정말 크다. 그리고 눈부시다. 이름 그대로 산이다. 남극이나 북극을 나타내는 특징으로 추운 환경의 동물들도 들 수 있겠지만, 빙산만큼 이곳을 잘 나타내는 것도 없을 것이다. 우리 기지가 있는 곳은 킹조지 섬 내에서도 안쪽으로 들어간 만이었다. 물론 만치고는 굉장히 넓었다. 하지만, 아쉽게도 이곳에 그 커다란 빙산이 들어오는 것은 쉽지 않았다.

　지도를 펴 놓고 보면 더욱 명백했다. 이 망망대해의 남극해에서, 이곳에 들어와 갇히는 빙산은 정말 운도 없는 빙산이었다. 만약 빙산이 이곳에 들어오면 이곳 만 안에서 며칠이고 돌아다닌다. 서풍이 불면 우리 기지가 있는 해안까지 와서 바닥이 낮은 곳에 걸리지만, 동풍이라도 불면 어느새 바다 건너 칠레 기지가 있는 곳에 가 있다. 이것들도 가까이 가기에 겁나는 커다란 것들이지만, 이 녀석들이 이 맥스웰 만에 갇히는 날에는 불쌍하기조차 하다. 물론 대원들 입장에서는 정말 신났다. 마치 산 어디에 뒀던 덫에 사냥감이 걸려든 것 같은 느낌이었다.

　세종곶 끝에서 남쪽의 외해를 보면 엄청나게 큰 빙산들이 많았다. 정말로 커다란 탁상빙산도 보였다. 하지만 그곳까지 갈 수 있는 배가 없었다. 조디악으로 외해에 나가는 것은 정말 위험한 짓이기 때문이다. 결국은 그 빙산이 이곳으로 들어오기를 기다리는 수밖에 없는데, 제발 남풍이 불어서 이곳으로 들어오기를 애태워 바란 적도 있다. 하지만 해류의 방향과 바람의 방향에 복합적으로 영향을 받아 움직이던 빙산이 한때 바람이 바뀐다고 이곳으로 정확히 들어오기는 쉽지가 않았다. 그 거대한 '산'이 바람의 방향이 바뀌어서 그 진행 방향도 바꾸려면 내가 보이는 이곳이 아니라 저만치 한참 가야 가능했다.

　겨울이 오기 전에 빙산 하나가 들어왔다. 드디어 걸려들었다. 당직을 서고 아침에 부둣가에 갔는데 맑은 날씨에 고요한 바다, 그리고 적당한 햇빛. 제대로였다. 당직을 마치고 바로 부둣가에 천체망원경을 가지고 왔다. 천체망원경으로 관찰도 하고, 사진도 찍은 뒤, 오후에 잠을 잘 계획이었다. 대장실에서 빙산을 보고 계시던 대장님께서도 빙산을 보러 갈 팀의 출발을 허락하셨다. 점심을 먹자마자 떠났다. 잠이 문제가 아니었다. 병원에서도 잠 안 자고 꼴딱 밤 세고 근무한

적이 한두 번이 아닌데, 더구나 이 좋은 기회를 앞두고 잠을 청한다는 것은 말이 안 됐다.

조디악 두 대가 떴다. 왜냐하면 대원들 대부분 빙산을 가까이서 보는 것은 처음이기 때문이었다. 빙산은 가까이에 있는 것 같았지만 결코 그렇지 않았다. 한참을 달려도 그 모양 그대로였다. 드디어 가까이 가는 것이다. 하지만 그것 또한 가까운 것이 아니었다. 빙산이 이리저리 뒹군 지 한참 지난 것이라 불규칙한 모양을 하고 있었다. 떨어져 나간 절개지도 있었고, 옆으로 누운 채 한참을 있어서 평편한 부분도 있었다. 그 앞에 칠레 기지 조디악이 있었는데, 그 크기가 정말 작았다. 빙산 근처에서 빙산이 붕괴돼 뒤집혀진다면, 그 크기가 아무리 작다 하더라도 소용돌이와 와류가 생겨서 위험하다. 그래서 우리는 가까이 가지 못했는데, 칠레 기지 조디악은 그 앞까지 배를 바싹 붙였다. 따라 하기에는 너무 위험했다.

빙산 주위를 돌아 보기로 했다. 하지만 내심 빙산이 무너져 줬으면 했다. 내 앞에서 무너지는 것을 본다면 그 또한 멋진 광경이 아닐까 생각했다. 초등학교 6학년 때 화산에 대해서 처음 배울 때 우리 집 뒷산이 좀 터져 줬으면 했었던 것과 마찬가지였다. 물론 우리 세대에 북한산에서 화산 폭발이 일어날 가능성은 전혀 없었지만 이 빙산이 무너져 줄 가능성은 얼마든지 있었다. 나중에 다큐멘터리 프로그램에서 빙산이 무너졌을 때 가까이서 찍은 동영상을 보고 장난이 아니란 것을 알았지만 말이다. 초등학교 때나 지금이나 철없는 생각하는 것은 마찬가지였지만 그래도 기대를 했었다.

주위를 돌면서 사진을 찍고 있는데, 갑자기 우르르 쾅! 높은 것은 아니지만 빙산의 한쪽 벽이 무너졌다. 멀리서 봤을 때는 그리 높지 않은 것 같았는데, 그 소리는 엄청났다. 순간 동석이형과 형철이형이 조디악을 후진해서 재빨리 빠져나왔다. 빙산이나 빙벽이나 무너지는 소리를 듣는 순간 전속력으로 빠져나와야 한다. 그렇지 않으면 그 물결에 조디악이 전복될 수 있다. 또한 측면에서 그 물결을 받아서도 안 된다. 그렇기 때문에 기지 근처에 있는 마리안 소만의 빙벽에서도 가까이 자리를 잡았다면 방향을 돌려 놓고 있어야 했다. 이번에는 거리가

빙산의 일부가 무너지고 있다. 무너진 후 몇초 후에 파도가 밀려온다. 거리가 떨어져 있어서 무너지는 모습과 소리 사이에는 약간의 시차가 있다.

있고 빙벽의 일부만 조금 떨어져서 다행이었다. 한 차례 물결이 지나간 다음 다시 그 근처로 갔다. 조금 가까이 간 것인 데도 그 높이는 아까 느꼈던 것과는 차이가 있었다. 생각보다 높았다. 거리가 가까워지니 조금만 가까이 가더라도 높이가 확 달라 보였던 것이다. 더 이상 가까이 가지 않고 멀리서 한 바퀴를 돌았다.

빙산을 자세히 살펴보았다. 처음에는 거대했을 빙산이 점점 작아지면서 무게중심을 맞추기 위해 일부는 물 위로 솟아나 있고, 일부는 수면 아래 잠겨 있었다. 또 그것들이 어느 순간 또 수면 위로 올라오고 다시 잠기고 하는 것을 반복해서 어느 부위는 여인의 풍만한 선처럼 우윳빛으로 부드럽게 보이기도 하고, 또 갈라져서 떨어져 나간 단면은 거친 얼음의 단면이 칼날처럼 날카롭기까지 했다.

햇빛을 받은 빙산은 투명한 파란빛을 내고 있었다. 그 파란빛은 맑고 청명하다 못해 소름이 끼칠 정도로 깨끗하고 단아했다. 눈길을 주는 것만으로도 뭔가가 베어 나가는 느낌이었다. 하지만 지나가는 구름에 잠시 가려지기만 하더라도 좀

가을

전의 그 청명함과 단아함은 온데간데 없어졌다. 거대한 몸집을 가진 어둠의 회색빛 공포로 바뀌었다. 이내 눈이 갑작스런 어둠에 익숙해진 후에야 아이스크림 같은 빙산으로 바뀌었다. 코끼리 콧등처럼 생긴 그 안의 능선은 빙산 꼭대기를 지나 팔부능선 뒤로 넘어가는 듯 아득하게만 보였다. 그 앞에 있는 내가 얼마나 조그마하고 보잘것없던지. 너무나 고요해서 빙산에 부딪치는 물결소리만 들릴 뿐이었다. 아쉬웠지만 한 바퀴 돌고 귀환했다. 다음에 또 빙산이 들어올 기회가 있기를 바랄 뿐이었다. 그것도 탁상형 빙산으로 말이다.

21. 재고조사

남극에서 월동하는 동안 한국에 있는 극지연구소라고 가만히 있는 것은 아니다. 바로 다음 차대 준비를 한다. 대략 4월에서 5월중에 다음 차대 대원들이 선발되고, 해당 대원이 재고목록을 참고로 필요한 물품을 신청한다. 물품에 대한 항목과 수량 점검이 6월에서 7월에 실시된다. 7월에서 8월까지 1년치 물품을 신청하고 바로 짐을 싼다. 9월에는 이 모든 1년치 짐들을 선적을 해서 배로 칠레까지 간다. 그래야 11월까지 도착해서 나머지 야채나 쌀 등 현지에서 조달할 물품을 싣고 세종기지에 들어가야 11월 말에서 12월이 되는 것이다. 그렇기 때문에 5월까지 최종 재고조사 결과를 알려주기 위해서는 3월경에 대략적인 정리를 끝내야 한다.

아침회의 시간에 3월까지 재고조사를 끝내라고 했을 때 정말 싫었지만, 한편으로 5월에 이런 일들을 해야 하는 것은 더욱 싫었다. 앞으로 다가올 이곳 나름대로의 겨울을 즐기고 싶었지, 재고조사나 하는 것은 생각하기도 싫었다. 내가 해야 하는 재고조사는 의약품이 가장 많은 양을 차지했다. 물론 이런 일에 익숙하고 숙련된 사람들이 많겠지만, 나에게는 모두가 생소한 일이었다. 하지만 나 아니면 할 사람이 없었으니 어떻게든 숙련된 사람만큼 잘해야 했다. 숙련되지 않은 사람이 숙련된 사람과 같은 결과를 얻으려면 방법이 없다. 시간을 많이 투자하는 수밖에.

의무창고에서 모든 약들을 분류해서 유효기간까지 기록하는 일이 쉽지는 않았다. 정말 짜증이 났다. 한국의 병원이나 약국에서는 일정기간이 지나면 약들이 대부분 소비되고, 대체로 유통기한이 많이 남아 있어 일일이 확인할 필요가 없을 것이다. 하지만 이곳에서는 달랐다. 소비를 바탕으로 한 구매가 아니라 발생하지도 않은 '가상의 환자'를 대상으로 한 것이기 때문이다. 그래서 구매도 힘들었지만, 이곳에서 재고조사하는 것도 힘들었다.

처음에는 의료물품이 의료창고와 총무창고로 분리되어 있었다. 설비사무실이 있는 컨테이너 한쪽은 총무님 창고였고, 바로 옆이 의무창고 겸 안 쓰는 물건을 두는 창고였다. 그러던 것을 이번에 의무창고와 총무창고로 완벽히 분리했다. 약품을 꺼낼 때 총무님에게 총무창고 열쇠를 받아다가 열고 꺼내기가 참 불편했다. 총무창고가 너무나 중요했기 때문에 열쇠는 늘 총무님께서 가지고 계셨다. 늘 먹는 음식 빼고는 중요한 모든 것이 다 그 창고에 있었다. 각 기지에 줄 선물에서부터 종이, 볼펜, 사탕, 껌, 스키, 등산장비, 작업복, 샴푸, 비누, 수건…. 없는 것이 없었다. 그중에서도 가장 중요한 것은 술이었다. 소주, 맥주, 양주 등등. 처음에는 의약품을 꺼내러 갈 때 총무님과 같이 갔었다. 하지만 여러 번 반복되다 보니 총무님께서 내게 열쇠를 맡겼다. 대신 문을 닫고 나면 열쇠를 바로 갖다 드려야 했다. 총무님께서 열쇠를 주시면서 꼭 당부하시는 말씀이 절대로 총무창고 안에 사람을 들이지 말라는 것이었다. 그냥 구경하는 것도 안 된다고 하셨다.

예전에는 열쇠를 복사해서 몰래 총무창고를 열고 술을 꺼내기도 하고, 심지어 창고 창문을 뜯고 들어가기도 했단다. 그래서 열쇠는 항상 총무님이 지니고 다녔고, 창문에는 사람이 못 들어가게끔 봉까지 세웠다. 우리 차대 같은 경우는 술을 그렇게 좋아하는 사람들도 많지 않았지만, 총무님께 술 고프다고 하면 항상 술을 꺼내 주셨기에 별 문제는 없었다.

아무튼 총무창고에 들어가서 필요한 약품을 가지고 나올 때 쭉 둘러보면 사실 별것도 없었다. 등산용품과 스키만 좀 관심이 갔을 뿐 술을 그렇게 좋아하지도 않고, 껌도 별로 좋아하지 않는 나로서는 별 관심이 없었다. 다른 대원들도 그랬을 것이다. 하지만 마음대로 구경할 기회가 있는 나와는 달리 그렇지 않은 대원들은 무척이나 궁금해 했다. 하지 말라고 하면 별것도 아닌데 더 하고 싶지 않

아르헨티나 주바니 기지 건너편에서 바라본 빙벽과 얼어붙은 바다.
바다가 언 겨울철에만 가까이 가볼 수 있다.

은가. 몇몇 대원들이 가끔 기웃거리면서 궁금해 했지만, 총무님께 지시받은 것도 있고, 그렇다고 내가 뭔데 들어오지 말라고 강요할 수도 없는 노릇이고 이만저만 난처한 것이 아니었다. 그러던 차에 옆방으로 의료창고를 옮겨 주겠다고 했을 때 너무나 좋았다. 일단 마음이 편했다.

나는 모든 약품 분류를 그냥 읽히는 이름 그대로인 '가나다라' 순으로 정리했다. 많은 약들이 영어 이름을 가지고 있었지만 그것대로 나누기도 어렵고, 먹는 약이냐 바르는 약이냐에 따라 따로 나누기에는 약품수가 그렇게 많지도 않았다. 그리고 혹시 내가 기지에 없더라도 다른 대원들이 필요한 약을 찾게 될 경우, 한글로 말하는 것이 오히려 더 편할 수도 있었다. 다른 분야 대원들 재고조사는 나보다 더 꼼꼼하고 자세했지만, 재고조사는 내게 너무나 귀찮은 작업이었다.

22. 이럴 때는 참 난감하다

3월 추분이 지나고 급격히 어두워지기 시작한 4월 중순. 여느 때같이 오후 5시에 주방에 가서 상훈이형을 도와주고 있었다. 저녁식사가 거의 다 됐을 때, 한 10분 전쯤일 것이다. 주방 뒷문 쪽에서 우당탕탕 급하게 계단을 올라오는 소리가 들리더니 해섭이가 주방으로 헐레벌떡 들어왔다. 나보고 의무실로 같이 가자고 했다. 다쳤냐고 했더니 아니란다. 왜 그러냐고 그랬더니 자세히는 얘기하지 않고 일단 의무실로 가자고 했다. 상훈이형도 빨리 가 보라고 했다. 더 불안하게 왜 말을 안하는 것인지…. 의무실로 가면서 물었더니, 형철이형이 손을 좀 다쳤다고 한다. 목공실에서 화장실에 걸어 놓을 작은 책꽂이를 만들다가 전기톱에 손이 스쳤단다. 전원을 끄고 나서 관성으로 돌아가던 톱날에 장갑을 낀 손이 스쳤단다. 이런, 정말 당황스러웠다. 내가 여태껏 봐 왔던 손가락 환자들. 특히 전기톱에 의해 다친 사람들은 일단 다친 상처들이 기본적으로 심했었다. 당연히 피도 많이 났다. 생명에 지장을 줄 정도는 아니었지만, 의무실까지 가는 동안에 많은 생각을 했다. 의무실 문을 열고 들어가니 형철이형이 손을 부여잡고 의무실 침대에 걸터앉아 있었다. 역시 피가 많이 났다.

"다른 데는 괜찮아요?"

"괜찮다."

경상도 특유의 어투로 대수롭지 않은 듯이 말했다. 일단 상처 깊이를 보기 위해 기본적인 소독기구를 준비했다.

"아파도 좀 참아."

잡고 있는 수건을 걷어냈다. 엄지손가락 바닥 쪽에 있는 피떡을 조심스레 제거했다. 휴…, 다행이었다. 피부와 지방층 일부가 떨어져 나갔지만 다행히 인대나 신경, 혈관 손상은 없었다.

"일단 걱정하지 마. 귀국조치 필요없으니까."

너무나 중요한 한 마디. 이곳에서 귀국조치냐 아니냐는 월동을 무사히 마치느냐 아니냐의 기본전제였다. 이곳에 오면 괜한 자존심이 생긴다. 그래도 명색이 월동대라고 이곳까지 왔는데 귀국이 웬 말인가. 다들 추운 곳에서 고생하고 있다고 생각할 텐데 제대로 월동을 시작하기도 전에 귀국조치라니. 나뿐만 아니라 모두들 그랬다. 이곳에서 월동을 못 마치는 경우는 딱 한 가지, 바로 건강상의 문제였다. 물론 이전에 다른 이유로 월동을 못 마치고 귀국한 경우도 있었다. 그렇지만 대부분 중도 귀국은 건강상의 문제였다. 특히 외상 때문에 그렇다. 더구나 이곳에서 가을에 귀국조치 당한다는 것은 첫째, 나갈 비행기 편도 마땅치 않을뿐더러, 둘째, 남극까지 와서 추운 월동은 시작도 하지 않았고, 셋째, 기껏 한국 가봤자 한참 더울 때인데, 이 또한 얼마나 민망한 일 아니겠는가.

"그런데, 그냥 꿰매서 낫기는 상처가 좀…. 좀 되는데, 형."

지름이 2센티미터 정도 되는 넓이의 조직이 갈려 나갔지만 엄지손가락에서 폭 2센티미터면 큰 부분을 차지하는 상처였다. 피부이식을 해야 했다. 그나마 톱날이 멈춰 갈 때, 거기에 장갑을 낀 채로 다쳐서 다행이었다. 일단 소독만 하고 수술 준비를 했다. 물론 대수술은 아니다. 그냥 간단하게 할 수 있는 것이다. 하지만 이곳에서 혼자서 준비하고 마무리하려고 하니, 그것도 잘 지내다가 갑자기 그런 일이 생기니 당황스럽기도 했다. 갑자기 의무실에 전화가 빗발쳤다. 몇 명 있지도 않은 곳에서 짧은 시간 동안 정말 많은 전화가 왔다. 모두들 괜찮은지 안부를 묻는 전화지만 혼자 전화 받는 통에 아무것도 할 수가 없었다. 그래도 걱정해서 전화를 해주는 것인데 잘 받아야 했다.

저녁식사를 알리는 음악이 나왔다. 다른 대원들이 모두 걱정하고 있으니 일단 저녁식사 자리에 갔다. 대장님께서는 "뭐, 별것 아닙니다" 했다. 이곳 특징 중의 하나. 다른 사람들이 걱정해 주는 것은 인지상정이고 또 기지 분위기에 영향을 주지만, 걱정해 주는 사람이 문제를 해결해 줄 수는 없었다. 각자 분야가 너무나 확실하게 구별되기에, 그 분야의 사람이 해결할 수밖에 없었다. 지금이 그랬다. 나 또한 식사를 하는 둥 마는 둥 태연한 척하면서 빨리 마무리했다. 다른 대원들 모두 걱정하면서 형철이형과 나를 격려해 줬다. 한 번 다쳐 본 경험이 있던 해섭이가 걱정이 제일 많았다.

병원에서야 늘 하던 것인 데도 이곳에서 막상 하려고 보니까 왜 이리 긴장되는지. 일단 의무실 책상에 있던 컴퓨터와 사무용품을 모두 치웠다. 그리고 그 책상을 의무실 침대 옆에 갖다 붙여서 손을 얹어 놓을 수 있게 했다. 예전에 우즈베키스탄으로 의료봉사 갔을 때 남아 있던 수술포를 이곳에 혹시나 해서 가져왔었는데, 이번에 쓰게 됐다. 가져오길 잘했다. 누가 이곳에서 피부이식을 하게 될 줄 알았나. 발바닥에서 피부를 떼려고 하는데, 면도칼이 있어야 했다. 면도칼날도 총무님한테 구했다. 많이 남는다고 다 가져가란다. 의료용 실은 워낙 많이 가져와서 충분했다. 다른 소모품도 준비했다. 별 준비도 아닌데, 어찌나 복잡하게 느껴지던지.

모든 준비가 끝났다. 나를 도와줄 조수만 구하면 됐다. 무균적 조작을 할 수 있는 대원이 누굴까 생각했다. 무균적 조작은 몸에 익숙해지기 전까지는 하기가 쉽지 않다. 병원을 배경으로 한 의학 드라마에서 배우들이 무균적 조작을 능숙하게 하는 것 또한 어렵다. 의대생들도 처음에 병원 실습 나와서 익숙하지 않은 것이 이 무균적 조작이다. 큰소리로 호통도 몇 번 듣고, 여러 번 반복해 봐야 내 것이 되는 것이다. 내 것이 되면 그렇게 쉬운 것도 그 단계에 이르기 전에는 어렵기 때문이다.

한국의 의학 드라마를 촬영할 때도 이런 점들이 항상 힘들 테고, 배우들도 어렵게 느끼는 점이라 생각된다. 미국의 의학 드라마를 보면서 깜짝 놀랐었다.

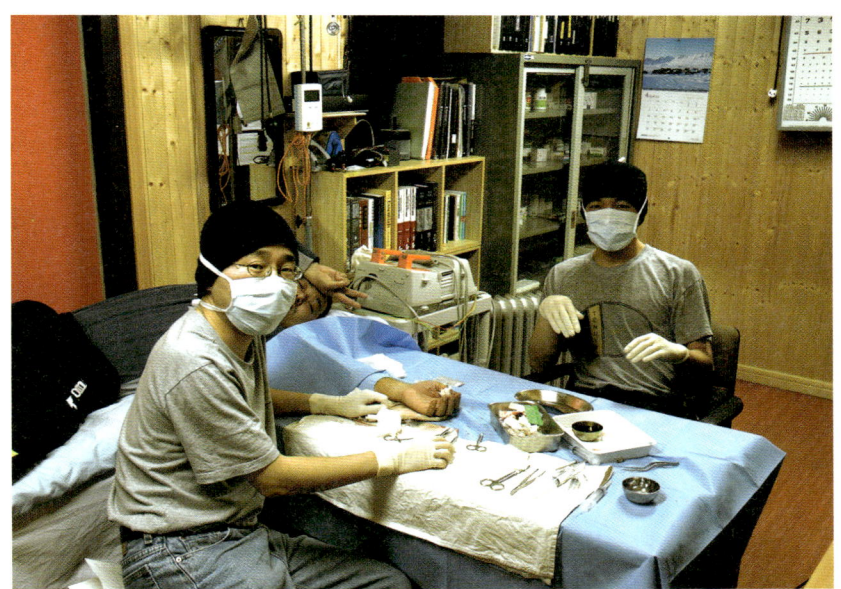

김형철 대원의 발바닥에서 피부를 떼어내 엄지손가락에 이식을 했다. 수술 도우미로는 생물연구원 여정원 대원이 수고해 줬다. 이 사진은 격려를 하러 들어오신 대장님께서 촬영해 주셨다.

의료계 종사자가 보더라도 전혀 손색이 없었다. 눈에 익은 배우들이 '의사'처럼, '간호사'처럼 능숙하게 하는 것을 보고 감탄했다. 다른 영화에서는 총질이나 하고, 부둥켜안고 별짓을 다 하던 배우들이 자신의 일도 아닌, 단지 연기를 할 뿐인데 어찌 저리 능수능란할까. 대단했다.

결국 무균적 조작으로 나를 도와줄 사람으로는 생물연구원인 정원이를 선택했다. 제일 적격이었다. 생물실험 자체가 무균적 조작이기 때문에 그 개념은 나보다 더 잘 알 것 같았다. 다만 실험할 때와 시술을 할 때는 전혀 다른 차원이기에 그 점만 간단히 설명하고 한 번 실습시킨 후 바로 수술에 들어갔다. 시간이 없었다. 아니, 시간이 없다기보다는 빨리 이 상황에서 벗어나고 싶었다.

의사들 입장에서 이 정도는 수술 축에 들지도 않는 것이다. 한국에 있었다면 그저 응급실에서 나와 아래 연차, 혹은 간호사 단 둘이서 충분히 할 수 있는 것이었다. 그렇지만 혼자 준비에서 마무리까지, 그것도 별 장비도 없이 하는 것이 쉽지만은 않았다.

지혈할 장비는 없지, 피는 줄줄 나지, 시야는 가리지, 수술장 밖에서 이런저런 것 집어 줄 사람도 없지, 정원이가 열심히 도와는 주지만 내가 원하는 대로 하기에는 한계가 있지, 게다가 밖은 날씨마저 을씨년스러웠다. 내가 만들거나 자초한 상황은 결코 아니지만 모두 내가 책임져야 할 상황이었다. 누군가가 해결해 줄 수 있는 일도 아니었다. 주어진 상황 안에서 적절히 해결해야 하는 임무만 있을 뿐이었다. 그리고 그 주체는 바로 나였다. 다행히 모든 것이 잘 마무리됐다.

대장님께서 잠시 들어오셨다. 사실 그 전까지 너무나 눈치가 보였는지 아무도 의무실이 있는 숙소 1동에는 얼씬도 하지 않았다. 행여 숙소 1동 문을 여닫는 소리에 수술에 방해나 되지 않을까, 그리고 복도 오가는 소리가 나에게나 환자에게 방해가 되지는 않을까 해서 아무도 숙소 1동에는 오지 않았다. 모두들 자기 자리에서 걱정만 하고 있었다.

"다 끝나갑니다."

대표로 들어오신 대장님께서도 멋쩍은 미소를 지으면서 분위기를 밝게 해주려고 이런저런 농담을 건네셨고, 형철이형도, 나도, 그리고 정원이도 우스갯소리를 할 여유가 생겼다.

대장님께 사진 한 컷 부탁드리고 '기념' 촬영을 하고 수술을 마무리했다.

23. 무제

기지내에도 영어 학습 바람이 불어서 상훈이형이 지난 차대 조리담당 김남훈 대원이 주고 간 영어 테이프를 듣고 있었다. 1시간짜리였는데 매일 반복해서 들으니 정말 좋았다. 다 아는 내용인 데도 실제 적용에 있어서 그동안 잘못한 부분이 많았다는 사실을 알게 되었다.

'주간뉴스'에서 이제부터는 대원 소개를 넣기로 했다. 16명의 대원을 매 주 한 명씩 소개한다면 적어도 3개월의 소재로는 충분할 것 같았다.

24. 위버 반도 I

상훈이형과 내가 즐기는 것 중에 하나가 식사 준비를 하기 전이나 음식을 불에 올려놓은 동안 잠시 비어 있는 시간에 차를 마시면서 창문 밖을 쳐다보는 것이다. 식당에서 창밖을 바라보면 부두가 보이고 그 앞의 맥스웰 만이 눈에 들어온다. 또 저 멀리 크레바스가 입을 벌리고 있는 빙하의 끝인 빙벽도 보인다. 그렇지만 뭐니뭐니 해도 바로 정면에 보이는 위버 반도가 가장 눈에 띈다.

기지에서부터 1킬로미터 남짓한 거리의 위버 반도. 예전에는 위버 반도와 기지가 있는 바톤 반도가 붙어 있었을 것이다. 그러던 것이 빙하가 그 사이를 지나가면서 깎아 내렸고, 그 깎인 곳은 현재의 바다가 됐으며, 그 빙하는 저 맥스웰 만 안쪽에서 아직도 진행중이다.

위버 반도를 보면 마치 코끼리를 옆에서 본 것처럼 능선이 해안에 도달해서는 급경사를 이룬다. 아주 높지는 않지만 인수봉이라고 불리는 곳으로 그만큼 험한 곳이었다. 그리고는 다시 평평한 바닷가를 이루고 있다. 능선을 타고 동쪽으로 가면 얼음으로 덮인 빙원이 시작되고 더 올라가면 위에서 말한 크레바스의 밭이 나오고 이것은 세종기지가 있는 바톤 반도 뒤로 이어진다. 결국 위버 반도와 바톤 반도는 말발굽 모양으로 바다에 뻗어 있고, 그 말발굽의 가운데로 빙원으로 덮인 빙하가 내려온다고 생각하면 된다.

날씨가 좋으면 강렬한 남극의 햇살을 받아 멋있고, 눈보라가 치는 날이면 은은히 바다 멀리 눈발과 어우러져 멋있다. 항상 가 보고는 싶지만 웬만해서는 갈 일이 없다. 기지 초창기에는 날씨가 워낙 추워서 바다가 충분히 얼었다고 한다. 그러면 바비큐를 준비해서 모두들 스노 모빌에 나눠 타고 위버 반도로 갔다. 하지만 지금은 그 정도로 바다가 얼지는 않으니 옛일일 뿐이다.

지난 1월 여름에 대피소 설치를 위해 위버 반도로 장반장님팀이 간 적은 있지만, 일반 대원들은 가 본 적이 별로 없다. 처음에 내가 간 것도 하계대원들을 위버 반도에 내려주고 다른 곳에 갈 때 잠시 들른 것이 전부였다. 한 번 가 보면 안 되겠냐고 하기에는 너무 철없는 요구였고, 전년도 사고도 있고 해서 모두들 자중하는 분위기였기에 더욱 그랬다.

그러던 차에 간만에 바람이 잦아들자 총무님께서 칠레 기지에 다녀오겠다고 하셨다. 가는 길에 대피소에 들러서 한국 극지연구소 마크도 붙이고, 내용물도 점검하시겠다고 했다. 이 얘기를 들은 생물연구원 승일이형이 위버 반도로 시료채취를 가겠다고 했다. 겨울이 본격적으로 오기 전에 빨리 시료채취를 해야 한단다. 기지 밖 1킬로미터 이상을 벗어날 때 반드시 2인 1조로 다녀온다는 원칙이 있었기에, 한 명은 반드시 승일이형과 함께 가야 했다. 더구나 아무도 시료채취하는 것을 좋아하지 않았기 때문에 내게 차례가 올 수 있었다. 또 아픈 사람 없을 때 가장 한가한 사람이 나였으니까.

아침 먹자마자 곧바로 부두로 튀어나갔다. 몇 번 실수가 있어서 카메라 건전지와 메모리를 충분히 점검한 상태였다. 조디악 운전은 동석이형과 보조로 해섭이가 붙었고, 총무님, 승일이형과 내가 승선했다. 위버 반도에 내려 줄 때는 기지가 보이는 곳과 그 너머에 있는 대피소, 이 두 군데에서 내려준다. 우리는 대피소 쪽에 내려서 기지에서 보이는 건너편 해안까지 가기로 했다. 11시 30분에 기지 건너편 위버 반도로 데리러 오기로 하고 총무님은 배를 칠레 기지 쪽으로 돌렸다.

승일이형은 시료채취를 위해 몇 번 위버 반도에 왔었지만, 나는 처음이었다. 해안가에 구명복을 벗어 놓았다. 우주복 같은 구명복을 입은 채 돌아다닐 수는 없었다. 일단 대피소 주변을 살펴보기로 했다. 대피소 뒤로는 넓은 빙원이 끝나는 곳인데, 경사가 좀 있다. 만약 이 빙하가 두껍고, 그 끝이 해안이라면 빙벽을 이루면서 바다로 직강하하겠지만, 이쪽은 빙하가 후퇴하는 지역이었다. 항상 칠레 기지의 필데스 반도에서 세종기지로 오면서 멀리서 이곳을 보기는 했지만, 이렇게 가까이 오기는 처음이었다.

승일이형은 대피소 주변에서 시료채취를 하기로 했고, 나는 이 근처에서 사진촬영을 하기로 했다. 대피소는 빙원의 끝에서 약 500여 미터 떨어진 곳이고, 이 빙원이 녹아서 빙원 밑으로 생긴 물줄기가 대피소 근처를 휘감고 바다로 가고 있었다. 그 물줄기를 따라서 올라갔다. 빙원 끝에는 마치 공사장을 방불케 하는 흙더미와 돌들이 여기저기 산을 이루면서 쌓여 있었다. 이때만 해도 포클레인을 가

대피소가 설치된 위버 반도. 뒤로는 빙하가 소멸되면서 장벽을 이루고 있다.
그 바로 밑으로 더 이상 운반하지 못한 빙퇴석들이 쌓여 있다.

져와서 공사를 하다가 만 줄 알았다. 나중에 빙하를 전공하신 대장님과 같이 이곳에 올 기회가 있었는데 빙하가 내려오면서 쌓아 놓은 빙퇴석들이라고 했다. 엄청났다. 중장비 담당 형철이형도 처음 이곳을 봤을 때 공사판 같았다고 했다. 내가 교과서에서 봤던 빙퇴석은 예쁘게 찍힌 돌이었는데, 실제 빙퇴석들을 보면 엄청나다. 빙퇴석들은 집채만한 바위에서 조약돌 크기까지 실로 다양한 크기의 바위와 돌들이 같은 장소에 제각각 아무렇게나 내동댕이쳐져 있었다.

　빙원이 내려오는 사이 양쪽으로는 깎아지른 듯한 급경사가 있었다. 빙원을 쳐다보고 서면 오른쪽으로는 인수봉이 있는 능선이고 이 너머가 세종기지였다. 왼쪽은 북한산 칼바위같이 깎아지른 듯한 절벽이었다. 이 절벽에서 수많은 바위들이 떨어져서 빙원의 얼음에 박혀 있었다. 아래에서 보면 바위들이 참 가까이 있는 것처럼 보여 그곳까지 가 보고 싶었다. 빙원의 끝에 도달했다. 가까이서 보니 빙원을 이루는 얼음판들은 1미터 정도 간격을 지닌 바둑판 모양으로 홈이 나 있었다. 첫발을 디디고 올라갔다. 하지만 약 10미터 정도 간 다음에 바로 포기하고 내려왔다. 발을 디딘 곳이 바둑판의 홈같이 패인 곳이었는데, 그곳에 발이 빠졌다. 깊이는 무릎 정도밖에는 되지 않았지만, 그때 갑자기 몰려든 공포감. 비록 깊지는 않지만, 아래에 무엇이 있는지 모른다는 것에 대한 공포감이 가슴을 철렁하게 만들었다. 일단 얼음판에 살며시 앉고 나머지 빠지지 않은 다리를 넓게 뻗어 내 체중을 분산시켰다. 그리고 빠진 다리를 빼서 엉금엉금 기어나왔다. 혹 내 무게로 또 빠질 것 같아서였다. 멀리서 누가 봤다면 체면 완전히 구기는 일이었지만, 혹은 웃음을 자아내는 모습일지 모르지만, 처음 경험한 느낌은 아직도 철렁하다. 승일이형은 거리는 가깝지만 언덕 하나를 두고 가려서 안 보이고, 비록 무릎밖에 빠지지 않았지만, 밑이 비어 있다는 그 느낌. 불안감을 느끼기에는 너무나도 충분한 조건이었다.

다시 승일이형과 합류를 했다. 시료채취를 위해 대피소에서 기지 앞까지를 훑으려고 했지만, 시간이 모자랐다. 원래 계획은 인수봉 뒤로 건너 기지가 보이는 바닷가로 내려가려고 했으나, 포기하고 해안가를 따라 약속 장소로 가기로 했다. 약속 시간 전에 미리 기지에 통보했다. 11시 30분 예정시간에 약속 장소에 도착할 수 있을 거라 말했다. 기지에서도 조디악이 그 시간까지 도착할 것이란 무전과 함께 조디악이 떠나면서 기지에 통보한 무전도 들을 수 있었다. 우리는 일단 기지로 돌아왔다.

25. 위버 반도 II

승일이형이 대장님께 허락을 받아 점심식사 후 오후에도 위버 반도에 다시 가기로 했다. 오전에 하지 못한 시료를 마저 채취하기로 했다. 승일이형이 이번에는 조심스레 물었다. 같이 갈 수 있냐고. 오전에 갔다 왔는데, 오후에 혹 내 일이 있거나 피곤해서 가기 싫다고 하면 난처할 수가 있으니까 말이다. 하지만 나는 흔쾌히 승낙했다.

부두에 정박해 놓은 조디악에 올라 총무님을 제외한 오전의 그 멤버가 같이 떠났다. 이번에는 우리를 데리고 왔던 그 자리에 내려주고 날이 금방 어두워지니 3시 반에 다시 그곳으로 데리러 오기로 약속했다.

구명복을 벗어 해안가에 놓고 바람에 날려가지 않게 돌들을 얹어 났다. 이번에는 위버 반도 위로 올라가 빙원 옆 경계까지 갔다가 오기로 했다. 하지만 해안가를 조금 벗어나자마자 그것이 과히 쉽지만은 않다는 것을 알고 포기했다. 지형이 힘해서가 결코 아니다. 스쿠아들이 자신의 영역을 확실히 지키고 있었기 때문이다. 이곳 스쿠아는 더욱 공격적이었다. 그래도 세종기지 근처에 있는 녀석들은 사람들이 오고 가는 모습에 익숙해서 경계는 할지언정, 가까이 다가가지 않으면 공격의 수위가 약하다. 하지만 이곳은 사람이 뜸하니 저 멀리 둥지에서 경계성 울음 소리를 내던 녀석이 갑자기 날개를 펴고 바람을 안고 저공 수평비행으로 다가왔다. 그녀석의 공격 신호를 필두로 사방팔방에서 무차별로 날아들었다. 몇몇 편대는 저 멀리 산등성이로 가는가 싶더니 이내 방향을 틀어 이 능선을 타고 우리에게 직비행을 했다. 하는 수 없었다. 손에 잡히는 모든 돌들을 던졌다. 사실 큰 돌은 별 의미가 없다. 던지기도 힘들고, 설사 던져도 궤적이 뻔해서 녀석들의 날렵함을 제압할 수 없다. 그리고 그럴 녀석들이 결코 아니지만, 혹 그 돌에 맞기라도 하면 심한 말로 국제조약 위반이 아닌가.

잘게 부스러진 돌멩이들이 더 필요했다. 기동성도 좋고, 적당히 우리 주변으로 던져서 연막탄 같은 역할, 혹은 위협을 할 것이 필요했다. 그런데 이곳은 그만한 조약돌을 찾기가 쉽지 않다. 죄다 날카롭기 그지없고 모가 심하게 난 돌덩이들밖에 없었다. 그 돌덩이들 틈 사이사이에 있는 약간의 자갈들이 가장 적당했는데, 이것을 주우려고 하면 손에 생채기가 나거나 장갑이 헤어졌다. 역시 싸움의 36계는 줄행랑. 도저히 앞으로 나아갈 수 없었다. 다시 해안가로 내려와서 시료채취는 다음에 하기로 했다.

기왕 여기까지 온 것 그냥 가기는 너무 아쉬웠다. 승일이형과 위버 반도 바닷가를 따라 마리안 소만 안쪽으로 들어가기로 했다. 평평한 빙원의 끝에 도달했다. 빙원의 끝이 흙을 한참 밀어내는 형국이었다. 마치 불도저가 흙을 밀어내듯

가을

이 말이다. 내가 있는 해안에서 저 위쪽 산등성이까지 그랬다. 이번에는 절대 그 위로 발을 딛지 않았다. 그래도 그 빙원의 안쪽 빈 공간은 어떨지 궁금하긴 했다. 엎드린 채 고개를 숙여 그 안을 들여다봤다. 텅 비어 있었지만, 얼음을 통과한 빛이 은은한 간접조명 같은 역할을 했다. 그러나 그것도 눈에 보이는 부분일 뿐, 저 멀리는 칠흑 같은 어둠만 있었다. 카메라를 빙원 밑에 넣고 찍었다. 다시 해안을 따라 안쪽으로 들어갔다. 평평한 빙원은 점점 두꺼워지기 시작했다.

안쪽으로 아치 형태로 빙벽이 떨어져 나간 부분이 있었다. 아치 형태로 되어 있어서 힘의 균형을 이루고 그 위로 크레바스도 거의 없고, 안정적인 형태였다. 항상 이곳은 어떤 곳일까 궁금했던 참에, 바로 걸어서 모퉁이만 돌면 보이는 곳일 것 같아 승일이형과 함께 그쪽으로 갔다. 마침 물때도 썰물이라 바다와 접해 있는 빙벽 아랫부분까지 드러나 있었다. 옆에서 봐도 저 안쪽의 무시무시한 빙벽보다는 안정적이었다. 멀리서 봤을 때는 하얀 눈같이 보이지만, 실제로 가까이서 보면 푸른색을 띤 얼음벽이었다.

물이 완전히 빠지면 걸어서 더 들어갈 수 있다고 했지만 그것은 좀 위험하리라 생각되어 아치형 해안을 반 이상 넘어가지는 않았다. 그래도 그 빙벽을 느끼기에는 충분했다. 막상 시작하는 부위라고는 해도 그 높이는 기지에서 보던 것과는 달리 상당히 높았다. 5층 건물 높이는 족히 되고도 남는 것 같았다. 좀더 안쪽은 바다 쪽으로 기울어진 빙벽이라 더 들어갈 수는 없었다. 하지만 그 옆에서 빙벽을 본 느낌은 지울 수가 없다. 나무껍질같이 결로 얇게 포개져 있던 파란색의 빙벽은 청명해 보이기까지 했다.

한참을 멍하니 감상을 하다가 발길을 돌릴 때쯤 바닥에 엎드려 다시 빙벽 밑을 봤다. 빙원 바닥과는 또 다른 느낌이었다. 완전히 허공이었다. 바닷물이 들락날락하면서 바닥에 있던 얼음을 녹였을 것이고, 이 빙원 자체의 물이 안쪽에서 바다로 흘러 나오면서 녹인 부분도 있을 것이다. 안쪽 얼음에서는 여기저기서 계속 물방울들이 똑똑 떨어지고 있었다. 마치 지하동굴 천정에서 물방울이 떨어지는 듯한 소리가 났다. 한 뼘 정도의 높이로 그냥 이 거대한 얼음들이 떠 있다고 생각하니 두렵고 경이롭기까지 했다. 색다른 경험이었다.

지금 생각해 보면 너무나 위험한 행동이었고, 당장 시말서라도 써야 할 일이었다. 그해 10월, 내가 경이롭게 쳐다봤던 그 빙벽이 무너져 내렸다.

26. 경모의 수난시대

우리 월동대에서 가장 키가 크고 덩치도 좋고, 가장 어린 막내 경모. 한국에 있을 때 월동대 중, 키가 가장 작은 내가 경모와 같이 다니면 참 든든했었다. 하지만 나이가 어린 녀석이라 그런지 여드름이 참 많았다. 한국에서는 별 문제가 안 되던 여드름이 여기에서는 왜 그리 자주 곪는지…. 다행히 가지고 들어온 여드름 치료제가 있었다. 일단, 그것은 경모한테 줬다. 몇 번은 소독해서 농을 빼기로 했지만, 몇 개는 뿌리가 깊은 녀석들도 있었다. 아예 낭종을 형성한 녀석까지 있었다. 반복이 되다 보니 곪을 기미가 있으면 항생제를 써서 가라앉히는 방향으로 가닥을 잡았다.

어느 날 저녁에 경모가 의무실로 찾아왔다. 윗눈꺼풀 있는 곳에 한 녀석이 자리를 잡고 제대로 염증이 생기고 있었다. 여느 때와 같이 항생제 치료를 시작했다. 약한 경우는 먹는 항생제를 썼지만, 심할 것 같으면 혈관으로 놓는 주사 항생제를 썼다.

그러던 어느 날 아침식사를 하려는데, 경모가 눈이 퉁퉁 부어서 왔다. 거의 눈을 못 뜰 정도로 부어 있었다. 자세히 보니 곪은 정도가 심해서 하는 수 없이 째고 긁어내기로 했다. 지난번 형철이형 때 도우미로 선발됐던 정원이가 이번에도 수술 도우미로 선발됐다.

눈꺼풀 주위로 마취주사를 놓고 일부 얇아진 피부를 절개해서 들어갔다. 그런데, 생각보다 깊었다. 겉에 보이는 것은 피부 바로 밑부분일 것 같았는데, 눈을 감는 근육 밑에까지 고름이 자리 잡고 있었다. 아마 부어 올라 모습을 드러내기 이전부터 자리를 잡았던 것 같았다. 팔, 다리야 그냥 눌러 짜거나 긁으면 그만이지만 눈 위를 마구 누를 수도 없고, 그렇다고 헤집고 들어가는 것도 한계가 있었다. 더구나 주위에 염증도 있고 이것 때문에 부어 있어서 부분 마취도 잘 되지 않았다. 경모도 너무 힘들어했다. 일단 보이는 부분만 고름을 없애고 속에 있

노을이 남아 있는 세종기지 야경. 서쪽으로 해가 진 후 중장비보관동에서 바라본 모습이다.
멀리 빙원의 부드러운 실루엣이 보인다.

는 것은 약을 쓰면서 지켜보기로 했다.

　다음 날 저녁이 돼도 나아질 기미가 보이지 않았다. 고민이 됐다. 낭종 뿌리 전체를 제거하면 되는데 쉽지 않은 상황이었다. 사실 낭종을 제거할 때는 낭종의 가운데 바로 위를 열고 들어가서 드러내면 된다. 하지만 지금 경모에게 있는 것은 너무나 애매한 위치였다. 눈썹 아래도 아니고, 그렇다고 쌍꺼풀 라인도 아니고. 그냥 바로 위로 절개해서 들어가자니 흉터나 눈을 뜰 때 원하지 않은 쌍꺼풀이 생길 수도 있었다. 그렇다고 쌍꺼풀 라인에서 들어가자니 눈이 너무 붓고 이 또한 원치 않은 쌍꺼풀이 생길 것 같았다. 염증이나 고름이 있는 상처는 흉이 더 쉽게 질 수 있기 때문이었다. 하는 수 없이 거리가 좀 멀어도 눈썹 아래로 열고 눈꺼풀을 천막처럼 들어서 아래로 타고 내려와 없애야 했다. 그러기 위해서는 눈꺼풀을 들어 줄 기구가 있어야 했는데, 이곳에는 오래된 기구밖에 없었다.

　마침 이날 내가 당직이었는데, 마음은 계속 다른 곳에 있었다. 당직을 서도 편하지가 않았다. 영화를 봐도, 다른 칠레 방송을 봐도, 인터넷을 해도 영 내용이 들어오지 않았다. 곰곰이 생각을 했다. 제일 작은 주사기 2개로 갈고리를 만들 수 있을 것 같았다. 바로 의무실에서 주사기 몇 개를 가지고 왔다. 갈고리 2개는 주사기 바늘을 구부려서 가운데로 모아 만들었다. 주사기 옆 부분을 다듬어서 서로 밀착할 수 있게끔 했다. 접착력 강한 테이프로 감은 다음에 시험을 해 봤다. 바늘 끝이 사선 모양인데, 걸리는 쪽에 비스듬히 걸게 되면 미끄러졌다. 거꾸로 구부려서 다시 만들면 될 것 같았다. 다시 만들었다. 이번에는 잘 걸렸다. 이것을 2개 새로 제작해서 소독했다.

　다음 날도 경모의 상태가 더 나아지지 않았다. 제거하기로 했다. 이번에는 상훈이형도 도와주기로 했다. 사실 상훈이형은 요리 공부를 하기 전에 커다란 배에서 통신 일을 했었다. 그때 의무담당이 하는 것을 옆에서 지켜봤기 때문에 째고 꿰매고 하는 것에도 일가견이 있다고 했다.

　아무리 소독을 잘해도 세균에 의한 감염이 있을 수 있는 법. 더구나 이곳에서 감염된다면 일이 더 커질 것 같았다. 사회에서는 시술자가 손소독하고, 수술복 입고, 그 위에 수술 가운도 입지만, 우리는 한 가지 더 하기로 했다. 상훈이형과 정원이를 데리고 샤워실로 갔다. 옷을 다 벗고 머리부터 깨끗이 씻었다. 혹시 몸에서 떨어질 수 있는 먼지 하나라도 없애기 위해서였다.

수술용 마스크는 여유가 있었으나 수술모자는 깨끗한 스키 모자로 대신했다. 수술복 대신에 깨끗한 반팔티를 입었다. 거기에 장갑을 끼고 수술을 시작했다. 이곳에는 피가 나는 곳을 전기로 지지는 기구가 없었다. 사실 사용할 일이 거의 없으니까 안 들여 왔겠지만 이번에는 아쉬웠다.

기본적인 기구를 사용했지만 이를 최소화하기 위해 부분 마취제에 에피네프린을 섞어서 충분히 부분마취를 했다. 며칠 전 간단히 하려다 경모가 오히려 고생을 해서 더욱 그랬다. 막상 수술을 시작하니 리듬을 타고 잘되어 갔다. 전날 만들었던 기구도 제 기능을 잘 발휘하고 있었다. 힘 받는 것이 원래 기구만치는 안 되지만, 그래도 훌륭히 제 역할을 하고 있었다. 한 번 도와준 경험이 있던 정원이도 무균적 조작에 익숙했고, 상훈이형도 이제껏 내가 주방에서 도와준 것처럼 정말 잘 도와줬다. 경모도 시술 내내 아파하지 않고 편안해 했다. 배액관을 넣고 끝내는 것으로 마무리했다. 이후 며칠 동안의 치료로 상처도 잘 아물렀고, 눈도 붓지 않았다. 천만다행이었다.

27. 스쿠아와 쉬스빌

가을이 끝나 가고 있었다. 쥐색의 어린 스쿠아는 이미 어른이 돼서 날갯짓을 거칠게 하더니 이내 어디론가 날아가 버렸다. 스쿠아가 있던 자리를 아주 하얀 조그마한 새가 차지하게 되었다. 바로 남극비둘기라고 불리는 쉬스빌이었다. 겨울의 전령사였다. 그리고 보니 그 많던 펭귄들도 어디론가 사라지고 보이지 않았다. 몇몇 녀석들만 삼삼오오 모여 있을 뿐이었다. 친구가 보내준 필터를 쓰기에는 이미 햇빛이 많이 기울었다. 당직을 서다 보니 어느덧 밤이 꽤 어두워졌다. 이제 겨울인가 보다.

■──── 겨울

끊임없는 강풍과 눈보라.
블리자드다. 치우고 치워도 눈은 계속 온다.
눈이 오지 않는 맑은 날을 기대하지만,
눈은 멈춰도 해는 보이지 않는다.

1. 동토의 땅

가을과 겨울의 뚜렷한 구별은 없었다. 한국에서처럼 단풍이 지는 것도 아니었다. 게다가 추수를 하는 것은 더더욱 아니었다. 굳이 가을과 겨울을 구별한다면 밤이 점점 길어진다는 것 외에는 없었다. 날씨는 항상 추웠고, 바람도 변함없이 강했다. 눈이 항상 내리고 있었으니 이것으로 가을과 겨울을 구별하는 것은 별 의미가 없었다. 단지 기온이 내려가면서 내린 눈이 녹지 않고 점점 쌓여 갔다. 또 여름에 녹아 있던 주변의 호수가 가을부터 얼기 시작하더니 겨울이 되면서 완전히 얼었다. 또 하나 신기한 것은 바다도 차츰 얼기 시작했다는 것이다.

2. 스키

남극에서 스키를 탈 줄은 생각지도 못한 일이었다. 하지만 월동대원으로 선발되고 이곳에서 생활을 하게 되면서 꼭 한 번 타 보고 싶었던 것이 스키였다. 상상만 해도 황홀했다. 일단 깨끗이 다듬어 놓은 스키장이 아니라 '천연'의 스키장이란 점이 너무나 마음에 들었다. 그리고 무엇보다 빼놓을 수 없는 점을 스키장 끝이 바다라는 것이다. 전 세계 스키장 중에 슬로프 끝이 바닷가인 곳이 몇이나 될까. 과연 있기나 한 것일까. 저 넓디넓은 바다를 향해 스키를 타고 내려오는 기분을 만끽하고 싶었다.

처음에는 보드를 가져오려고 했었다. 대부분의 보드가 프리 스타일인데 내가 가지고 있는 보드는 알파인이었다. 친한 선배가 준 것인데, 이곳에서 연습이나 해야겠다고 생각했다. 하지만 여기에서 보드 타다가 다치면 정말 대책이 없고, 만약 다쳐서 후송되는 경우라도 생긴다면 얼마나 민망한 일인가. 일하다 다친 것도 아니고 보드 타다가 다쳐서 나온다면 개인적으로도 창피한 일이지만 국가적으로도 망신일 것이란 생각이 들었다. 그래서 깨끗이 포기하고 이곳에 있는 스키를 즐기기로 했다. 스키복과 나름대로 멋을 내기 위해 한참 즐겨 쓰던 별 모양의 스키 모자도 가지고 왔다.

드디어 스키 지급이 있었다. 올해도 스키 일부가 새로 들어오고 낡은 것은 폐기됐다. 초기에 1차 월동대로 들어온 팀은 크로스 컨트리를 하는 노르딕 스키

스키를 타기 전 준비운동을 하는 월동대원들. 눈이 충분히 쌓여서 설상차로 이동할 수 있었다. 멀리 아르헨티나 주바니 기지 옆으로 형제봉이 보인다.

를 배워 노르딕 스키를 들여왔다. 하지만 설상차나 스노모빌이 들어오면서 굳이 스키로 병원을 확보할 필요가 없어졌다. 그러면서 그냥 일반 스키를 들여오게 되었고, 겨울 여가를 위한 것으로 바뀌었다고 한다.

　아직 눈이 많이 쌓이지 않아서 돌과 바위가 많은 산에서 스키를 타기는 무리였다. 기지 뒤쪽인 고층대기관측동 뒤쪽에서 타기로 했다. 경사가 바닷가까지 완만하고, 눈도 고르게 쌓여 있고, 무엇보다도 기지 근처였다. 경사라고 하기보다는 평원에 가까웠다. 이 평원 끝은 얕은 하안단구로 연결된 바닷가로 거의 평지였다. 이것이 이곳에서는 처음으로 스키를 타는 우리들에게는 중요한 문제였다. 이곳에서는 스키를 타고 나면 아래에서 벗어 들고 걸어 올라가야 했다.

　또 다른 이유는 한국에서야 매년 스키장이 인산인해를 이루지만, 사실 대한민국 국민들 모두가 스키를 타는 것은 아니다. 어린아이들은 다칠까봐, 학생들은 공부 때문에, 한껏 남을 의식하는 젊은이들은 혹시 창피를 당하지 않을까, 한참 일할 삼사십대들은 시간이 없어서, 중년 이후의 어른들은 이 나이에 뭘… 하는 나름대로의 이유로 이제는 대중화한 스키를 아직 접하지 않은 사람들도 많다. 세종기지에 온 대원들도 그랬다. 몇몇 대원들을 제외하곤 대부분 스키를 처음 접하는 사람들이었다. 그들은 이번 경험 덕분에 멀리까지 가서 스키를 배울 필요가 없었다. 초급자들이 대분분이었지만 나는 오히려 그들이 부러웠다. 나중에 누가 '스키 어디서 배웠어?'라고 묻는다면 '어, 남극에서'라고 대답할 것이 아닌가. 얼마나 독특한 대답인가. 이미 초짜 딱지는 뗀 내게는 적용이 안 되는 말이었다.

　총무님의 지도하에 기초부터 배웠다. 스키에 점점 익숙해지면서 조금씩 높은 곳을 찾아 올라갔다. 그렇지만 리프트가 있는 것이 아니어서 내려와서 다시 올라갈 때 여간 힘든 것이 아니었다. 언덕 높이가 얼마 되지 않아도 힘들었다. 다시 올라갈 때 스키 부츠를 벗고 설상화로 갈아신고 올라갈 것인가, 아니면 부츠

슬로프의 끝으로 펼쳐진 얼음바다. 해안가에 위치한 기지 덕분에 슬로프의 끝은 항상 바다였다. 하얀 얼음바다를 향해 내려오는 스키 활강은 이곳 겨울 생활의 묘미다. 김승채 총무님이 스키를 타다 말고 잠시 멈춰 서 있다.

겨울　**205**

채 신고 올라갈 것인가도 문제였다. 설상화로 갈아신고 올라가면 조금은 가뿐하게 올라갈 수 있지만, 그 무겁고 번거로운 부츠를 벗었다 신었다 해야 했다. 거기에다 부피나 무게가 제법 나가는 설상화를 짊어지고 내려와야 했다. 신발 갈아신을 때마다 숨이 차다. 안 쓰던 근육을 써 가며 허리를 숙이고 다리를 굽혔다 폈다 하다 보면 정말 쥐라도 날 지경이다. 그렇다고 그 먼 거리를 부츠를 신고 스키를 들쳐 메고 올라가는 것도 쉽지가 않았다. 그러나 올라가서 내려올 때는 정말 감칠맛이 난다.

내려오는 시간은 1분도 채 걸리지 않지만 올라가는 시간이 거의 10분 이상이 걸렸다. 그렇다고 천천히 내려오면 오래는 타지만 스키 타는 재미가 안 났다. 이런 고민을 하다 보면 몇 번 타 보지도 못하고 한 시간이 금방 지나가고 몸은 지쳐서 돌아오기 일쑤였다. 하지만 그래도 재밌었다.

하루가 지나면 지날수록 더욱 재미있었다. 왜냐하면 눈도 조금씩 더 많이 왔고, 그 눈들이 녹지 않고 쌓였기 때문이다. 이곳의 눈은 한국에서의 눈과 좀 다르다. 그렇다고 노래방 화면에 보이는 알프스의 그런 풍부한 눈도 아니었다. 도대체 함박눈이 내려서 그대로 쌓이는 적이 없었다. 항상 강풍을 동반했다. 그래서 바람이 계속 부는 평편한 곳은 바람이 지나가면서 내리 누르고 다져져서 물결 모양의 결이 생기는데, 그 느낌은 셔벗같이 서걱거리지만 그 단단하기는 돌과 비슷하다. 넘어지면 아프고, 그 위를 지나가게 되면 울퉁불퉁 온몸이 튕겨진다. 그러다가 균형이라도 잘못 잡아 넘어지면 그냥 시멘트 바닥에 넘어지는 것과 비슷했다. 속도가 조금 나도 방향을 바꿀 때는 항상 조심해야 했다. 그 물결 틈을 잘 넘지 못하면 스키가 내동댕이쳐지면서 벗겨지기 일쑤였다.

그럼 소복이 쌓인 눈은 어떠한가. 언덕 바로 뒤에는 언제나 눈이 소복이 쌓여 있었다. 강풍이 언덕 같은 장애물을 만나면 그 뒤에 소용돌이가 생기면서 눈이 가루로 부서져서 소복이 쌓인다. 멀리서 보면 정말 보기 좋다. 부드러운 언덕에 소복이 쌓인 흰 눈. 스키 타기에 얼마나 적당한 곳인가. 과연 그럴까?

한번은 스키 타는 대원들 행렬에 내가 뒤늦게 합류한 적이 있었다. 다들 스키 타기를 끝내고 돌아가려 할 때였다. 그래도 하루에 한 번은 타 줘야 이곳 재미도 있고 해서 뒤늦게나마 스키를 들쳐 메고 나갔다. 식사시간이 다 되어 기지로 돌아가려던 대원들이 언덕 중턱 바깥쪽에 서서 나를 바라보고 있었다. 먼저 들어가라고 했지만 다들 기다려줬다. 나는 미안해서 그럼 빨리 타겠다고 하고 거의 뛰다시피 해서 언덕 위로 올라갔다. 다시 다들 먼저 들어가라고 소리를 쳤다. 괜찮단다.

미안한 마음에 급한 숨을 가다듬을 틈도 없이 부리나케 스키 부츠를 신었다. 허리를 펴고 심호흡을 했다. 아래에서 수현이형과 형철이형, 정원이와 인호가 지켜보고 있었다. 얼마 높지 않은 구릉이지만 눈도 아주 좋고 그래도 간만에 스키다운 스키를 탈 기회가 온 것이다. 미끄러져 내려가기 시작했다. 그런데 단단한 언덕에서 벗어나는 순간, 스키가 눈 밑으로 빠져들기 시작했다. 어어어…. 한쪽 발을 들어서 스키를 빼고 다시 디디려는 순간 딛고 있던 쪽 스키가 더 깊이 빠졌다. 그러면서 속도는 점점 빨라졌다. 다시 스키를 내려딛고 이미 빠지고 있던 다른 쪽 스키를 빼려는 순간 빠져나오기 더욱 힘든 상태였고, 그나마 마지막에 디딘 스키마저도 빠져들기 시작했다. 빼지도 못했던 쪽 다리는 내려오면서 무릎까지 눈이 빠졌고, 다른 쪽도 더욱 눈 속으로 빠졌다. 내려오는 속도는 방향 전환을 할 것도 없이 급가속되었고, 마침내 스키와 함께 가속도를 그대로 지닌 내 몸은 바로 눈 속으로 처박혔다. 어느 것이 먼저라고 할 것도 없이 순식간에 벌어진 일이었다. 늪 같은 눈밭에서 어디가 위인지 아래인지도 분간이 안 되는 곳에서 보이는 것은 온통 눈뿐이었다. 간신히 눈을 헤치고 나왔다.

나오자마자 들리는 소리는 "까르르르. 으하하하." 이런, 내가 이 꼴을 당할 것을 미리 알고 다들 먼저 들어가지 않고 어떻게 되나 구경을 하고 있었던 것이다. 이 사람들이 정말…. 스키 폴대는 눈 위에 내동댕이쳐져서 금방 찾았는데, 스키는 좀처럼 찾을 수가 없었다. 눈 속을 손으로 파헤쳐 봐도 잡히지가 않았다. 언덕 위를 쳐다봤다. 스키가 점점 깊어지다가 이내 눈 속으로 사라진 궤적이 뚜렷했다. 그 궤적을 따라 조금 올라가 겨우 스키를 찾아냈다.

같이 가자고 소리를 질러도 뒤도 안 돌아보고 웃으며 돌아가는 대원들. 아까는 들어가라고 해도 가지도 않더니만. 그나마 인호가 기다려 주었다. 말인즉슨

백두봉 정상에서 촬영한 단체사진. 겨울 체력을 기르기 위해 날씨 좋은 날 모두 백두봉에 올랐다. 바다 건너로 형제봉이 보인다.

대원들 모두가 한 번씩 다 나와 같은 꼴을 당했단다. 잘 내려오던 대원들이 갑자기 사라져 다들 뭐 하는 거냐며 박장대소하면서 웃었다. 그렇지만 그 다음 사람도, 또 그 다음 사람도, 모두들 하나하나 차례로 실종됐단다.

구릉 뒤에 있는 눈들은 일단 눈가루로 부서졌다가 하늘거리며 쌓이는 눈이라 '찰지지' 않았다. 방법이 아주 없지는 않았다. 이따금씩 따뜻한 북풍이 불어서 기온이 올라가면 살짝 녹았다가 다시 얼었다. 그렇게 되면 쌓인 눈 안쪽은 좀 푸석하더라도 겉은 아삭거릴 정도만 얼어서 걷기도, 스키 타기에도 좀 수월했다. 이 위에 다시 살짝 눈이 쌓이면 그나마 설질이 좋아졌다.

3. 겨울나기

겨울이 시작되기 전부터 다들 나름대로 계획한 것들을 실행하고 있었다. 대장님께서는 빙하에 대한 책을 쓰시고 계셨다. 총무님께서는 다시 스페인어 공부를 시작하셨고, 컴퓨터 공부에도 푹 빠지셨다. 동석이형은 나무조각 공예에 취미를 붙였고, 해섭이는 영어 공부에 열중하고 있었다. 전공과는 관련없이 본인의 부수적 능력을 인정받아 온 통신대원 인호, 인호는 전공 공부를 다시 시작했다. 경모는 여전히 멀리 떨어진 지구물리관측동에서 찬송가를 듣고 기도하면서 전공과목과 유학에 대한 정보를 얻고 있었다. 생물연구원 승일형과 정원이도 본인의 연구과제를 조용히 수행하면서 나름대로 새로운 것을 모색하고 있었다. 다른 대원들도 아직 끝내지 못한 일들을 마무리하면서 월동준비를 했다. 대장님과 동석이형, 상훈이형은 꾸준히 운동을 했고, 나 또한 꾸준히는 아니더라도 가끔씩 운동을 했다.

나는 전공 공부할 책과 영어 공부할 소설을 눈에 띄는 곳에 꽂아 뒀다. 그림 그릴 스케치북과 그 비싼 미술도구들도 숙소 책상 위에 준비해 뒀다. 사진촬영은 생활의 일부가 되었기 때문에 따로 준비하지 않아도 되었다. 또 하나 야심작으로 준비한 것이 바로 『수학의 정석』 재(再) 마스터. 과거의 '영광'을 다시 한 번 느껴 보고 싶었다.

초등학교에서 중학교 2학년 때까지는 수학을 정말 못했다. 중학교 시절 『마스터』란 수학책을 보는 친구들이 부럽기도 했지만 샘이 나지는 않았다. 그저 수학을 잘하는 애들이구나라고 느꼈을 뿐이다. 어려운 문제를 맞닥뜨려 풀면 다행이고 못 풀면 그럴 수 있는 것이라 편하게 생각했다.

중학교에서는 한 반에 몇 명은 『마스터』를 풀었었다. 나도 한 번 사서 풀어 봤는데, 너무 어려웠다. 수학을 잘했던 작은누나의 걱정이 이만저만이 아니었다. 작은누나가 중간 수준 정도 되는 문제집을 선택해 줬다. 그렇게 안주하고 있을 무렵, 친구들이 다니는 속셈학원에 다니게 되었다. 거기서 수학에 눈을 뜨게 해준 선생님을 만났다. 갑자기 다른 세상을 만난 것 같았다. 그 어려운 『마스터』 수학책을 선생님은 교재로 썼다. 처음에는 너무나 쉬운 부분까지 자세히 깨끗하게 풀어나가는 것이 답답하게만 느껴졌었는데, 어느 순간 그 선생님께서 가르쳐 주시는 핵심을 알게 되었다. 배운 지 한 달 만에 본 속셈학원 시험에서 전체 중 2등을 하더니, 그 다음 달에는 1등을 했다. 영화 「매트릭스」에서 항상 당하기만 하던 주인공이 어느 순간 매트릭스에 대해서 이해했을 때와 비슷했다. 이후로 수학이 너무나 재밌었다.

고등학교에 올라오기 전에 작은누나의 너덜너덜해진 『정석』을 물려받았다. 마치 무슨 가보를 물려받은 느낌이었다. 이후 수학만 공부했다. 경시대회에 나가서 입상할 정도로 잘 한 것은 아니지만 수학이 재밌었다.

그 수학 공부를 다시 해 보고 싶었다. 남들은 자기의 분야에서 더욱 속도를 내고 있을 때 남극 갈 준비를 하고 남극에 와 있는 것이, 앞으로 나아가는 것이 아니라 정지하고 있다는 느낌이 들었다. 그래서 오늘의 나를 있게 한 수학을 다시 공부하고 싶었는지도 모르겠다.

너덜너덜해진 수학참고서를 다시 펴들었다. 막상 정수에서부터 시작하려고 하는데, 좀 따분해서 중학교 때 배웠던 피타고라스의 정리를 증명하는 것부터 시작했다. 나의 겨울나기는 이렇게 『수학의 정석』에서 비롯되었다.

4. 독서 IV

여기만큼 세상사 신경쓰지 않고 책을 읽기에 좋은 환경도 없었다. 이곳 대원들 중에 가장 책을 많이 읽은 사람은 중장비 형철이형과 생물연구원 정원이. 형철이형도 정원이와 마찬가지로 책 읽는 속도가 정말 빨랐다. 그리고 옆에서 누가 떠들고 왔다갔다 해도 마냥 책만 읽고 있었다. 사실 지난가을에 형철이형이 손을 다친 것도 대원들을 위해서 화장실에 책꽂이를 만들다가 그런 것이었다. 그는 알아주는 독서광이었다.

5. 카메라

전문지식은 없지만 나는 카메라를 사랑한다. 이렇게 쉽게 사랑한다는 말을 써 본 적이 없다. 내가 처음 내 카메라로 사진을 찍은 것은 초등학교 4학년 때다. 필름방과 필름이 감기는 필름 롤이 같이 있는 큰 필름을 사용하는 코닥 카메라로, 초점이나 조리개를 조절할 필요는 없었다. 사진을 현상하면 정사각형으로 인화되는 것이었다. 플래시는 리튬 플래시였다. 여덟 번 터질 수 있는 진공관같이 들어간 플래시였는데 스틱 모양을 하고 있었다. 이것을 카메라에 꽂고 찍으면 플래시가 펑 하고 터졌다.

초등학교 6학년이 돼서는 아버님이 아끼시던 롤라이 35를 썼다. 거의 떼를 쓰다시피 해서 빌렸다. 그때부터 35밀리 네거티브 필름을 사용했고, 필름 포장지에 나와 있는 날씨와 그에 맞는 조리개수치를 참고로 찍게 되었다. 처음 이 카메라를 들고 '출사'를 나간 것이 인생 최대의 즐거움이었던 수학여행 때였다. 요즘은 웬만한 초등학교에서도 모두 수학여행을 가지만, 그 당시만 하더라도 초등학교에서 수학여행을 가는 것이 쉽지는 않았다. 그때 처음으로 이 카메라를 가지고 이것저것 찍었는데, 필름이 잘 물리지가 않아서 한 장도 건지지 못했다. 그래서 야심차게 준비한 첫번째 출사는 꽝이 되고 말았다.

롤라이를 고등학교 때까지 쓰다가 대학교 와서는 큰누나가 쓰던 수동 카메라를 쓰게 되었다. 누나가 중고를 사서 잠시 쓰던 것인데, 이것도 역시 내가 접수했다.

카메라를 전문적으로 공부하거나 배우지는 않았지만 그냥 찍는 것만으로도 좋았다. 내가 찍은 것을 뽑아서 보는 것도 재밌었지만, 그냥 뷰파인더로 보이는 것을 찍을 때 그 손맛. 찰카닥, 셔터를 누르는 힘이 내 손끝을 떠나 카메라를 돌고 돌아 마무리되는 그 느낌. 그 마무리가 되면서 카메라를 잡고 있는 양손으로 퍼지는 그 미세한 진동. 그리고 '찌리리릭' 하는 필름을 감을 때 나는 소리, 감기 레버가 끝에 이르렀을 때 느껴지는 마무리 느낌. 다시 그 레버가 원상태로 돌아올 때의 그 탄력. 너무 좋았다.

그래서 그런지 자동 카메라는 편하기는 했지만 찍는 재미는 없었다. 친구에게 디지털 카메라도 전문가용이 나왔다는 말을 듣고 다음 날 바로 산 것이 남극까지 가져온 카메라였다.

일상의 모습. 심해섭 대원에게 놀러온 박승일 대원. 책상을 보면 컴퓨터 모니터 앞에 가족사진과 지금은 부인이 된 애인 사진. 그리고 한쪽 벽을 차지하고 있는 인기 드라마의 브로마이드. 이것이 대원들의 보편적인 개인 공간의 모습이다.

학생 때는 과외로 번 돈의 대부분이 현상하고 인화하는 데 거의 다 들어갔지만, 디지털 카메라는 그럴 필요가 없었다. 흑백필름 인화를 위해 남의 사진 동아리 암실에서 밤을 샌 적도 많았지만 이젠 그럴 필요도 없다. 예전에는 모르는 것을 책 찾아보고, 서점에도 가 보고, 쑥스럽지만 많이 아는 사람에게 물어보기도 했는데, 이제는 컴퓨터 자판만 두들기면 웬만한 정보는 알 수 있었다. 너무나 편했다. 셔터를 거의 미친 듯이 눌러댔다. 차라리 이럴 거면 캠코더로 동영상을 찍는 것이 더 낫지 않을까 싶을 정도였다.

이곳에서는 찍기만 하면 됐

아델리 펭귄 모습을 촬영하고 있는 김형철 대원. 이곳에서 겨울을 보내려면 취미가 하나씩 있으면 좋다. 그중 하나가 사진 찍는 것이다.

다. 주위에 널려 있는 풍경들이 모두 다 새로운 작품이었다. 찍는 재미를 만끽할 수 있었다. 하지만 남극에 오기 전부터 바라던 일이 두 가지가 있었다. 첫째는 내 마음대로 사진을 찍는 것이었고, 둘째는 내가 찍은 사진에 대해서 '내 것'이란 것을 명확히 하는 것이다. 한국에서 떠나기 전에 들은 얘기가 이곳에서 찍은 사진은 모두 극지연구소 소유라는 것이었다. 이해는 됐다. 왜냐하면 군사보호지역에서 사진을 못 찍듯이 이곳에서도 마음대로 찍어서 밖으로 내보내면 안 되는 것이 당연했다. 상업용으로 이용할 수 없는 것은 두말할 필요도 없었다.

만약에 내가 사진을 찍는 업무로 왔고, 또 그것에 대한 지원을 받는다면 당연히 어느 정도의 제재를 받는 것은 이해가 됐지만, 내 돈 들여서 내가 낑낑대며 들여오고 내가 노력해서 찍은, 기지와 관련 없는 사진까지 모두 제약을 받는 것은 좀 부당하다는 생각이 들었다. 그리고 이미 많은 사람들이 퍼뜨린 사진을 어떻게 관리하는지도 궁금했다.

겨울 **213**

이곳에 들어오기 위해 비행기를 탈 때, 난 무조건 카메라 장비 배낭만을 들고 탔다. 나머지 짐은 모두 짐칸에 실었다. 어디를 갈 때도 무조건 카메라는 들고 다녔다. 스키를 탈 때도, 산에 올라갈 때도, 파도가 거친 조디악을 탈 때도 카메라는 내 손을 떠나지 않았다. 주인 잘못 만난 카메라는 항상 파손의 위험과 바다에 빠질 위험에 처해 있었지만 그래도 항상 분신처럼 들고 다녔다. 그렇게 해서 찍은 사진이 내 소유가 아니라는 것은 받아들이기 힘들었다.

또 하나 사진과 관련하여 난처했던 일 중에 하나는 대원들이 사진을 달라고 할 때였다. 사진을 찍으면 그날그날 날짜별로 정리를 하고 제목을 붙여서 크기를 줄여서 컴퓨터 공유 폴더에 올렸다. 그래서 본인이 원하는 사진을 모두 가져가게끔 했다. 물론 각자의 얼굴이 나온 사진은 '초상권'이 있기에 당연히 줬다. 원본까지도 줬다. 그렇지만 개인적으로 찍은 사진을 달라고 할 때는 참 난처했다. 내가 본 여러 좋은 풍경과 동물들을 공유하고 싶었을 뿐인데 달라고 하니 말이다. 물론 그저 사진이 좋아서 그런 것은 안다. 그렇지만 주는 입장에서는 참 난처했다. 혹 그분들의 의도와는 달리 그 사진이 연구소에서 우려하는 대로 대외적으로 유출되거나 상업적으로 이용이 된다면 문제가 복잡해지기 때문이었다.

나는 이곳에 사진을 찍으라고 보낸 사람이 아니다. 내 임무는 누가 뭐래도 의무담당일 뿐이다. 그리고 사진은 공식 업무가 아니었다. 그저 내가 좋아서 할 뿐이지 월동대 전체 임무와는 전혀 무관한 사항이었다. 그렇기 때문에 남들이 일할 때 나만 사진을 찍는다는 것은 남한테도 명분이 서지 않을 뿐만 아니라 내 자신에게도 마찬가지였다. 차라리 사진을 찍으러 온 사람이라면 그 사람의 일은 사진을 찍는 것이니 말이 됐지만 내 일은 그것이 아니었다. 게다가 남 보기도 그랬다. 다 똑같은 대원으로 왔는데, 누구는 일하고 누구는 사진 찍으러 다니고. 말이 안 됐다. 오히려 남한테 피해만 끼치는 것이었다. 전체 분위기에도 이로울 게 없었다. 더구나 이런 모습들이 쌓이고 쌓여서 나에 대한 사람들의 불만이 된다면 그것은 나 또한 바라지 않는 것이었다. 이런 점을 미리 짐작했기 때문에 떠나기 전부터 대장님이나 총무님께 끊임없이 양해를 구했다. 그리고 극지적응훈련을 받을 때부터 많은 사진을 찍어서 공유하고 나눠 주는 작업을 했다.

겨우 대장님과 총무님의 허락을 받아 18차 공식사진을 찍는 역할을 부업무로 맡게 되었다. 하지만 그것은 공식적인 직함이었을 뿐, 실제 활동 면에서는 더욱 노력해야만 했다. 그저 위에서 저 대원에게 시킨 것이니까 저 대원이 저것을 한다는 인식은 싫었다. 저 대원이 적임자이니까 저것을 하는 것이란 인식을 심어 주고 싶었다.

다 같이 일하는 시간에는 사진을 절대 찍지 않았다. 반드시 일이 끝난 틈을 타서 찍었다. 사람 사진을 찍으면 반드시 그 사진을 본인에게 줬다. 당연한 것이지만 다른 사람들이 잘 나와도, 아무리 아까운 사진이라도, 한 사람이라도 잘 나오지 않았으면 바로 지웠다. 이미 올린 사진이라도 본인의 요청이 있으면 바로 지웠다. 공식 사진은 당연히 열심히 찍었다. 근무 시간 외에는 내가 촬영하고 싶은 것을 마음껏 찍었다. 물론 이 원칙에 충실하려고 했지만, 몇몇 대원들은 불만이 있을 수도 있었다. 하지만 이 원칙을 꾸준히 지켜 나갔고, 시간이 지남에 따라 대원들도 인정을 해줬다.

처음에는 단체사진을 찍으려고 하면 시간이 상당히 걸렸다. 아직은 서로 서먹한 것도 있었지만 모이고 자리 잡고 하는데 도무지 말이 먹히지 않았다. 아마 결혼식 단체사진 찍을 때를 생각하면 알 수 있다. 누구 나와라, 옆으로 한 발짝 가라, 떠들고 웃고, 눈 감고…. 사진 한 장 찍는 데 준비가 만만치 않다. 사진 찍히는 것을 좋아하지 않는 사람도 있었고, 쑥스러워하는 사람도 있다. 그리고 매번 단체사진 찍는 날은 이상하게도 어찌나 춥던지. 우스갯말로 단체사진 찍은 다음 날은 블리자드가 분다고 할 정도였으니까 말이다.

그렇지만 시간이 지나면서 단체사진 찍는 것이 편해졌다. 한번 찍겠다고 하면 모두들 우르르 몰려와서 알아서 포즈를 잡아 주고, 햇빛이나 조명을 고려해서 그림자 안 지게 위치 잡고, 단번에 술술 이루어졌다.

처음에는 어색하게 요구하던 나도 점점 능청스러워졌다. 찍히는 사람이나 찍는 사람이나 소위 리듬을 탔다. 다음 차대가 들어와서 홈페이지에 올릴 단체사진을 찍어 줄 때 우리 차대와 다른 점을 확연히 느낄 수 있었다.

몇몇 대원들로부터 지금까지 평생 찍은 사진보다 이곳에서 나한테 찍힌 사

남반구의 대표적인 별자리 남십자성. 사진 왼쪽 상단의 마름모꼴로 된 별자리가 남십자성이다. 처음 이 별자리를 찾을 때 십자가를 생각하고 찾아가는 찾기 힘들다. 마름모꼴을 찾는 것이 수월하다. 그 밑으로 센타우루스(Centaurus) 별자리가 크게 자리잡고 있다.
북반구의 북극성이나 카시오페이아보다는 중앙하지 않았다.

진이 훨씬 많다는 말을 들을 때는 뿌듯했다. 훈장 같았다. 이런 분위기에 힘입어 사진의 '소유권'도 설명하기가 훨씬 수월해졌다. 해섭이도 사진을 많이 찍었다. 오히려 멋진 사진은 해섭이가 더 많이 찍었다. 한번은 형철이형이 다음 여름에 외장 하드가 들어오면 내 외장 하드를 통째로 복사하겠다고 했다. 물론 별 뜻 없이 한 말이었는데, 나로서는 곤혹스러웠다. 안 된다, 싫다고 돌려서 말해야 하는데, 사람 인색해 보일 수도 있고 말이다. 그런데 옆에 있던 해섭이가 나서서 그것은 곤란하지 않겠냐고 단번에 설명을 해줬다.

나중에 형철이형이 몰라서 그랬다고 사과해서 이후로는 나와 사진 찍으러 정말 많이 다녔다. 이렇게 자연스럽게 '내 사진은 내 것, 네 사진은 네 것'이란 인식을 할 수 있었고, 아울러 '공식 사진은 홍대원이'란 인식도 자연스럽게 받아들여질 수 있었다.

많은 사람들이 내가 찍어 준 사진을 더욱 많이 갖게 되었고, 또 정말 가지고 싶은 사진은 다짐을 받고 원본도 줬다. 내가 찍고 싶은 것을 마음껏 찍었음은 두말할 나위 없다.

6. 하늘과 바람과 별과 시

이곳에서 처음 오리온을 본 것은 여름이 끝나갈 무렵이었다. 가을이 되면서 어두워지기 시작할 때였다. 하지만 그때는 이미 오리온도 서쪽 하늘로 뉘엿뉘엿 기울고 있었다. 바다 건너 필데스 반도의 여러 기지들 불빛과 어우러져 그 뒤로 지고 있는 오리온. 캄캄한 밤이 될수록 오리온은 빙원 밑으로 가라앉고 있었다. 3월의 오리온은 너무나 아름다웠다. 입대해 훈련을 받은 논산에서도 그랬다. 야간행군할 때 보았던 초저녁의 금성과 자정이 지날 무렵 지던 오리온은 너무나 아름다웠다. 이곳 3월의 오리온 역시 아름다웠다. 하지만 밤이 더욱 길어지면서 흥미로운 것이 새로 보였다.

은하수. 영어로는 Milky way. 별들이 이루는 강, 혹은 하늘의 우유길. 거대한 하늘의 띠가 저 멀리 빙하 위에서 시작해서 내 머리를 지나 저 멀리 남극해로 넘어가고 있었다. 아마 그 하늘의 물줄기를 따라간다면 북극의 어딘가에도 들렀다가 다시 저쪽의 빙하로 솟아오를 것 같았다. 서울 촌놈인 내가 알고 있던 은하수는 도심에서 전혀 볼 수 없든지, 아니면 사진에서 본 너무나 많은 별들, 그래서 그 별빛을 흩뿌리는 화려한 강줄기였다. 하지만 이곳의 은하수는 하늘에 점점이 박혀 있는 여러 별들이 검은 하늘에서 은은하게 자신의 존재만을 드러내는 그런 조용하고 수줍어 하는 모습이었다. 내가 본 은하수는 겸손했다. 그런데 그 거대한 하늘의 띠가 점점 이동을 하면서 내 주위를 빙글빙글 돌고 있다든 것을 느꼈을 때, 그리고 다시 한 번 은하수를 봤을 때, 너무나 거대한 무엇에 어린아이처럼 나 혼자 남겨진 느낌이었다. 웅장했다. 겸손하면서도 웅장했던 은하수. 물론 모든 별들이 자전을 하니까 은하수가 내 주위를 돌고 있는 것은 당연했다. 그런데 이런 원초적 설명 이전의 원초적인 기분을 느끼고 싶었다. 만약에 내가 항상 은하수를 봐 왔더라면 이런 느낌을 받을 수 있었을까? 역시 서울 촌놈이라 가능했으리라. 이런 느낌을 한꺼번에 받기에는 너무 부담스러울 정도였다. 중학교 때 그렇게 많은 별을 본 적이 있는데 그것이 은하수의 일부였는지 아닌지는 모르겠지만 지금 보는 저런 은하수는 처음 보는 것 같았다.

밤만 되면, 그리고 날씨만 좋다면 무조건 카메라와 삼각대를 가지고 나갔다. 이곳의 철칙. 봤을 때 곧바로 해야 한다. 조금 쉬었다 나와서 찍어야지 하고 한 시간 정도 뒤에 나오면 하늘은 온통 구름으로 뒤덮여 있었다. 만약 본관동이나 의무실에서 다른 일을 하다가 잠시 밖에 나왔을 때, 하늘 상태가 너무 좋다면 무조건 나갔다. 하늘만 맑다면, 그런 경우가 가뭄에 콩 나듯이 있었기에 바람이 불어도 무조건 나갔다. 어둠이 무서웠다. 항상 불빛을 등져야 했다. 별 사진을 찍기 위해서는 주변에 불빛이 없는 것이 필수요건이지만, 그래도 무서웠다. 나중에는 조금씩 조금씩 앞으로 전진했지만 지구물리관측동 이상은 나가지 않았고, 중장비보관동도 넘어가지 못했다.

가장 좋은 위치가 기지에서 지구물리관측동까지 약 100여 미터 정도의 거리였다. 이곳은 기지 불빛이 보여 안심되었다. 내가 찍는 시간도 기껏 길어야 15초 정도이기 때문에 기지 불빛은 별 영향이 없었다. 더구나 바다 건너 기지들 불빛도 별빛과 어우러져 그것을 보기에도 아름다웠다. 하지만 바람이 부는 날은 상황이 달랐다. 일단 너무 춥다. 바람이 세면 체감온도는 더욱 떨어진다. 발이 너무나 시렸다.

사진을 찍을 때는 셔터 리모컨을 이용했다. 워낙 오랫동안 카메라 조리개를 열어놔야 했기에 손으로 누르면 사진이 흔들렸기 때문이다. 그리고는 온몸으로 기지 뒤에서 오는 빛을 막아야 했다. 이럴 때 발을 동동 구르며 뒤돌아 있기도 했는데, 몇 번은 이것이 화근이 됐다. 바람이 너무나 강해서 삼각대에 고정시킨 카메라가 쓰러진 적도 많다. 카메라가 몇번이나 나뒹굴었는지 모른다. 다행히 눈 있는 곳으로 박혀서 큰 손상은 없었지만, 렌즈가 헐렁헐렁해지기도 했다.

이곳에 올 때 천체망원경을 가지고 와서 별 사진을 찍어 보려고도 했다. 하지만 바람이 워낙 세서 원하는 별을 그대로 맞춰 볼 수가 없었다. 천체망원경으로 하늘을 보고 있으면 하도 흔들려서 어지러웠다. 세팅이 정확히 돼서 별을 잘 추적하면 찍기도 편하고 자세 잡고 보기도 편할 텐데 세팅한 대로 있어 주지 않았다. 계속 세팅을 하다 보면 목이 꺾이는 것 같았다. 같은 이유로 일주 사진은 엄두도 못 냈다. 아무리 삼각대 밑에 별짓을 다 해 놔도 들어갔다 나와 보면 카메라는 눈밭에 내동댕이쳐져 있기가 일쑤였다. 가슴을 몇 번이나 쓸어내렸던지. 바람이 너무나 세면 삼각대가 쓰러지지 않도록 잡아 주어야 했는데, 그것 자체가 삼각대를 흔들리게 하는 요소가 되기도 했다. 그래도 어쩌겠는가. 별들이 너무나 아름다운데. 그리고 너무나 청명한데…. 오늘밤에도 별이 바람에 스치운다.

7. 설상축구

스쿠아도 없는 세종곶. 바톤 반도 끝으로 혓바닥같이 길쭉하게 뻗어 나온 넓은 곳이다. 기지 바로 앞쪽에 있는 구역만 축구운동장 두 배 정도 되는 크기다. 펭귄마을까지 이어지는 곳을 합친다면 넓이는 더욱 커진다. 하얀단구의 일부인데, 이 평평한 지형은 바다 속으로 이어진다. 그래서 조디악으로 펭귄마을을 돌아올 때도 이곳을 지날 때는 기지가 바로 옆에 보여도 한참을 돌아서 꺾어야 한다. 그러지 않으면 낮은 바닥에 걸릴 위험이 있다. 실제로 몇 해 전에 칠레 보급선이 이 지역을 지나다가 곶에 걸렸다고 한다. 이 지형이 바톤 반도 가장 낮은 곳

세종곶에서 설상축구를 하고 있는 월동대원들. 체력 소모가 워낙 많아 겨울 스포츠로는 제격이다. 뒤로 세종기지가 보인다.

이라 물이 고여 얕은 호수가 형성되어 있지만 겨울이 되면 이 호수의 물들도 모두 지하로 빠지고 눈도 넓게 쌓여 울퉁불퉁한 돌들을 가리게 된다. 가끔 따뜻한 북풍이 불면 살짝 녹았다가 얼음과자같이 얼고, 또 눈이 쌓이고 이것을 반복하게 되면 평평한 눈밭은 넓은 운동장이 되고 만다. 이 운동장은 겨울의 스포츠, 설상축구를 하기에 제격이다.

드디어 처음으로 설상축구를 하기로 했다. 점심을 일찍 먹은 후에 눈의 상태를 살펴보러 체육부장인 경모가 세종곶으로 갔다. 사실 눈의 상태는 이전부터 여러 대원들이 살펴오고 있었다. 아무래도 안전사고가 나면 안 되기 때문이다. 운동장 상태가 좋아지기 전에는 대장님이나 총무님께서 설상축구를 절대 허락하시지 않으실 것이 뻔했기 때문이다. 설상축구. 이곳에 오기 전부터 너무나 많이 들었었다. 16차 의사인 찬이는 거의 설상축구 예찬자였다. 뭐가 그렇게 재밌을까. 그저 축구를 눈 위에서 하는 것뿐인데…. 아무튼 이날은 설질이 괜찮아서 축구를

겨울 **221**

해도 될 것 같았다. 날씨는 그렇게 좋지는 않았다. 바람이 세게 불거나 눈이 많이 오는 것은 아닌데, 아침부터 얕은 눈안개에 뿌연 하늘이 하루 종일 남극을, 세종기지 주변을 뒤덮고 있었다. 그래도 설상축구를 할 수 있는 조건이 돼서 대장님께서도 허락하시고 직접 참가하시기로 했다.

팀을 나누다 보니 우연히도 유부남 팀과 총각 팀으로 나뉘었다. 의무창고에서 꺼낸 드링크류는 눈구덩이에 하나씩 박아 놨다. 기지에 있던 작은 축구 골대를 가지고 왔다. 크기는 폭이 약 1.5미터, 높이가 1미터 정도 되는 작은 것이다. 그래도 나름대로 축구 골대 모양에 그물도 갖춰져 있었다. 세종곶 가운데에 세팅을 했다. 거리가 너무 가까웠다. 좀더 멀리 놓기로 했다. 그래봤자 25미터 정도 거리나 될까? 더 멀리 해도 될 텐데. 하지만 설상축구 경험이 있는 총무님이나 요정이, 진희는 이 정도면 충분하다고 했다. 자, 이제 시작이다.

그런데 이게 웬일. 축구를 시작하자마자…. 이것은 축구가 아니었다. 평평하리라 생각했던 눈 위에서 뛰기 시작하자 정강이까지 빠졌다. 하지만 축구공은 눈 위로 사뿐히 올라서 유유히 미끄러져 가고 있었다. 말하자면 같은 축구장에서 경기를 하는데, 공과 선수들이 제각기 놀았다. 뛰기조차 힘들었다. 겨우 드리블해서 몰고 가면 앞에 수비수가 나타났다. 잠시 멈칫하고 약간 뒤로 돌아 패스를 하든지 옆으로 몰고 가려고 잠시 속이는 동작을 했는데, 공은 그대로 있고 나만 눈에 걸려 넘어지고 말았다. 모두들 박장대소했다. 정강이까지 빠지는 눈은 걸려 넘어지기에 충분한 깊이였다. 나만 그런 것이 아니라 모든 선수가 제대로 뛰지를 못했다.

한 5분 지났는 데도 숨이 찼다. 그 차가운 공기를 그냥 들이마셔도 더위가 식을 줄 몰랐다. 요령이 생겼다. 너무 많이 움직이면 제풀에 꺾여서 제대로 된 경기를 할 수 없었다. 되도록이면 길목에서 공격을 차단하고, 만약 상대 선수와 볼 경쟁이 붙으면 끝까지 가는 것이 좋았다. 저쪽도 힘들기 때문에 기술보다도 질긴 놈이 이기는 경기였다.

공이 멀리서 날아올 때, 공이 바닥을 한 번 치고 앞으로 나아갈 것을 예상한다면, 일단 그 공의 임자가 될 수 없다. 공은 발자국이 난 곳에 박혀서 혼자 헛돌고 있거나, 아니면 너무나 멀리 흘러가기 때문이다. 공이 매끈하게 살짝 얼은 눈 위를 굴러가는데, 바람까지 도와준다면 더욱 걷잡을 수 없이 굴러간다. 살짝 얼은 평평한 눈 위에 강풍을 받으면 정말 잘도 굴러간다. 공은 눈 위를 굴러가지만, 쫓아가는 사람은 그 눈에 푹푹 빠지면서 달려가니 웬만큼 열심히 달리지 않으면 따라잡기 힘들었다. 그래서 우리가 정한 규칙은 공을 멀리 찬 사람이 그 공을 가져오는 것이었다. 하지만 너무나 힘들었다. 다시 규칙을 바꿨다. 멀리 갔을 때 먼저 잡은 팀이 공격권을 갖는 것으로 했다. 그러나 이 룰 또한 오래가지 못했다. 왜냐하면 공격권을 갖는다고 절대 유리한 것이 아니었기 때문이다. 원하는 곳에 공을 보내기도, 드리블을 하는 것도 쉽지 않았다. 패스를 받는다 하더라도 그 공만 보일 뿐 갑자기 눈에 빠져 자빠지던지 혼자 쇼를 하는 경우가 허다했다. 공은 우리의 의지와는 상관없이 왔다갔다 했다. 그래서 다시 멀리 찬 사람이 공을 가지고 오는 것으로 바꿨다.

　이런 힘든 경기에는 역시 총각 팀이 우세했다. 튼튼한 체력으로 지칠 줄 모르는 압박수비, 끝까지 공을 쫓아가는 투혼. 하지만 경기 중반 이후로는 경기 주도권이 유부남 팀으로 넘어갔다. 총각 팀은 지칠 대로 지친 반면, 유부남 팀은 순발력은 약하지만 후반에 힘을 발휘했다. 그중에서도 입담과 축구 실력으로 전천후 공격을 하시는 총무님, 기술을 쓰는 족구나 축구 그리고 당구 등 모든 게임을 섭렵하고 계신 이영일 반장님, 공병대 출신의 생물연구원으로 모든 못질에서 시작해 각종 운동에도 능한 승일이형, 투지와 한꺼번에 폭발시키는 힘, 그래서 드리블에 맞붙으면 항상 이기는 동석이형, 그리고 골을 넣으면 그에 상응하는 대가가 있을 것 같은, 그래서 골대 앞에만 가면 조용히 경기를 해야만 할 것 같은 골키퍼 홍대장님. 이래저래 총각 팀에게는 강적들이었다. 그래서 체력으로 밀어붙였건만, 이렇게 힘든 경기인 줄 모르고 초반에 너무 많은 힘을 쏟았다. 결국 2대 1로 졌다. 갑자기 수현이형이 나타났다. 기지에서 전경이 제일 좋은 기상실에서 보고 있다가 일기 전송 후 바로 뛰쳐나왔다. 다시 경기를 하자는 총각 팀과 이쯤에서 끝내자는 유부남 팀 간에 실랑이가 벌어졌다. 유부남 팀이 너무 힘드니까 골든골로 승부를 정하자고 했다. 나는 그런 내용의 협상이 오가는 줄도 모르고 한켠에서 카메라를 접고 들어갈 준비를 하고 있었다. 그런 와중에 수현이형이 들어온 것이다.

"어, 형은 유부남팀."

"어디여, 어디."

구수한 전라도 사투리로 누가 유부남인지 헤아리고 있는 사이 경기가 다시 시작되었다. 삼각대를 접고 있던 나에게 공이 날아왔다. 순간 삼각대를 내팽개치고 공을 몰고 수비수가 붙기 전에 공을 찼다. 그런데, 그 많은 사람들 사이를 뚫고 골인이 되고 말았다. 경기 시작 5초 만의 일이었다. 총각 팀은 환호성을 지르며 내게 와서 하이파이브까지 했다.

총각 팀은 소기의 목적을 달성했고 유부남 팀도 지쳐 가서 다 같이 들어가기로 했다. 하지만 수현이형만은 계속 축구를 하자고 졸랐다. 미안하지만 다음 기회에 다시 하기로 하고 이쯤에서 끝냈다. 축구를 하는 동안 눈구덩이에 묻어 둔덕에 시원해진 드링크를 꺼내 마셨다. 추운 이곳에서 땀을 흘리고 차가우면서도 시원한 드링크를 마시는 이 기분. 찬이가 말한 것이 이런 것이었나 보다. 기지로 돌아오는데, 여전히 뿌연 안개 속으로 작은 눈발이 날리고 있었다.

8. 무제

막내 경모가 주로 머무는 곳은 지구물리관측동. 기지에서 약 100여 미터 떨어져 있다. 기지에서 관측동까지 길을 따라 전기와 인터넷선이 바리케이드같이 둘러져 있다. 주변에 거칠 것이 없는 그런 자리니까 이곳에 지진계나 기타 관측기기를 설치했을지도 모른다. 그래서 경치 하나는 가장 좋다. 대신 화장실이 없어서 일을 보려고 하면 기지까지 다시 와야 한다. 방송도 안 나온다. 식사시간에 알아서 맞춰 가야 한다. 저녁이 되면 이곳에서 개인 시간을 보내고 기지로 돌아오는데 비록 짧은 거리이고 길을 닦아 놓기는 했지만 컴컴하고 무섭다. 가로등이 있기는 했지만 그래도 컴컴했다. 사진을 찍을 때도 관측동까지는 가지 않았다. 은근히 무서웠기 때문이다.

어느 날 밤 경모가 관측동에서 기지로 돌아오는데 뭔가가 발에 차이더란다.

물컹거렸단다. 알고 보니 시커먼 물개가 누워 있었다. 소스라치게 놀라서 마구 뛰었다. 물개도 놀라고 경모도 놀라고….

이곳의 물개는 보통사람들이 생각하는 공놀이도 하고 사람들에게 애교도 부리는 그런 물개가 아니다. 너무나 사납고 공격적이다. 말 그대로 개다. 덩치는 또 엄청 크다. 더구나 위협의 수단으로 방귀를 뀌기도 하는데 그 냄새는 정말 지독하다. 겉은 무슨 들쥐마냥 거친 털에 짙은 갈색을 하고 있다. 바위 틈에 있으면 절대 구분하기가 힘들다. 나도 산기슭까지 올라온 물개가 옆에 있는 줄도 모르고 지나간 적이 있고, 대원들 모두도 바닷가에서 바위 옆에 있는 물개를 모르고 지나친 경험이 있다. 물 위에서도 행동이 무척이나 빠르고 민첩하다.

전기담당 해섭이가 남는 복도용 비상등을 이용해서 목에 걸고 다닐 수 있는 서치라이트를 만들어 줬다. 일 년 내내 경모는 목에 이 투박한 서치라이트를 걸고 다녔다.

9. 5월 31일

오래전부터 준비했던 날이다. 날짜가 의미하는 것은 없다. 그렇다고 숫자가 특이한 날도 아니다. 다만 이제 겨울이 시작되는 시점이고 한국에서 떠나 이곳에 둥지를 튼 지 6개월이 되는 날이라 이를 기념하고자 했다. 며칠 전부터 대장님께서 겨울에 앞서 심기일전을 하자고 했었다.

아침회의를 하면서 5월 마지막 행사와 6월 동지에 할 체육대회에 대한 논의가 있었다. 체육대회는 한겨울이 지나고 봄이 오기 전에 시행할 남극 올림픽 준비도 겸할 행사였다. 하계대가 다 나갈 때까지 아껴뒀던 맛있는 음식을 이날 먹기로 했고, 체육대회는 각 구기종목 대표를 선출하는 대표선발전의 성격이 짙었다. 체육관까지 돌아오는 마라톤도 하기로 했다. 이를 종합해서 스키 대표선수도 선발하기로 했다.

5월 31일이 되자 아침부터 분주했다. 일과를 대략 마무리하고 다들 본관동에 모여서 파티 준비를 했다. 상훈이형은 저녁에 먹을 티본 스테이크 고기를 가지고 와서 물에 담가 해동을 하고 있었다.

다른 대원들도 바빴다. 총무님은 총무창고에서 각 테이블에 씌울 식탁보와 천으로 된 개인 냅킨을 찾으셨다. 경모는 그날 식사중에 흘러나올 배경음악을 고르고 있었다. 요정이는 풍선을 준비하고 본관동 입구에서 식당까지 장식하는 데 열중이었고, 진희는 개인 냅킨을 멋있게 접어서 각 테이블을 단장하기에 여념이 없었다. 테이블을 어떻게 놓을까 많은 사람들이 연구한 끝에 약간씩 비틀어서 마름모 형태로 배열하기로 했다. 여러가지 음식을 준비한 상훈이형은 주방 안쪽으로 들어가서 오늘의 메뉴를 적어 게시했다.

시작 시간 30분을 남겨 두고 프라이팬을 달군 후 20쪽의 티본 스테이크를 올렸다. 전체 3개의 가스불이 켜지는데, 왼쪽 프라이팬은 미열로 하고 가운데와 오른쪽은 불을 활활 지폈다. 웰던으로 바짝 익혀 먹는 사람들을 위한 고기는 미리 반쯤 구워서 왼쪽 맨 아래에 두고 그 다음은 미디엄, 그 다음은 날고기에 가까운 레어로 익혀서 시작 시간이 되면 동시에 음식이 나올 수 있도록 준비했다. 막내 3인방 정원이, 인호, 그리고 경모가 서빙을 했다. 경모가 준비한 음악은 방송실 스피커를 타고 눈 덮인 겨울 기지에 은은하게 울려퍼졌다.

아, 이날은 좀더 특별하게 구정 이후로 옷장에 넣어 둔 와이셔츠와 넥타이, 그리고 우리 차대 단복을 입고 모이기로 했다. 상훈이형은 주방장용 높은 모자를 썼다. 테이블 가운데에 촛불도 켰다. 대원들이 삼삼오오 모이기 시작했다.

들어서자마자 모두들 놀랐다. 매일 똑같이 생활하던 이곳에 테이블 위치와 장식만 좀 했을 뿐이고, 촛불과 음악만 더했을 뿐인데 분위기가 확 살아났다. 이런 분위기를 반드시 연인들만이 즐겨야 한다는 고정관념을 버리라. 남자들끼리만 있는 데도 이런 분위기가 무언가 막혔던 것을 뚫어 주는 것 같았다. 대원들끼리 기념촬영을 했다. 마치 어디 여행지에라도 온 것 같았다. 나중에는 다 같이 단체사진을 찍었다.

나는 캠코더를 들고 본관동 입구에서 전체 분위기를 스테디캠처럼 물 흐르듯이 담아 나갔다. 눈이 쌓이고 매서운 바람소리만 들리는 어두컴컴한 세종로에서 시작해서 계단을 타고 올라왔다. 설상화를 벗어 놓은 현관, 밝고 따뜻한 느낌과 함께 안쪽 멀리에서 흘러나오는 웃음소리와 음악, 그리고 풍선으로 장식된 입

동지를 맞이하기 전 5월 31일 행사. 월동 6개월을 기념하고 이후 남은 기간을 잘 보내자는 의미로 우리만의 파티를 준비했다. 주요리가 나오기 전에 단체사진을 찍었다. 앞 테이블 모자 쓴 필자의 손에 든 카메라 리모콘이 살짝 보인다.

겨울

구를 지나면 사람들이 웃고 얘기하는 모습들. 그중에 한 테이블에서 지나가는 얘기와 건배하는 모습을 담아서 바로 주방으로 들어갔다. 들어가자마자 커다란 프라이팬에서 고기를 굽는 모습과 지글지글거리는 소리. 막 익은 음식은 미리 준비된 접시에 담겨 동생들의 손을 거쳐서 식당으로 나온다. 그 음식은 어느 대원 앞에 놓이고 그 대원의 흐뭇한 표정을 담은 채, 다시 시선은 위로 올라가 전체 분위기를 느낀다.

전채요리부터 포도주가 곁들여진 메인 음식. 빙하로 만든 후식까지 너무나 즐거운 식사였다. 한참을 웃고 떠들면서 이곳 최대의 명절, 6월의 '동지'를 기대하고 있었다. 동지축제, 각국에 보낼 동지 카드, 남극 올림픽 등등…. 그리고 이곳에 들어와서 하역에서부터 시작해 힘들었던 많은 일들을 추억으로 떠올리면서 오래간만에 웃고 즐겼다. 물론 식사를 마치고는 모두들 설거지를 도와줬다. 삼삼오오 모여 뒷풀이를 하는 가운데 남극의 겨울밤은 깊어만 갔다.

10. 복장과 신발

단체사진에서부터 개인 사진까지 가장 많이 등장하는 옷이 있다. 한 벌로 되어 있는 이 옷은 지퍼가 배꼽 바로 아래에서 시작해서 목을 지나 턱까지 올라올 수 있게 되어 있다. 모자도 붙였다 떼었다 할 수 있다. 혹 화장실에서 큰일을 볼 때 모두 벗기가 귀찮으니 벨트 라인에는 옆구리에서 시작해서 허리를 돌아 반대편 옆구리까지 이어진 지퍼가 있어 용변을 보기에 편리하게 되어 있다.

상하 일체형인 몸통은 파란색 바탕에 팔과 주머니 안감은 빨간색이다. 마치 태극 마크의 색깔을 연상시켜 다른 나라 기지 대원들과 사진을 찍으면 누가 보더라도 이 옷을 입은 사람은 한국 사람임을 알게 한다. 거의 공식적인 일상복이나 다름이 없다. 흰 눈 위에서나 바다에서나 눈에 잘 띈다.

자세히 들여다보면 왼쪽 가슴에는 원형의 극지연구소 마크가 새겨진 패치가 부착돼 있고, 왼쪽 팔에도 직사각형의 작은 극지연구소 패치가 붙어 있다. 이 옷을 보고만 있어도 자부심이 생긴다. 하지만 무엇보다도 이 패치 밑에 붙어 있는 또 하나의 패치가 압권인데, 바로 '친절, 신속, 정확' 반대편 팔에는 '안전제일'. 이쯤 되면 짐작하는 분들도 계실 것이다. 이 옷은 바로 작업복이다. 편하게 입고 어떤 일을 하더라도 부담이 없고, 더러워져도 속옷은 더럽히지 않으니 정말 좋다. 야외활동이나 작업을 할 때도, 나 같은 경우 주방에서 음식 하느라 기름이 튀어도 별 걱정이 없다. 두 벌이 있어 번갈아 세탁해 입으면 만사 오케이.

사진 찍을 때도 안성맞춤이다. 무릎을 꿇고 시야를 낮게 잡을 때도, 심지어 엎드려서 촬영을 할 때도 옷이 더럽혀질 걱정이 없다. 그냥 툭툭 털고 일어서면 그뿐이다. 펭귄 녀석들의 고약한 냄새가 배어도 이 겉옷만 빨면 된다.

조디악을 타고 나갔다 와서 구명복을 벗으면 구명복 안에 있던 오랜 흙먼지가 묻는 경우가 있었는데, 작업복을 입고 타면 그런 염려는 안해도 됐다. 대장님은 일반적인 옷을 오히려 많이 입고 다니시고, 예전에 남극에 오셨을 때 입으셨던 방한복을 입으셨는데, 바비큐 파티를 할 때는 이 작업복을 입으셨다. 물빨래를 해도 옷이 늘어나거나 줄어들 걱정이 없고, 더위가 심할 때는 위에만 상체를 벗고 팔 부위를 허리에 졸라매면 된다. 그리고 가장 중요한 것, 따뜻하다. 아무리 따뜻한 옷을 위아래 분리형으로 입는 것보다 이것 하나로 입으면 외풍을 막아주어 훨씬 따뜻했다. 또 한 가지 좋은 점은 그냥 이것을 입은 채로 소파에 누워 텔레비전을 보다가 잠들어도 좋다는 것이다. 손은 소매 안쪽으로 집어넣고 모자를 눌러쓰고 잠들면 마치 침낭 안에서 자는 것처럼 따뜻했다.

남극으로 떠나기 한 달 전쯤 17차 의무인 규현이와 이메일을 주고받는데 마지막에 한 마디를 적었다. 이곳에서 사진 찍을 때 단조로운 옷만 입을 경우가 많으니까 옷을 많이 가져오라고 했다. 이 말 한 마디에 지난여름에 이곳에서 입을 옷을 보냈음에도 다른 옷들도 또 챙겨서 들어왔다. 조금씩 챙긴 옷 부피가 상당했다. 하지만 이곳에 들어오니 웬걸. 나도 그 단조로운 옷만 입게 되었고, 오히려 남들 다 작업복을 입는데 혼자 다른 옷 입는 것이 더 이상해 보였다. 결국 일 년 월동을 마칠 때는 여름에 배편으로 보낸 옷, 겨울에 직접 가지고 들어간 옷 모두를 거의 입지도 못하고 그대로 다시 보냈다. 그만큼 작업복이 좋았다.

작업복이 방한복을 대신했다면 설상화를 대신한 것은 바로 '안전화'였다. 사실 나는 안전화를 이곳에서 처음 신어 보게 되었다. 등산화와 비슷하게 생겼는데, 쉽게 벗고 신을 수 있게끔 안쪽에 지퍼가 있었다. 이 지퍼만 올렸다 내렸다 해도 굳이 끈을 풀러 다시 매지 않아도 됐다. 이것이 가장 마음에 들었다. 그리고 또 한 가지, 이름 그대로 '안전화'였다. 작업중에 무거운 물건이 떨어져도 안전하도록 발굽 앞에는 발등부터 발끝까지 보호해 줄 아치형의 쇠붙이가 들어가 있었다. 또 하나 좋은 점은 등산용 양말을 덧신어도 신발 앞볼이 여유가 있어서 좋았다. 밑창은 등산화 밑창과 똑같고, 고무도 웬만한 얼음이나 물 묻은 돌에서도 미끄러지지 않는 재질이었다. 눈이 많이 왔을 때는 긴 각반을 발에서 무릎까지 대고 다녔다. 장화 같은 설상화보다도 기동성이 좋았고, 두터운 양말도 신을 수 있어서 보온 효과도 뛰어났다.

　장갑. 이것 역시 너무나 중요한 '장비'이다. 스키 장갑과 두툼한 일반 등산용 장갑이 지급됐다. 스키 장갑은 따뜻하기는 했지만 행동에 제약이 너무나 많았다. 그래서 일반 등산 장갑을 주로 끼고 다녔다. 이 장갑을 끼고 카메라 끈을 손에 감으면 카메라가 손에 착 달라붙는 느낌이 아주 좋았다. 그리고 하도 많이 이 장갑을 낀 채로 활동을 해서 세세한 카메라 옵션을 바꾸는 것도 많이 익숙해졌다. 스키 장갑에 어느 정도 익숙해질 정도가 됐지만 아무래도 둔했다. 하지만 이곳 세종기지에서 가장 많이 쓰고, 가장 많이 애용하는 장갑은 등산용 장갑도 아니고, 스키 장갑도 아닌 바로 명주로 된 목장갑이었다. 목장갑이야말로 너무나 편했다. 물론 추위를 막는 데는 역부족이었으나 더러워져도, 젖어도 부담이 없고, 일할 때 너무나 편했다. 유지반 대원들뿐만 아니라 연구반 대원들도, 주방에서도 유용했다. 얼은 고기 썰 때도 그렇고, 처음 기름에 음식을 튀길 때도 뜨거운 기름이 튈까봐 목장갑을 착용했다.

　조디악이 나갈 때 로프를 잡아 줘야 하는데, 사실 차가운 바닷물에 젖은 로프를 비싼 장갑을 끼고 만지고 싶지는 않았다. 그래서 무조건 목장갑을 끼고 작업을 했다. 장갑을 끼면 거추장스럽고, 안 끼면 손 시려운 실내에서도 그냥 목장갑을 끼는 것으로 충분했다. 더구나 주머니에 쏙 들어가는 부피여서 가지고 다니기도 너무나 편했다. 목장갑은 가지고 들어온 수량이 많아서 심하게 더러워지면 부담 없이 새것으로 바꾸면 됐다. 비닐장갑에 목장갑까지 끼고 나가면 웬만한 바

산을 오르는 대원들. 멀리 나갈 때는 다른 장비도 챙기지만 가장 기동성 있는 복장은 극지연구소와 차대 패치를 부착한 작업복, 안전화에 각반 그리고 목장갑이었다.

람이 불어도 따뜻했다. 다른 기지로 나갈 때도 항상 목장갑 한 짝은 여분으로 챙겨 갔다.

목장갑의 진가는 바비큐파티 때 발휘되었다. 먹성 좋은 이 많은 남성들이 장작불에 고기를 구우면서 젓가락으로 일일이 뒤집는 것은 시간도 낭비였고, 손만 아팠다. 이때에도 목장갑이 최고였다. 고기를 불판에 얹을 때도, 익은 고기를 뒤집을 때도 목장갑을 낀 손으로 한다. 빠르고 편하게 고기를 구울 수 있다. 단지 집어 먹을 때만 젓가락을 이용했다. 가격대비 유용성 면에서 이 목장갑을 따라올 '장비'는 없었다.

작업복, 안전화, 그리고 목장갑은 세종기지의 필수 유니폼이었다.

11. 동계 생활

수학 공부는 착착 잘 진행되고 있었다. 일단 리듬을 타니까 공부에도 속도가 붙었다. 수학 I를 끝내고 수학 II로 넘어가고 있었다. 영어 공부도 나름대로 진행했다. 가지고 온 영어 소설들을 읽지는 못했지만, 매일 업그레이드 되는 영어 사이트에서 영어 뉴스나 드라마를 듣고 해석하는 공부도 나름대로 잘 진행되었다.

여전히 사진을 많이 찍었지만 조건은 그리 좋지 않았다. 첫째, 햇빛이 너무 적었고 낮도 짧아졌다. 둘째, 온통 흰 눈이 쌓여 가는데, 흐린 날씨로 명암을 나타내지 못했고, 이것은 급기야 사람이나 카메라가 거리감을 감지하지 못하게 했다. 셋째, 소재가 별로 없었다. 펭귄도 없었고 그 폭력적인 스쿠아도 없었다. 남극 비둘기인 쉬스빌이 있었지만 별 매력은 없었다.

모두들 조용히 각자가 준비해 간 일들을 하고 있었다. 공부도 하고 책들도 읽고 명작영화를 여유 있게 감상하는 이들도 있었다. 나는 슬슬 행동반경을 넓혔다. 총무님께 허락을 받아 멀리 기지가 보이는 곳까지 나갔다. 일단 지난 몇 개월 동안 기지에서만 바라보던 펭귄마을 가는 길목 언덕에 있는 항해표지판까지 갔다. 멀리서는 작아 보였는데, 가까이 가서 보니 엄청 컸다. 그리고 다시 기지로 복귀하고, 다음 날은 그것보다는 조금 더 멀리, 다시 복귀, 그 다음 날은 조금 더 멀리. 이런 식으로 행동범위를 점점 넓히면서 이곳 지리를 익혀 나갔다. 급기야는 바톤 반도 위에 자리 잡은 평지까지 갔다. 물론 무전기는 항상 챙겼다.

겨울이 되니 오히려 이동하기가 쉬웠다. 울퉁불퉁한 돌들 사이로 눈들이 쌓여서 걷기가 훨씬 편해졌다. 눈이 많이 내리면 발이 푹푹 빠졌지만 위에만 살짝 녹았다 얼면 걷기는 더욱 쉬웠다. 사각사각 발이 적당히 빠지면서도 깊게는 빠지지 않았다. 오히려 내 발이 눈밭 위로 박히면서 미끄러지지도 않고 좋았다. 급경사를 내려올 일이 있어도 눈에 발을 힘껏 내디뎌 말뚝을 박으면서 내려오면 괜찮았다. 물론 양지바른 곳은 깊은 곳까지 녹았다가 얼어서 미끄러웠지만 그외에는 괜찮았다.

무엇보다도 등산을 수월하게 했던 것은 모든 굴곡들을 눈들이 채우고 다져줘서 산꼭대기까지 기지에서 그냥 걸어가면 됐다. 작은 언덕들 사이는 그냥 평지가 되었다. 그렇다고 언덕 사이의 계곡이 허리까지 빠질 정도로 위험하냐 하면 전혀 그렇지 않았다. 살짝 녹았다 얼고 또 눈이 내려서 다져지고, 다시 녹았다가 얼기를 반복해서 그만큼의 높이만큼 탄탄해진 그 위에 계속 눈이 내리니 점점 야무지게 다져진 눈밭이 형성되었다. 더구나 평소 오두방정을 떨면서 굉장히 난폭한 스쿠아도 없었다. 등산하기 딱 좋았다. 점점 더 올라가 보고 싶었다. 하지만 기지를 한도 끝도 없이 벗어날 수는 없었다. 그나마 내가 오른 곳은 많이 익숙해지고 기지에서 그리 멀지 않아서 대장님이나 총무님도 그냥 내버려 두셨다. 처음에는 시야에서 벗어나지 않는 범위를 이동하는 범위로 정했다가 나중에는 한 시간 내에 올랐다가 내려올 수 있는 범위로 정했다. 결국 같은 시간 내에 멀리 가 보려면 빨리 올랐다가 빨리 내려올 수밖에 없었다.

나의 활동반경은 급기야 1봉, 2봉을 지나 바톤 반도 평지에 자리 잡고 있는 3봉과 4봉으로 이어졌고, 그 고지의 평원과 세종봉과 백두봉이 있는 급경사 능선을 사이에 둔 U자 계곡까지 넓혀졌다. 체육관까지 가서 바로 U자 계곡으로 치고 올라가서 이제는 눈이 두껍게 쌓여 탄탄해진 빙하의 끝을 타고 올라갔다. 4봉을 지나고 평원에 외로이 우뚝 솟은 3봉에 올라갔다가 다시 2봉, 관악봉이 있는 사이로 해서 기지 뒤로 내려왔다. 때로는 반대로 올랐다가 U자 계곡으로 내려오기도 했다. 결국에는 지난가을에 소풍으로 반나절 걸려서 올라갔다 내려온 길을 한 시간이면 갔다 올 수 있을 정도가 됐다. 물론 그때는 처음 길이고 여럿이 가고, 또 중간에 도시락도 먹으면서 시간을 보냈기 때문에 오래 걸린 면도 있었지만, 지금은 기지에서 어느 정도 용인해 주는 범위에서 내가 하고 싶은 것을 하려고 그 기준에 맞게끔 노력하다 보니 가속도가 붙었다.

가장 짧고 빠르게 오르고 경치도 가장 좋은 곳이 3봉이었는데, 그 위에서는 세종기지 너머에 있는 아르헨티나 기지와 저 멀리 빙원을 뚫고 솟아올라 있는 누나탁이 보이기에 충분했다. 이곳의 특징 중 하나, 나무가 전혀 없기 때문에 올라가는 곳 어디에 멈춰 서서 사방을 둘러봐도 경치 하나는 탁 트이고 좋았다. 광활한 눈밭 아래로 눈길을 돌리면 하얀 육지 위에 보이는 빨간색 세종기지, 푸른 바다와 이곳을 채우고 있는 수많은 유빙들. 남쪽으로 시선을 돌리면 점점이 보이는 빙산들. 뒤로 다시 눈을 돌리면 끝없이 펼쳐진 하얀 빙원들. 이 빙원들은 내가 정상에 서 있는 이 바톤 반도 양 옆으로 흐르는데, 오른쪽은 아르헨티나 기지가 있는 포터 소만으로 무너지고, 왼쪽으로는 우리 기지가 있는 마리안 소만으로 무너지고 있었다. 올라갈 때만 힘들었지 내려올 때는 더 쉽다. 거의 뛰다시피 내려오면 그 충격으로 발이 눈밭에 조금 더 푹신하게 박혀서 미끄러지지 않고, 또 적당한 충격 흡수를 해줘서 리듬만 타면 편하게 내려올 수 있었다. 나무가 없어서 풍경을 관망하기도 좋고 길을 잃을 염려도 없었다. 하지만 이렇게 나무가 없는 곳에는 이정표도 없어서 정확한 위치를 잡는 데는 불리한 점도 있었다.

　물론 날씨가 좋을 때만 산에 올랐다. 하지만 이곳 날씨는 워낙 변화무쌍해서 한참 올라가고 있으면 바다 멀리서, 혹은 빙원 너머에서 저기압이 구름과 함께 몰려오는 것이 보였다. 만약 동료가 같이 있다면 좀 위로가 되겠지만, 그런 광경을 보면 내가 있는 곳이 아무리 날씨가 좋다고 하더라도 덜컥 겁이 났다. 그런 경우 지체 없이 바로 기지로 복귀했다. 하지만 간혹 그런 날씨를 즐기기도 했다. 봉우리 위에 있으면 운해가 깔리는 경우가 있었다. 또 고원의 평지 끝에 가서 보면 아래에서 상승기류가 힘차게 올라오면서 쌓였던 눈가루를 뿌릴 때가 있었다. 날씨가 안 좋다가도 갑자기 좋아지는 경우도 있었다. 이때 그냥 맥없이 기다린다면 불안감이 더하겠지만, 사진 몇 장 찍고 캠코더로 몇 장면을 담고 나면 어느새 날씨가 다시 맑아졌다.

　이때까지만 해도 스키를 탈 때 들고 메고 올라갔다. 설상차가 바톤 반도 꼭대기까지 올라가기에는 눈이 그렇게 많이 쌓이지 않아서였다. 스키 탈 때마다 기껏 1분 내려오고자 15분에서 20분을 걸어 올라가는 것이 쉬울 리 없었다. 그래서 U자 계곡에서 타는 것은 어떨까 해서 답사 차원에서 스키를 가지고 가기로 했다. 스키 부츠를 담은 배낭을 등에 짊어지고, 스키는 스키집에 넣어서 들쳐메고 올랐다. 여기에 나의 분신 카메라를 삼각대에 꽂고 나머지 렌즈나 장비는 카메라 전용 배낭에 넣어 이것도 메고 올랐다. 등에는 부츠 배낭, 왼쪽 어깨에는 카메라 배낭, 오른쪽 어깨에는 스키를 멨다.

　사실 이동중에 사진을 찍으려고 할 때 카메라 가방에서 카메라를 꺼내고, 삼각대를 펴서 자리를 잡고 사진을 찍고, 또 다시 접어 넣고 해 가면서 이동을 하는 것은 너무나 귀찮다. 그것도 두툼한 겨울 장갑을 끼고 하는 것은 더 더욱 귀

바톤 반도 2봉에서 내려다본 세종기지. 날씨가 좋아서 올라왔으나 갑자기 남쪽에서 저기압 구름이 몰려왔다. 곧바로 상승기류와 눈가루가 흩날렸으나 이내 날씨가 좋아졌다.

찮고 힘들었다. 그래서 그냥 장갑 낀 채로 오른손에 항상 카메라를 감고 다니거나, 삼각대에 카메라를 그냥 부착시킨 채로 장총을 어깨에 걸듯이 걸치고 다녔다. 카메라만 빼내기도 편하고 삼각대에 올려놓기도 편했다. 혹 몇몇 분들은 그러다가 카메라가 떨어지면 어떡하려고 그러느냐 걱정하실지 모른다. 그러나 사방이 눈밭으로 되어 있어 설사 떨어졌다 하더라도 눈에 푹 박힐 뿐이었다.

추운 날씨는 크게 걱정하지 않았다. 사진동호회에서도 추운 날씨에 건전지가 쉽게 방전되는 것을 걱정했는데 늘 손에 들고 다녀서 카메라를 극한에 노출시키는 시간은 많지 않았다. 하지만 예비 건전지는 늘 가지고 다녔고, 기지에 복귀하면 건전지 충전과 메모리 정리부터 했다.

아무튼 스키의 모든 장비와 카메라 장비를 들고 무작정 뛰어올랐다. 사실 기지 뒤로 올라갈 때야 완경사지만 1, 2봉 바로 아래에서 바톤 반도 평원에 오르는 넓은 부위의 언덕은 정말 오르기 힘들었다. 과거 빙하가 평원에 있다가 쏟아지기 시작한 부위라고 하는데, 그것을 거슬러올라가는 내가 처량해 보이기도 하고, 어떻게 보면 자랑스러워 보이기도 하고.

　U자 계곡 시작 지점에 도착했다. 날씨가 점점 어두워지고 있었기에 빨리 내려와야 했다. 멀리 누나탁은 흰색의 눈으로 덮였는데 별로 볼품이 없었다. 빙원과 똑같은 흰색이라 그랬다. 봄에는 빙원의 하얀 얼음과 검은색의 거친 누나탁이 대조를 이뤄서 더 강렬했는데 말이다. 이제 내려가려고 스키 부츠와 스키를 준비를 했는데, 문제는 카메라와 삼각대, 그리고 신고 올라간 신발이었다. 결국 카메라 가방에는 카메라의 모든 것을 넣고 등에 멨다. 그 가방 끝에 기다란 스키집을 연결하고 반대쪽 끝에는 부츠 배낭을 연결했다. 이곳에 신발을 넣었다. 삼각대를 접어서 넣으려고 했지만 들어가지 않아서 스키집에 넣었다. 왼쪽으로는 바톤 반도의 평원이 펼쳐져 있고, 오른쪽으로는 급한 경사를 이루는 백두봉과 세종봉의 능선이 깎아지른 듯 있었다. 오른쪽 절벽에는 태고적 빙하가 갈고리같이 할퀴고 지나간 빙하조흔 자국이 여러 겹 보였다.

　살살 내려오기 시작했다. 그럴 수밖에 없었다. 밑에서 봤을 때는 경사가 크지 않아도 위에서 보면 경사가 급한 경우가 있듯이 이곳이 그랬다. 완만하게 흘러내려오는 경사가 중간에 급격히 계곡을 따라 한쪽으로 기울어 있었기 때문이다. 더구나 이 계곡을 따라 흐르던 바람들이 눈 위에 사막의 모래물결 같은 특유의 물결을 만들고 이를 다져 놓아서 내려올 때 이곳에 스키가 자꾸 걸렸다. 심한 곳은 물결의 높이 차가 어른 정강이 높이까지 차이가 났다. 물결의 방향과 같은 방향으로 내려오면 그 영향이 적지만 만약 수직 방향으로 내려온다면 단단한 장애물일 수밖에 없었다. 이 물결 모양의 눈을 잘 이용해서 내려와야 하는데, 흐린 날씨에 해가 질 무렵이라서 도대체 그 물결의 명암이 잡히지 않았다. 그 앞에 와서야 겨우 구별할 수 있었다. 그렇기 때문에 천천히 조심해서 내려와야 했다. 그래도 양 옆에 빙하가 만들어 놓은 예술품들을 천천히 관람하면서 U자 계곡을 내려오는 기분도 묘한 게 좋았다. 일단 결론은 이 U자 계곡은 스키 타기에 그리 적합해 보이지는 않다는 것이다. 또한 스키를 들쳐메고 산을 올라가는 것은 운동은 상당히 되지만 그리 추천하고 싶지는 않았다.

12. 숙제

내가 준비해 간 겨울나기 생활 중 하나가 미술. 그림도 그리고 조각도 하면서 무료한 시간을 보내려고 했지만 수학과 영어, 전공 공부, 그리고 무엇보다도 사진 찍고 정리하는 것만으로도 하루가 빠듯했다. 그리고 그림 그릴 영감이 떠오르지도 않았다. 마침 사진을 찍으면서 좋은 사진들은 그때그때 따로 추리고 있었는데, 이를 이용해서 크리스마스 카드를 만들기로 했다.

또 하나 엄청난 숙제. 바로 월동보고서 작성이다. 지난번 재고조사를 하면서도 의무분야에서 만큼은 하나의 바이블을 만들고 싶었다. 사실 재고조사를 토대로 월동물품을 구입하는 게 세종기지 업무의 시작이라 할 수 있었다. 이때 준비를 제대로 못하면 결국 담당자가 일 년 동안 고생을 하기 때문이었다. 그래서 신분상 군복무라는 제약을 가진 의무담당의 여권 만들기부터 물품 구매에 대한 인수인계서를 상당히 체계적이고 자세히 썼다. 그 다음 대원이 그 위에 뺄 것은 빼고 더할 것은 더할 수 있게 기초를 만들고 싶었다. 이번 월동보고서도 마찬가지였다. 대장님이나 총무님, 그리고 모든 대원들이 인수인계의 중요성에 대해서 숙지를 하고 있었다. 그래서 겨울 시작하면서부터 월동보고서에 대한 얘기를 하셨다. 일이 너무 없으면 쓸데없는 생각들을 하고 사고가 나기 쉽기 때문에 일부러 쉬지 않고 일을 하게 만드셨는지도 모르겠다.

11월부터는 하계대가 들어오기 때문에 월동보고서를 시간을 갖고 만들기에는 여유가 없다는 게 그 이유였다. 그 여름 준비를 10월부터 기지에서 해야 하니 적어도 9월까지는 대부분의 월동보고서를 만들어 놓고 이후에는 살만 붙이라는 것이다. 이곳에서 있었던 안 좋은 얘기까지 모두 적으라고 하셨다. 항상 좋은 일만 적고 안 좋은 일, 시행착오들은 좋게 얘기하거나 숨기려는 것은 결국 다음 차대에 도움이 안 된다는 것이었다. 그러면 그 다음 차대는 또 시행착오를 겪을 수밖에 없기에 이번에는 제대로 만들라는 것이었다.

너무 앞서 나가시는 것에 불만이 있었지만, 언제까지 마쳐야 한다는 마감기간은 아직 정해 놓지 않았기 때문에 일단 시작하는 차원에서 대략적인 개요를 짜갔다.

13. 생활의 개념 차이

제왕의 자리에 오른 자들은 항상 시간을 지배하고자 했다. 천문을 바탕으로 한 해의 일, 주, 월이 담긴 역서를 챙겼다. 그만큼 계절에 따른 시간, 시기의 중요성을 알 수 있다.

이곳 남극에서도 시간은 무척이나 중요했다. 대원들끼리 있는데 시간이 뭐 그리 중요하겠는가 하고 생각할지도 모른다. 우리끼리 지내기 때문에 사실 시간은 대장님이 정하기 나름이었다. 만약 해가 중천에 떴을 때를 아침 9시라고 하자고 정하면 그대로 따르면 됐다. 어차피 여름의 밤은 밤 같지 않고, 겨울의 낮은 낮 같지 않았으니 시간은 그저 숫자에 불과할 뿐이었다.

우리는 남극의 다른 기지나 다른 나라보다는 본국과의 교류가 많았기에 시차를 12시간 뒤로 정했다. 이는 여러가지로 편했다. 그냥 한국 시간에서 12시간만 빼면 됐다. 숫자는 그대로이고 오전, 오후만 바꾸면 됐다. 남미의 서머타임이 문제였다. 겨울이 되면 1시간이 느려져서 13시간이 차이가 나게 되었다. 우리는 이렇게 될 경우 시간 계산이 복잡해졌기에 그냥 12시간 시차를 뒀다. 중국 장성 기지의 경우는 어차피 한국보다 1시간 느리니 서머타임이 끝나면 바로 남미 현지 시간과 맞췄다. 그래야 그들은 중국 본토와 12시간 차이가 났다.

여름에는 모든 기지들 시간이 똑같으니 별 문제가 없었지만, 겨울이 되고 남미의 서머타임이 끝나면 다른 기지와 무선을 주고받을 때 꼭 시간을 다시 확인해야 했다. 칠레 시간으로 몇 시, 한국 시간으로 몇 시, 이렇게 명확히 해줘야 했다. 주로 그네들 위주로 돌아가기에 '칠레 시간 OO시(Chilean time OO o'clock)'로 다시 반복해야 했다.

예전에 88올림픽 때 우리나라도 서머타임을 처음 도입했었다. 처음 해본 것이라 생소하기도 했지만, 이 귀찮은 것을 왜 해야 하나 이해가 되지 않았다. 텔레비전에서 직장이 끝나고 테니스 치는 사람들을 보여주면서 서머타임 예찬을 하는 다소 기획된 인터뷰를 보면서도 정말 장점이 많은 것일까 무척이나 의아했다. 하지만 이곳 극지방 쪽으로 오면서 밤낮의 길이가 이렇게 심하게 계절별로 차이가 있는 나라는 시행하는 것이 좋겠다는 생각이 들었다. 일례로 여름에 새벽

안개낀 세종과학기지의 불빛. 곧 눈보라가 몰아닥칠 모양이다.

에 잠이 깨면 다시 잠을 잘 수가 없었다. 그럴 바에는 차라리 하루를 일찍 시작하는 것이 나았다. 그럼 겨울에는 어떤가. 일찍 일어나도 너무나 어두워서 뭘 할 수가 없었다. 차라리 잠을 더 자는 것이 나았다. 아무튼 우리는 다른 기지와는 상관없이 한국과의 편리를 위해 12시간 간격을 유지했고, 불과 10여 킬로미터 차이를 둔 다른 기지와는 시차가 1시간 나게 되었다.

이곳이 남반구이지만 북반구의 고정관념을 깨지 못할 때가 있다. 방위 때문에 생기는 것이다. 북반구에서 잠잘 때 머리는 남향으로 자곤 했다. 그런데, 이곳에서도 습관적으로 남쪽으로 향했다. 원래 남향으로 눕는 것은 태양의 방향이 남쪽이라서 그런 것이지만, 이곳에서 태양의 방향은 북쪽에 있다. 그렇기에 북향으로 머리를 두고 눕는 것이 맞는 것이겠지만 아무래도 북쪽, 북향, 북풍 등의 이미지가 춥고 어두운 이미지라서 선뜻 북쪽으로 머리를 놓게 되지는 않았다.

오히려 이곳에서는 남쪽, 남향, 남풍이야말로 춥고 어두운 이미지였다. 우연하게도 세종기지가 있는 곳에서 남쪽이 외해이기 때문에 남풍이 불면 같은 풍속이라도 먼 바다에서 형성된 너울이 이쪽으로 오면서 엄청나게 큰 파도가 됐다. 북풍이 불 때는 섬을 넘어와야 했기에 바람도 그나마 좀 수그러들고 파도의 시작도 바로 섬 앞이었기에 그렇게 심하지는 않았다. 더구나 같은 조건에서 북풍은 오던 눈도 비로 바꿨다. 반대로 남풍이 불면 더 추웠다. 이럼에도 불구하고 남과 북에 대한 고정된 이미지 때문에 해가 있는 쪽은 항상 남쪽으로 착각을 했다. 이 습관적인 혼돈은 기지에서 나갈 때까지 계속됐다.

14. 귀국길 준비

겨울이 시작되자마자 벌써 귀국길을 준비한다는 것이 이상하게 들릴지 모르겠지만, 준비를 잘해야 귀국도 잘할 수 있었다. 이름하여 귀국여행. 월동 일 년 동안 수고했다고 남극에서 나와서 돌아오는 길에 그 근처에서 얼마간 쉴 수 있게 해준다. 정해진 기간이 있기에 무작정 많은 곳은 다닐 수 없고, 짧고 알찬 계획을 세워야 했다. 너무 많은 곳을 다니면 이동하다가 시간을 다 허비하고, 또 너무 적은 곳을 정하면 남극보다 더 지루할 수가 있었다.

짧은 시간에 어디를 가서 무엇을 볼 것인가. 이 준비 또한 겨울을 보내는 희망이었다. 예전 차대의 경험과 몇 가지 새로운 아이디어를 내야 했다. 마치 선거의 정책토론과도 비슷한 광경이 펼쳐지기도 한단다. 아무개는 어디어디를, 다른 아무개는 어디어디를, 그래서 자신이 주장하는 곳의 장점과 단점, 볼 것과 숙박, 먹을 것들을 대략 정리하고 예상 비용이 어느 정도일지를 발표한다. 그러면 다시 사람들의 의견을 조율하고, 최종적으로 투표에 붙여서 결정한다고 했다. 여름이면 본격적인 남극 일도 해야 하고, 이미 그전에 결정해서 예약을 해야 했기에 늦어도 11월까지는 결정이 돼야 했다.

워낙 출중한 사람들이 많아서 이번에는 그냥 휩쓸려 가는 것이 좋을 것 같았다. 항상 모든 것을 치밀하게 준비하는 승일이형과 전 세계를 삶의 터전이라 생각하는 인호가 있으니 그들을 그냥 따라가도 좋을 것 같았다.

15. 동지를 향하여

이제는 숨 좀 돌릴 만했다. 여름부터 겨울 초입까지 이어진 바쁜 일들은 모두 끝났고, 그러는 사이 우리들도 이곳 생활에 어느 순간 적응되어 있었다. 이 좁은 곳과 적은 인원들이 나름대로 '사회'를 형성해서 균형을 이루고 있었다. 외부로부터 아무런 방해도 없었다. 평온했다.

남극 최대의 축제인 동지가 다가오고 있었다. 인호는 남극대륙에 퍼져 있는 전 세계 기지에 보낼 동지 축전 만들기에 여념이 없었고, 내게 기지를 배경으로 촬영한 근사한 사진이 없냐고 자꾸 재촉했다. 그러면서 지난 몇 년간 세종기지에서 보낸 축전을 보여주면서 비슷한 분위기나 사진은 절대 안 된다고 엄포를 놓았다. 또 우리 나름대로도 동짓날 무엇을 하면서 보낼까 생각하느라고 즐겁기만 했다. 경모는 이날 체육행사를 어떻게 할지, 윷놀이를 할지, 당구경기를 할지, 아니면 무슨 게임을 할 것인가 머리를 쥐어짜고 있었다.

저녁이 되면 남극 올림픽 대비 선수 선발전을 대비해서 각각 경쟁력 있는 운동을 하느라고 운동기구가 있는 좁은 기계동 2층은 북적거렸다. 이미 탁구 예선전은 시작됐다. 한쪽에서는 탁구 예선전 치르랴, 다른 쪽에서는 웨이트트레이닝 하랴 바빴다. 나는 여전히 사진촬영에 여념이 없었고, 제발 빨리 눈이 많이 쌓여 설상차를 타고 저 꼭대기로 올라가 스키를 탈 날만 기다리고 있었다.

스키 대표선수는 따놓은 당상이고 마라톤 준비를 위해 무릎 근력을 키웠다. 스키는 세종기지에서 바다 건너편에 보이는 미끈한 빙원에서 한다고 했다. 아마도 나와 승일이형, 그리고 스키 선수로 참가한 적이 있었던 진희가 가능성이 있었기에 나는 내려오면서 풍경을 담을 준비도 같이 하고 있었다. 카메라를 넣은 카메라 가방은 옆으로 메고, 한손에는 캠코더를 들고 내려오면 좋은 그림이 나올 수 있을 것 같았다.

16차 월동 때 참가해 본 적이 있는 진희 말로는 우루과이 기지에서 출발신호가 떨어지면 스키를 들고 빙원 위까지 올라간다고 한다. 그 위치에서 스키로 갈아 신고 다시 우루과이 기지에 먼저 도착하는 사람이 승자라는 것이다. 그런데 우리 기지에서 보는 것과는 달리 스키를 타 보면 빙원 경사가 상당히 급하다고 했다. 16차 대장님께서 지시한 작전은 스키 부츠를 신고 올라가라는 것이었다. 어차피 눈 속 깊이 발이 빠지니 스키 부츠나 그냥 설상화나 허우적거리면 올라가는 것은 마찬가지라고 했다. 맞는 말이다. 기지에서도 스키를 타러 산에 다시 올라갈 때 부츠를 신고 올라가는 것이 편할 때도 있었다. 딱딱한 일반 평지처럼 뒤뚱거림이 거의 없었다. 만약 숨차고 힘들게 올라가서 다시 스키 부츠로 갈아 신으려고 하면 더 힘들기 때문에 그 시간을 벌어 줄 승산이었단다. 그러나 정도껏 올라가야지, 처음에는 진희가 훨씬 유리했지만 나중에는 올라가기에 지쳤다고 한다. 더구나 나무가 없는 이곳에서는 처음 시작부터 끝까지 밑에 있는 사람들에게 적나라하게 드러나고 만다. 겨우 올라가서 스키 타고 내려왔는데 꼴찌였다고 했다. 이 얘기를 듣고 생각한 것이 첫째, 일단 무릎의 힘을 키우자. 그리고 둘째, 좋은 촬영거리가 생기겠다, 이것이었다.

잿밥에 더 관심이 가고부터는 승부는 관심에서 멀어졌다. 승일이형이 반드시 참석해야 했다. 왜냐면 승일이형이라도 이겨야 나도 체면이 서지, 사진 찍다가 졌다고 하면 안 될 테니까 말이다. 캠코더를 들고 내려오면서 자연스럽게 찍고, 중간에 카메라도 한 번 찍어 주고. 겨울 들어 눈이 쌓이면서 산에는 늘상 다녔으니 이대로 '훈련'을 하면 될 것 같았다. 여기에다 이기기까지하면 정말 좋고. 캠코더 들고 스키 타는 대원으로 이곳 킹 조지 섬에 소문이 나도 나쁠 것은 없어 보였다.

16. 개 같은 날의 오후

6월 18일 토요일. 간만에 날씨가 좋았다. 오전 대청소를 끝낼 무렵 떠오른 해가 너무 좋은 빛을 오랜만에 보여줬다. 카메라를 들고 체육관 쪽으로 갔다. 멀리 마리안 소만 안쪽의 빙벽쪽 해안이 얼기 시작한 것이 보였다. 하지만 바닷물 자체는 공기보다 따뜻했는지 바다에서 물안개가 피어오르고 있었다. 그 물안개는 햇빛을 받아 은은한 실루엣을 이뤘다.

카메라를 내려놓은 채 그냥 신기하게 바라만 봤다. 점심시간이 거의 다 됐다. 부리나케 주방으로 갔다. 식사 준비를 하면서도, 식사를 하면서도, 마음은 계속 밖에 있었다. 점심을 마칠 무렵에는 빛이 겨울답지 않게 더욱 좋았다. 나중은 없다. 지금 바로 튀어 나가야 했다. 해가 이미 기울기 시작했기에 서둘렀다.

이번에는 마리안 소만 바깥쪽인 세종곶으로 나갔다. 아리랑관제소를 지나니 홍대장님께서도 이미 사진을 찍고 계셨다. 역시 오늘은 겨울에 간만에 보는 맑은 날씨였다. 해안으로 가서 유빙이 덮인 바다를 찍었다. 가까이 찍기 위해서 해안가로 가 보기로 했다. 대장님과 같이 내려갔다. 해안에서 조금 내려갔는데 뭔가 좀 이상했다. 해안이 보이지 않았다. 그리고 뒤로 돌아 기지를 바라보는데, 뭔가 예전과 좀 다른 느낌이었다. 아뿔싸, 내가 바다 위에 서 있었던 것이다.

그랬다. 바다가 얼었다. 며칠 날씨가 안 좋아서 나가 보지 못했었는데, 그동안 유빙이 몰려와서 해안에 쌓였나 보다. 그 사이에 갇힌 바닷물이 얼기 시작했고, 그 위로 다시 눈이 쌓이고, 그 눈들이 바위만한 유빙들 사이를 뒤덮어서 결국 2미터가 넘는 거대한 얼음층이 생겼고, 이것이 육지가 확장되는 역할을 했던 것이다. 어디까지가 육지이고 어디부터가 바다인지….

저 멀리는 분명히 바다였지만, 그곳까지 갈 수는 없었다. 내가 지금 서 있는 곳도 바다라고 생각하면 한참 불안한데, 저 끝은 더 깊은 바다임이 자명하니 더 이상 갈 수는 없었다. 다시 되돌아갔다. 이번에 되돌아갈 때는 구별이 됐다. 유빙이 있어서 단단한 곳, 그 사이 바다가 언 곳, 그리고 이 모두가 단단히 결합해서 다져진 곳.

오다 보니 유빙들에 갇혀서 순수하게 바닷물로만 이루어진 얼음층이 있었다. 뭔가 뿌옇고, 조금 덜 얼은 것 같았다. 밟으며 걸어 보았다. 발이 푹푹 들어갔다. 그런데 느낌을 뭐라고 설명해야 할까…. 그냥 발이 빠지는 것은 아니었다. 마치 늪 같았지만, 푹푹 빠지는 것은 아니었다. 진득거리지는 않는 약간 고형의 젤리를 밟는 느낌이었다. 그래도 당황스러워서 빨리 빠져나왔다. 멀리 바다는 잔잔했고, 거대한 빙산의 조각에 가마우지떼들이 한가로이 쉬고 있었다.

대장님과 해안으로 돌아오는 도중에 오늘 단체사진을 찍기로 했다. 최근에 단체사진을 찍은 적이 없었다. 이때까지 한국이나 언론에서 남극 사진을 원하는 경우가 있는데, 영 겨울 분위기가 나지 않아서 촬영은 미뤘다. 물론 빙하도 있고,

펭귄도 있었지만 겨울 분위기에 조금 부족한 점이 있었다. 인호가 방송을 했다. 단체사진을 찍으니 모두 1시 반까지 연구동 앞으로 모이라고 했다. 옷은 작업복에 윗도리는 우리 차대 패치가 붙어 있는 검정색 오리털 파카를 입기로 했다. 모두들 방으로 들어가서 옷들을 갈아입고 나왔다. 숙소동에서 현관으로 나올 때 정면을 봤다. 정북에 떠 있던 햇살이 사진 찍기에 딱 좋았다.

연구동 앞에 가 보니 이미 여럿이 모여 있었다. 카메라와 삼각대를 준비하고 나오는 나를 기다리고 있었다. 아까 가 봤던 바닷가로 향했다. 사람들끼리 삼사오오 이야기도 하면서 사진도 찍으면서 걸어갔다. 다 같이 그냥 걸어가고 있었다. 아리랑관제소와 지구물리관측동 사이를 지나 바닷가로 가는데 갑자기 가운데에서 걸어가던 태건이형이 미끄러져서 넘어졌다. 약간 비스듬한 곳을 지나는데, 밑은 얼어 있었나 보다. 아프다고 했다. 뒤에서 카메라를 조작하며 걸어가던 나는 그냥 지나쳤다. 일어나겠지. 모두들 그렇게 지나갔다.

그런데 태건이형이 좀처럼 일어나지 못했고, 괜찮으냐고 의례적으로 묻던 대원들 표정이 좀 심각해졌다. 나는 다시 뒤로 돌아왔다. 태건이형은 한쪽 다리를 움켜잡고 숨도 제대로 쉬지 못하고 있었다. 자세히 보기 위해 다리 쪽에 가까이 앉았다. 옷을 걷어 보려는 순간, 망막해졌다. 부러진 것이다. 외부에 상처는 없었다. 다친 지 1분도 되지 않아서 부기나 피멍도 없었다. 하지만 다리축과 발목축이 미미한 차이지만 일치하지 않았다. 곧 심하게 붓고 멍도 더 들고 더욱 아플 것이다. 태건이형이 아프다고 해서 모두들 건드리기를 주저했지만, 어차피 옮길 때 한 번은 아플 수밖에 없었기에 조금만 참자고 했다. 동석이형이 태건이형을 업었다.

단체사진 촬영이 취소되고 모두들 기지로 돌아왔다. 맨 앞에는 내가 앞서가고 있었다. 의무실로 가서 반깁스를 하고 진통제를 놓아 주기 위해서였다. 하지만 내 머릿속은 너무나 복잡했다. 일단 아래쪽 다리가 저 정도로 골절이 되었다면 수술을 받아야 하는 것은 자명했다. 깁스로 나을 것 같지가 않았다.

여러가지 경우의 수를 생각해야 했다. 가장 좋은 것은 이곳을 떠나 병원이 있는 밖으로 나가는 것이었다. 그곳에서 수술을 할지 아니면 한국으로 돌아가서 수술을 할지는 그 다음 문제였다. 하지만 이 겨울에 비행기도 없는 이때 출남극을 어떻게 한단 말인가. 지금이 6월이니 비행기를 띄운다면 임시편을 이용할 수밖에 없는데, 그것은 또 어떻게 구해야 하는 것인가. 그리고 운이 좋게 임시편이 생겼다 하더라도, 날씨가 어떨지, 언제 들어올지를 알 수 있을 것인가. 결국은 최악의 경우를 생각해서 이곳에서 일단 맞춰서 고정을 해야 했다.

지구물리관측동에서 세종로까지 오는 동안 정말 많은 생각이 들었다. 그리고 이런 상황에 화도 났다. 나는 화가 나면 아무 말도 안하고 그냥 입을 다물고 있다. 나도 모르게 눈에 한껏 힘이 들어간다. 너무 화가 나서 아무 말도 하고 싶지가 않았다. 사고에 화가 난 것이 아니라 내가 아무 해결을 해줄 수 없는 상황, 그것이 너무나 뻔히 보이는 현실에 화가 났다.

나도 모르게 뒤도 안 돌아보고 앞으로 한참을 가고 있었나 보다. 뒤에서 사람들이 지금 상태가 어떤지 물었다. 대답도 안했다. 뒤도 안 돌아봤다. 돌아볼 수가 없었다. 그냥 가던 속도로 계속 걸어서 남들보다 한참을 앞서게 되었다. 의무실로 와서는 책상은 저 뒤쪽으로 밀고, 의무실 침대를 가운데로 옮겼다. 그리고 반깁스 준비를 했다. 혹시나 좋은 방법이 있을까 해서 정형외과 책을 찾아봤다. 별다른 방법이 없었다. 수술이 원칙이었다. 이곳에서 절대 못 나가는 것은 아니었다. 절차가 복잡하고 비용이 많이 들겠지만, 나갈 수 있는 방법이 있을 것 같았다.

깁스를 하는 방법이 있다고 해도 이곳에서 그렇게 할 수는 없었다. 뻔히 나가서 좋은 치료를 받을 수 있는 것을 알고, 그리고 나갈 방법이 있음에도 불구하고, 단지 복잡하고 비용이 많이 들고 귀찮다는 이유로 여기서 막연한 방법으로 치료를 한다는 것은 옳지 않다고 여겼다. 정 방법이 없으면 깁스밖에 할 수 없다. 하지만 만약 안 붙는다면, 잘 붙더라도 휜 채로 붙는다면 그것은 또 다른 문제일 뿐 결코 해결책이 될 수는 없었다. 결론을 내렸다. 반드시 후송하는 것으로.

태건이형이 도착했다. 옷은 가위로 찢었다. 사람들의 도움을 받아서 반깁스를 댔다. 그리고 진통제를 줬다. 이곳에서 할 수 있는 것은 다 했다. 선배 의사들 말대로 이곳에 병원이 들어서지 않는 이상 자기 전문 분야라 하더라도 할 수 있는 것에는 한계가 있었다.

대장님이 의무실로 왔다. 칠레 기지와 연락이 됐단다. 그쪽에서 헬기를 보내주기로 했다. 일단 칠레 기지로 가서 엑스레이를 찍기로 했다. 그러면서 또 다른 소식 하나를 들었다. 마침 며칠 전에 칠레 기지 대장도 빙판에서 넘어져서 오른쪽 팔꿈치가 부러졌다고 했다. 그래서 내일 비행기편으로 출남극을 하게 된다는 것이다. 나는 쾌재를 불렀다. "저희도 그 비행기를 이용하면 되겠네요."

대장님께서 화를 내셨다. 일단 엑스레이를 찍고 확인한 다음에 결론을 내자는 것이었다. 나는 내 나름대로 결론을 내고 있었기에 혼자서 앞서 나갔던 것이다. 하긴 이런 상황에서 나도 그렇지만 대장님이나 총무님은 나보다 더 신경을 쓰지 않을 수 없는 위치였다. 모든 대원들이 이런 상황에서 상당한 스트레스를 받는 것을 내가 잊고 있었다. 내 말 한 마디 한 마디에 모두들 조심해 하고 있었던 것이다.

1시간 뒤에 칠레 기지에서 헬기가 뜬다고 했다. 겨울에 격납고에 있던 헬기를 꺼내서 준비하고 이륙해서 이곳에 도착하려면 아무래도 그럴 것 같았다. 이미 그 사이에 해는 저물었고, 아까 좋았던 날씨는 점점 흐려지고 있었다. 헬기가 빨리 와 줬으면 했다. 하지만 우리도 가만히 있을 수는 없었다.

최악의 상황은 태건이형이 이곳에서 나가는 것이었다. 나도 환자와 함께 나갈 수도 있었다. 서둘러 떠날 준비를 했다. 태건이형 짐은 같은 기상담당 수현이 형이 챙겨 줬다. 나도 바로 내 방으로 가서 짐을 챙겼다. 여권부터 챙겼다. 비상금 일부와 혹시 모를 비상약도 챙겼다. 마지막으로 나에게 가장 중요한 카메라를 챙겼다.

총무님께서 총무창고에서 예전에 사용했던 환자 들것을 찾아 오셨다. 좀 투박하고 크다고 하셨지만, 그래도 환자 옮기기에는 이것보다 좋은 것이 없어 보였다. 총무님께 의무창고 열쇠를 드렸다. 다들 환자를 옮길 준비를 했다. 밖에는 설상차를 대기해서 헬기장까지 갈 준비를 했고, 환자를 옮길 때 도와줄 여러 사람들도 이미 숙소동 앞에 와 있었다.

총무님께서 내 방으로 들어오셨다. 한참 난감해 하셨다. 그리고 내게 비상금으로 1,000달러를 주셨다. 기지 공금인데 일단 가지고 나가라고 하셨다. 나는 영수증 등 모든 것을 챙기겠다고 했다. 닥터도 조심해서 갔다 오라고 하셨다. 총무님과 서로 끌어안으며 인사를 나누었다.

그러는 사이 칠레 기지에서 헬기가 떴다는 연락이 왔다. 의무실에서 나가려는데 상훈이형이 들어왔다. 상훈이형은 조심해서 갔다 오고, 이곳 걱정은 하지 말라고 했다. 나는 생물연구원 정원이에게 혹시 내가 이곳에 다시 못 들어오면 내 방에 있는 짐을 그대로 챙겨서 배편으로 부쳐 달라고 부탁했다. 그리고 의무실 컴퓨터에 저장된 내 이름 폴더를 찾아서 복사해서 나중에 가져다달라고 했다. 혹시 있을지 모를 작별에 대비해 미리 인사를 했다.

헬기가 도착했다. 내가 그렇게 타 보고 싶었던 헬기를 이런 식으로 타게 될 줄이야. 이미 주변은 어두워졌다. 기내는 무척 좁았다. 앞자리 두 자리는 기장과 부기장, 뒤에는 좌석 대신 짐을 실을 수 있게 되어 있었고, 좌석이 없는 뒷자리에 나와 정비담당이 앉았다. 태건이형은 헬기 뒤의 화물칸 문을 열고 들것째 실려서 뒷좌석 쪽으로 머리가 오게끔 눕혔다. 정비담당이 모든 이륙 준비를 하고 마지막으로 탔다.

드디어 이륙. 흰 눈보라를 일으키며 헬기가 올랐다. 앉은 자리가 불편했지만 뒤돌아 밖을 내다보았다. 서리 낀 창문으로 헬기장의 불빛과 손을 흔드는 대원들이 희미하게 보였다. 세종기지의 불빛은 어둠 속에서 뿌연 마리안 소만을 배경으로 반짝이고 있었다.

17. 칠레 기지에서 하룻밤

헬기는 비행장이 아닌 해안가에 있는 헬기장에 내렸다. 이미 칠레 군의관인 미란다가 나와 있었다. 나와 몇몇 군인들이 태건이형을 들것째 헬기에서 들고 나왔다. 이미 구면인 미란다와 간단하게 인사를 나누고 의무실로 가서 엑스레이를 찍었다. 이미 의무실에는 러시아 벨링스하우젠 기지 대장이자 의사인 콘스탄틴 대장이 와 있었다. 그리고 팔에 깁스를 하고 있는 사람이 있었는데, 알고 보니 이 분이 칠레 프레이 기지 대장인 하비 대장이었다. 초면이었다. 육중한 체구에 브루스 윌리스 같은 머리모양을 한 하비 대장이었다.

　간단하게 인사는 나누었지만 내 표정은 이미 가다듬을 수 없을 정도가 되었다. 산전수전 다 겪은 콘스탄틴 대장이 이를 눈치챘는지 엑스레이 찍는 동안에 계속 농담도 하고 분위기를 유쾌하게 하기 위해 노력했다. 아프가니스탄 전투에서 이 정도는 그냥 깁스하고 나가서 싸우라고 했다거나, 하비 대장이 어제만 하더라도 울상이었는데 비행기로 내일 나가는 것이 결정됐을 때부터 해피했었다 등등 많은 얘기를 해주면서 나를 '달래' 주었다. 그는 워낙 넉살 좋은 동네 아저씨 같은 분이라 이미 이곳 각국 기지 대원들 사이에서 인기가 많았다. 평소 같으면 나도 맞장구를 쳤겠지만 도저히 그럴 마음이 아니었다. 그러는 동안에 엑스레이 필름이 나왔다.

　이런…. 금만 가고 안 부러졌다. 갑자기 마음이 다시 무거워졌다. 사실 나는 속으로 빨리 이곳에서 내보내서 치료를 받게끔 하는 것으로 마음을 정했었다. 그런데 금만 간 것이라면 이곳에서 해결할 수도 있는 상황이었다. 분명히 다리와 발목축이 어긋난 것으로 기억이 되었기에 만약 금만 간 경우라면, 그래서 이곳에서 굳혀서 나중에 붙더라도 휘어진 채로 있다면 모든 사람들에게 상당한 부담이 될 수밖에 없었다.

　콘스탄틴 대장은 연실 잇츠 오케이라면서 안도의 감탄사를 연발했다. 그런데 좀 이상했다. 오후에 사고가 나자마자 봤을 때 축이 어긋난 것은 내가 잘못 봤다는 것인가. 심증과 물증이 다르니 답답할 수밖에. 심증으로는 수술이 필요했지만 물증으로는 그럴 필요가 없는 것이 됐는데, 내 마음은 심증 쪽이 더 의심되고 태건이형에 대한 걱정이 사라지지 않으니 답답할 수밖에 없었다. 그때 콘스탄틴 대장이 엑스레이를 다시 보더니 금간 부위가 아래쪽으로 이어져 있기에 발목 부위만 다시 한 장 더 찍고 확인하자고 했다. 사실 그때까지만 해도 내가 앞에서 자세히 엑스레이를 보지 못했었다. 그냥 뒤에서 보고만 있었던 것이다. 자세히 사진을 보니 금이 발목 아래로 연장되어 있고 거기서 사진이 끝나 있었다. 역설적이게도 아래쪽이 부러졌을 것이란 '희망'이 보였다. 나가야 했기 때문이다. 다시 엑스레이를 찍었다. 발목 윗부위 다리가 부러졌다. 두 뼈 모두가 부러져 있었다. 이제 나갈 수 있는 명분이 확실해졌다.

　대장님께 보고하려고 무전기를 꺼냈다. 하비 대장이 자기 방으로 가자고 했다. 위성전화로 편하게 하라고 했다. 미란다에게 고맙다는 말도 제대로 못하고 태건이형을 의무실에 둔 채 밖으로 나왔다. 오후 5시였지만 이미 밖은 깜깜한 밤이 됐고 눈발이 날리기 시작했다.

　하비 대장 뒤를 나와 콘스탄틴 대장이 따라가고 있었다. 이제 나가기만 하면 될 텐데 무엇 때문에 아직도 근심이 가득하냐고 콘스탄틴 대장이 물었다. 대장님께 나가야 된다는 것을 설명해야 하는데 어떻게 설명해야 할지 고민중이라고 했다. 물론 예상한 내용이지만 확정이 돼서 말씀 드리자면 정리를 좀 해서 보고를 드려야 할 것 같았다.

　하비 대장이 세종기지로 전화를 했다. 대략적인 설명과 하비의 근황을 말하면서 자신과 같이 나가면 된다고 설명을 했다. 그리고 나를 바꾸려는데 콘스탄틴 대장이 먼저 바꿔 달라고 했다. "미스터 홍!" 특유의 유쾌한 어투로 대화를 시작했다. 역시 콘스탄틴이었다. 걱정하는 대장님에게 또 다른 의사로서 부드럽게 지금 상황을 전했다. 만약 나와 처음 대화를 했으면 같은 내용도 심각하게 주고받았을 것이다. 콘스탄틴 대장을 통해서 그 심각함이 한 단계 걸러진 것이다.

　하비 대장이 나갔을 때 갈 병원은 있냐고 물었다. 없었다. 비상금은 있냐고 물었다. 현찰도 있고 내 신용카드도 있다고 답했다. 먼 이국에 와서 영어 하는 사람도 별로 많지 않은 남미에, 더구나 지구상에서 가장 남쪽에 있는 최남단 도시에 가서 이 친구들이 과연 잘 지낼 수 있을까 그로서도 걱정하지 않을 수가 없었을 것이다. 다시 홍대장님과 통화를 한 후에 결론을 냈다. 자신은 푼타아레나스에 있는 해군 병원에서 수술을 받을 예정이라고 했다. 혹 정해진 병원이 없으면 그 병원에서 진찰을 받고 입원을 하자고 했다. 나도 그러겠다고 했다. 잘됐다.

　세종기지의 물자나 남극행 비행기 및 현지에 관한 업무는 푼타아레나스에 있는 에이전시를 통해서 이루어진다. 세종기지와 계약을 맺은 곳은 아군사라는 회사였다. 예전에도 후송되어 병원에 갈 일이 있으면 아군사를 통했다. 아군사에 상황을 통보하고 비행 스케줄을 맞춰서 푼타아레나스에 도착하면 아군사 직원이

기지 대원을 미리 정해 놓은 병원으로 가서 진찰을 받고 필요한 조치를 취하게 하는 것이었다. 하지만 이날은 토요일이었기에 근무를 하지 않았다. 더구나 이곳 극지방답게 일찍 해가 지고 문을 닫아서 우리에게 이 모든 일들이 진행되는 동안에 그전처럼 미리 병원이 정해지고 순서대로 진행되기에는 시간이 모자랐다. 떠날 때 대장님께서 적어 주신 메모를 꺼내봤다. 아군사 사장인 리카르도 씨의 핸드폰 번호가 적혀 있었다. 그 쪽지를 받을 때는 무슨 의미인지 잘 몰랐지만 이제야 내가 해야 할 것이 무엇인지 알 수 있을 것 같았다. 대장님에게서 무전이 왔다. 아군사와 연락이 됐단다. 내일 푼타아레나스 공항에 도착하면 리카르도 씨가 나올 것이라고 했다. 병원은 하비 대장이 말한 대로 해군 병원으로 가라고 했다. 한국에서도 그렇지만 말 그대로 이역만리에서 아는 사람이라도 한사람 더 있는 병원에 가는 것이 나을 것 같았다.

다시 의무실로 갔다. 미란다와 의무보조인 오제스 씨가 나와 태건이형을 위해 따뜻한 차와 쿠키를 준비해 줬다. 그러면서 저녁식사를 가져다줄 테니 의무실에서 기다리라고 했다. 이곳 시간으로 저녁 6시가 식사 시작이지만 서머타임 시간 그대로였던 세종기지 시간으로는 7시가 돼야만 식사가 나오는 것이다. 하지만 전혀 배가 고프지 않았다.

침대에 누워 있는 태건이형한테 갔다. 이제야 상황을 천천히 설명할 수가 있었다. 내일 칠레 비행기로 남극을 떠날 것이고 푼타아레나스에 도착하면 병원에서 수술을 받을 수 있을 것이니 잘됐다고 했다. 그러나 태건이형은 엉뚱한 말을 하고 있었다. 이곳에서 엑스레이 찍고 깁스 하고 다시 기지로 돌아가는 것 아니냐고 했다. 태건이형은 아직도 상황파악을 못하고 있었다. 내가 했던 말들이 단순히 원칙적인 얘기만 하는 줄 알았던 것 같았다. 하긴 여태껏 대장님이나 총무님, 그리고 이곳에서는 군의관 미란다와 콘스탄틴 대장, 하비 대장과 앞으로 어떻게 할 것인지에 대해서 얘기를 나눴을 뿐 태건이형과 조용히 얘기를 나누지는 못했었다.

지난번 해섭이가 다쳤을 때 생각이 났다. 이곳에서 할 수 있는 것이 없다는 것은 이미 알 텐데 지난번과 같은 상황이니 답답하기 그지없었다. 답답한 마음을 달래고자 밖으로 나갔다. 태건이형 담배를 가지고 나왔다. 눈은 내리는데 간만에 바람은 불지 않았다. 우리네 겨울처럼 포근하게 눈만 소복이 쌓였다. 젠장. 스키 타기에 딱 좋은 눈인데. 담배를 물었다. 이런…. 내가 가장 싫어하는 그 비린 맛 나는 담배였다.

멀리 중국 장성기지 대원들이 지나갔다. 닥터 챈과 주방장, 그리고 다른 대원 세 명이 지나가면서 인사를 했다. 중국에 전화하러 이곳에 왔다고 한다. 닥터 챈과 오늘 일에 대해서 간단히 대화를 나눴다. 챈은 조심해서 다녀오라고 인사를 했고, 나는 다른 대원들에게 안부 전해달라고 했다.

오늘 있었던 일들을 가만히 정리해 봤다. 사실 내가 태건이형과 동행해서 나갔다 오기로 했지만, 지금부터는 굳이 내가 필요하지는 않았다. 오히려 스페인어를 할 줄 알고 남미에 익숙하신 총무님이 더 적임자일 수도 있었다. 대장님께 무전으로 건의를 할까 말까 생각하다가 그만뒀다. 이 와중에 철없는 짓인 것 같았다. 그냥 결정된 것 그대로 하는 것이 정답일 것 같았다.

기왕 입맛 버린 것 비린 담배 한 대를 더 물었다. 눈은 펑펑 내리는데…. 내일 비행기가 들어올 수 있을지 모르겠다.

18. 엑소더스

의무실에서 태건이형과 하룻밤을 잤다. 아침 일찍 일어나서 화장실에 갔는데 의무실 물이 나오지 않았다. 세종기지는 그래도 물 사정이 낫다. 기지 주변에 커다란 호수가 없어서 겨울에는 바닷물을 담수화해서 쓰지만, 그래도 별 어려움 없이 썼다. 이곳 기지들은 기지 뒤편 호수에서 물을 끌어다 쓰는데 뭔가 문제가 있었던 것 같았다. 화장실을 사용하고 나면 물탱크에서 물을 길어다 부어야 했다. 아침부터 태건이형 소변을 받아다가 버렸다.

좀 일찍 일어났는데, 콘스탄틴 대장이 의무실로 들어왔다. 빵과 쿠키를 구워서 가져다줬다. 가는 길에 하비 대장과 우리 일행이 먹을 것을 준비해 준 것이다. 러시아 기지 조리대원은 60살이 넘은 할아버지였는데, 빵과 케이크는 정말 부드럽고 맛있게 잘 만드셨다. 추운 날씨에 러시아 기지를 방문했을 때, 그냥 맛만 보려고 식당에 갔다가 나 혼자 커피와 남아 있던 케이크를 신나게 먹었던 생각이 났다.

떠날 시간이 됐다. 엑스레이 필름과 태건이형 배낭, 내 배낭, 그리고 카메라 가방을 메고 우리가 지난 1월에 기증한 승합차에 올랐다. 공항에 가 보니 일요일임에도 사람들이 나와 비행 준비를 하고 있었다. 관제탑 담당인 자라 대위도 오랜만에 만났다. 오늘 우리가 떠나는데 중요한 사람이었다. 활주로는 흰 눈으로 덮여 있었다. 그런데 이상하게도 비행기는 보이지 않았다. 어제 눈 내리고 날씨가 안 좋아서 비행기가 늦는가 보다 생각을 했다. 그래도 바람은 불지 않으니 비행기 이착륙에는 문제가 없을 것 같았다.

늘 그렇듯이 격납고에는 프로펠러 비행기와 헬기가 있었다. 사람들은 어제 썼던 헬기를 다시 끌어내서 점검을 하고 있었고, 트윈 오토라 불리는 프로펠러 비행기도 점검을 하고 있었다.

세종기지에 무전을 보냈다. 휴일인데도 일찍 일어나 통신실에 있던 인호가 무전을 받았다. 대장님과도 무전을 했다. 물론 이것이 전화가 아니고 세종기지 채널을 썼기에 기지 사람들 모두가 듣고 있었을지도 모른다. 대장님께서 도착하면 전화 달라고 하셨다. 잘 다녀오겠다고 인사를 하면서 무전을 끝냈다. 오전 9시 반에 떠난다고 했는데, 예정시간이 다 되어 가는데도 비행기는 들어오지 않았다. 우리 시간으로는 10시 반이었다. 그런데 이런, 알고 보니 우리가 타고 나갈 비행기는 조금 전에 점검을 하고 있었던 트윈 오토였던 것이다.

15인승 프로펠러 비행기로 길이가 한 12미터 정도 될까? 비행기 바퀴에는 스키 같은 것이 장착되어 있어서 눈 위에도 내려앉을 수 있는 비행기였다. 어제 콘스탄틴 대장이 했던 말이 갑자기 생각이 났다. 비행기가 퇴역을 하느라 남극에서 나가고 같은 기종의 새 비행기가 들어오기로 했는데, 그 퇴역하는 비행기를 이용해서 나간다는 것이었다. 그 말의 뜻이 이제야 감이 잡혔다. 수송기만을 생각했던 나에게 콘스탄틴 대장 말이 제대로 들릴 리가 없었을 것이다. 그저 C-130만을 생각하고 있었다.

어떻게 저 조그마한 비행기로 이곳을 떠난단 말인가. 하지만 감상만 할 수가 없었다. 서둘렀다. 기지에서 가져왔던 들것을 이용해서 태건이형을 옮겼다. 마지막으로 내가 탔다. 미란다와 콘스탄틴 대장이 공항까지 배웅을 나왔다. 미란다가 태건이형 상태를 하비 대장을 수술할 의사에게 전달했다고 말했다. 콘스탄틴 대장은 나중에 하비 대장과 들어올 때는 새 비행기를 타고 멋지게 들어오라고 했다.

막상 비행기를 타니 모든 것이 신기했다. 이런 작은 프로펠러 비행기는 처음 타 봤다. 하긴 이런 비행기를 타 본 대한민국 사람이 몇이나 될는지. 앞에 조종석 뒤 창가 쪽으로 한 명씩 앉을 수 있는 의자가 있었고, 중간부터는 좌석이 없었다. 대신 왼쪽으로는 커다란 기름탱크가 기내의 반 정도를 차지했다. 바로 맞은편인 비행기 오른쪽은 짐을 놓을 수 있도록 좌석이 없이 비어 있었다. 기름탱크를 끝으로 동체 뒤편에 문이 있었고, 보조석 하나가 있었다. 그러니까 비행기 왼쪽 뒤에는 비상문이, 그 맞은편 오른쪽은 보조석이 마주하고 있었다. 그것이 끝이었다. 보조석 뒤는 칸막이로 막혀져 있는데, 바로 비행기 꼬리였다. 칸막이에는 쪽문 같은 조그마한 문이 있어서 이곳을 통해 개인짐들은 뒤에 넣었다.

태건이형은 들것째로 탈 수 있도록 좌석이 없는 공간에 놓이게 되었다. 총무님께서 들것을 내주면서 가볍고 간단한 것이 아니라 좀 투박한 것이라고 미안해하셨었는데 이 비행기에서는 이것이 너무나 적당한 것이었다. 기내 바닥에 고정되어 있는 고리와 이 투박한 들것 사이에 벨트를 멜 수 있게끔 설계되어 있어서 오히려 간편한 들것이었으면 애매할 뻔했다. 내 자리는 자연스럽게 동체 꼬리에 있는 보조석이 되었다.

앞을 보니 하비 대장과 군인 한 명이 타고 있었다. 그리고 정비와 이륙 준비를 담당하는 승무원 군인이 일반석 맨 앞에 앉았다. 조종사 한 명이 조종석 뒤를 돌아보더니 나에게 인사를 했다. 낯익은 얼굴이었다. 예전에 우체국에서 봤던 그 군인이었다. 나오르 대위였다. 총무님과 우표를 대량으로 사기 위해서 갔을 때 우리가 많은 것을 묻고 요구를 하자 원래 자신의 업무가 이것이 아니라고 한탄 비슷하게 했던 그 군인이었다. 나도 손을 들어 간단히 인사를 했다.

이제 자리에 앉았다. 가장 뒷자리이기에 모든 사항을 지켜볼 수가 있었다.

겨울

남극에서 칠레로 나오면서 바라본 산악지대. 산악 빙하에 의해 여러 방향으로 깎여진 뾰족한 산등성이인 아레트가 보인다.

승무원 군인이 나에게 오더니 미끄러지지 말라고 신발에 찼던 아이젠을 조심하라고, 행여 연료탱크에서 나오는 연결호수를 밟지 말라고 했다. 연료탱크에서 바닥으로 나온 연료관은 양쪽 날개로 이동하는데 그 중간 연결 부위가 기내로 드러나 있었다. 그럴 일은 없겠지만 혹시 내 실수로 그 고무관을 밟는다면, 그래서 아이젠의 날카로운 부분에 찢기기라도 한다면···. 바로 신발에서 아이젠을 풀어서 가방에 넣었다.

　떠날 준비가 끝났다. 아까부터 굉음을 내던 엔진소리는 날개 바로 옆에 앉은 나에게 직접 들렸다. 눈 덮인 남극의 활주로로 비행기가 나갔다. 활주로 남쪽 끝에 정지해서 북쪽으로 날아갈 준비를 했다. 날개 양력 부위를 위 아래로 조절하는 것이 보였고, 뒤에 꼬리날개의 방향타도 최대로 움직여 보는지 좌우로 움직이는 규칙적인 소리가 들렸다. 정지 상태에서 최대출력으로 올렸다 내렸다 하면서 엔진소리도 커졌다 작아졌다 했다. 한순간 최대출력으로 굉음을 내면서 유지하더니 앞으로 급격히 나아갔다. 눈 덮인 평평한 활주로였지만 이륙하기 위해 달리는 내내 덜컹거렸다. 서리 낀 창밖으로 주변의 풍경이 뒤로 사라졌다. 이 덜컹거림이 어느 순간 조용해지더니 부드럽게 고도가 올라가고 있었다. 이륙이었다.

　처음으로 이곳 킹 조지 섬을 벗어나면서 바깥쪽 세상을 보게 되었다. 바깥쪽에 펼쳐진 세상은 킹 조지 섬 안에서는 볼 수 없었던 풍경이었다. 멕스웰 만과는 달리

동체 뒤쪽 보조석에서 바라본 트윈 오토의 내부. 좌측으로 커다란 연료탱크가 있고 서태건 대원이 들것에 고정되어 누워 있다.

수많은 유빙과 빙산으로 둘러싸인 얼음의 바다였던 것이다.

드디어 엑소더스다.

19. 남극에서 푼타아레나스까지

남극을 떠났다고 생각하니 한시름 놓을 수 있었다. 물론 도착하면 또 다른 경험의 연속이겠지만 지금 걱정한다고 해결될 일은 아니었다. 가는 동안 편히 있기로 했다.

아침에 의무실을 떠나면서 태건이형에게 양해를 구했다. 내가 카메라를 들고 이것저것 찍어도 이해해 달라고 했다. 나를 아는 태건이형도 그러라고 했다. 남들은 스트레스를 받을 때 음악을 듣거나 영화를 본다. 혹자는 노래를 부르기도 쇼핑을 하기도 한다. 아니면 여행을 가기도 하고, 이도저도 안 될 때는 술을 마시기도 한다. 하지만 나는 카메라를 들었다. 그냥 카메라를 들고 그 뷰파인더로 보는 세상이 좋았다. 그냥 그리고 카메라 셔터를 누르는 것이 좋았다. 양손으로 카메라를 들고 보기 싫은 것들은 애써 보지 않아도 됐다. 사진이 잘 나오건 안 나오건 상관없었다.

카메라를 통해 보는 세상. 나와 세상 가운데에 있는 카메라. 기분이 좋아 사진을 찍을 때, 내 앞에 있는 카메라는 내가 세상에 나아갈 수 있게 하는, 나를 이끄는 힘을 주지만, 내가 답답할 때, 내 앞을 가려 주는 카메라는 세상으로부터 나를 보호하고 뒤에서 쉴 수 있게 해주는 그런 존재였다. 남들은 나에게 마구 찍는다고 '막샷'이라고 할지 모르지만 그것은 내가 본, 나만의 세상이었다.

카메라를 들고 하늘에서 본 남극해의 풍경을 찍으니 마음이 많이 가라앉았다. 비릿한 담배보다는 백 배, 천 배 나았다. 프로펠러 비행기가 사진을 찍기에는 정말로 유리했다. 날개가 비행기 동체 위에 붙어 있기에 창밖으로 내려다보는 풍경이 날개에 가리지 않고 모두 보였다.

한참을 날다 보니 기내가 추웠다. 사실 아까부터 비행기 안으로 바람이 들어오고 있었다. 창문 틈으로도 슬며시 찬바람이 들어왔고, 보조석 바로 옆에 있는 건너편 문은 갈라진 틈에 은색 테이프가 덕지덕지 붙어 있었다. 그 틈으로 바람이 솔솔 들어왔다. 보조석 건너편이라고 해서 한참 먼 것이 아니라 기껏해야 1미터 50센티미터 정도 떨어졌을까?

정말 압권이었던 것은 내 뒤 칸막이로 된 짐칸. 그 쪽문은 계속 덜컹거리며 짐칸 쪽으로 열렸다 닫혔다 했다. 그때마다 짐칸의 찬 공기가 밀려 들어왔다. 승무원이 뒤에 와서 춥지 않느냐고 물으면서 뒷문 아래쪽을 모포로 막아 주었다. 그리고 덜컹거리는 짐칸 쪽문을 로프로 고정시켜 주었다.

히터를 가장 세게 틀었다. 바닥에서 나오는 히터의 훈풍 덕분에 누워 있는 태건이형은 그렇게 춥지 않다고 했다. 뒷문 아래에 막았던 모포를 가져다 태건이형을 덮어 줬다.

푼타아레나스까지 시간이 얼마나 걸리느냐고 승무원에게 물었다. 여섯 시간 걸린다고 했다. 프로펠러 비행기로 여섯 시간이면 서울 도쿄 간 거리라고 생각하면 될 것이다. 단지 다른 것은 이곳은 남극이고 비행기 안으로 남극의 찬바람이 새어 들어오고 있다는 것이었다. 창문 쪽에 붙어 있던 오른쪽 팔이 얼얼하기까지 했다. 그나마 햇빛이 비출 때는 괜찮았지만 구름층 사이로 들어갈 때는 몹시 추웠다. 고도가 그렇게 높지 않았기에 우리가 나는 비행기 위로도 많은 구름들이 펼쳐져 있었다.

얼마나 지났을까. 콘스탄틴 대장이 준 빵과 쿠키가 돌았다. 따뜻한 커피도 돌려 마셨다. 하지만 화장실도 없는 기내에서 화장실 갈 일이 생기면 정말 난처했기에 커피는 입만 대고 마시지는 않았다. 승무원이 심심해 하지 말라며 공군 월간지를 보여줬다. 이곳 남극기지에서 중국 의사와 칠레 의사가 응급으로 맹장염 수술을 한 사진도 실려 있었다.

이제 숨을 돌릴 만하자 별별 생각이 다 들었다. 만약 하비 대장과 헤어지고, 아군사의 리카르도도 나오지 않고, 우리만 남게 되면 어떻게 해야 할까. 일단 하비 대장에게서 눈을 떼지 말아야 하겠다고 생각했다. 만약 최악의 상황이라면, 그곳에도 119 같은 구조대가 있을 것이니 정 안 되면 응급구조대나 경찰을 불러야겠다고 결심했다.

바다만 계속 보이다가 드디어 육지가 보이기 시작했다. 푼타아레나스까지 얼마 남지 않은 것 같았다. 하지만 그로부터도 한 시간 가량을 더 날았다. 그런데 그 한 시간 동안 지구에 남겨진 흔적을 볼 수 있었다. 안데스 산맥의 끝자락에 자리 잡은, 아무도 가 보지 못했을 정도로 험한 무정형의 빙하들, 그것이 이루어낸 협곡들, 멀리 빙하가 녹으면서 깊게 침식시켜 놓은 계곡들, 그 위로 교량과 함께 일자로 놓인 고속도로. 해안을 따라 날아다니는 새들…. 시간은 오후 3시를 가리키고 있었다. 북쪽으로, 그러니까 저위도 쪽으로 이동한 것은 맞긴 맞는가 보다.

어느새 작은 마을들이 점점 많이 눈에 띄더니 드디어 푼타아레나스가 보였다. 빙하에 의한 피오르드 해안이 즐비한 이곳에서 바다를 향해 활주로가 있었는데 점점 바다에 가까워지더니 이내 활주로에 착륙했다. 땅에 비행기가 닿는 느낌이 거의 없었다. 여객기보다 훨씬 부드럽게 착륙을 했다.

비행기가 착륙하자마자 우리는 활주로에 대기하고 있던 앰뷸런스에 몸을 실었다. 내가 처음 우려했던 일은 없었다. 하비 대장이 우리에게 인사를 하면서 병원에서 보자고 했다. 파일럿들도 환자 옮기는 것을 도와준 후에 나중에 보자고 했다.

아군사의 리카르도 사장을 찾았다. 그런데 한 젊은 남자가 나에게 오더니 인사를 했다. 아군사에 있는 모라라고 했다. 지금 해군 병원으로 갈 것인데, 나와 태건이형은 앰뷸런스를 타고 가고 자신은 차로 그 병원으로 갈 테니 그곳에서 보자고 했다.

앰뷸런스를 타고 병원으로 가는 내내 다른 걱정이 생겼다. 과연 그 병원은 어떤 시설에, 어떤 의사들이 있을까. 이곳에서 수술을 받게 하는 것이 나을까, 아니면 한국으로 보내는 것이 나을까. 만약 한국으로 보낸다면 태건이형은 누가 데리고 가야 하는가. 혼자서는 화장실도 못 가는 사람을 비행기에 태워 보내야 하는데, 내가 같이 가야 하는지 아니면 다른 사람을 붙여서 보내야 하는지도 걱정이었다. 만약 내가 동행을 한다면 한국까지 데리고 가야 하는지, 아니면 LA까지 데리고 가서 한국행 비행기까지만 태워 보내야 하는지도 걱정이었다. 적어도 LA까지 가서 한국행 비행기만 태운다면 그래도 한국 사람들도 많이 있고 말도 통하고 도움을 받을 수 있기에 LA까지가 내가 갈 수 있는 한계라고 생각했다. 기지를 의사 없이 오랫동안 비워둘 수는 없었기 때문이다. 가뜩이나 내가 나갈 때도 대장님 고민이 이만저만이 아니었다. 극지연구소 소장님께 상황 보고할 때도 의사를 내보내는 것에 대해서는 신중하게 판단하라는 연락을 받으셨다고 했다. 더구나 단수여권을 가진 내가 한국에 들어간다면, 다시 여권을 발급받아서 남극에 들어가기까지 그 지체되는 시간은 이루 말할 수 없을 것이다. 하지만 이곳에서 산티아고를 거쳐 LA까지 가서 비행기를 태워 주고 다시 이곳까지 돌아오는데, 하루도 쉬지 않으면 이틀이면 될 것 같았다. 그런 생각을 하는 동안에 어느덧 병원에 도착했다.

먼저 응급실에 들어가서 레지던트에게 엑스레이 필름을 줬다. 의사 생활하면서 의사가 아닌 입장으로 외국인이 하는 병원에 오기는 난생 처음이었다. 정말 생소했다. 몇몇 의사들이 엑스레이 필름을 보면서 상의를 했다.

좀 전에 필름을 가져갔던 의사에게 물어보려고 갔는데, 키는 작지만 다부지면서 귀티 나게 생긴 젊은 사람이 나에게 이것저것 물어보았다. 양털로 된 겨울잠바에 청바지, 그리고 가죽으로 된 설상화를 신고 있었고, 그 옆에는 일곱 살 정도 되어 보이는 예쁜 딸이 있었다. 얘기를 하다 보니 주치의였다. 닥터 노람부에나. 이름 외우기도 쉽지가 않았다. 한참을 얘기하는 동안에 내 소개도 하게 되었고, 내가 의사라는 것을 알고 나서는 서로 이야기하기가 편했다. 나도 편했고 이 친구도 편하게 대했다. 구차하게 이것저것 설명할 것도 없었.

내 소견과 닥터 노람부에나의 의견이 일치했다. 심증과 물증이 일치하고 이에 대한 동조자가 있으니 안심이 됐다. 수술을 하기로 했고, 이곳 시설도 괜찮았다. 수술은 언제 하게 되냐고 물었다. 당장 오늘 하자고 했다. "Today?" 나는 내일 하게 될 줄 알았는데, 저녁 때 하자고 해서 다시 물었다. 환자가 어차피 금식 상태니 수술 준비 되는 대로 하자고 했다. 그러고 보니 비행기에서 먹은 쿠키 몇 조각말고는 어제 저녁부터 지금까지 먹은 것이 거의 없었다.

태건이형한테 갔다.

"너무 잘됐어. 오늘 바로 수술한대. 잘됐어. 이 이역만리에서 어제 남극에서 다쳐서 오늘 수술을 받는다는 것은 오히려 너무 빨라. 대통령이라도 이렇게 빨리 해결할 수는 없었을 거야."

나는 신나게 떠들었다. 하지만 태건이형은,

"꼭 수술을 받아야 해? 그냥 여기서 깁스 하고 끝내는 것 아니었니…."

의사 입장에서야 늘 하는 것들이니까 수술도 쉽게 얘기하고 쉽게 받아들이겠지만, 보통사람들이야 평생에 몇 번 수술을 받아 보겠는가. 다시 차근차근 설명해 주었다. 지금 분위기 아주 좋은데 엄한 소리 해서 좋은 기회 놓치지 말고 그냥 해준다고 할 때 받으라고 했다.

노람부에나가 나를 불렀다. 수술할 때 수술방에 같이 들어가지 않겠냐고 물었다. 그러겠다고 바로 대답했다. 나야 더할 나위 없이 좋았다. 오랜만에 수술방에도 들어가 보고, 이곳 수술방은 어떻게 운영되는지도 궁금했다. 더불어 이곳 수술 수준은 어느 정도인지도 내심 궁금했다.

갑자기 밥 먹었냐고 물었다. 내 몰골도 환자와 다를 바 없었다. 노람부에나가 장교식당으로 데리고 가서 주방에 특별히 음식을 주문했다. 식사하고 좀 있다가 그는 수술방에서 보자는 말을 남기고 사라졌다.

병실에 올라오니 모라 씨가 와 있었다. 호텔을 내 숙소로 예약했다며 같이 가자고 했다. 나는 환자 옆에 있을 테니 미안하지만 그 호텔 예약을 취소해 달라고 했다. 저녁 때 수술에 들어갈 예정도 있었다. 필요한 일이 있으면 모라 씨에게 전화를 주겠다고 했다. 대신 그에게 이곳 교환을 통해 병실에서 세종기지와 전화할 수 있게 조치만 취해 달라고 했다. 모든 사람들이 쉬는 일요일에 고생하는 것 같아 미안했다.

저녁 8시에 수술방에 들어가서 밤 10시 반에 나왔다. 수술은 잘 끝났다. 푸근한 마취과 여선생님과 남자 간호군인들의 도움을 받으며 잘 마무리됐다.

태건이형 수술이 끝난 다음에 이어서 하비 대장이 들어갔다. 밤 10시 반이 돼서야 세종기지로 전화를 해서 현재 결과에 대해 보고했다. 홍대장님도 이제야 여유를 찾는 것 같았다. 나는 나름대로 또 바빴다. 정형외과 의사인 사촌동생 남편에게 전화를 걸어 다시 한 번 자문을 구했다. 전화를 끊기 전에 이 얘기를 사촌

동생이나 우리 집에 하지 말라고 당부했다. 공연히 걱정을 할 수도 있으니 나중에 상황이 종료될 때쯤 집에 전화할 거라고 말했다. 수신자부담 전화, 전화 신용카드 등을 이용해 비상연락을 취할 수 있는 몇몇 지인들에게만 연락해 놓았다.

창밖을 내다보니 이미 어두컴컴했다. 도대체 여기가 푼타아레나스의 어디쯤인지 전혀 알 수가 없었다. 새벽 1시쯤 병실로 들어가려는데 수술을 끝낸 하비 대장이 병실로 옮겨지고 있었다. 이 병원 사람들은 오늘 쉬지도 못하고 밤늦게까지 참 바빴다.

20. 감옥 같았던 병실생활

다음 날인 월요일 아침이 돼서야 지난 주말부터의 숨가빴던 일들이 정리가 되는 것 같았다. 처음 응급실에서 우리를 봐 줬던 레지던트인 닥터 알타미라노가 태건이형 상태에서부터 내 식사까지 모든 것을 챙겨 주었다. 알타미라노에게 주사 항생제를 구입할 수 있는지 물어보았다. 이번에 기지에서 주사 항생제 사용이 예상보다 많았기 때문에 아직은 여유가 있었지만 만일을 위해서 이곳에서 물량을 더 확보해서 가지고 들어갈 수 있으면 좋을 것 같았다.

아침 회진이 끝났지만 나는 아직도 여기가 어디인지 도무지 알 수가 없었다. 공항에서 이곳에 올 때까지 앰뷸런스 안에서 밖을 볼 수가 없었고, 병실에 왔을 때는 한밤중이라 더욱 그랬다. 그런데 사람들에게 남극으로 들어가기 전에 묵었던 호텔과 광장 위치를 물어보고 나서야 감이 잡혔다. 병원 앞에는 지난번에 관광차 들렀던 공동묘지가 있었다. 너무나 예쁘게 꾸며 놓은 묘지라서 이곳 관광명소 중의 하나였다.

위치 파악이 되고 나니까 상황판단도 확실히 되었다. 환자를 볼 때 정신이 혼미한 환자가 오면 여기가 어딘지 아느냐고 묻는 항목이 있다. 그때 환자들이 대답을 하는지 못하는지를 나는 그냥 차트에 적기만 했다. 그런데 지금 생각해 보니 자신이 어디에 있는지 모를 때 약간은 당황하는 특유의 표정이 있다. 그 기분을 이해할 것 같았다. 내 정신은 너무나 멀쩡한데 내가 어디에 있는지 모른다는 것. 아무리 생각을 해보려고 해도 여기가 어딘지 모를 때의 당황스러움. 조금은 이해할 것 같았다. 내가 있는 곳이 어디인지 알고 나니 갑자기 모든 것이 또렷해졌다.

지난번에 가 보았던 대형 마트에 가기로 했다. 일단 내 몰골이 말이 아닌 데다가 태건이형이나 나나 속옷이나 양말이 하나도 없었다. 세면도구와 손톱깎이도 필요했다. 아무것이나 잘 먹는 나야 상관없었지만 환자인 태건이형은 입맛이 없었다. 그래서 말 그대로 '생필품'을 사러 마트에 갔다. 그런데 상상을 해보라. 이 먼 곳에서, 그것도 한겨울에, 그나마 외지 사람이 많은 여름에도 보기 쉽지 않은 동양인이, 안전제일이란 문구가 적힌 작업복에 안전화를 신고 다니면 눈에 잘 안 띄겠는가. 하지만 옷이 이것밖에 없으니 어쩔 수가 없었다. 그래도 길에서는 그냥 눈길 한 번 주고 지나치고 나도 그냥 한 번 받아 주면 끝이었지만, 마트 안에서는 사정이 달랐다. 내가 가는 곳마다 사람들이 나를 쳐다봤다. 입구에 들어갈 때도, 계단을 올라갈 때도, 물건을 고를 때도, 그리고 결정적으로 계산하려고 줄 서 있을 때도 그랬다. 계산하려고 줄 서 있을 때는 내 순서가 와서 계산이 끝나기까지 그 많은 사람들과 같은 공간에서 함께 시간을 보내야 했다. 모두의 시선을 받아 가며….

병실로 올라오면서 응급실, 장교식당의 휴게실, 수술방, 병동에 예쁘게 포장된 초콜릿 박스를 선물했다. 일요일에도 밤새 나와 고생해 준 것에 대한 감사와 계속 수고하는 병동에 대한 인사로 줬다.

병실로 왔더니 대장님한테서 전화가 왔었다고 했다. 콘스탄틴 대장 말로는 하비 대장은 일요일이나 월요일쯤에 비행기를 타고 다시 남극으로 들어갈 것이고, 아마 우리도 그쯤이면 퇴원할 수 있을 것이라고 했다. 하지만 또 다른 문제가 있었다. 과연 태건이형을 데리고 다시 남극으로 들어가야 할 것인지, 아니면 나만 들어가야 할 것인지가 결정되지 않았다. 일단은 경과를 지켜보면서 결정하기로 했다. 그리고 우선은 태건이형보다는 형수와 상의를 해보기로 했다.

다음 날 닥터 알타미라노가 아침을 같이 하자면서 장교식당으로 나를 데리고 갔다. 일요일에 도착했을 때 식사 서빙을 했던 군인이 내게도 거수경례를 했다. 간단하게 답례하고 식당에 자리를 잡았다. 마침 옆에 이 병원 약제과 과장이

푼타아레나스 소재 해군병원 병동. 입원기간 동안 도와줬던 병동식구들과 같이 사진을 찍었다. 서태건 대원이 군간호사의 모자를 쓰고 있다.

있어서 주사 항생제 건에 대해서 다시 얘기를 나눴다. 비용은 입원비에 포함시키기로 하고 원하는 만큼의 항생제 종류와 수량을 적어 달라고 했다. 나중에 퇴원할 때 같이 주겠다고 했다. 잘됐다. 기지에서도 대장님과 상의를 했던 부분인데 대장님도 그렇게 하라고 허락을 하셨다.

　원래 이곳 해군 병원은 군인이나 군인 가족 외에 일반인들은 전혀 이용할 수가 없었다. 군인 병원이라서 간호사들도 남자 군인 간호사도 많았다. 우리나라와 같이 보호자가 상주할 수는 없었지만 우리는 특별히 보호자인 내가 같이 머무를 수 있게 해줬다. 한국에는 보호자가 있는 경우가 많기 때문에 '보호자 식이'란 항목이 있지만 이곳에는 그런 항목이 없어서 오히려 식사는 내 것까지 덤으로 그냥 주었다. 하지만 서양 사람들 특유의 일 처리 방식대로 의료행위에 대해서는 시간당 계산이 되는 것도 있었다. 식사시간 간격이 우리보다 워낙 긴 대신 중간

겨울　**263**

에 간식을 많이 줬다. 병실에 있으면서 무료한 시간을 보내는 나를 위해 항상 커피와 차도 준비해 줬다. 장교식당에서 같이 식사를 하자고 했지만, 그것도 한두 번이지 매번 얘깃거리를 만들어서 식사를 같이 하는 것은 그 사람들한테도, 나한테도 부담이었다.

한국에서는 침실 옆에 보호자 침대가 간이침대 식으로 되어 있다. 하지만 이곳에는 그런 것이 없었다. 보호자인 내가 병실에 머물게 되었지만 1인실이어서 여분의 침대도 없었다. 한 사람이 앉을 수 있는 푹신한 의자만이 있을 뿐이었다. 첫날 수술하고 나서는 그 의자에 앉은 채로 잠을 청했다. 둘째 날은 의자에 앉은 채로 자다가 목이 아파서 도저히 잘 수가 없었다. 자꾸 잠이 깼다. 하는 수 없이 몸을 거꾸로 하고 잤다. 의자바닥에 등과 머리를 붙이고, 다리를 등받이에 걸쳤다. 목이 뒤로 꺾였지만 그래도 등을 바닥에 기댈 수 있는 것이 편해서 그대로 잠들었다. 중간 중간에 잠에서 깼지만 말이다.

아침에 간호사에게 복도에 있는 비상침대를 써도 되냐고 물었다. 마침 간호사들도 내 잠자리에 대해서 인수인계를 하고 있었다. 닥터 알타미라노가 회진 때 그 침대를 직접 끌고 들어왔다. 그날 이후로는 제대로 잠을 청할 수가 있었다. 며칠 지나자 이제는 점점 더 편해졌다. 수술하고 며칠 동안은 태건이형 용변을 내가 받아냈다. 사실 어려운 일은 아니지만 그렇다고 쉬운 일도 아니었다. 하지만 부기도 빠지고 다리가 고정되자 목발을 짚고 혼자 화장실 정도는 다녀올 수 있게 되었다.

병실에서는 각종 채널의 텔레비전을 볼 수가 있었다. 내용은 자세히 모르더라도 아침에 활기찬 뉴스를 보니 그 기분이 그대로 전해졌다. 이네들이 서로 대화하고 간간이 토론도 하면서 뉴스를 전하는 것을 보면서 참 신선하다란 느낌을 받았다. 무엇보다도 저녁 7시 '로호'를 선명한 화면으로 볼 수 있어서 좋았다.

차츰 병문안 오는 사람도 생겼다. 우리가 공항에 도착했을 때 비행기에서 태건이형을 내리는 사진이 우연히도 이곳 지역신문 1면에 커다랗게 실렸다. 이 조용한 겨울, 땅끝 마을에서는 큰 뉴스가 아닐 수 없었다. 이 기사가 나간 다음 날 루이스가 찾아왔다. 그 다음 날은 아들 루이스가 찾아오고, 호세도 찾아왔다. 이렇게 반가울 수가. 이역만리 떨어진 이곳에서 병문안받는 것이 신기했다. 경과도 좋아서 조기에 퇴원할 수 있을 것 같았다. 대장님과 어떻게 해야 할 것인지 공중전화로 한참 의견을 나눴었다. 형수님과도 많은 얘기를 나눴다. 예전에 간호사였기 때문에 설명이 편했다. 사실 수술한 사람을 다시 남극으로 데리고 들어가는 것은 쉬운 결정이 아니었다. 대장님도 나도 태건이형도, 한국의 집에서도 부담이 아닐 수 없었다. 하지만 태건이형이 다시 기지로 복귀하기를 강력히 희망하고 있었다. 어차피 수술 후 관리야 내가 보면 되니까 상관은 없었다. 대장님하고도 같이 복귀하는 것으로 결론을 내렸다. 내 소견과 닥터 노람부에나 소견 모두를 존중해 주셨다.

하비 대장은 수요일에 퇴원했다. 퇴원하면서 나오르 대위 일행도 우리에게 인사를 하고 갔다. 다음주 월요일 정도에 비행기를 타고 같이 가자고 했다. 대장님께서 아군사의 리카르도 씨에게 부탁을 했고, 실무는 모라 씨가 담당하기로 했다. 비행기 시간이 확정되면 우리를 공항으로 데려다 주기로 결정됐다. 이번에 비행기를 타지 못하면 3주 뒤에나 브라질이나 우루과이 임시편이 있을 때까지 아무런 비행기가 없어서 꼭 타야 했다.

기지에서는 모든 외부활동이 올스톱되었다. 동지 축제는 말할 것도 없고 운동회도 전격 취소됐다고 했다. 혹시 누구라도 다치면 어떻게 손쓸 방도가 없기에 모두들 실내 활동만 하고 있다고 한다. 그래도 이번 주만 지나면 다시 기지로 돌아갈 수 있으니 곧 풀릴 것이라 생각했다.

21. 예정에 없던 푼타아레나스에서의 겨울

수술받은 지 4일째인 목요일. 대장님과 통화에서 일요일이나 월요일에 비행기가 뜬다고 하니 퇴원하지 말고 계속 있으라고 했다. 병원에 얘기해서 그때까지 입원해 있다가 병원에서 공항으로 직접 갈 수 있게 조치해 놓으라고 했다. 아군사의 모라 씨에게도 그렇게 얘기를 했다. 내가 보기에도 그것이 훨씬 더 나을 것 같았다.

이곳의 간호사들과도 많이 친해졌다. 특히 그중에서 카스틸로 상병이 우리에게 너무 잘해 줬다. 마치 우리가 외국사람이 오면 한국말도 가르쳐 주고 우리의 이것저것을 설명하고 싶어하듯이 이 친구가 그랬다. 좀 지겨워지고 있을 무렵이었는데 잘됐다. 태건이형도 공부한 스페인어로 대화를 하려고 노력했고, 이 친구는 거기에 더욱 신나서 한가할 때면 항상 우리에게 와서 재밌는 얘기나 신문들을 보여주곤 했었다.

자정을 넘겨서 닥터 노람부에나가 회진을 왔다. 수술 상처 소독을 위해 반깁스만을 했던 것을 아예 기다란 통깁스로 바꿨다. 노람부에나에게 비행기 뜨는 날 퇴원하면 안 되겠냐고 물었고, 흔쾌히 그렇게 하라고 했다. 미리 퇴원 사인을 해놓겠다고 했다.

다음 날인 금요일 아침. 대장님과 기분좋게 통화를 끝냈다. 다친 지 일주일이 되었고 마음고생하던 부분도 한시름 놨고, 다음주에 기지에서 보자고 했다. 나도 주말을 즐길 겸 밖에서 식사 한 번 해보고 싶었다. 지난번에 얘기했던 항생제를 받으려고 1층 약제과에 내려갔다 왔다. 그런데 태건이형이 당황스러운 얼굴을 하고 있었다. 기지에서 대장님한테 전화가 왔는데 나보고 전화를 달라고 하셨단다. 어? 방금 전에 통화했는데. 태건이형 말로는 비행기가 이미 떴다고 하시면서 노발대발하셨단다. 상황파악이 전혀 안 됐다. 기지에 전화를 했다. 인호가 전화를 받았다. 정규시간에 기지에 전화할 때는 모든 전화나 무전은 통신담당 인호가 먼저 받는다. 목소리에 힘이 하나도 없었다.

"무슨 일이냐?"

"형, 비행기 떴대요. 못 들으셨어요?"

"무슨 비행기. 난 모르는 일인데…."

"지금 난리났어요. 기지 분위기 완전히…."

말이 끝나기도 전에 대장님이 낚아채셨다. 잔뜩 긴장을 하고 있었는데 대장님 목소리는 이미 한 단계 걸러진 목소리였다. 부드러우면서도 일부러 화를 참고 계시는 목소리.

"종원아."

"예, 대장님."

푼타아레나스의 중심인 마젤란 광장. 이 거리에서 매주 일요일 정오면 육, 해, 공군, 경찰 등이 번갈아 가며 국기게양식 행사를 한다. 행진하고 국가를 부르는 것이 마치 국군의 날 행사와 같다. 사람들이 많이 모인다.

"비행기 떴단다. 하하하……."

내용인즉 이렇다. 나와 아침에 통화를 끝내자마자 바로 러시아 기지에서 무전이 왔단다. 콘스탄틴 대장이 지금 하비 대장을 태운 트윈 오토가 도착하려고 하는데, 닥터 홍과 환자를 맞을 준비를 했냐는 내용이었단다. 대장님께서도 처음에 당황하실 수밖에. 일단 대장님은 화가 머리끝까지 치미셨다. 그리고 좀 전의 통화 내용으로 보아 내가 몰랐던 것으로 결론짓고, 아군사 리카르도 사장에게 전화를 하셨다. 리카르도 사장이나 모라 씨가 놓쳤던 것이다. 사실 이날 비행기는 갑작스럽게 떠나게 돼서 새벽에 하비 대장 일행이 푼타아레나스를 떠났다는 것이다. 그러나 이곳에서는 날씨 변수가 너무나 많아 빨리 떠날 수도 늦게 떠날 수도 있었기에 하비 대장 일행을 탓할 수는 없었다.

모라 씨가 며칠 전부터 하비 대장의 연락처를 물어왔다. 옆 병실이 하비 대장 병실이니 물어보라고 했었는데 퇴원 후에도 내게 계속 하비 대장의 전화번호

겨울 **267**

를 물어왔다. 좀 이상하다고 생각했지만 결국 이런 일이 생기고 말았다. 아군사를 통해서 이곳 일정을 조정할 수밖에 없었기에 나와 태건이형은 속수무책이었다. 대장님께서 리카르도 사장에게 다시는 이런 일이 없어야 한다는 다짐을 받고 통화를 끝냈을 때 내가 전화를 했기에 나와의 대화는 좀 부드럽게 이어질 수가 있었다.

더 이상 병원에 있을 이유가 없어졌다. 즉시 모라 씨가 내게 왔다. 일단 퇴원하기로 했다. 퇴원할 때도 챙겨야 할 것들이 많았다. 외래방문은 언제며, 퇴원 후 먹어야 하는 약은 있는지, 그리고 치료는 언제 해야 하는지를 물었다. 하지만 아무것도 잡혀 있지 않았다. 닥터 노람부에나는 금요일 오전부터 휴가를 내서 산티아고로 가고 없었다. 모라 씨에게 오늘 퇴원하면 적어도 이삼일 뒤에는 수술 부위 치료를 반드시 받아야 한다고 말했다. 역시 우는 애한테 젖 한 번 더 준다고 따지지 않았으면 우리 비행기 스케줄이 생길 때까지 그냥 아무 조치가 없었을지도 몰랐다. 퇴원 약은 나중에 모라 씨가 가져다주기로 했다. 일단 병원에서 나왔다. 카스틸로 상병과 파올라 간호사에게 감사의 인사를 했다. 휴….

우리가 간 곳은 S호텔이었다. 대장님께서 다음주에 칠레 공군기 임시편이 있을지도 모른다고 하셨다. 그 비행기를 놓치면 처음 예정대로 2주 뒤에나 브라질 비행편이 있다는 것이다. 하지만 그때 들어오면 결국 기지에 의사가 3주나 자리를 비우는 것이니 다음주에 있을 비행기를 놓치지 말고 타야 한다고 하셨다. 그리고 일부 고장난 관측기기가 아군사에 새로 들어왔으니 그것을 가지고 들어오라고 하셨다. 부정기편은 오래간만에 들어가는 비행기라 실을 수 있는 모든 것들을 싣기에 짐을 가급적 줄이라고 하셨다. 혹 둘이 같이 비행기를 탈 수 없다면 나만이라도 먼저 들어오라고 하셨다. 가지고 간 짐 중 필요없는 짐들은 버렸다. 닥터 노람부에나가 신고 있었던 멋진 설상화는 무게 때문에 사지 않았다. 그런데 문제는 그 비행기편도 언제가 될지 몰랐다.

호텔을 둘러보았다. 조그마한 유럽식의 지방 호텔이었는데, 가족이 운영하는 호텔이었다. 객실 창문으로 호텔 뒤쪽이 보였는데, 쓰다 남은 건축자재들이 쌓여 있었고, 이 호텔에서 나오는 모든 빨래를 세탁하는 세탁소가 있었다. 그리고 다른 한쪽에는 보조발전기인 오래된 엔진 창고가 있었다. 인상적인 것은 이 호텔에서 키우는 커다란 개가 있었는데, 창문을 열어두면 항상 창문으로 그 커다란 얼굴을 들이밀었다. 처음에는 어찌나 놀랐는지 모른다. 먹을 것을 주면 잘 받아 먹기는 하지만 항상 경계의 눈초리로 기분 나쁘게 쳐다본다. 손을 내밀면 덥석 물어뜯을 것 같아서 머리도 쓰다듬어 주지 못했다.

차츰 이곳 생활에 익숙해졌다. 아침마다 모라 씨에게서 전화가 왔다. 병원에 가는 날에는 시간 약속을 하고 병원에 갔다 오면 됐다. 병원에서도 유명인사가 돼서 우리가 가면 항상 먼저 진료해 줬다. 태건이형이 치료받는 동안에 나는 병동에 가서 인사를 하고 왔다.

이 호텔 식당은 은근히 맛이 괜찮았는데 비싸지도 않으면서 양은 상당히 많았다. 하루 종일 이곳 식당에서 먹다 보니 우리들 취향도 알게 되었다. 마트에 가서도 익숙해졌다. 이곳 마트에는 각종 햄과 치즈, 수제 소시지들이 많은데 사람들로 항상 붐볐다. 이제는 번호표 받아서 기다리는 것도 익숙하고 점원들도 나를 알아보았다. 우리네 재래시장 같은 곳이 있는데 이곳 채소가 더 좋다고 해서 가서 가격 흥정도 하게 됐다. 환전소 직원도 알게 되었다. 어느 날은 별 생각 없이 길을 건너고 있는데 정차한 차가 경적을 울렸다. 신호도 맞게 건너고 있는데 빨리 건너라는 것인가? 서둘러 건너는데 또 빵 소리가 들렸다. 해군병원 약제과 과장이었다. 이젠 길에서도 아는 사람이 생겼다.

대장님과의 통화도 편해졌다. 대장님께서 대장실에 안 계실 경우에는 총무님과 통화를 하게 되었는데, 기지 분위기가 장난이 아니라고 하셨다. 그러면서 잘 지내는지, 상태는 어떤지 등등 여러 근황을 물어보셨다. 나도 기지 근황에 대해 너무나 궁금했다. 오랜 시간 통화를 할 수는 없었지만 오래간만에 기지 소식을 들으니 빨리 기지로 돌아가고 싶었다. 상훈이형이 끓여 주는 미역국 한 그릇이 간절히 먹고 싶었다.

아직도 태건이형의 소변을 받아 주고 항상 곁에서 챙겨 줘야 했다. 하지만 그때까지도 태건이형한테서 고맙다는 말 한 마디 듣지 못했다. 워낙 그런 표현에 인색한 경상도 사람이라서 그런가 보다 싶었다. 물론 고마워하고 있다는 것은 말안해도 알지만 그래도 섭섭한 것은 어찌할 수 없었다.

어느 날 아침에 먹을거리를 사려고 마트에 갔다 왔는데, 태건이형 얼굴이 굳어 있었다. 대장님한테 전화가 왔었는데 빨리 기지로 전화하라고 했다는 것이다. 무슨 환자가 생겼나? 걱정스런 마음에 기지에 전화를 했다. 역시 인호가 받았지만 인사를 할 겨를도 없이 대장님께서 낚아채셨다. 대장님께서 무척 화가 나 계셨다. 무슨 일이냐고 물었더니 칠레 공군기가 아침에 푼타아레나스를 떠났다는 것이다. 지금 곧 남극에 착륙하려고 한다는 것이다. 이건 또 무슨 일이람. 우리는 전혀 들은 바가 없었다. 일단 대장님께서 진정하시고 아군사에 다시 전화를 해서 또 노발대발하셨다. 이번에도 이쪽에서 넋 놓고 있다가 비행기편이 있는지 몰랐던 것이다. 다행인지 불행인지 착륙 직전에 기상이 나빠져서 다시 푼타아레나스로 비행기가 되돌아왔다. 그 비행기를 탔어도 어쩔 수 없이 이곳으로 다시 돌아와야 했다는 것으로 위안을 삼았다. 리카르도 사장과 모라 씨가 와서 다시 이런 일이 재발하지 않도록 하겠다고 다짐했다. 하지만 이번 일까지 해서 신뢰는 여지없이 무너지게 되었다. 대장님은 대장님대로 리카르도 사장에게 강한 항의를 했고, 나는 많이 친해진 모라 씨에게 남극으로 빨리 들어갈 수 있게 해달라고 신신당부를 했다.

이제는 마음놓고 밖에 나갈 수가 없었다. 호텔에 꼼짝 말고 있으라는 대장님의 엄명이 떨어졌기 때문이다. 지금까지는 우리가 연락을 못 받아서 비행기를 못 탔지만 만약 우리 실수로 비행기를 못 탔다면 거의 살아남지 못할 분위기였다. 무조건 하루 종일 호텔에 머물러 있어야 했다.

하루 종일 할 일이 없었다. 태건이형이 일어나서 깨워도 그냥 하루 종일 침대에서 자는 것이 일과가 됐다. 가끔 큰 얼굴의 개가 창가에 오면 커튼을 닫곤 했었다. 지겨웠다. '로호'도 재미가 없었다. 무엇보다 병원보다 이 호텔의 텔레비전 화면이 그렇게 좋지가 않았다. 차라리 2주 뒤에 비행기가 있다고 하면 깨끗이 잊고 편히 지내다가 비행기 시간에 맞춰서 스탠바이하면 됐겠지만, 다음주에 임시편이 있을지도 모른다는 소식에 안절부절했다.

지겨운 생활이었지만 그래도 한 일은 많았다. 월동보고서 초안을 만들어 대부분 완성했다. 크리스마스 때 보낼 카드도 만들고 있었다. 가끔 마젤란 광장 근처에 있는 PC방에서 인터넷을 하면서 밀렸던 일들도 하곤 했다. 태건이형도 휠체어를 타고 같이 나갔다가 왔다. 물론 비행기가 결코 뜰 수 없는 저녁 무렵에 외출을 다녀오곤 했다. 하루는 카스틸로 상병이 우리 있는 호텔로 자신의 가족 앨범을 가지고 와서 우리를 즐겁게 해주기도 했다. 이곳에 연구차 일 년간 와 계신 장순근 박사님도 한국 들어가시기 전에 우리를 방문하셔서 식사를 같이하기도 했었다.

결국 비행편은 취소됐다. 또 한 주를 이곳에서 보내야 했다. 대장님께서 혹시 모를 비행편을 위해서 이번 주도 밖에 자주 나가지 말라고 하셨다. 말씀은 이렇게 하시지만 오래전부터 비행일정에 대해서는 대장님도 포기하셨다. 하지만 한 번 놓치면 또 한참을 기다려야 했기에 말씀은 그렇게 하셨다.

전화할 때 총무님과 인호가 먼저 받으면 기지 분위기를 전해 주곤 했다. 모든 야외활동은 아직도 금지되었다. PC방에서 인터넷폰으로 상훈이형과 통화를 했다. 더욱 생생한 기지 소식을 들을 수가 있었다. 그 조그마한 세상에서도 비하인드 스토리가 있었다. 한참을 떠들면서 웃었다. 입을 막고 조용히 얘기했는 데도 내 목소리가 엄청 컸나 보다. 이곳은 우리네같이 집집마다 인터넷이 깔리지 않아서 PC방이 인기가 많았다. 심지어 젊은 엄마가 꼬마를 데리고 와서 꼬마는 옆에서 계속 구경하고 엄마는 정신없이 인터넷을 하는 풍경도 보였다. 시끄럽게 떠든 나는 별로 못 느꼈는데, 태건이형은 굉장히 창피해 하고 있었다. 하지만 기지 소식을 듣고 나니 더욱 기지로 돌아가고 싶었다.

이곳에 오래 머물면서 이네들 대화의 특징적인 제스처를 알게 되었다. 서양 사람들 대부분이 인사를 할 때 부둥켜안거나 남녀 간에는 서로 양쪽 볼을 맞대는 인사를 했다. 처음에는 너무 어색했다. 나의 뻣뻣한 자세 때문에 오히려 상대방이 민망해 하기도 했다. 하지만 이내 익숙해졌다. 또 하나 특징은 언제 어디서나 엄지손가락을 치켜세우며 으뜸을 표시하는 것이다. 처음 이것을 느낀 것은 트윈오토를 타고 출남극할 때였다. 승무원 군인이 앞에서 우리에게 춥지 않느냐고 물었다. 나는 괜찮다고 대답을 했더니, 이 승무원이 내게 엄지손가락을 치켜세웠다. 고생하는 나에게 힘을 주려고 그러나 보다 생각을 했었다. 나중에는 연신 엄지를 치켜세웠다. '자식, 상당히 오버하네.' 그런데 병원에 입원해서 지내다 보니 모든 사람들이 그 표시를 했다. 무언가 물어봤을 때 긍정의 답을 대답하면 항상 엄지손가락을 치켜세웠다. 닥터 알타미라노도, 카스틸로 상병도 그랬다. 그래서 나도 누구한테나 으뜸 표시를 했다. 무척 좋아하기에 나도 계속 '오버'하게 됐다.

혹시 다음주도 비행기가 취소될 경우를 대비해서 짧은 시간 이곳 주변을 둘러볼 계획을 세웠다. 이곳은 세계적으로 대표적인 빙하지대. 안데스 산맥 끝자락에 있어서 둘러볼 곳이 많았다.

어느 날은 아들 루이스가 우리를 찾아왔다. 오랜 시간 동안 푼타아레나스에서 고생한다고 자기 집에서 식사를 같이하자고 했다. 아버지 루이스가 우리를 초대했단다. 지난여름에 이곳에 도착했을 때 남극으로 떠나기 전 18차 대원 모두가 루이스 집에 초대받은 적이 있었다. 양고기와 커다란 생선을 통째로 바비큐한 음식을 대접받았었다. 루이스는 전부 3남 2녀의 자녀가 있었는데 우리가 아는 아들 루이스는 20대 초반의 차남이었다. 여름이었지만 밤에는 무척이나 쌀쌀했던 기억이 떠올랐다.

이번에도 아버지 루이스, 루이스 아내, 그리고 노부모님이 우리를 반갑게 맞이해 주셨다. 아버지 루이스에게는 다섯 살 난 늦둥이 딸이 있었는데 여전히 인형 같은 모습으로 우리들을 반갑게 맞이해 주었다. 아주머니께서 음식 준비를 하는 동안 우리네 소주와 같은 술인 비스코를 루이스가 권했다. 오랜만에 술다운 술을 마시니 기분이 좀 나았다.

식사 시간이 되니 무엇보다 반가운 것. 바로 김치와 고추장이었다. 루이스는 거의 한국 사람과 같이 되었다. 기지에서 일을 마치고 나갈 때 김치와 고추장을 얻어 갔었는데, 이번에 요긴하게 내놓았다. 태건이형은 김치에, 나는 고추장에 푹 빠졌다. 하지만 따뜻한 가족의 분위기에서 함께 식사를 한 것이 더 큰 기쁨이었다. 어서 빨리 기지로 돌아가고 싶었다.

22. "킹세종, 킹세종, 프레이 홍종원"

어느덧 7월에 들어섰다. 수술을 받은 지, 그리고 이곳에 온 지 3주가 되어 갔다. 하루하루가 너무 지겨웠다. 식당 음식도 이제는 지겨워졌다. 하지만 무엇보다도 남극에서 나와 있다는 것이 지루했다. 빨리 돌아가고 싶었다. 급한 상황이 지났을 때 집에도 전화를 했었다. 하지만 한국으로 돌아가고 싶은 생각은 별로 없었다.

다음주에 비행 일정이 막연하게 잡혀는 있었지만 확정된 것은 아니었다. 기지에 전화해도 별로 할 말이 없었다. 하지만 남극에 다시 들어가기 전에 해야 할 몇 가지 일이 생겼다. 첫째, 아군사에 도착한 몇 가지 기기와 소포들을 가지고 들어가야 했다. 둘째, 우표가 많이 필요해져서 우표도 사야 했다.

대장님께서 이번에 브라질 비행기가 오게 되면 브라질 조종사가 하룻밤을 푼타아레나스에서 묵을 것이라고 했다. 선물이라도 사들고 반드시 그 호텔을 찾아 조종사를 만나라고 하셨다. 그래서 이번에 꼭 그 비행기를 타야 한다고 했다. 원칙을 세웠다. 제1원칙, 무조건 나는 이번에 타고 들어간다. 제2원칙, 태건이형 자리가 확보 안 되면 소포를 가지고 나만이라도 반드시 들어간다. 제3원칙, 태건이형 자리가 확보되면 함께 들어간다.

드디어 다음주 비행 일정이 확정됐다. 브라질 비행기편은 취소됐지만, 지난번에 들어갔다가 기상악화로 회항한 칠레 수송기가 들어가기로 했다. 갑자기 들어갈 것이라고 하자 마음이 급해졌다. 그렇게 지겹게 느껴지던 이곳 음식이 느닷없이 맛있어졌다. 한 번씩 돌아가며 다시 한 번 이곳 음식을 느껴 보고 싶었다. 집과 친구들에게 이곳의 그림엽서도 보냈다. 워낙 무뚝뚝한 태건이형에게도 형수님과 애들한테 엽서 좀 써서 보내라고 했다. 정 쓰기가 어려우면 내가 불러 주겠다고 했다. 결국은 맏아들 앞으로 카드를 쓰고 맨 뒤에 형수님과 막내 꼬마 이름을 적는 것으로 마무리를 지었다.

엽서에 글을 빼곡히 쓰고 남는 곳에 주소를 쓰고 빨간색으로 강조했다. 태건이형이 그렇게 써도 한국으로 가냐고 걱정스럽게 물었다. 당연히 간다고 했다. 어렸을 때 아버지께서 해외에 나가셨을 때 그림엽서를 보낸 것이 기억이 났다.

하얀 활주로에 착륙한 C-130 수송기. 뒷문에서 화물을 내리고 있다.

아버지의 글씨는 정말 악필이었다. 마구 흘려 쓰신 한글에 'Korea'란 글씨만 겨우 알아볼 수 있을 정도였다. 그래도 엽서는 어김없이 배달되었다. 어디에 주소를 적었는지도 모를 카드까지 배달되는 것을 보면 참 신기했다. 그러니 이 정도 글씨로 쓴 엽서가 한국에 도착하지 않을 수 없었다. 태건이형은 엽서와 함께 내가 작성한 진단서, 해군병원에서 작성한 진단서를 같이 한국으로 보냈다.

　7월 12일. 드디어 출발일이다. 주 칠레 한국대사관, 칠레 공군, 푼타아레나스 현지 공항 관계자 모두를 거친 확정 스케줄이었다. 지난번에 비행기를 놓친 일 때문에 모라 씨가 아침 일찍 호텔로 왔다. 서둘러 체크아웃을 하고 차에 몸을 실었다. 하지만 공항에 도착할 때쯤 모라 씨의 휴대폰으로 한 통의 전화가 오더니 이날 비행기가 취소됐다고 했다. 호텔로 전화를 해서 다시 들어갔다.

　비행기는 다음 날 뜬다고 했다. 다음 날 아침 정확히 8시에 모라 씨가 우리를 픽업하러 왔다. 공항에서 탑승 대기를 했다. 모라 씨와도 작별인사를 했다. 들고 갔던 내 무전기는 안전상 보안요원이 가져가면서 나중에 내릴 때 준다고 했다. 공항 안쪽 대기실에서 비행기를 기다렸다. 날씨는 너무 좋았다. 햇살이 무척 따가웠다. 뜻밖에 먼 이곳까지 여행을 오신 한국인 부부도 만났다. 트윈 오토 한 대에서 관광객들이 내렸는데, 그 일행 중에 얼마 전 '로호'를 그만둔 댄서 한 명도 있었다.

이렇게 지루하게 대기실에서 오후 1시까지 기다리는데 갑자기 검색대 너머로 모라 씨가 걸어왔다. 다시 나오란다. 오늘 비행기도 취소됐다고 했다. 다시 호텔로 돌아갔다. 비행기가 언제 뜰지 전혀 모른다는 것이다. 하루가 또 지겹게 지나갔다.

새벽 1시에 객실로 전화가 왔다. 모라 씨였다. 아침 7시에 비행기가 출발할 예정이니 6시까지 데리러 오겠다고 했다. 새벽 5시에 일어났다. 오늘 비행기를 놓치면 절대 안 됐다. 재빨리 씻고 떠날 준비를 했다.

모라 씨는 정확히 6시에 왔다. 차는 새벽 공기를 가르며 공항까지 전속력으로 달렸다. 공항에 도착하니 검색은 의외로 수월하게 지났다. 어제 한 번 검색을 했기에 검색요원들이 우리를 알고 있었다. 검색대를 통과하면서 모라 씨에게 또다시 작별인사를 건넸다.

수송기는 곧바로 이륙했다. 드디어 푼타를 떠난다. 대장님과 직접 통화할 시간도 없었다. 밤에 당직에게만 전달했을 뿐이다. 처음에 남극으로 들어갈 때 동그란 작은 창문으로 밖을 보고 싶었다. 하지만 사람들도 많고 뒤돌아 앉기도 힘들어서 엄두도 못 냈다. 운 좋게도 이번에는 달랐다. 수송기 안에는 보급품들이 적재돼 있었다. 승객은 우리 둘과 새로 남극으로 발령받아서 들어가는 칠레 사병 여섯 명뿐이었다.

얼마를 비행했을까. 차츰 빙산이 보이기 시작했다. 정말 많은 빙산이었다. 탁상형 빙산이 널려 있었다. 시간이 지나면서 빙산도 빙산이지만 온 바다가 부빙으로 가득 덮여 있었다. 잠시 후 갑자기 엔진 회전소리가 줄어드는 느낌이었다. 창밖을 내다보았다. 고도가 점점 낮아지고 있었다. 저 멀리 산이 우뚝 솟은 섬이 보였다.

바다는 온통 판상 얼음으로 뒤덮여 있었고, 우리가 떠날 때와는 달리 온 세상이 하얀 세상이었다. 어디가 바다인지 육지인지 구분하기 힘들었다. 수송기는 그렇게 점점 고도를 낮추더니 이내 활주로에 착륙하였다. 바퀴가 활주로에 닿자마자 눈보라가 휘날렸다. 생각해 보니 아까 봤던 높은 봉우리는 넬슨 섬 가운데 있는 산봉우리인 것 같았다. 그곳에 그렇게 높은 산이 있는 줄은 몰랐다.

드디어 착륙. 비행기가 멈추자 앞문이 열렸다. 태건이형은 목발을 짚고 다닐 수 있을 정도로 많이 호전돼 있었다. 여섯 명의 사병이 태건이형이 내려오는 것을 도와줬다. 활주로에 내리자마자 나를 반겨준 사람은 하비 대장이었다. 그리고 그 옆에는 우루과이 대장도 기다리고 있었다. 이어서 우루과이 기지의 아주머니 의사 그리고 콘스탄틴 대장과 닥터 미란다 등이 일렬로 서서 우리를 맞아 주었다. 너무나 반가워서 서로 부둥켜안았다.

태건이형이 내리자마자 콘스탄틴 대장과 닥터 미란다가 격납고 앞에 준비해 놓은 우리가 기증한 승합차까지 같이 갔다. 활주로 끝부분에서 바다를 보니 바다는 모두 얼음으로 뒤덮여 있었다.

콘스탄틴 대장 특유의 유쾌한 대화가 시작됐다. 오전에 세종기지 대장님으로부터 조디악이 갈 수 있는지 해안을 살펴봐 달라는 무전이 왔단다. 그는 이렇게 얼음이 가득한 해안으로 어떻게 올 수 있겠느냐며 호쾌하게 웃었다. 우리는 점심시간 후에 헬기를 타고 세종기지로 갈 것이라고 했다. 그동안 러시아 기지에서 함께 식사를 하기로 했다.

너무나 맑고 깨끗한 날씨. 하얀 눈으로 덮인 활주로 가운데 자리 잡은 육중한 수송기 허큘리스. 그 주위로 분주하게 움직이는 사람들. 뒤를 돌아봤다. 하얗게 얼음이 덮인 바다 위로 멀리 보이는 건너편 봉우리들과 그 기슭에 보이는 빨간 건물들. 내가 얼마 전에 떠났던 기지였다. 숨을 크게 들이마셨다. 마치 고향에 온 느낌이었다. 오랜만에 무전기에 충전지를 끼웠다.

"킹세종, 킹세종, 프레이 홍종원!"

"종원이형, 인홉니다! 수고하셨어요. 채널 8!"

23. 드디어 기지로

　러시아 기지에서 나이 많은 주방장님이 차려 준 점심을 먹고, 게다가 귀한 맥주까지 대접받았다. 헬기 이륙까지는 조금 시간이 있어서 콘스탄틴 대장과 러시아 예배당이 있는 언덕에 올라가 같이 사진도 찍고 주변 구경도 하면서 밀린 얘기를 나눴다. 그러던 중 하비 대장의 무전을 받고 공항으로 내려갔다. 우체국에서 봤던 조종사 나오르 대위와 관제탑을 담당하는 자라 대위, 군의관 미란다 대위, 그리고 하비 대장이 나와 있었다. 3주 전에 우리를 이곳까지 후송해 준 헬기 팀들도 이륙 준비를 마친 상태였다. 모두에게 감사의 인사를 하고 헬기에 몸을 실었다.

　태건이형은 짐칸에 타야 했고, 나는 뒷자리에 앉았다. 이번에는 헤드폰을 씌워 줬다. 태건이형이 자꾸 창밖을 보겠다고 해서 그냥 가만히 있으라고 핀잔을 줬다. 태건이형도 이제야 좀 혈색이 돌고 활기차졌다.

　헬기는 눈보라를 일으키며 필데스 반도를 솟아올라 활주로를 한 번 선회했다. 오른편으로는 멀리 북쪽의 드레이크 해협이, 왼쪽으로는 세종기지와 남쪽의 브래스필드 해협이 보였다. 온통 얼음으로 뒤덮인 바다, 그리고 지금 내가 떠 있는 필데스 반도 주위의 많은 암벽 섬들. 그 위로 겨울 햇빛이 눈부시게 부서지고 있었다.

　맥스웰 만은 온통 얼음으로 덮여서 조디악은 절대로 뜰 수가 없었다. 콘스탄틴 대장이 던진 농담이 생각났다. 이런 얼음바다를 헤치고 오겠다니 대장님은 정말 우리가 보고 싶은가 보다.

　드디어 기지에 도착했다. 아니, 집으로 돌아왔다. 헬기장을 내려다보니 모든 대원들이 나와 있었다. 지난 3주 동안에 눈도 많이 쌓이고 바다도 더 많이 얼었다. 이제 이곳 킹 조지 섬에서 내가 사진 찍는 것을 좋아한다는 것은 누구나가 다 아는 사실이었다. 기장이 기지에 바로 내리지 않고 펭귄마을까지 갔다가 한 바퀴 돌아서 기지로 돌아왔다. 사진을 찍으라는 배려였다.

　기지 뒤쪽으로 접근해서 헬기장 쪽으로 갔다. 대원들이 손을 흔들어 우리를 환영해 주었다. 세종로를 봤더니 상훈이형이 주방 뒷문에서 나오는 모습이 보였다. '이런…. 동생이 오는데 빨랑빨랑 나와 있지 않고 말이야….' 헬기가 무사히 착륙했다. "무차스 그라시아스!" 대단히 고맙습니다라고 스페인어로 칠레 대원들에게 말했다. 그들도 그들 특유의 으뜸 표시를 보여주었다.

설상차가 헬기장 앞에 대기하고 있었다. 대원들은 태건이형을 먼저 옮겼다. 그 다음에 장비 등 물품을 옮겼다. 헬기가 다시 이륙하면서 작별인사를 했다. 헬기 소리가 멀어지자 대원들과 서로 부둥켜안고 인사를 나눴다. 총무님과 대장님께도 인사를 했다. 너무나 반가웠다. 나중에 헬기에서 찍은 사진을 보니까 다른 대원들은 모두들 손을 힘차게 흔들며 환영을 해줬는데 대장님만 양손을 방한복 주머니에 넣으신 채 뻘쭘하게 헬기장 저 멀리에 물끄러미 서 계셨다. 그 사진을 보고 한참을 웃었다. 얼마나 마음고생이 심하셨으면…. 실제로 그 검던 대장님 머리가 허옇게 세어 있었다.

오랜만에 의무실로 들어갔다. 의무실은 내가 떠날 때 그대로였다. 사진을 정리하고, 수학 문제를 풀고, 크리스마스 카드를 만들던 곳이었다. 다시 내 방으로 가서 옷장을 열고 곱게 개어 놨던 옷들로 갈아입었다. 벗어놓은 옷들을 세탁하러 기계동으로 갔다. 세탁기를 돌리고 당직실로 갔다가 간만에 해섭이, 진희, 동석이형, 형철이형과 농담을 하고 다시 연구동으로 갔다. 연구동에서 인호와 총무님, 승일이형 그리고 대장님과 얘기를 나눴다. 대장님께는 나중에 별도로 다시 보고를 드리기로 하고, 오늘 저녁에는 술자리를 갖기로 했다.

태건이형 잠자리는 숙소2동에서 지질연구실로 옮겼다. 연구동에서 기상실로 가는 중간 구역이었는데, 겨울철에는 연구원들이 없어서 비어 있는 공간이었다. 이곳 한쪽에 태건이형 침대와 가구를 옮겨 왔다. 그동안 수현이형이 2교대로 하던 기상 업무를 3주 동안 혼자서 애썼기 때문에 이제는 다시 2교대를 할 수밖에 없었다. 그래서 이동이 쉽게 기상실 옆으로 옮긴 것이다. 생각보다 아늑했다. 나중에 가끔 놀러 와서 이곳에서 자다 가기도 했다. 마치 어렸을 때 올라가 놀았던 다락방과 같은 느낌이었다.

마지막으로 간 곳은 주방. 한 바퀴 인사겸 안부겸 도는 동안에도 마음은 계속 주방을 향해 있었다. 역시 상훈이형은 나를 위해 보신용 음료를 준비해 두었

헬기장으로 마중나온 대원들. 모두 손을 흔들고 있는데 사진 왼쪽 위에
흰옷을 입은 대장님만 주머니에 손을 넣고 묵묵히 서 계셨다.

다. 서로 한 잔씩 들이킨 후에 마주보며 한참을 웃었다. 오늘은 쉬라고 했다. 하지만 그게 어디 그럴 수 있는가. 사실 내가 할 것은 없었지만, 식사 준비를 도우면서 상훈이형과 그동안 벌어진 일들에 대해 이야기를 나눴다.

"그런 일이 있었어? 그랬어? 우하하하."

우리가 나가 있던 푼타의 상황에 따라서 대장님의 심기가 천당과 지옥을 오고 갔고, 그 분위기는 대원들에게 곧바로 영향을 미칠 수밖에 없었단다. 대장님이 대원들에게 뭐라고 한 것은 아니지만 대원들은 대장님의 눈치를 보지 않을 수 없었다고 했다.

가장 힘들었던 것은 야외활동의 전면 금지. 체육관에서만 운동하면 안 되겠냐고 누가 용기를 내서 물었단다. 곧바로 불호령이 떨어졌다. 왜냐하면 태건이형 다치기 며칠 전 수요 체육활동을 하다가 경모가 다쳤기 때문이다. 족구를 하다가 경모가 갑자기 발을 부여잡고 쓰러졌다. 자갈이 쌓여 있는 곳을 걸었는데, 그곳

겨울

에 대못이 하나 누워 있었나 보다. 항상 다니던 곳이었다. 그런데 하필이면 그 못이 수직으로 경모의 신발을 뚫고 발에 박혔다. 못을 빼고 소독하는 것으로 끝났고, 추운 이곳에서 파상풍균이 살지 못한다고는 하지만 그래도 걱정을 안할 수가 없었다. 파상풍 백신을 가지고 들어오기는 했지만 이곳 남극으로 운송하는 과정에서 변질이 의심되었기에 쓸 수 없었다. 무슨 일이 생길지 모르는 상황에서 의사도 없는 기지에서 체육활동을 허락하기가 대장님 입장에서는 무척이나 염려스러웠을 것이다. (요즘은 모두 한국에서 백신을 맞고 떠난다.)

저녁식사 시간이 되었다. 오랜만에 삼겹살에 소주를 먹어 봤다. 대장님이 한마디하고 모두들 잔을 기울였다. 나중에 한쪽 테이블에만 술자리를 모아서 못다한 얘기를 나눴다. 기지에서 고생한 얘기, 밖에서 고생한 얘기, 앞으로 돌아갈 때까지 건강히 잘 지내자란 얘기 등. 격렬한 무엇이 지나간 것 같은데 그후에 남겨진 허탈함이라고나 할까? 그런 기분이었다. 그렇게 겨울은 지나가고 있었다.

24. 첫 야외활동

우리가 기지로 귀환하자마자 수요 체육활동이 재개됐다. 그리고 전체 영화 감상도 다시 시작했고, 금지되었던 야외활동도 풀렸다.

나의 첫 야외활동은 펭귄마을에 가는 것이었다. 한번 가야지 생각하고 있었는데 승일이형이 의무실로 전화를 했다. 겨울 샘플을 채취해야 하는데 같이 갈 수 있냐고 했다. 바로 오케이를 했다. 날씨는 흐렸지만 곧바로 카메라 가방을 메고 나갔다. 아이젠과 무전기도 챙겼다. 승일이형 말로는 눈구덩이를 파야 하니 삽을 가지고 가야 한다고 했다. 기계동에서 삽을 챙겨서 연구동 앞에 와 보니 이미 승일이형이 삽을 챙겨 놨다.

오랜만에 펭귄마을로 가니 기분이 상쾌했다. 가는 도중에 바다가 언 곳, 얼어 가는 곳도 다시 한 번 살펴보았다. 바다가 얼어서 좋은 점도 있었다. 예전 같으면 파도치는 해안을 피하려고 작은 언덕도 오르고 울퉁불퉁한 바위지대도 지나야 했지만 지금은 얼음이 완전히 두껍게 얼어서 해안은 거의 평지와 비슷했다. 걷기도 훨씬 수월했고, 먼곳으로 돌아가지 않아도 됐다. 그냥 펭귄마을을 보고

똑바로 가기만 하면 됐다. 하지만 평소보다 시간은 훨씬 많이 걸렸다. 매번 갔던 길인 데도 오늘은 왜 생소하고 구경할 것이 많은지….

　20분 정도의 거리를 한 시간이 넘게 걸려 드디어 펭귄마을에 도착했다. 승일이형은 삽을 들고 펭귄마을 위 바톤 반도 뒤로 뻗은 급경사 언덕으로 갔다. 나는 화석마을과 해표마을로 내려갈 수 있는 바다쪽 언덕으로 갔다. 언덕에서 남쪽 외해를 바라보니 온통 얼음투성이다. 아직도 바다는 얼음으로 쫙 깔려 있었다. 그냥 바다만 있을 때는 해가 비추는 곳과 비추지 않는 곳의 구별이 쉽지 않았다. 하지만 지금은 햇빛을 받아 하얗게 반짝이는 얼음과 어둠이 깔려 침침한 곳의 구별이 너무나 확연했다. 펭귄은 전혀 없었다. 그 넓은 곳에 바다에서도 들릴 정도로 너무나 시끄럽게 울어대던 녀석은 아무도 없었다. 끝까지 해안에 삼삼오오 모여 있던 녀석들도 자취를 감추었다. 언덕 자체가 너무 미끄러울 것 같아 내려가지 않았다. 예전 같았으면 당장 내려갔겠지만, 들어온 지 얼마 되지도 않아 또 다친다면 기지 분위기는 이루 말할 수 없을 것 같아서 참았다.

　고개를 돌려서 승일이형을 찾아보았다. 비탈면에서 눈을 파고 있는 승일이형 쪽으로 발걸음을 옮겼다. 4월에 이곳에 온 적이 있다. 이곳뿐만 아니라 킹 조지 섬 전체가 살짝 얼었을 때, 아이젠이 없어서 다시 아래로 내려가지 못하고 모두들 펭귄마을 위로 올라가서 완만한 기지 뒤로 내려온 적이 있었다. 그때 이후 처음 온 것이다. 그때는 이 비탈면 옆으로 비스듬히 올랐지만 그래도 경사는 급했다. 멀리서 봤을 때는 그냥 눈만 쌓여 있어서 그렇게 급경사인지 몰랐다. 점점 다가갈수록 멀리서 본 그 하얀 눈밭이 펼쳐지는 것이 아니라 거대한 벽면이 더 솟아오르는 것 같았다.

　승일이형이 채취하는 것은 남극 토양 샘플이었는데, 같은 위치에서 일 년을 모니터해야 했다. 그런 곳이 이곳 외에도 기지 주변에 여러 곳이 있었는데, 지금 이곳이 가장 악조건이었다. 이 비탈면은 서쪽을 향해 있었는데, 동쪽에서 불어닥친 눈보라가 이 절개지 위에서 와류를 형성하면서 눈이 엄청난 두께로 쌓였다. 시간이 지나면서 다져진 눈 위에 또 눈이 쌓이고 또 다져지곤 했다. 이것을 땅이 나올 때까지 파내는 일은 장난이 아니었다.

나도 옆에서 다른 구덩이를 팠다. 승일이형이 그쪽은 파지 않는 것이 좋을 것이라고 했다. 너무 깊단다. 승일이형과 내가 파기 시작한 곳은 이 비탈면의 중간 정도 높이였다. 경사는 대략 45도에서 50도 정도. 수치상으로는 얼마 안 돼 보일지라도 실제로는 장난이 아니다. 물론 위로 올라갈수록 경사는 급격히 기울었다. 눈에서 삽질을 할 때 한쪽 다리는 단단히 눈에 박고, 다른 다리는 위쪽에 자리 잡아 균형을 잘 맞춰야 했다. 눈을 덩어리채 파서 아래로 버리면 데굴데굴 저 아래까지 내려갔다. 카메라 가방이나 샘플 가방은 옆에 그냥 놓으면 안 됐고, 한 삽 정도 구덩이를 파서 그 안에 둬야 했다.

폭 1미터에 깊이 1미터 정도로 파 내려갔다. 생각보다 쉬웠다. 흙도 아니고 눈이라 퍼내기 쉬웠다. 파다 보니 요령도 생겼다. 그냥 네모난 블록 형태로 삽을 꽂은 후에 밑에서 들어올리면 쉽게 떨어졌다. 오히려 부스러뜨리면 귀찮아졌다. 그리고 그냥 경사면 아래로 퍼내기만 하면 되었다. 파낸 눈을 쌓으려고 던질 필

겨울철 토양내 생물을 연구하는 박승일 대원. 어른 키보다 깊이 들어가야 한다.
몇 번 같은 장소로 샘플 채취를 하러 왔지만 그 다음에 갔을 때는 항상
이 구덩이는 눈으로 다시 메워져 있었다.

요가 없었다. 한참을 파고 있는데, 승일이형이 내 쪽을 돌아봤다.

"종원아, 그렇게 파면 안 돼. 더 넓게 파야 해."

좁게 파면 나중에 깊이 들어가서 공간도 없고 눈을 퍼내기도 힘들다고 했다. 이미 판 것이 아까워서 그냥 이대로 계속 파겠다고 고집을 부려보았다. 하지만 이내 내 생각이 짧았다는 것을 알게 되었다. 계속 파 내려가도 끝이 없었다. 결국은 입구로부터 깔때기 모양으로 파 들어갈 수밖에 없었는데, 눈들이 점점 부스러져서 블록으로 떼어 내기가 쉽지 않았다. 하는 수 없이 입구를 좀더 넓게 만들었다. 처음부터 다시 시작해야 했다. 이제는 제법 힘들었다. 땀이 날 정도였다. 승일이형한테 가봤다. 갈 때도 조심해야 했다. 비탈면을 걸어서 옆으로 가는데 자꾸 아래로 쏠렸다. 형은 이미 구덩이를 다 팠는데 어른 키가 훌쩍 넘어 있었다.

"너 있는 쪽은 더 깊어. 그래서 그쪽은 파지 말라고 했잖냐."

돌아와서 다시 파기 시작했다. 구덩이 안에 들어가서 파기 시작하는데 왜 이리 좁고 덥고 답답한지. 승일이형이 내게 오더니 교대하자고 했다.

잠시 눈구덩이에서 나와 숨을 크게 들이마시고 주위를 둘러봤다. 앞에 펼쳐진 펭귄마을과 저 멀리 펼쳐진 바다. 그 위로 하얗게 빛나는 얼음들이 거칠게 빛나고 있었다. 그 너머에 있는 넬슨 섬의 둥근 빙원은 구름에 가려 검은 그림자가 덮여 있었다. 역시 비탈면이 좋긴 좋았다. 앞에 거칠 것이 없어서 풍광을 보기에 더없이 좋았다.

위쪽을 올려다봤다. 비탈면의 꼭대기와 파란 하늘이 손에 잡힐 듯했다. 한번 올라가 보기로 했다. 발로 눈을 찍으면서 올라갔다. 마치 빙벽을 타듯이 말이다. 경사가 점점 급해지자 장갑 낀 손으로도 눈을 찍으며 올라가야 했다. 조금 올라왔는 데도 승일이형이 있는 곳에서 상당히 멀리 떨어진 느낌이었다. 저 아래 비탈이 끝나는 부분은 더욱 멀었다.

승일이형을 불러 보았다. 눈구덩이에서 고개만 빠꼼 내민다. 나는 순식간에 비탈면을 미끄러져 내려왔다. 상당히 재밌었다. 눈보라가 일었다. 승일이형이 위험하지 않느냐고 묻기에 엉덩이를 눈에 붙이고 발로 속도를 조절하면 괜찮다고 했다.

그렇게 혼자 노는 동안 승일이형이 구덩이를 다 팠다. 땅이 노출됐지만 작은 로션 크기의 통에 담을 정도로만 흙을 담았다. 땅을 판 노력에 비해 그 양이 너무 적어서 참 허무했다.

샘플 채취가 끝나자 승일이형이 바로 기다렸다는 듯이 비탈면을 올라왔다. 내가 하는 것을 보고 무척이나 타고 싶었나 보다. 내려올 때 눈보라가 일어나면 앞을 보기 힘드니 고글을 꼭 쓰라고 당부했다. 어느새 내 나름대로의 노하우가 생긴 것이다. 그 다음에는 내가 좀더 올라가고, 그 다음은 승일이형이 더 올라가고 하면서 미그럼을 타다가 기지로 돌아왔다. 마냥 신나는 하루였다.

25. 겨울생활 II — 만년빙

이곳에서의 또 하나의 즐거움은 만년빙을 먹을 수 있다는 것이다. 빙벽이 무너지고 유빙이 바닷가로 몰려오면 신기한 현상이 일어난다. 바닷가는 탄산음료 기포소리로 시끄러워진다. 뽀골뽀골거리는 작은 소리부터 한순간에 크게 터지는 소리까지 긴 해안을 따라 요란하다. 빙하가 머금고 있던 공기가 물을 만나 녹으면서 방울방울 터지는 소리다. 만년빙에 포함되어 있던 기포가 터지는 것이다. 과학자들은 그 기포를 연구함으로써 수만 년에서부터 몇 십만 년 전까지의 대기 상태를 분석하고 기후를 예측한다.

기포를 균일하게 머금은 질 좋은 얼음을 골라 식당으로 가져간다. 송곳과 망치를 이용해서 잘게 부수고 물로 씻으면 일단 얼음 준비가 끝난다. 이렇게 준비된 얼음이 이용되는 곳은 무궁무진하다. 팥빙수, 칵테일, 럼, 콩국수, 열무냉면…. 심지어 포도주에도 이 얼음을 넣어서 삼겹살과 같이 먹으면 그 궁합이 은근히 괜찮다. 멀리 하얀 크레바스의 빙원을 보면서 얼음을 잔에 담아 뽀골거리는 소리를 들으며 목으로 넘기면 그 맛이 일품이다.

26. 본격적인 겨울운동 - 스키

태건이형과 내가 귀환했을 때, 대장님은 대장님대로 마음을 놓으셨고, 대원들은 대원들대로 다시 야외활동을 할 수 있게 되어 좋았다고 했다. 사실 그동안 알게 모르게 스트레스를 많이 받았다고 한다. 야외활동을 마음껏 할 때는 몰랐었는데 갑자기 하지 못하게 되니 오히려 더 야외활동을 하고 싶어졌던 것이다.

대장님 입장에서는 야외활동을 금지할 수밖에 없었을 것이다. 더구나 조난 사고가 난 바로 다음 차대라서 모두들 관심을 가지고 지켜보고 있고, 우리들도 항상 조심하고 있었다. 한 번 사고는 모두로부터 동정과 관심을 받을 수 있지만 사고가 반복된다면 문제가 있다고 여겨질 수 있었다. 그런데 정작 조심했는 데도 누군가가 다치고 아프고 하니 대장님께는 굉장한 스트레스가 아닐 수 없었다. 말썽을 피고, 명령을 어기고, 제멋대로 행동했는데 사고가 났다면 차라리 마음이라도 편했을 텐데. 오히려 너무나 잘 따라주는 대원들에게 계속 불상사가 생기니 답답하셨을지 모른다.

기지로 들어온 다음 날 아침회의 때 모두들 새로운 각오를 다지면서 월동을 잘 마무리하자고 하셨다. 야외활동을 다시 허락은 하셨지만 당부의 말씀도 잊지 않았다. 나에게도 특별한 주의가 떨어졌다. 앞으로는 U자 계곡으로 혼자 마음대로 다니지 말라고 하셨다.

그래도 야외활동을 할 수 있게 된 것이 어디인가. 날씨가 좋아지자 바로 스키를 타러 갔다. 그동안 눈이 많이 내려 스키 타기에 아주 딱 좋은 여건이 됐다. 설상차를 운행하기에도 딱 좋았다. 펭귄마을 가는 길목에 있는 기지 뒤 언덕에서 타기로 했다.

점심을 먹자마자 바로 튀어 나갔다. 내 스키는 설상차에 실어 달라고 부탁을 했다. 카메라와 삼각대를 짊어지고 칠레 항해표지판이 있는 뒷산으로 올랐다. 오른쪽으로는 기지가, 왼쪽으로는 스키를 탈 언덕이었다. 앞쪽은 바다고 뒤로는 바톤 반도 꼭대기로 가는 능선이었다. 나는 사진을 찍었다. 바다로 수많은 유빙이 쫙 깔려 있었고, 햇빛은 너무나 강렬하게 그 위를 내리 비치고 있었다. 멀리서 엔진소리가 들렸다. 세종로에서 출발한 설상차가 지구물리관측동에서 잠시 멈췄다. 경모가 관측동에서 나와 설상차에 올라탔다. 그리고는 다시 움직이기 시작해 내가 서 있는 언덕 밑으로 오고 있었다.

멀리 얼음이 깔린 바다, 눈이 쌓인 세종곶, 햇빛을 받아 이 모두가 반짝이는

스키를 타고 빙원을 내려오는 대원들. 넓은 빙원 위를 가르는 스키는 겨울생활의 또 다른 묘미이다. 그러나 항상 안전에 유의해야 한다.

가운데 그 위를 달리는 설상차. 오랜만에 이 풍광 가운데로 푹 빠진 채 사진을 찍고 있으니 응어리진 무언가가 풀리는 것 같았다. 셔터를 누르고 그 진동이 손끝으로 느껴질 때마다 내 마음을 눌렀던 것들이 카메라 렌즈를 통해서 밖으로 배출되는 것 같았다.

 스키를 타는 언덕 중간으로 갔다. 설상차가 언덕을 오르기 시작했다. 무전을 보냈다. 나 태우지 말고 그냥 계속 올라가라고 했다. 설상차가 오르는 것을 찍기 위해서였다. 그리고 대원들이 내려올 때마다 한 사람씩 찍어 줬다. 다시 펭귄마을 쪽으로 더 이동해서 반대편 언덕에 올랐다. 가장 좋아하는 사진 찍는 위치, 측면에서 스키 타는 모습을 찍고 싶어서였다. 그리고 나도 스키를 타고 내려와 합류했다.

 이곳 스키의 또 하나 매력적인 것. 빙원에서 타는 스키다. 빙원들이 크레바스를 형성하면서 바다로 떨어지는 곳이 많았지만, 바톤 반도 너머의 포토 소만으로 넘어가는 빙원은 부드럽게 해안에서 끝났다. 이곳에 눈도 많이 쌓여서 다져져서 스키타기에 적당했다. 주변에는 작은 봉우리들이 솟아 있어서 빙원을 전체적으로 꽉 잡고 있었다. 물론 그 봉우리를 넘어서 저 멀리 포터 소만 안쪽으로 넘어가면 크레바스로 끝나는 빙원이 있었다. 그곳은 가지 않았다. 아니 갈 수가 없었다. 왜냐하면 우리가 스키를 타려고 시작한 곳에서 반대편 언덕까지는 수평거리로 1킬로미터가 족히 넘었다. 예전에도 탔던 곳이지만 안전을 위해서 처음에는 언덕이 노출된 지면 부근을 따라 내려갔다.

처음에는 너무 길어서 시작 지점에서 해안까지의 중간 지점까지만 갔다. 좀 익숙해진 다음에는 바닷가까지 갔는데, 그 길이는 직선거리로만 3킬로미터 가까이 된다. 같은 거리라 하더라도 폭이 정해져 있는 스키장과는 다르다. 그 광활함은 느껴 보지 못한 사람은 모른다. 스키를 신고 내려오려고 할 때 포터 소만을 가득 메운 얼음. 그 얼음은 수평선이 보이지 않을 정도로 모든 바다를 덮고 있다. 건너편 반도에 있는 높은 형제봉과 섬 안쪽 빙원을 뚫고 솟아오른 누나탁. 저 멀리 아르헨티나 주바니 기지가 보이는 풍경을 바라보고 내려온다. 그 광활함에 그냥 넋을 잃을 뿐이다. 전 대원들이 넓게 퍼져서 방해받지 않고 내려오는 것도 좋고, 그 모습을 보는 것도 좋았다.

빙원을 타고 내려올 때 주의할 점이 몇 가지 있었다. 첫째, 햇빛이 비치지 않을 때는 바로 앞이라도 조심해야 한다. 눈이 내리면서 빙원을 타고 흐르기 때문에 소복히 쌓이는 것이 아니라 물결 모양으로 쌓인다. 그 높이가 심한 곳은 다리 정강이 높이 정도 차이가 나기 때문에 걸려 넘어질 수도 있다. 문제는 온통 하얀 눈밭이기에 햇빛이 없으면 그림자가 없어서 둔덕이 있어도 있는 줄 모른다는 것이다. 둘째, 내려오는 중간에 속도 조절을 잘해야 한다. 너무나 광활한 평원이라 스키를 타고 내려올 때 자신의 속도가 얼마인지 정확히 모른다. 내려오다 보면 어느 순간 빨라져 있다. 주변에 내 상대속도를 느끼게 해줄 것이 아무것도 없다. 고속도로에서 아무리 빨리 달려도 먼 산은 천천히 움직이는 것과 같다. 발밑을 보더라도 내려오고 있다는 것만 알 뿐, 상대적으로 얼마만큼 빨리 내려오는지 가늠하기 힘들었다. 또한 경사가 어느 정도 되는지도 알기 힘들다. 그래서 완만하게 경사가 급해진 구간에 들어가면 속도는 더욱 빨라진다. 셋째, 크레바스가 보이는 쪽은 얼씬도 하지 말아야 했다. 자신이 없으면 빙원 가장자리의 땅을 보며 따라가면 됐다.

속도가 빠를 때 손쉽게 멈추는 방법도 있었다. 그냥 내려오지 말고 스키를 언덕 위로 향하면 됐다. 너무나 넓기에 스키장 슬로프에서 빠져나갈 걱정 없이 그냥 그대로 언덕을 올라가면 멈췄다.

가슴이 덜컹 내려앉은 적도 있었다. 내려가기가 너무 멀어서 잠시 멈췄다가 방향을 바꿔서 다시 서서히 내려가고 있었는데 어느 순간 내 주위의 모든 것들이 그대로 정지해 있었다. 분명 나는 움직이고 있는데…. 나도 모르게 본능적으로 몸을 낮췄고 비명을 지르고 말았다.

빙원이 거대한 얼음덩어리로 무너지는 것. 크레바스였다. 내가 알고 있는 상황은 그것밖에 없었다. 너무나 거대한 얼음덩어리가 통채로 움직여서 주변은 움직이지 않은 것처럼 느껴지는 것, 마치 축구공 위의 개미가 지구 위에 있는지 축구공 위에 있는지 모르는 것 같은 것, 바로 그 느낌이었다. 어찌할 바를 몰랐다. 그런데 시간이 조금 지났을 때 변한 것이 없다는 걸 알아챘다. 나는 여전히 스키를 타고 미끄러져 내려오고 있었다. 그렇다. 착각이었다. 햇빛이 없는 밋밋한 빙원이 날 놀린 것이다. 결국 나 혼자 쇼를 한 것이나 다름없었다.

우리 차대는 유난히도 스키를 즐겼다. 체육을 하는 수요일이나 일과가 끝난 토요일 오후에 날씨만 허락하면 무조건 스키를 타러 갔다. 설상차는 항상 만원이었다. 월동 경험이 있는 김총무님이나 요정이 말에 의하면 예전에는 처음만 재미있어 하고 점점 시들해졌다고 했다. 그래서 막상 스키 타기로 결정했다가 취소된 적도 많았고, 대장님이 손수 나서서 실내에서만 지내면 건강 상한다고 강제로 끌고 가기도 했단다. 그러나 우리는 그 반대였다. 늘 걱정하시는 대장님과 늘 밖으로 나가고 싶어하는 대원들. 아마 겨울 3주를 실내에서 꼼짝 못하고 지내서 더 그랬는지 모른다.

스키 타러 나가면 항상 바톤 반도 너머의 포터 소만으로 갔다. 그곳이 한 번 타더라도 길게 탈 수가 있었기 때문이다. 다시 기지로 넘어올 때는 제4봉에서 멈춰서 다시 스키를 신고 U자 계곡을 내려왔다. 혼자 U자 계곡을 내려올 때와는 느낌이 달랐다. 여러 사람이 같이 타고 내려가니까 긴장되기보다는 신나고 재미있었다.

오른쪽 백두봉과 세종봉이 있는 절벽과 그곳에 보이는 빙하조흔도 보기 좋았다. U자 계곡 끝에 도착해서도 기지까지 계속 스키를 타고 갔다. 때로는 언덕도 있었다. 하지만 스키를 타고 기지 뒤쪽까지 가는 것도 훌륭한 코스였다. 한켠에는 맥스웰 만을 끼고 기지를 바라보고 내려오는 것이 너무나 좋았다. 당연히 카메라에 담고 싶었다. 그렇지만 이럴 때 꼭 캠코더에 문제가 생겼다. U자 계곡부터 찍어서 나중에 보면 중간부터 화면이 끊겨 있었다. 며칠 전부터 이런 현상이 있었다. 잘되다가도 꼭 이럴 때 말썽이었다. 또 간만에 잘된다 싶으면 테이프가 얼마 안 남아 있었다. 결국은 나중에 스키를 반납할 때까지 이 좋은 소재를 캠코더에 담지 못했다.

갑자기 공식적으로 스키를 반납하는 날이 결정됐다. 대장님께서 8월 31일 수요일까지 무조건 스키를 반납하라는 엄명을 내렸다. 야외활동에 제동을 거시려는 의도였으나 그날이 지나면 평생 이곳에서 다시 스키 탈 일이 없을 것이란 생각이 들어 무척 아쉬웠다. 다행히 8월 마지막 주가 바빠서 9월 3일 토요일로 반납일이 연기됐다. 나는 총무님께 애걸했다. 9월 4일에 반납하겠다고. 총무님께서는 닥터 홍이 알아서 책임질 일 없도록 하라고 했다.

27. 영화 「남극일기」

이 해 겨울, 그러니까 한국에서는 여름 동안에 세종기지 홈페이지를 달궜던 주제는 새로 나온 영화 「남극일기」의 '도달 불능점'에 관한 질문이었다. 그와 더불어 이곳 생활과 영화에서의 생활이 같은지 궁금해 했다. 그런데 문제는 영화를 봤어야 대답을 해줄 것이 아닌가. 항상 원칙적인 얘기만 했다. 특히 도달 불능점은 우리도 모르는 것이었다.

그 영화를 다운로드해서 보기로 했다. 물론 정당한 방법은 아니었지만 이곳에서 볼 수 있는 방법은 그것밖에 없었다. 문제는 이곳에서 파일을 받는 속도는

완전히 동결된 세종기지 부두.

초당 2-3 Kb 정도다. 이런 느린 속도 때문에 새로 나온 영화를 다운로드하는 것에는 상당한 인내심이 필요했다.

우여곡절 끝에 이곳에서 그 영화를 볼 수 있었다. '우리보다 꽤 심한데?' 영화를 보고 난 소감이었다.

28. 남극에서의 마지막 스키

스키 반납일은 다가오는데 날씨가 도저히 활강을 허락하지 않았다. 거의 포기해야 할 분위기였다.

일요일 아침, 9시 반경에 눈을 떴다. 밖을 바라봤다. 이런! 구름 한 점 없이 너무나 맑은 날씨. 숙소동에서 밖으로 나와 연구동으로 갔다. 현관을 봤더니 대장님 신발이 있었다. 통신실로 들어갔다. 통신실에서 대장실로 통하는 문에 대장님 슬리퍼가 있었다. 그렇다, 대장님은 대장실에 계신 것이다.

카메라 가방을 메고 바로 스키를 숨겨 둔 고층대기관측동으로 갔다. U자 계곡까지는 무리고 체육관 뒤까지만 오르기로 했다. 그곳부터는 기지까지 계속 내려오는 코스이다. 반대로 나는 스키를 들쳐메고 계속 산을 올라야 했다. 이쯤이면 되겠다. 기지가 보이지 않는 언덕 뒤에서 스키를 신고 캠코더를 켰다. 이런…. 충전이 거의 안 되는 충전지가 있는데 급하게 나오다 보니 그것을 가지고 온 것이다. 하는 수 없이 스키를 언덕에 숨겨 놓고 기지로 내려왔다. 의무실에서 충전 중인 다른 충전지를 들고 다시 올랐다. 이제는 잘 작동했다. 스키를 타고 내려왔다. 언덕 사이를 내려올 때는 허리를 폈지만, 기지가 바로 보이는 위치에서는 최대한 몸을 숙였다. 혹시 좋은 날씨에 연구동 현관에서 대장님께서 담배라도 피우고 계신다면, 그리고 세종봉 쪽을 보신다면 꼼짝없이 걸릴 수밖에 없었기 때문이다. 게다가 워낙 눈에 잘 띄는 옷을 입고 있으니….

무사히 중장비보관동을 지나 정비동까지 내려왔다. 그곳에서 스키를 챙기고 무사히 원하는 것을 얻을 수 있었다. 하지만 찍은 것을 재생해 보니 하필이면 이때 캠코더가 다시 말썽을 피운 것이다. 워낙 기지쪽 망을 보면서 내려와서 촬영이 잘되고 있는지 확인하지 못했다. 시간은 점점 점심시간을 향해 가는데 큰일이다. 차라리 정확히 12시에 점심시간이면 모르겠지만 점심이 자율인 일요일이라 대장님께서 좀더 일찍 식당으로 향할 수도 있었다.

스키를 정비동 뒤에 숨긴 채 연구동 기상실로 갔다. 기상실에서는 일요일에도 근무하는 수현이형이 있었다. 수현이형 캠코더를 빌리기로 했다. 지난번에 충전을 했기에 쓸 수 있을 것이라고 했다. 시간이 없어서 바로 나갔다. 여전히 대장님 신발은 대장실 현관에 있었다.

다시 스키와 카메라 가방을 메고 그 위치까지 뛰어갔다. 이 혹한에 땀을 엄청 흘렸다. 스키 부츠 신기도 힘들었다. 혈압이 한 50은 더 올랐을 것 같았다. 이번에는 제대로다. 이번에는 실수하지 않기 위해 캠코더를 보면서 내려오는데, 이런…. 너무 오래전에 충전을 해 놓아서 그런지 이미 충전지가 바닥을 치고 있었다. 조금만 견디면 돼! 그러나 여지없이 캠코더는 작동을 하지 않게 되었다. 하는 수 없이 스키는 중간 위치에 두고 다시 기지로 내려왔다.

의무실로 가서 10분 정도 충전을 했다. 그 정도면 찍는 데는 충분할 것 같았다. 시간이 없었다. 다시 올라갔다. 중간 지점에서 다시 스키를 메고 올라갔다. 오기가 생겼다. 이번에는 진짜다. 캠코더도 작동 잘하고, 완벽했다. '빨리 내려와서 마무리해야지…. 들키면 안 된다.' 하지만 내려오면서 생각하니 이곳에서 스키도 지금이 마지막이란 생각이 들었다. 너무나 아쉬웠다. 저기까지 내려가면 언제 이런 기회가 다시 있을까. 기지가 가까워질수록 내려가기가 싫었다.

중장비보관동을 지나 정비동으로, 정비동을 지나 세종로를 가로질러서, 다시 기계동 사이 언덕을 내려와서 총무님 창고 앞에서 멈췄다. 스키를 정리하고 총무님께 열쇠를 받아 스키를 반납했다.

아쉬웠지만 그런 대로 좋은 화면을 얻을 수 있었다. 아침부터 너무 많이 움직였더니 배가 몹시 고팠다.

29. 반지의 제왕

푼타아레나스에서 기지로 들어오니 너무 편했다. 곧바로 적응했다. 재빨리 일상의 생활로 돌아와 바쁘게 지냈다. 일부러 그런 것은 아니지만 쉬지 않았다.

그래서 그런지 이곳에서 오래간만에 느끼는 여유는 무척 달콤했다.

푼타에 있을 때 보려고 했던 영화를 이제야 볼 수 있었다. 바로 「반지의 제왕」이다. 대장님의 외출금지령으로 하루 종일 호텔방에서 먹고 자고 할 때, 그곳 케이블 방송에서 「반지의 제왕」 3편을 거의 2주 가까이 보여줬다. 작정하고 보는 것보다 슬쩍 보기 시작한 영화가 때로는 더 재밌듯이 이 영화가 그랬다. 기지에 들어가면 「반지의 제왕」을 1편부터 쭉 보리라고 마음먹었다.

며칠에 걸쳐 다시 보고 또 다시 보고, 그리고 메이킹 필름까지 모두 다 봤다. 명작이었다. 돌킨이 쓴 원본을 읽어 보고 싶을 정도였다.

30. 새 중의 새, 자이언트 패트렐

자이언트 패트렐을 보기 위하여 펭귄마을로 갔다. 날씨는 좋았지만 여전히 바람은 거셌다. 자이언트 패트렐은 날개 길이가 무려 2미터에 육박하고 발 크기가 내 발과 거의 비슷하다.

몸집이 엄청나게 커서 가만히 있다가 날려고 하면 바다쪽으로 도움닫기를 해야 가능했다. 족히 15미터 정도 달려야 날 수가 있었다. 또 하나 날 수 있는 방법은 바람을 안고 수직으로 오르는 것이다. 바람이 불 때 날개만 펴고 있으면 됐다. 펭귄마을 앞에 촛대바위라고 높이 솟은 바위탑이 있었는데, 이 꼭대기에 자이언트 패트렐 둥지가 있었다.

멀리 얼음이 깔린 바다 위를 커다란 날개를 펴고 유유히 날고 있는 자이언트 패트렐. 바람이 아무리 강해도 갑자기 솟아올랐다가 다시 급강하하는 모습. 너무 춥고 바람이 세서 손이 곱을 정도였는데, 이들이 날고 있는 모습을 보면 감탄사가 저절로 나왔다.

자이언트 패트렐은 이상하게도 비탈면을 따라서 잘 날았다. 펭귄마을 가는 곳에 급하기는 하지만 돌들이 흘러내려서 생긴 비탈면이 쭉 이어져 있었는데, 굴곡이 심하지 않고 일정한 경사를 이루고 있었다. 이 비스듬한 비탈면을 따라서 배가 거의 닿을 정도로 낮고 비스듬히 멋지게 날았다. 스쿠아만큼 공격적이지는 않았지만 보는 것만으로도 충분히 위협적이었다.

유유히 날고 있는 자이언트 패트렐.

　　지난가을에 산에 올랐는데 그 근처에 자이언트 패트렐 둥지가 있었는가 보다. 내 머리 한참 위로 이 커다란 녀석 세 마리가 빙빙 돌고 있었다. 마치 정찰기가 공격 대상을 감시하듯이 말이다. 느낌이 조금 좋지 않아서 그냥 내려오는데 어느새 한 마리가 내 옆을 스쳐 지나갔다.

　　"위잉!"

　　빨리 지나간 것도 아니다. 그저 내 얼굴이 어떻게 생겼나 보고 갔을 정도였다. 하지만 그 느낌은 달랐다. 그 커다란 날개가 내 옆을 지나면서 내는 묵직하게 아래로 깔린 육중한 소리. 점점 가까이 들리다가 갑자기 커지는 소리. 그러다 그 소리는 이내 부드러운 날개에 묻혀 사라졌다. 굉장히 두려웠다.

　　사실 자이언트 페트렐은 우리가 지나가도 별 관심을 두지 않는 것 같았다. 마치 무릉도원의 신선들이 날아다니는 듯했다. 오로지 눈과 바람만을 벗 삼아 은빛으로 빛나는 바다를 자유롭게 나는 것에 만족하는 듯했다.

　　역시 새 중의 새였다.

겨울　**295**

31. 막바지 겨울

단지 3주간 기지를 떠나 있었는데 생활 계획을 수정해야 했다. 하고 싶은 것은 하고, 억지로 했던 것은 하지 않기로 했다. 빨리 끝낼 수 있는 것은 더욱 박차를 가해서 끝내고, 하지 못할 것은 아예 일을 벌이지 않기로 했다.

수학은 이미 끝나 가고 있었기 때문에 확실하게 마무리지었다. 원래는 문제도 더 풀어 보고, 예전에 밤새 수학만 했던 기억을 더듬어 그렇게 조용히 겨울을 보내고 싶었지만 그렇게까지 하기에는 시간이 없었다. 공부하려고 가지고 온 전공책은 일단 빨리 읽고 정리하기로 했다.

매일 저녁마다 하던 운동은 그만뒀다. 주로 자전거와 부분적인 근력운동을 했었는데 사실 이것 자체가 너무 지겨웠다. 대신 체육활동 때 적극적으로 나섰다. 특히 스키에 있어서는 그랬다. 그림 그리는 것도 그만뒀다. 별로 그리고 싶은 것도 없었다. 물론 조각은 더더욱 안하기로 했다. 하지만 역점을 두고 시행한 몇 가지 사업(?)이 있었다.

첫째, 월동보고서. 대장님께서 무척이나 강조하시던 것이다. 이런 면에서 나도 대장님과는 코드가 맞았다. 대장님께서는 이번 월동보고서를 이 세종기지에 대한 바이블로 만들고 싶어하셨다. 나도 그랬다. 의무에 관한 기록은 내가 쓴 것이 기준이 되기를 바랐다. 의무에 관련된 모든 내용을 정리하고 싶었다. 그래서 내가 쓴 글만 봐도 누구나가 현재 상태가 어떻고, 어떤 방식으로 운영되는지 알 수 있게끔 하고 싶었다. 일종의 매뉴얼이라고 해도 좋았다.

우선 세 가지 면에서 철저하게 분석적으로 기록을 남겼다. 첫번째가 재고조사 및 의료물품 준비. 두번째가 이곳 의사가 남극에서 준비해야 할 실제적인 매뉴얼. 마지막으로 세종기지 전반에 대한 의사 업무, 문제점 및 해결점.

이곳에서는 좋은 일도 있지만 안 좋은 일도 있었다. 갑작스런 위기 상황도 있었다. 문제가 되지 않으면 무용담으로, 문제가 되면 조용히 묻혀져서 지나가는 경우가 많았다. 남극이란 곳의 폐쇄성과 전 국민적인 관심이 낳은 당연한 결과일지도 모른다. 하지만 그 문제점은 다음 월동대에도 고스란히 문제점이 될 수 있었다. 같은 시행착오를 또 다시 겪은 후에야 문제를 해결할 수밖에 없다면 이는 발전 없이 답보의 상태만을 계속하는 것이다. 무용담은 그저 무용담일 뿐, 다음의 문제점 해결에 전혀 도움이 되지 않는다. 그래 놓고는 예전에는 그러지 않았다는 둥, 왜 그랬냐는 둥 무책임한 질책만이 난무할 뿐이었다.

　대장님께서는 있는 그대로의 사실 전달과 문제점의 해결책 제시를 제1과제로 삼았다. 의례적인 월동보고서가 아니라 찾아봐서 도움이 되는 구체적인 내용을 담은 월동보고서를 원하셨다.

　나는 숨김없이 모든 사고를 기록했다. 특히 푼타에 나갔을 때의 3주간의 기록, 만난 사람들, 일시, 문제점 그리고 고 전재규 대원 사고시 생존 후 후송됐던 3명의 대원들의 보고서까지 비교하면서 기록을 남겼다. 지난 2차대부터의 의무기록은 세종기지 의무실에 있는데 이번에 재고조사를 하면서 의무실 자산에 포함시켰다. 각 차대 의사의 독특한 기록들이 남겨져 있는데, 월동보고서에 남길 수 없는 기록은 의무담당은 누구나 볼 수 있게 18차 의무기록과 함께 세종기지 의무실에 보관했다. 정말 공들여서 월동보고서를 작성했다.

　역점을 두고 시행한 두번째 일은 크리스마스 카드 만들기였다. 정말 야심작이었다. 처음 시작은 크리스마스 카드를 만들려고 한 것은 아니었다. 사진을 많이 찍고 홈페이지에 올리다 보니, 꽤 괜찮은 사진들도 많아졌다. 하지만 다시 그 좋은 사진을 찾으려고 하면 어디에 두었는지 도무지 알 수가 없었다. 다시 사진을 찾는데 시간이 무척이나 많이 걸렸다. 그래서 좋은 사진들을 따로 파일을 만들어 저장을 했는데, 이를 파워포인트로 만들어서 쭉 넘겨 보게 되었다. 그러다가 우연히 글씨를 넣어 봤더니 제대로 조화를 이루었다. 그래서 생각한 것이 크리스마스 카드였다.

　한국에 12월 중순에서 하순 사이에 도착을 하려면 적어도 이곳에서 11월에는 카드가 남극을 떠나야 했다. 하지만 언제 칠레 기지까지 갈지 모르기 때문에 적어도 10월까지는 카드 내용을 모두 쓰고 봉투에 담아 놓기로 했다. 그러자니 9월까지는 카드가 만들어져야 했다. 지금이 7월이니 8월까지는 초안이 완성되어 출력에 들어가야 했다. 출력 인화지는 스케치북 용지로 대신했다.

　좋은 사진들만 모아 놓아서인지 똑같은 카드는 하나도 없었다. 모두에게 서로 다른 카드를 만든다는 것이 쉽지가 않았다. 카드를 보낼 명단을 만들었다. 일단 식구, 친척, 친한 친구들, 고등학교 의대 동문 선후배들, 학과 선생님들과 동료 및 선후배들. 그리고 닥터 오노를 비롯한 외국의 몇몇 지인들. 푼타에 있는 루이스 가족과 닥터 노랍부에나. 명단을 뽑아 보니 백 명이 조금 안 됐다.

카드에는 세종기지라는 글자, 내 이름, 그리고 Merry Christmas & Happy new year를 새겨 넣었다. 상당히 괜찮은 결과물이 나왔다. 막상 출력을 하려고 하니 컬러 잉크를 써야 했는데, 컬러 잉크 재고분이 많지 않아서 간당간당하게 겨우 맞췄다.

경모가 쓰는 지구물리관측동 프린터를 사용하게 돼서 경모 카드도 몇 장 만들어 줬다. 상훈이형 것도 만들어 줬다. 이런 면에 상당히 취약한 태건이형한테도 몇 장 만들어 줬다. 물론 각자의 이름이 들어간 것으로 말이다.

카드 봉투는 이곳에서 쓰다 남은 편지 봉투를 썼는데, 각 봉투에 일일이 극지연구소 스탬프와 18차대 스탬프를 모두 찍었다. 모든 카드의 내용은 친필로 편지 형식으로 썼다. 당연히 내용이 같을 수 없었다. 또 봉투에 주소를 일일이 써 넣은 후에 편지와 봉투의 주인이 동일하도록 확인하는 작업도 장난이 아니었다. 물론 사비로 푼타에서 사온 우표를 직접 붙였다.

이 엄청난 작업을 겨울에서 봄까지 했다. 하지만 이곳에서 보낸 수제 카드를 받고 기뻐할 사람들의 모습을 생각하니 즐거웠다.

32. 남기고 싶은 것들

마지막으로 혼신의 힘을 쏟은 것은 사진이었다. 사실 사진 찍는 것은 그렇게 노력을 하지 않아도 됐다. 카메라를 늘 가지고 다녔기에 있는 그대로 하면 됐다. 다만 사진 찍을 '거리'가 있으면 지체 없이 움직였다. 이제는 내 할 일도 하면서 사진도 찍을 수가 있었다.

대원들도 그 점은 인정을 해줬다. 그 누구보다 열심히 사진도 찍어 주고, 그 사진을 다 정리해서 나눠 주는 것에 감복한 것인지, 아니면 쟤는 원래 저런 애라고 포기를 한 것인지 그냥 내가 하는 대로 내버려뒀다.

이곳 업무 중에 가장 필요하면서도 또 대원들이 가장 하기 싫어하는 것이 홍보를 위한 업무들이었다. 그중에 대표적인 것이 시도 때도 없이 요구해 오는 언론사용 사진과 동영상, 개개인들의 우편업무들이었다. 국민들에게 자국의 위상을 높이고 꿈과 희망을 준다는 점에서 이해했다. 그리고 적극 협조했다. 하지만 이것도 결국 사람과 사람 사이에서 하는 일이다 보니, 정말 안하무인식으로 요구하는 경우가 더러 있었다. 모 방송국은 때만 되면 동영상 화면을 요구해 왔다. 나중에는 찍을 거리도 없었을뿐더러 하기 싫은 일을 억지로 하게 되니 더욱 싫었다. 더구나 겨울에는 찍을 거리가 그렇게 많지도 않다. 월동생활도 많은 부분을 보내서 더 보낼 것도 없었다. 하지만 한국에서는 한참 더울 시기에 이곳의 추위를 담은 영상을 요구했다.

서울 17,240킬로미터. 물론 이 거리는 직선 거리이다. 눈내린 겨울밤에 나가 본 세종기지 이정표.

찍는다 하더라도 문제는 전송에 있었다. 이곳의 인터넷 속도가 무척 느리기 때문에 한 번 찍은 화면을 웹하드에 올리려면 통신담당 인호가 기지가 잠든 밤에 통신실 인터넷만 살린 채 밤새 올려야 했다. 때로는 며칠이 걸리기도 했다. 결과적으로 이런 요청을 들어주려면 많은 대원들의 노력이 필요했다. 문제는 여기서 끝나지 않는다. 모 방송국은 찍은 화면이 어떻다느니, 다시 무엇을 찍어서 보내라느니 한참을 요구하다가 결국 보내주면 고맙다는 인사 한 마디도 없었다.

힘들기는 하지만 항상 즐겁게 보내려는 월동대원들이다. 세종기지를 언론에서 홍보해 줘서 국민적 관심을 얻는 것도 중요하지만 우리에게 필요한 것은 그저 월동에만 전념할 수 있게끔 가만히 두는 것이었다. 우리는 그저 가십용 기사거리가 아닌 것이다.

　반면 우리가 적극적으로 나서서 화면을 제공해 준 적도 있었다. 8·15 특집으로 한국의 정보산업에 대해서 모 방송사에서 준비한 기획물이었다. 정보통신 강국답게 남극에서도 인터넷이 된다는 것을 알리는 것으로, 기지생활 1분 정도와 10초 정도의 인사말을 보내는 것이었다. 인사말을 어디서 어떻게 찍을까 고민하다가 마침 날씨가 좋아서 백두봉에 등반 갈 때 찍기로 했다. 사실 찍으면서도 욕심이 났다. 흥이 나니 찍고 싶은 것도 많았다. 다큐멘터리가 아닌 이상 원하는 컷을 모두 찍으면 너무 지겹고, 그 많은 용량을 인터넷으로 한국까지 보내기에 상당한 시간이 걸리므로 감칠맛 날 정도로 필요한 부분만 찍었다.

　총 2분짜리로 완성시켜 보냈더니 며칠 뒤에 다시 방송국으로부터 연락이 왔다. 내용이 좋으니 아예 세종기지를 소개하는 것으로 만들어 달라는 부탁을 받았다. 그리고 인사말도 모든 대원들이 돌아가면서 하는 것으로 바뀌었다. 모두 흔쾌히 자발적으로 촬영에 응해 주었다. 촬영 후 그냥 들어가기가 아쉬워서 연출한 그대로의 컨셉트로 오래간만에 단체사진을 찍기도 했다.

　한 번은 대원들 상대로 사진에 대해 강의를 한 적이 있다. 주제는 '있는 카메라 잘 쓰는 법.' 대부분의 대원들이 카메라는 가지고 왔지만 잘 쓰지 않았다. 내 카메라도 최상의 카메라는 아니지만 그래도 나름대로 부지런히 썼다. 다른 대원들 카메라도 그 자체는 좋은 카메라들이다. 그래서 정한 것이 '있는 카메라 잘 쓰기'였다.

　주로 어떻게 찍을 것인가를 설명했다. 경험에 의한 사항을 주로 이야기했다. 하지만 마지막 결론은 카메라를 내려놓고 우리가 있는 이곳에 푹 빠지자고 했다. 남들은 오지도 못하는 이곳을 충분히 느끼고 즐기자고 했다. 비록 맡은 바 업무를 하기 위해 이곳에 왔지만 오고 싶다고 아무나 올 수 있는 곳도 아니었다. 먼 곳에서 찾을 필요가 없었다. 부두에 나가면 광활한 빙원과 빙벽이 펼쳐져 있고, 해안에는 언제나 펭귄들이 있고, 하늘에는 은하수가 쏟아져 내릴 것 같은 남극. 이곳이 진정으로 우리가 느껴야 하고 간직해야 할 것이 아닌가 생각했다.

33. 겨울을 보내며

우여곡절 끝에 겨울도 차츰 지나가고 있었다. 예상했던 일들 중에 많은 것들이 변경됐다. 아쉽게도 동지를 이곳에서 못 보냈고, 처음 세웠던 월동계획을 수정하게 되었다. 하지만 얻은 것도 많았다. 뜻하지 않게 남미의 겨울을 맛보았고, 사진이나 카드를 만드는 것처럼 진짜 하고 싶은 것도 할 수 있었다. 그리고 무엇보다도 지루할 수 있는 겨울을 역동적으로 보내게 되었다. 대원들 간에도 유대관계가 더욱 돈독해졌다. 태건이형의 수술 부위 봉합도 모두 제거했고, 목발 없이 걷는 연습을 하게 되었다.

이제 새벽마다 동쪽 하늘의 오리온을 볼 수 있게 되었다. 봄이다.

■── 봄

이 동토에도 봄은 있다.
지구의 어느 곳과 마찬가지로
만물이 생성하는 봄이다.

1. 겨울과 같은 봄

남극에서는 겨울과 봄의 경계가 뚜렷하지는 않았다. 그렇지만 봄을 알리는 조짐이 여러 곳에서 나타났다. 일단 바다가 녹기 시작했다. 해안에 두껍게 쌓여 있던 얼음덩어리들이 두부처럼 툭툭 썰려 나갔다. 그러나 아직은 너무 추웠다. 봄에 대한 기대보다는 겨울이 끝나간다는 안도감이 더 컸다.

2. $F=ma$

힘은 질량과 가속도에 비례한다. 뉴턴의 운동법칙 중 하나다. 우주에 있는 모든 물질은 이 공식에 따라 행동한다. 다만 우리는 생명을 가지고 있기에 자기 의지대로 움직일 수도, 멈출 수도 있다. 그렇지만 자기통제에서 벗어나게 된다면, 그저 질량을 가진 하나의 물질일 뿐이다. 저 공식에서 내가 단순히 질량의 역할밖에 할 수 없다는 것. 정말 무서운 얘기다. 그저 자연에 순응할 수밖에 없는 현실. 그래서 두려운 곳. 그 두려움을 극복하고자 했지만 결국은 그 두려움에 타협하고, 경건함으로 승화되는 곳. 이곳 남극이 그랬다.

지난번 조난사고 때도, 그리고 그 이전의 많은 사고에서 우리는 그저 질량에 충실한 자연의 부속물이었을 뿐이다. 언제든지 그 질량에 대입될 수 있는 상황은 올 수 있었다. 그 '상황' 또한 누구에게나 균등했다. 인간이 할 수 있는 것은 그리 많지 않았다. 기술을 발달시켜 적극적으로 대처하거나, 그 경우의 수를 줄이는 소극적 대처, 이 두 가지뿐이었다. 일단 이 확률에 걸릴 경우 공식에서 벗어날 때까지 할 수 있는 것은 그리 많지 않았다. 어떻게 보면 천지신명이 가장 큰 역할을 할지도 몰랐다. 나도 여기서 예외는 아니었다.

만약을 대비해서 내가 했던 것은 두 가지가 있었다. 그런데 기껏 생각한 그 두 가지는 모두 내가 공식에 그대로 대입이 되고, 동시에 천지신명이 내 편이 아닐 때를 대비하는 것이었다. 적극적 대처도, 소극적 대처도 아닌 그저 순응한 후를 대비한 것이었다. 그 하나가 유언장이었다.

유언장은 한국을 떠나기 전 여름에 작성했다. 삼십대 초반에 유언장은 좀 낯설어 보였다. 그런데 막상 작성을 시작하니 술술 글이 잘 풀렸다. 혹시 내가 죽으러 가는 것이 아닐까 할 정도로 잘 써졌다. 가족에게 남기는 말과 친구들에게 남기는 말, 그리고 개개인에 대한 조언도 잊지 않았다. 얼마 되지 않는 재산도 분배했다. 그동안 모은 책들은 모두 조카에게 주기로 했다.

이 유언장을 이제 누구에게 맡길 것인가. 걱정을 끼쳐드릴 것 같아 가족에게는 맡길 수 없었다. 가장 믿을 만한 지인에게 맡기기로 했다. 그러나 가장 친하다고 가장 믿을 수 있는 것은 아니었다. 입이 무거운 사람을 골라야 했다. 그래서 친구 세 명을 정했다. 그리고 그 세 명의 친구를 각각 만나서 서로가 이런 사실을 알 수 없게 했다.

유언장 작성 다음에 준비한 것은 인식표이다. 군대에서 목줄이라고 불리는 것인데, 남극에서 이것을 늘 목에 걸고 다녔다. 사고시 나를 발견하지 못하고 몇 년, 길게는 몇 백 년 뒤에 발견된다고 하면, 신원을 확인할 수 있는 것은 바로 이 인식표밖에는 없을 것이다.

한 가지 더 한 것은 치아 파노라마 사진을 찍어 놓는 것이었다. 혹시 모르는 일 아닌가. 그래서 아는 치과에서 치아 사진을 찍었다. 그 기록이 병원에 있으면 혹 나를 찾는데 도움이 될 수 있을 것이다. 그런데 병원에서는 필름을 내게 줬다. 병원에 보관해 두길 바랐지만 돌려주는 바람에 하는 수 없이 집에 가지고 와서 가장 눈에 잘 띄는 내 방 책상에 두고 남극으로 떠났다.

사실 이곳에 처음 들어왔을 때 우리 모두를 섬뜩하게 한 것이 있었다. 바로 고 전재규 대원의 영정사진이었다. 전재규 대원이 카메라를 얼굴 아래쪽에 두고 셀카로 찍은 사진인데 결국은 그것이 영정사진이 되고 말았다. 사진은 높은 위치에 걸려 있어서 마치 그가 우리를 내려다보는 듯했다. 그런데 하필이면 그 영정사진 옆으로 실내조명이 있었고, 가끔 화장실을 가게 되거나 밤에 혼자 당구를 치고 있으면 왠지 섬뜩한 기분이 들었다.

나는 그의 얼굴을 그 영정사진을 통해서 처음 봤다. 그에게 연민의 정을 느끼지만 그 영정사진을 보면 두렵고 이상한 기분이 들었다. 하지만 이런 얘기를 꺼낼 수는 없었다. 죽은 자에 대한 두려움 때문이었다. 혹 괜한 얘기를 했다가 무슨 변이나 당하지는 않을까 하는 생각도 없지 않았다. 더구나 여름에는 그를 아는 사람들이 많이 있었기에 더욱 그랬다. 친한 상훈이형에게도 이야기를 할 수가 없었다. 나중에 말을 꺼냈더니 그도 공감을 표시했다. 다른 대원들에게도 조심스럽게 물어 보았다. 다른 대원들도 마찬가지였다.

태건이형 사고 이후로 기지로 돌아온 후에 대장님과 독대에서 이 얘기를 했다. 우리 대원들 모두가 그런 얘기를 먼저 꺼내기 어려워하고, 어차피 월동할 사람들이 우리 대원들이라면 우리가 마음 편히 지내는 것이 좋지 않겠냐고 말씀드렸다. 우리 차대에 그의 흉상제막식도 했고, 또 바쁜 와중에도 흉상 주변을 항상 찾고 싶은 명소로 가꾼 것도 우리 차대에서 했으니 그도 이해할 것이라고 했다. 만약 그를 아는 사람들이 다시 들어와서 찾으면 그때 가서 걸자고 했다.

묵묵히 듣고 계시던 대장님께서 고개를 끄덕이시더니 총무님에게 사진을 내리라고 인터폰으로 지시하셨다. 대장실에서 나온 나는 곧바로 총무실로 갔다. 사진을 어디에 두실 거냐고 물었다. 혹 총무님께서 보관하시기 불편하시면 말씀하시라고 했다. 어차피 기지에서 죽은 사람을 가장 많이 본 사람은 의사인 나니까 내가 잘 보관하겠다고 말씀드렸다. 그러나 총무님께서는 당신께서 직접 보관하겠다고 하셨다.

상훈이형에게 모든 상황을 말했다. 잘했단다. 그러면서 상훈이형과 초반에 다짐한 것을 되새겼다. 우리는 건강히 살아서 돌아가자고 했다. 연구원들이야 기지와 관련되어 폭넓게 아는 사람들이 많으니 흉상도 만들어 줬지만, 우리는 우리 말고는 아는 사람이 없으니 그런 예우도 받지 못할 것 같았다.

힘은 질량과 가속도에 비례한다에 적용되지 않기를, 그리고 천지신명이 우리와 함께 있기를 부단히 기원했다.

3. 봄에 해야 할 것들

9월이 되니 갑자기 마음이 조급해졌다. 좋은 시절이 다 간 것 같았다. 여름을 대비해서 만반의 준비를 해야 했다. 일단 다음 월동대를 받을 준비를 해야 했다. 하계대가 들어올 것에도 대비해야 했다. 겨우내 체육관 뒤쪽에 계류해 뒀던 거북호도 점검해야 했다.

월동보고서를 일단 완성하고 앞으로는 살을 붙여 나가야 했다. 그러지 않으면 너무나 바쁜 여름에 이것까지 할 겨를이 없었다. 또한 월동보고서를 모아서 통합하는 작업도 해야 했다. 일 년을 정리하는 문집인 『눈나라 이야기』도 완성해야 했다. 기지 대청소와 숙소동 청소, 식재료 일 년치를 채우기 위한 냉동고 청소, 등등… 일이 끝이 없었다.

각자 해야 할 일들도 많았다. 먼저 겨울 동안 하기로 했던 일들을 마무리지어야 했다. 아직은 두 달 정도 여유가 있으니 박차를 가해 마지막 정리를 해야 한다. 인수인계식을 위해 각 분야 인수인계장도 만들어야 했다.

한국으로부터의 연락도 점점 늘어나고 있었다. 해야 할 일들이 점점 늘어났다. 예정에 있었던 일도, 그리고 예정에 없던 일도 계속 내려왔다. 예정에 있던 일들이 취소되면 너무나 좋았지만 그런 경우는 거의 없었다.

대원들을 가장 긴장하게 했던 것은 유류 저장탱크 청소. 세종기지에 가장 중요한 기름은 2년에 한 번 들어온다. 한 차대가 유류 저장탱크 청소를 마치면 그 다음 차대에서 2년치 기름을 받는다. 유류 저장탱크 청소도 그렇지만 2년치 기름을 받는 일은 정말 엄청난 스트레스라 기름 받는 것보다는 유류 저장탱크 청소가 훨씬 낫다고 했다.

개인 일도 모두들 마무리하고 있었다. 나도 그림은 일찌감치 포기하고 크리스마스 카드로 대체했다. 의무실을 정리하다가 쓰지 않은 스케치북을 발견했다. 아마 나와 같은 생각을 가졌던 선배 의사가 두고 간 것 같았다. 지긋지긋한 3권짜리 소설도 억지로 다 읽었다.

4. 설상 발야구

세종기지 뒤편에 커다란 호수가 있다. 세종호로 불리는데 이 둘레로 앞으로는 숙소동, 동쪽에는 지구물리관측동과 세종관제소, 뒤쪽으로는 고층대기관측동과 중장비보관동이 있다.

초기에는 이 호수의 물을 식수로 썼다고 했다. 이 호수의 넓이는 가장 긴 곳이 30미터는 족히 되고 최대 수심은 3미터에 이른다. 하지만 기름띠가 발견되면서 식수원으로 더 이상 쓰지 않게 되었다. 대신 더 위쪽에 있는 작은 호수를 이용하고 있다. 이후로 기름띠는 발견되지 않았지만 기지의 영향을 받는 듯 했다. 이 호수로 유입되는 하천은 없다. 하지만 이 호수 위쪽에 있던 눈들이 녹으면서 지하를 통해서 이곳으로 물이 유입된다. 이 물은 다시 지하를 통해 세종곶으로 빠져나가고 다시 바다로 나가게 된다. 이곳의 대지는 대부분이 거칠고 날카로운 돌들로 이루어져 있다. 따라서 눈이 녹기 시작하면 물이 금방 호수로 유입되기도 하지만 반대로 모든 것이 얼어 버리면 금방 호수의 물이 빠져나가고 만다.

　가을이 오고 별이 보이기 시작하면서 이 호수 옆에서 별사진을 많이 찍었었다. 보통은 그냥 땅 위에 삼각대를 놓고 찍었지만 가끔은 얼어붙은 호수 가장자리에서 찍기도 했다. 왜냐하면 삼각대를 수평면에 놓고 찍을 일들이 있었는데, 평평하게 얼은 호수가 가장 제격이었기 때문이다. 수평계가 있긴 했지만 그 추위에, 그 바람 부는 곳에서 수평계를 맞추는 것은 정말 귀찮은 작업이었다.

　한겨울이 되자 호수의 물은 모조리 다 빠져나갔고, 두꺼운 얼음은 완전히 그대로 주저앉아서 호수 바닥을 드러냈다. 그리고 그 위에는 눈이 차곡차곡 겹겹이 쌓였다. 결국 이런 메커니즘이 천혜의 원형경기장을 만들고 말았다.

　얼어붙은 호수는 발야구를 하기에 더없이 좋았다. 아무리 공을 멀리 차도 공은 경기장 안으로 다시 굴러 들어왔다. 눈이 두껍게 쌓여 있어서 넘어져도 다칠 염려는 없었다. 노끈으로 홈과 베이스를 표시했다.

　규칙은 단순했다. 눈 위에서 투수가 공을 굴릴 수 없어서 공은 홈에 놓고 차는 것으로 했다. 그리고 홈 송구보다 주자가 먼저 들어오면 득점이 인정되지만 그렇지 않을 경우는 아웃이었다. 달리는 주자는 베이스를 밟지 않았을 때 공으로 맞추면 아웃이었다. 하지만 정말 힘들었다. 일단, 눈 위에서 공을 차는 것이 생각보다 쉽지 않았다. 그리고 설상축구와 같이 눈 위에서 뛰는 것도 힘들었다. 특히 2루 베이스는 호수의 가장 깊은 곳에 있는데 1루에서 2루로 달릴 때는 경사 아래로 푹푹 빠지면서 가다가 2루 앞에서 고꾸라지기 일쑤였다. 2루에서 3루로 달릴 때는 무릎까지 빠지는 언덕을 뛰어올라야 했다.

　수비도 마찬가지였다. 홈 송구를 하더라도 한 번에 송구하지 않으면 안 됐

세종호에서 발야구를 하는 월동대원들. 이 사진을 본 대원들은 주자의 반칙을 지적했다. 공격수가 공을 찬 후에 주자가 주루하는 것이 규칙이었다. 그런데 공을 차기 전에 1루에 있던 김인호 대원이 루 베이스를 출발한 것이 사진에 고스란히 찍혀 유부남 팀의 항의가 거셌다.

다. 전혀 바운드가 되지 않았기 때문이다. 중간에 눈에 빠지면 공은 그냥 그대로 있었다. 어설프게 송구했다가는 본전도 못 찾았다. 주자를 맞추는 것도 쉽지 않았다. 주자의 행동을 전혀 예측할 수가 없었기 때문이다. 달리는 속도로 봐서 그 앞 어디쯤으로 던지면 되겠거니 했지만 이미 주자는 자빠져서 눈에 묻혀 있는 경우가 다반사였다. 그래서 웃느라 못 달리는 경우도 있었다. 또한 한 번 점수가 나기 시작하면 홈을 밟자마자 다시 타자로 나설 정도로 쉬지 않고 계속 움직일 수밖에 없었다. 겨울철 운동으로는 제격이었다.

5. 다시 만난 펭귄

9월이 되자 펭귄들이 다시 나타나기 시작했다. 아직은 눈이 많이 쌓여 있고, 일부 땅도 얼어 있지만 그래도 겨울이 끝나간다고 돌아와 능청스레 뒤뚱뒤뚱

돌아다녔다.

 펭귄마을로 자주 샘플 채취하러 다니는 승일이형이 한 번 같이 가자고 했다. 김총무님, 승일이형, 형철이형, 그리고 나, 이렇게 네 명이 볕 좋은 어느 일요일 펭귄마을로 갔다.

 승일이형 말에 의하면 멀리서 떼지어 놀던 녀석들이 해안으로 몰려와서 육지에 상륙한다는 것이다. 며칠 전부터 그랬단다. 정말 그랬다. 바다에 깔려 있던 얼음들은 어느 순간 모두 없어졌고, 해안에 두껍게 쌓여 있던 바위만한 눈덩이들이 쩍쩍 갈라지고 있을 무렵이었다. 먼 바다에서 펭귄들이 물위로 솟구쳐 오르는 모습이 보였다. 이 녀석들이 바다에서 살기는 하지만 새는 새인지라 허파호흡을 했고, 숨을 쉬기 위해서는 가끔은 이렇게 뛰어올라 호흡을 바꿔 줘야 했다. 마치 돌고래가 물 위로 뛰어오르면서 헤엄을 치는 것과 같았다.

 대략 10여 마리 내외의 무리들이 해안을 따라서 헤엄을 치고 방향을 바꾸면서 이쪽저쪽으로 헤엄을 쳤다. 때로는 다시 바다 쪽으로 가기도 했다. 하지만 일순간 방향을 바꾸면서 다시 해안가로 몰려왔다. 상륙한 것이다. 하지만 해안에는

유빙은 펭귄의 훌륭한 휴식처다. 펭귄들은 유빙 위에서 망중한을 즐긴다.

두꺼운 얼음들이 가로막고 있어서 그 틈바구니로 올라왔다. 앞장선 녀석이 가장 중요했다. 모두 그 녀석을 따라 다녔으니까 말이다.

바다에서 올라오자마자 부리로 털을 다듬는다. 역시 새다. 마치 빨래를 널 때 한 번 털 듯이 이 녀석들도 깃털 사이사이에 있는 물기를 터는지 고개를 흔들면서 온몸을 훑었다. 새라서 그런지 고개는 자유자재로 모든 방향으로 돌릴 수 있었다. 스쿠아가 먹고 버린 펭귄 가죽을 보면 민들레 꽃잎같이 작고 기다란 깃털이 한 방향으로 촘촘히 나 있는 것을 볼 수 있다. 마치 양탄자처럼 말이다. 그 사이에 따뜻한 공기를 머금어 체온을 유지한다.

누가 가르쳐 준 것도 아닌 데도 펭귄들은 우리가 있는 언덕으로 뒤뚱거리며 올라왔다. 앞장 선 녀석이 우리를 발견하고 잠시 주춤했다. 뒤에 오는 녀석들도 잠시 멈춰섰다. 그네들도 좀 민망한지 고개를 돌려 애꿎은 털만 다시 가다듬는다. 그러고는 고개를 들고 저 옆으로 돌아서 온다. 그래봐야 기껏 2미터 정도나 될까. 괜히 우리가 움직이면 놀라거나 더 옆으로 갈까봐 펭귄 무리가 다 지나갈 때까지 우리는 움직이지 않고 서 있었다.

이곳 펭귄마을은 상당히 넓어서 이 안에도 여러 구역이 있다. 펭귄도 새처럼 전망이 확 트인 절벽이나 꼭대기를 아주 좋아한다. 사진을 찍고 있었는데 어느새 내 뒤로 몇몇 펭귄들이 올라와 모여 있었다. 그것도 모르고 한참 동안 사진을 찍고 있었는데 앞에 있는 녀석이 뭐라고 소리를 지르자 이를 받아서 뒤에 녀석이 소리를 지른다. 마치 무슨 말을 주고받는 것 같았다. '도대체 뭐라는 거야.' 뒤를 돌아봤더니 5미터 정도 떨어진 곳에 십여 마리의 펭귄들이 멈춰 서서 나를 '감시'하고 있었다. 그 뒤로 계속 펭귄들이 모여들고 있었다.

다시 몇 차례 펭귄들의 대화가 오고 갔다. 갑자기 녀석들의 분주한 발자국 소리가 들렸다. 눈이 살짝 녹았다가 얼어서 '착착착착' 하는 작은 발자국 소리가 났다. 이 녀석들이 나를 따돌렸다고 생각했는지 그 5미터 정도의 거리를 유지한 채 '뛰기' 시작한 것이다. 멈춰 섰던 녀석들도 선두가 나서자 바로 뒤를 이어 뛰었다. 내 옆을 지나 입지 좋은 절벽터로 합류한 것이다. 뒤에서 오던 녀석들은 속도를 더욱 내서 멈추지 않고 나를 돌아갔다. '이 어이없는 녀석들….'

펭귄들의 진로를 방해하지 않기 위해서 나는 제자리에 서서 신나게 사진만 찍었다. 합류한 뒤에 아무 일 없었다는 듯 두 눈을 지긋이 감고 멀뚱이 서 있는 녀석들을 보니 웃음밖에 안 나왔다.

6. 크리스마스 카드

겨우 크리스마스 카드를 모두 출력했다. 이제는 인사말을 적기만 하면 됐다. 쓰려고 하니 괜히 시작한 일인 것 같기도 했다. 하지만 일단 시작한 일이니 끝을 봐야 했다. 나의 경쟁력, 끝까지 하는 것 아닌가.

7. 계획에 있던 일과 없던 일

어느 기관이나, 그리고 어느 개인이나 연간 계획이 있듯이 이곳에서도 일 년 계획이 세워져 있었다. 그중에 절대로 바뀌어서는 안 될 일은 우리의 출남극. 그런데 며칠 전부터 아침회의 시간에 대장님께서 이상한 뉘앙스를 풍기셨다. 아마 12월 초에 못 나갈지도 모른다는 것이다. 우리가 한국을 떠난 것이 12월 5일이고 그로부터 1주일 만에 이곳에 들어왔다. 물론 이 날짜를 딱 맞출 수는 없다. 맞은 적도 거의 없었다. 우리도 들어온 날짜에 맞춰 나가리란 생각은 한 적이 없다. 대략 그 즈음에 나간다고 알고 있을 뿐이었다. 아무래도 상관없었다. 어차피 떠나기 전에 월동보고서나 제대로 해 놔야겠다고 생각했다.

8. 독서 VI

한국에서도 그렇지만 이곳에서도 화장실에서 책을 읽는 것은 그리 낯선 풍경이 아니다. 가벼운 책을 읽기도 하지만 신문이나 잡지도 본다. 하지만 한국과 차이는 있다. 이곳에서는 같은 신문이나 잡지를 몇 번씩이나 읽는지 모른다. 거의 광고의 전화번호까지 외울 정도가 된다. 시간은 계속 흘러가는데, 읽고 있는 내용은 항상 과거에 머물러 있다. 대개는 지겨운 내용이지만 시간이 지나면서 오히려 재미있는 기사도 있다. 바로 새해 전망에 관한 글이다.

우리가 이곳에 들어올 때는 12월. 따라서 일 년을 정리하는 각종 사건들, 그리고 내년 우리나라의 정치, 경제 전망 등등이 각 분야의 전문가의 입을 통해서 나온다. 하지만 시간이 지나면서 그 전망이 맞는 것은 찾아보기가 쉽지 않았다. 간혹 맞춘 것도 있지만 대세에 못 이겨 '이런 의견을 나타내는 전문가도 있다' 라고 아주 조심스럽게 얘기한다. 그런데 이상하게도 그 조심스러운 의견들은 대부분 맞았다. 한국에서야 이런 전망들이 현실에 묻혀 버렸겠지만 사회에서 떨어져 있는 우리에게는 너무나 생생한 전망으로 현재에 살아 있었다. 일부러 우리들 재밌으라고 전망이 어긋난 것은 아닌지….

9. 선비 같은 웨델 해표

총무님이 겨울이면 마리안 소만 전체가 해표로 가득 찬다고 했는데 눈을 씻고 찾아봐도 해표 한 마리 보이지 않았다. 그런데 바다가 차츰 녹기 시작하자 해표들이 드문드문 나타났다. 얼음바다 밑으로 헤엄치던 녀석들이 얼음이 깨진 틈으로 코를 내밀어 숨을 쉬었다. 바다 밑은 온통 해표들 투성이었다.

바다가 판상으로 깨지자 그 위로 쉬러 올라오는 해표들이 많았다. 미끈하게 생긴 녀석들이 소시지 같아 보이기도 하고, 혹은 밀가루 반죽 같아 보이기도 했다. 식구들끼리 얼음 위로 올라와서 하는 일들은 오로지 잠만 자는 것이다. 하루 종일 잔다. 해안으로도 식구들이 올라와서 잠을 자는데, 정말 꿈쩍하지 않고 잔다. 어느 정도로 자냐면 한 자세로 오랫동안 누워 있어서 아랫 부분은 녹은 눈에 젖어 있고, 하늘을 향한 쪽은 몸이 뽀송뽀송 말라서 보드라운 털들이 드러났다. 가끔 지느러미로 변한 앞발로 머리를 긁적긁적대거나 얼굴을 훑는 것을 보면 영락없이 사람과 똑같다. 고양이가 세수하는 것과는 차원이 다르다.

해표도 여러 종류가 있는데 그중 가장 압권은 웨델 해표였다. 무척이나 귀여웠다. 그리고 순했다. 생긴 것 자체가 순진해 보였다. 다른 종류의 해표들은 사나웠다. 표범 해표는 이곳에서 가장 힘도 세고 사납고 펭귄을 잡아먹는 포악한 놈이었다. 멀리서 우리가 보고 있으면 옆 눈을 게슴츠레 뜨고 우리가 가까이 올 때까지 기다린다. 공격하려는 것이다. 크랩이터 해표는 서로들 너무 많이 싸워서 그런지 몸에 깊은 상처가 무수히 많다. 간혹 눈 위에 핏자국이 있는데 이를 따라

유빙 위에서 쉬고 있는 크랩이터 해표 무리. 그들은 항상 잠만 자는 것 같았다. 그렇다고 가까이 가면 안 된다. 얌전한 동물에게도 야생 본능이 있었다.

가 보면 영락없이 크랩이터 해표가 있었다. 그에 비하면 웨델 해표는 선비와 같았다. 웨델 해표는 가만히 구경만 하고 있으면 그 정도는 허락해 줬다. 물론 가까이 가지는 못했지만 말이다.

이곳에 있는 동물들은 모두 야생이다. 그래서 본성은 공격적이다. 펭귄조차도 그렇다. 평소에는 펭귄이 우리를 피하지만 반대로 펭귄이 공격을 하면 우리가 피해야 했다. 공격받지 않으려면 먼저 피해야 했다. 그래서 모든 동물들을 조심해야 했다. 몇 해 전, 영국 기지에서 한 생물연구원이 해표에게 쫓겨 바다에 빠져 목숨을 잃은 적도 있다고 했다.

내가 가장 좋아하는 사진 중에 하나에는 이 웨델 해표가 등장한다. 나는 이곳에서 연출사진을 찍고 싶었다. 방한복이 아닌 그냥 평상복을 입고 낚시 의자에 편안하게 앉아 따뜻한 커피를 마시며 이곳을 맘껏 감상하는 그런 모습. 얼마나 평화로운가. 총무님 낚시의자를 빌려서 삼각대와 카메라 리모콘, 청바지에 스웨

봄 315

터를 입고 그 위에 작업복을 걸쳤다. 소품으로 빈 컵도 가지고 갔다. 헬기장 지나 있는 세종곶이 적당해 보였다.

햇빛이 찬란하게 비치는 어느 일요일 오후. 준비를 완벽하게 해서 세종곶으로 갔다. 그런데 거기 웨델 해표 하나가 떡 하니 누워서 자고 있는 것이 아닌가. 멀리서 해표를 찍으면서 다가갔다. 항상 퇴로를 확보하고 찍었다. 그런데 해표가 눈을 뜨고 나를 한 번 쳐다보더니 이내 또 잠을 청했다.

갑자기 아이디어가 하나 떠올랐다. 의자를 해표에서 떨어진 곳에 설치를 하고 그 반대편으로 돌아 삼각대를 설치했다. 의자에서 편히 커피를 마시며 사진을 찍으면 웨델 해표가 마치 애완동물인 양 내 옆에서 편히 잠자고 있는 듯한 사진이 나올 것 같았다. 카메라의 찰칵거리는 셔터 소리에 웨델 해표가 별짓을 다한다는 듯이 카메라와 나를 번갈아 쳐다보고는 또다시 잠을 청했다. 덩치에 어울리지 않게 귀여운 녀석이었다.

10. 주방에서의 해부학

주방에 있으면 재미있는 일들이 많다. 그중 하나, 해부학 공부가 있다. 모든 의학에서 해부학이 기초이지만 매년 시신 한 구씩을 해부했던 과는 정형외과, 재활의학과 그리고 성형외과였다.

주방에서 실제로 해부학을 공부하려고 한 것은 아니지만 하다 보니 재미있었다. 주방에서의 해부학은 일상 통념과 의학상의 개념 차이를 확인하는 작업이었다. 가령 삼겹살을 놓고 이것이 어느 부위이고 다룰 때 주의해야 할 점은 무엇인가, 어느 쪽이 복강 쪽이고 어느 쪽이 피부 쪽인가, 돈가스에 사용하는 고기는 어느 부위라고 상훈이형이 먼저 얘기해 주었다. 그러면 내가 부위별 근육결의 특징을 분석하고, 국물을 우려내려고 잘게 썰어서 들여온 잡뼈들의 위치를 맞춰 보고, 티본 스테이크에서 뼈, 척수, 근육, 복강이 어디인지를 얘기했다.

오징어 눈은 과연 어떻게 생긴 것인가, 이상하게 생긴 이 부위는 무엇인가, 부레는 어떤 것인가 하며 서로 한참을 묻고 답하며 시간 가는 줄 몰랐다. 물론 이 해부학의 결론은 항상 '아, 그 맛이 이렇군'이었지만 말이다.

11. 마지막 명절

이곳에서의 첫 명절이 설날이었다면 마지막 명절은 추석이었다. 이번에도 명절을 맞아 여지없이 한국에서 요청해 오는 장면이 있었다. 세종기지에서 추석을 어떻게 지내는지 촬영해 보내 달라고 했다. 아마 우리와 같은 요청을 받는 곳이 여러 곳 있을 것이다. 독도, 자이툰 부대, 해외 건설현장, 원양어선이나 유조선 등등.

먼저 송편을 빚는 장면을 찍기로 했다. 추석까지는 아직 며칠 남아 있었지만 지금 찍어서 보내야 했다. 전송하는 데 하루 잡아야 겨우 추석날 맞춰서 방송에 나올 수 있을 것 같았다.

이번 명절에도 많은 계획을 세웠다. 추석맞이 세종기지 대장배 당구경기와 연날리기, 윷놀이 그리고 보드게임 등. 꼭 추석에 하는 놀이는 아니지만 어차피 이곳에서 한국과는 모두 반대인데 언제 무엇을 한들 무슨 상관이 있겠는가. 재미있으면 그만이지.

이곳에서도 공휴일이 토요일이나 일요일과 겹치면 너무 싫었다. 재택근무와 마찬가지이기는 하지만 그래도 쉬는 날이 좋았다. 사실 쉬는 날이라고 일을 안 하는 것도 아니고, 일하는 날이라고 쉬지 못하는 것은 아니지만 기분상 휴일이 더 좋았다. 그래서 평일에 하루라도 연휴가 끼여 있으면 더욱 좋았다. 하지만 올해 추석은 일요일과 겹쳐 있어서 별로 좋지가 않았다. 더구나 추석 준비를 토요일에 해야 하는데, 토요일 오후에 대기하고 있어야 할 것을 생각하면 아쉬웠다. 하필 그날 나는 일직이었다.

기계실에 있는데 칠레 프레이 기지에서 무전이 왔다. 중간보급을 해주겠다고 했다. 뭐 들어올 것이 있었나? 무엇이 오기로 했는지 확인하고 답을 보내겠다고 했는데, 이내 무전이 다시 왔다. 벌써 헬기가 세종기지로 떴다는 것이다. 이건 또 뭐야. 마침 일찍 일어나서 연구동에 계시던 대장님과 총무님, 그리고 승일이형이 무전을 동시에 듣고 전화를 했다. 도대체 무엇을 중간보급해 준다는 말인가? 바다가 녹기 시작했지만 얼음들이 그대로 떠있어서 해상으로 이동은 불가능했다.

헬기 소리가 차츰 가까워졌다. 헬기가 착륙하자마자 포대 한 자루와 지난번에 태건이형 나갈 때 썼던 환자용 들것을 내려놓고 갔다. 우리도 경황이 없어서 그 들것에 신경을 쓰지 못하고 있었다. 공항에 맡겨 놨다고만 들었을 뿐인데, 하비 대장이 들어올 때 그 비행기편에 들어왔던 것이다. 그리고 지난겨울 동안 쌓여 있었던 우편물을 행낭에 담아 가져왔다. 최고의 추석 선물이 도착한 것이다.

헬기는 아르헨티나 기지 쪽을 향해 기수를 다시 남쪽으로 향했다. 우리가 손을 흔들자 그들도 헬기 문을 열어 놓은 채 손을 흔들었다.

추석을 맞이해서 송편을 빚고 있다. 모양은 제각각이어도 빚는 것에 의미를 두었다.

12. 눈사람

이곳에서 제설작업을 하게 되면 세종로의 눈은 기상관측 노장 옆으로 밀어내거나, 아니면 그 반대쪽인 임시 컨테이너 창고 너머로 밀어내게 된다. 노장 옆에 쌓이고 쌓인 눈은 헬기장까지 이어지게 되고 그 높이는 어른 키를 훌쩍 넘게 된다. 또한 컨테이너 창고 옆에 쌓인 눈들도 만만치가 않다. 그쪽에는 세종로뿐만 아니라 중장비보관동까지 난 길의 눈도 쌓이기 마련이다.

형철이형이 포클레인으로 눈을 치우다가 갑자기 예술적 혼이 작용을 했는지 멋진 눈사람을 만들어 놓았다. 그 높이가 무려 5미터. 이 눈사람은 여름이 되기 전까지 있었는데, 그동안 기지에 온 모든 외국 손님들이 기념사진을 찍는 훌륭한 배경이 되었다. 기지의 또 다른 명물이 탄생한 것이다.

지난 겨울내 제설작업으로 쌓인 눈으로 만든 눈사람. 김형철 대원이 포클레인으로 깎고 다져서 만든 눈사람은 한때 세종기지의 명물이 되었다.

13. 삶과 죽음의 경계

　헬기가 내려놓고 간 들것을 의무창고로 옮기면서 앞으로 쓰여서는 안 되지만, 혹 쓰일 일이 있을지도 몰라 눈에 잘 띄는 곳에 보관했다. 이런 것일수록 눈에 잘 띄는 곳에 둬야 필요할 때 쓸 수가 있다.

　날씨는 바람은 없었지만 잔뜩 흐렸다. 그저 이런 날에는 따뜻한 방바닥에 엎드려서 만화책 읽기가 제격이다. 만화책은 아니더라도 영화나 한 편 보면서 하루를 보내려고 했다. 그런데 아까부터 무전기가 심상치 않았다.

　무전기는 항상 16 공용채널로 해 놓는다. 원하는 기지를 부른 다음에는 채널을 다른 채널로 바꿔서 공용채널을 비워 둔다. 처음에는 그렇게 여러 번 부르고 채널을 바꾸고 하더니만 나중에는 아예 공용채널에 대고 지껄이기 시작하는데 아주 시끄러웠다. 가뜩이나 스페인어 자체가 억양이 세고 역동적인데, 도대체 영화를 제대로 볼 수 없을 정도였다. 그렇다고 말이라도 알아들을 수 있으면 재미

봄　319

있기라도 하련만. 그러더니 그 목소리가 갑자기 영어로 바뀌면서 우리를 호출했다.

"킹 세종! 킹 세종! 아르띠가스!" (우루과이 기지)

나도 모르게 재빨리 무전기 앞으로 갔다.

'뭐야, 또'

사실 당직서면서 다른 나라 기지에서 오는 무전을 받는 것은 상당한 스트레스였다. 일단 말이 잘 안 통하니까 말이다.

"아르띠가스, 아르띠가스, 킹세종. 채널 14"

우루과이 아르띠가스 기지 대장이었다. 워낙 급하게 말하고 나도 당황스러워서 무슨 말인지 도무지 알아들을 수가 없었다. 누가 조난당했다고 하는 것 같았지만 설마 그런 일이 있을까 싶었다. 대장님을 연결시켜드리겠다고 했다. 말이 끝나기 무섭게 대장님 목소리가 무전기에서 흘러나왔다. 대장실에서 무전을 듣고 계시다가 낚아채신 것이다. 이제 제3자적 입장에서 들으니 상황을 알 수 있을 것 같았다. 아르헨티나 주바니 기지 대원 두 명이 크레바스에 빠졌는데 사고현장이 바로 세종기지 앞이라는 것이다. 이게 도대체 무슨 일인가….

밖으로 나왔다. 눈앞에 펼쳐진 마리안 빙벽을 바라보았다. 아무것도 보이지 않았다. 그저 크레바스밭인 것은 알겠는데 누가 있는지 알 수가 없었다. 그렇지 않아도 우리에게 추석 선물을 내려놓고 간 헬기가 바쁘게 움직이는 소리가 들렸는데 그 때문인지는 몰랐다.

당직실을 통해 대장님의 전원 집합 명령이 하달되었다.

14. 크레바스를 향해

대원들이 모두 본관동으로 모이자 대장님의 브리핑이 있었다. 며칠 전 아르헨티나 대원 다섯 명이 스노모빌 세 대에 나눠 타고 탐사차 우루과이 기지까지 갔다고 한다. 그곳에서 며칠 머문 다음, 오늘 아침 우루과이 아르띠가스 기지를 떠나 아르헨티나 주바니 기지로 돌아오다가 변을 당한 것이었다. 이 중에 한 명이 예전에 왔던 길이 있다고 하여 그 길을 따라서 가다가 앞서가던 스노모빌이 갑자기 아래로 꺼지면서 눈에 덮여 안 보였던 크레바스에 빠졌던 것이다.

넓은 빙원이 킹 조지 섬 전체를 덮고 있어서 빙원의 중앙으로 가면 어디든지 갈 수가 있다. 몇 해 전까지만 해도 겨울에는 설상차를 타고 우루과이, 러시아, 칠레, 중국 기지는 물론 아르헨티나 기지까지 갔다고 했다. 심지어는 킹 조지 섬 안쪽에 있는 브라질 기지까지도 설상차를 타고 갈 수 있었다.

빙원의 가장 가운데 길로 가면 크레바스를 만날 가능성은 없었다. 2003년에 빙원의 가장 높은 정점을 이어서 안전한 빙원 루트를 확보하고 깃발을 표시하고 모든 위치를 GPS 포인트로 찍어 놓았다. 이번 겨울에 이 루트를 이용하려고 했었다. 중간보급도 이 길로 운반하면 설상차로 움직이기에 많은 물자를 손쉽게 운반할 수 있었다. 또한 촬영팀 한 팀이 겨울에 들어오기로 했는데 그때도 이 루트를 이용할 예정이었다. 이 루트는 한겨울에 요긴했었다. 그리고 대장님 전공이 빙하여서 빙원에서 샘플 채취를 하려고 했었다. 하지만 예상치 않은 환자 발생과 후송으로 대부분의 에너지를 써 버렸고, 비행 스케줄도 취소돼 촬영팀 일정도 연기가 됐다. 그래서 우리는 이곳으로 갈 기회가 없었다.

바다가 얼었으니 이 빙원 위로 두 기지 간의 교류가 있었나 보다. 그러나 한 가운데로 가면 시간이 너무 많이 걸려서 해안쪽으로 주바니 기지로 가려고 했던 것이 화를 부른 모양이다.

다시 추정을 해보면 다음과 같다. 선두에 가던 스노모빌이 달리던 중에 없어지자 뒤따르던 두 대가 멈춰 섰지만 앞서 빠진 스노모빌에 탔던 두 명은 이미 보이지 않았다. 곧바로 칠레 헬기가 구조에 나섰다. 오전에 우리에게 우편물을 내려 주고 갔기에 별 준비 없이 곧바로 이륙할 수 있었을 것이다. 현장에 도착했을 때는 나머지 세 명의 대원들이 뻥 뚫린 구멍 주변에서 소리쳐 부르고, 로프를 연결해서 구조를 시도하고 있었다. 크레바스 아래쪽에서는 아무 소리도 들리지 않았다. 전문 장비없이 로프를 타고 내려갈 수는 없었다. 그들은 혹시 조난자가 로프를 잡을 힘이 있으면 잡으라고 내려 줬을 것이다. 말 그대로 한 가닥의 희망으로 말이다.

나머지 세 명이라도 헬기를 타고 그곳을 벗어나라고 했으나 아무도 헬기에 오르지 않았다. 구조 장비를 더 챙겨서 가져다주기 위해 헬기는 일단 철수했다. 그러나 문제는 그 다음부터였다. 기상이 갑자기 악화된 것이다. 그래서 우리에게 혹시 헬기가 못 뜰 때를 대비해서 준비를 해 달라고 했다. 이것이 오전에 벌어진 상황이었다.

문득 전재규 대원 조난사고가 생각이 났다. 나뿐만이 아니라 모든 대원들이 그 생각을 했을 것이다. 상황이 비슷했다. 온 힘을 다해서 할 수 있는 일을 해야 했다. 다른 기지에도 연락을 취했다. 사고현장이 우리 기지에서 가까워 우리부터 신속히 움직여야 했다. 하지만 바람이 강하고 파도도 너무 거셌다. 헬기를 띄울 수도 조디악을 타고 바다로 나갈 수도 없었다. 어찌나 야속하던지. 절박했다. 우루과이 기지 대장의 저 다급한 목소리는 바로 일 년 전 우리 기지에서도 퍼졌을 것이다.

대장님께서 무겁게 입을 여셨다. 현장으로 갈 준비를 하라는 것이다. 인원은 총책임을 맡을 대장님, 몇 해 전에 빙원 루트를 개척할 때 참여했던 총무님, 설상차를 운전할 형철이형, 로프와 등산장비를 책임질 요정이, GPS와 통신을 맡은 인호, 그리고 의무대원인 내가 뽑혔다.

점심을 먹는 둥 마는 둥 하고 곧바로 출발 준비에 들어갔다. 동석이형이 간단한 점검을 마치자마자 형철이형이 설상차를 몰고 왔다. 모두들 각자가 맡은 장비를 준비했다. 나는 구급상자와 들것을 챙겼다. 오전에 가져다 둔 들것을 곧바로 다시 쓸 일이 생길 줄이야.

밖에 나와 보니 시야는 확보됐으나 날씨는 오전보다 흐렸다. 기계동 앞에서 사고지점을 바라보았다. 직선거리로 대략 3킬로미터 정도 떨어진 거리였다. 마리안 소만을 건너 기지 앞에 펼쳐진 빙벽들. 그리고 그 위의 크레바스들. 그곳에서 조금 떨어진 북동쪽이 사고지점이었다. 말하자면 눈에 보이는 크레바스보다 훨씬 위쪽이었다. 본격적인 크레바스가 시작되는 곳은 아니었다.

우리가 그곳에 도착하려면 'ㄷ'자 모양으로 돌아가야 했다. 마리안 소만을 가운데 두고 양 옆으로 우리가 있는 바톤 반도와 건너편의 위버 반도가 뻗어 나온 형상인데, 현장은 위버 반도가 뻗어 나오기 시작한 곳이다. 그러니까 우리가

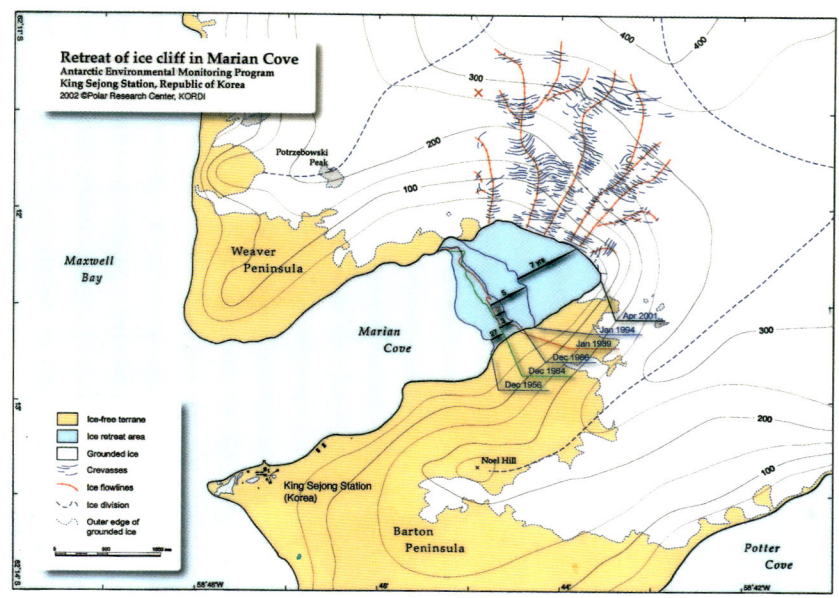

극지연구소가 제공한 지도에 사고 위치를 표시해 보았다. ✕표시가 사고지점이다.

가려면 바톤 반도 가운데로 쭉 올라가 킹 조지 섬의 메인 빙원으로 가고 그곳에서도 가운데로 올라서 마리안 소만 한참 뒤를 돌아 다시 위버 반도 쪽 가운데로 내려와야 했다. 한참을 돌아가는 길이었다.

대원들의 인사를 뒤로 하고 모두들 설상차에 올랐다. 요정이와 나는 설상차 뒤차량에 탔고 나머지는 앞차량에 탔다. 기지를 떠났다. 떠나면서 칠레 기지 하비 대장과 우루과이 기지 대장님께 무전을 보냈다. 시계를 보니 오후 1시 반이었다. 속력을 냈다.

우리가 가지고 있는 설상차는 두 대의 차량으로 이루어져 있었다. 두 차량은 마치 기차와 같이 연결되어 있는데, 유압으로 뒤차량에 동력이 전달되는 방식이었다. 차량이 이렇게 두 대로 나뉘어 있어야 울퉁불퉁한 이곳에서 부드럽게 운행할 수 있었다.

앞차량과는 달리 뒤차량의 창문은 작았다. 그 작은 창문에 금방 서리가 끼여

봄 323

밖이 보이지 않았다. 급히 언덕을 오르는 것을 봐서 세종봉 옆을 지나 U자 계곡으로 오르는 것을 알 수 있었다. 이 언덕을 올라 조금만 더 가면 바톤 반도 빙원의 시작이다. 빙원이 시작하는 지점까지는 수도 없이 가 봐서 수월하게 달릴 수가 있었다.

가는 동안에도 우루과이 대장님과 홍대장님 간에 계속 무전이 오고갔다. 어떤 상황인지 대략 짐작할 수가 있었다. 아마 이 무전 내용을 킹 조지 섬 내의 모든 기지에서 모두 같이 듣고 있을 것이다.

창밖을 내다봤다. 출발할 때보다 눈발이 더 거세졌다. 블리자드는 아니지만 갑자기 많은 눈이 내리고 강풍이 불고 있었다. 기상실에 연락을 했더니 태건이형이 이번 눈은 블리자드는 아니지만 그래도 조심하란 무전이 왔다. 상황이 상황인지라 모두가 이곳의 지원 요청과 지시에 귀 기울이고 있었다.

날씨가 더 나빠지기 전에 사고지점에 도착해야 했다. 그런데…

15. 빙원 위에서

"덜커덩!"

우리가 탄 뒤차량이 갑자기 앞으로 쏠렸다. 요정이와 내가 차량 앞으로 처박혔다. 무슨 일인가 생각할 겨를도 없이 다시 맨 뒤쪽으로 내동댕이쳐졌다. 물건들이 나에게 떨어지지 않게 잡았으나 아무 소용이 없었다. 잠시 후 다시 평온한 상태로 되돌아왔다. 우리도 다시 원위치로 돌아왔다. '아마 바위가 있어서 그곳 둔턱을 지나서 그런가 보군. 위버 반도에 다 왔나 보다. 위버 반도까지 아예 가기로 했나? 사고현장은 위버 반도 시작인데 말이다.' 그때까지도 그렇게 생각했다.

설상차는 진행하던 방향으로 계속 움직였다. 그런데 좀 이상한 생각이 들었다. 한겨울이 지났다고 하지만 아직까지 모든 굴곡은 눈으로 덮여 있지 않은가? 아직은 이런 정도의 충격을 줄 만한 바위가 드러나 있을 리 없을텐데…. 밖이 보이지 않으니 상황을 파악할 수 없었다.

곧 설상차가 차츰 속력을 줄이더니 몇 미터를 지나지 않아 섰다. 잠시 침묵이 흘렀다. 아무런 지시나 아무런 소리도 들리지 않았다. 요정이와 나는 고민에 빠졌다. 앞차량에 연락을 할까? 무슨 일이지? 아까 그것이 뭐였는지. 문을 열고 확인해 볼까? 결국 차량 문을 살짝 열어 보기로 했다. 문을 열었다.

눈보라가 치고는 있었지만 바람은 그렇게 세지 않았다. 우리네 함박눈이 내리듯이 눈은 소복히 쌓이고 있었다. 그렇지만 우리가 뒤를 돌아봤을 때 나와 요정이는 너무나 놀랐다.

아! 우리가 건너온 것은 크레바스였다.

16. 앞으로 앞으로

날씨는 더욱 흐려지고 우리는 빙원에 깔린 구름 속에 있게 되었다. 이 넓고 뿌연 빙원 위로 시커먼 구멍이 희미하게 보였다. 불과 몇 미터 떨어지지 않은 곳이었다. 크레바스 양쪽으로 설상차의 궤도 흔적만이 가로질러 있었다. 눈은 여전히 사뿐사뿐 흩날리고, 주변은 무섭도록 고요했다. 주변의 모든 소리가 마치 크레바스 안으로 빨려들어가는 것 같았다.

대장님께 무전을 보냈다. 우리가 조금 전에 지난 것이 크레바스였다고 말이다. 총무님께서 무전을 받았다. 앞쪽에서도 문을 열고 확인했다고 했다. 일단 이곳에서 벗어난다고 했다.

한참을 더 달렸다. 천천히 달렸다. 뒤에 앉아서는 어디로 가는지 알 수가 없었다. 총무님께서 경험이 있으시니 크레바스가 없는 곳으로 갈 것으로 생각했다. 우리가 조난당한 대원들을 구하려고 아래쪽으로 내려왔으니 다시 원위치로 가면 괜찮으리라 생각했다. 하지만 설상차는 아래로 향했다. 위버 반도로 대피하려나 보다 생각했다. 설상차가 멈췄다.

총무님으로부터 무전이 왔다. 나와 요정이를 장비를 챙겨서 앞차량으로 오라고 하셨다. 내리면서도 조심스러웠다. 혹시 몰라 설상차를 잡고 앞차량으로 옮겨 탔다. 앞차량에 앉아서 지금까지의 상황을 정리해 보니 내가 생각했던 것과는 달랐다. 지금까지 왔던 길이 이전에 확보했던 루트를 그대로 따라 왔던 것이고, 이 루트에서 현장으로 내려오지는 않았던 것이다. 그 현장 근처까지만 온 것이었데, 이미 거대한 크레바스를 건넌 것이었다.

원래 계획은 안전 루트로 설상차만 몰고 가고 이 루트에서 현장까지는 걸어가기로 했었다. 위버 반도로 가는 빙원 루트를 밟아서 간 것은 맞았다. 하지만 2년 전 그 길은 더 이상 그 길이 아니었다. 안전하다고 확보했던 길이 안전하지 않았던 것이다. 혹시 GPS가 정확하지 않아서일까. 그렇게 생각하고 싶었다. 하지만 결코 그렇지 않았다. 이 사실은 되돌아오면서 자연스레 확인할 수 있었다.

곧바로 회의를 시작했다. 이런 상황에서 회의란 것은 어쩌면 맞지 않는 방법일 수도 있다. 리더의 결정과 그에 따른 실천만이 가장 안전했다. 하지만 그것이 쉽지 않다는 것은 그 상황에 처하지 않으면 모른다. 물론 대장님께서 결정하시는 것이지만 그 결정에서 부담이란 요소를 없애야 확신에 찬 결정을 할 수 있을 것이다. 또 그렇게 확신에 찬 결정이어야 오류 없이 실천할 수 있을 것 같았다.

방법은 네 가지가 있었다. 첫째, 위버 반도로 내려가서 대피소로 간다. 둘째, 바톤 반도보다는 더욱 넓고 두꺼운 빙원으로 가서 아예 우루과이 기지까지 간다. 셋째, 그냥 이곳에 머문다. 넷째, 왔던 길을 되돌아간다. 아무도 쉽게 결론을 내리지 못했다. 어느 것 하나 확실한 방법이 없었다. 일단 첫째와 둘째 방법 모두 믿을 수가 없었다. 지금까지의 길이 변했다고 생각하니까 앞으로 난 길도 믿을 수가 없었다. 어디가 어떻게 변해 있을지 몰랐다. 이곳에 그냥 머무는 것이 정답일 수도 있었다. 하지만 우리가 있는 이곳조차 믿을 수가 없었다. 더구나 눈은 계속 쌓이고 날은 흐려지고 좀더 시간이 지나면 해는 완전히 떨어질 것이다. 만약 우리가 있는 이곳이 크레바스 위라면 이 설상차 무게를 언제까지 견딜 수 있을 것인가. 오히려 우리가 믿을 수 있는 길은 비록 크레바스를 넘어왔던 길, 그 길밖에는 없었다. 네번째 방법을 택해 다시 돌아가기로 했다.

이미 아르헨티나 대원이 조난당한 곳까지 가는 것은 불가능했다. 크레바스를 넘어서 루트를 믿고 더 전진했지만 그 다음이 없었다. 우리까지 위험했다. 대장님께서 칠레와 우루과이 기지에 현재 상황을 무전으로 전달했다. 이제 그들은 우리까지 걱정해야 하는 지경이 되었다.

이곳에서는 이동할 때 GPS에 기록을 남기게 되어 있다. 차량이나 조디악에서는 말할 것도 없다. 더구나 이런 상황에서는 떠날 때부터 인호가 GPS 기기에 기록을 할 수 있게 설정해 놓았다. 다시 그 GPS 포인트를 따라 거슬러갔다. 나중에 사진을 찍은 기록을 보니 처음 크레바스를 건너온 시간이 오후 2시 40분경이었다. 그러니까 기지를 떠난 지 한 시간 십 분 만에 그곳에 도달한 것이다.

다시 우리가 지났던 크레바스 위치로 왔다. 불과 15미터 정도 앞에 크레바스가 있었다. 하지만 문제는 그 다음이었다. 처음에는 아무것도 모른 채 건넜다. 하지만 두번째 건너는 것은 달랐다. 우선 크레바스를 건너온 방향을 확인해야 했다. 그리고 크레바스가 뻗은 방향도 살펴야 했다. 둘째는 그 폭이 얼마나 되는지 알아야 한다. 이것을 모르면 안전하게 건널 수가 없다. 직접 눈으로 확인하기 전에는 알 길이 없었다. 먼저 총무님이 등산장비와 로프를 몸에 매고 크레바스로 가까이 갔다. 로프의 끝은 설상차에 묶었고, 모두들 로프를 붙잡았다. 총무님이 크레바스의 상태를 전해 주었다.

"정말 장난이 아닙니다! 끝이 보이지 않습니다! 다행히 우리는 직각으로 크레바스를 지나왔습니다!"

흥분하실 때의 총무님 특유의 목소리였다. 경상도 억양에 힘은 잔뜩 들어갔지만 약간은 떨리는 목소리. 일단 우리에게 상황을 먼저 알려 주었다. 혹시 돌아오는 순간에 어떻게 될지 알 수 없었기 때문이었다.

우리가 건넌 것은 제대로 된 크레바스였다. 폭은 2미터 정도였지만 그 깊이와 어디에서 시작해서 어디로 끝나는지는 알 수가 없었다. 다만 눈이 덮여서 크레바스가 잘 보이지 않는다는 것, 그리고 그 두께가 사람 하나 건너기도 위험하다는 것뿐이었다.

또 하나 아주 중요한 것은, 이 크레바스가 사고지점을 향해 있다는 것이었다. 형철이형이 자신도 직접 확인해 봐야겠다고 했다. 직접 봐야 설상차로 돌파할 때 감이 잡힐 것 같다고 했다. 형철형이 갔다 오더니 말을 못했다. 두려웠다기보다는 아무것도 생각하기 싫었을 것이다. 당시 우리 모두는 그랬다.

모두들 심기일전하고 설상차에 올랐다. 안전하게 건너려면 크레바스 방향과 수직이어야 하고 최단거리로 건너는 수밖에 없었다. 전진 방향이 중요했다. 인호가 GPS로 방향을 잡았다. 우리가 넘어왔던 그 길로 다시 건너가는 것은 위험했고, 조금 떨어진 곳으로 가기로 했다. 그래도 눈이 어느 정도 덮여서 약간이라도 지지를 해줘야 될 것 같았다. 아무것도 안 보이는 곳에서 단지 GPS만으로 방향을 잡았다. 모두들 긴장했다. 숨을 한껏 몰아 쉬었다. 마치 멀리뛰기 선수가 숨을 가다듬고 도움닫기를 하듯이 말이다.

"출발!"

드디어 대장님의 명령이 떨어졌다. 그러자마자 형철이형이 액셀러레이터를 밟았다. 엔진 회전수가 급격히 올라갔다.

"자, 이제 달립니다!"

모두들 주위에 있는 잡을 수 있는 것을 잡았다. 투박한 궤도차량이 둔탁하게 달리기 시작했다. 설상차의 엔진 소리만이 요란하게 들렸다.

"덜커덩!"

이전과 마찬가지로 앞으로 쏠리는 듯하다가 다시 올라왔다. 그러나 처음 건넜을 때처럼 심하게 흔들리지는 않았다.

"우와!!!"

모두들 환호성을 질렀다. 설상차는 멈추지 않고 그대로 달렸다. 아직 안심하기에는 일렀다. 그대로 한참을 더 가서야 멈췄다. 이제야 웃을 수 있었다. 모두 손을 잡고 다시 인사를 나눴다. 저승에서 만나서 인사를 하는 것인지, 이승에서 인사를 하는 것인지 알 수는 없었지만 말이다.

문을 열고 뒤를 돌아봤다. 어디가 어디인지 도저히 구별이 안 될 정도로 눈이 내렸다. 멀리 뒤쪽으로 검은 구멍 두 개가 희미하게 보였다. 이런 상황을 아는지 모르는지 눈은 얄밉게 소복소복 내리고 있었다.

다시 출발했다. 이제 기지로 돌아가면 된다. 어느새 우리의 입장이 구조자의 입장에서 조난자의 입장으로 바뀌어 있었다. 갑자기 빨리 기지로 돌아가고 싶어졌다. 사람 마음이 이렇게 간사할 줄이야. 저 너머에는 크레바스에 빠진 사람들과 이 추위에 밖에서 떨고 있을 사람들이 있는 데도 말이다.

"어, 어… 형철이형. 멈춰요!"

인호가 다급하게 말했다. 우리가 다시 크레바스 쪽으로 돌아가고 있다는 것이다. 이런, 이건 또 무슨 말이야. 인호도 정신이 없었나 보다. 두 개의 GPS에 원래 빙원 루트, 그리고 우리가 왔던 길을 동시에 보니 GPS 하나가 거꾸로 놓여 있었던 것이다. 사실 조금 전부터 형철이형과 인호 사이에 의견충돌이 있었다. 인호는 GPS만 보니까 원래 길에서 조금만 어긋나도 재빨리 지적해 줄 수 있었다. 하지만 형철이형은 앞이 전혀 보이지 않아 느낌과 직감으로 운행하고 있었다. 분명히 이쪽으로 가야 한다고 느꼈지만 인호가 보고 있는 GPS상과는 그 방향이 맞지 않았다. 나침반이 있기는 했지만 워낙 흔들려서 오히려 GPS를 믿는 것이 더 나았다. 나침반은 그저 확인을 하는 것에 지나지 않았다.

또 하나 문제는 설상차가 진행하는 방향을 알려면 적어도 어느 정도의 속도를 내야 하는데, 중간에 멈추면 몇 미터 가기 전에는 방향을 알 수 없었다. 그런데 그 몇 미터 앞에 크레바스가 있는지 없는지는 가 보기 전에는 알 수 없었다. 형철이형이 방향을 튼 곳으로 좀더 가 봤다. 물론 원래 루트에서 얼마 벗어나지 않은 곳이었다. 하지만 설상차 차체가 옆으로 기우는 것이 느껴졌다. 대장님께서 GPS에 맞게 가라고 정리해 주셨다. 형철이형과 인호 사이의 보이지 않는 실랑이는 주변 사람들을 무척이나 불안하게 했다.

형철이형이 달리면서 계속 문을 열어서 바닥을 확인했다. 자주 그러자 총무님 왜 그러냐고 물었다. 액셀러레이터를 밟으니까 설상차가 달리는 것은 알겠는데 아무것도 안 보여서 과연 내가 정말 달리고 있는지 확인을 하기 위한 것이라고 했다. 일리 있는 말이었다. White out, 우리 모두가 White out 현상을 경험하고 있었다. 방향과 거리를 전혀 알 수 없는 현상이다. 우리가 빙원에서 스키를 탈 때 느꼈던 것도 넓은 의미에서 White out이었고, 비행기 조종사들이 바다와 하늘을 구별할 수 없는 비행착각도 아마 이런 상황일 것이다.

달리는 내내 모두들 아무런 말이 없었다. GPS 기록대로 가고 있었다. 가끔 인호가 방향이 바뀌는 곳을 알려 줄 뿐이다. 그 사이에는 침묵만이 흘렀다. 그런데 이제는 침묵이 오히려 사람들을 더 불안하게 만들었다. 과연 제대로 가고 있는지 궁금했다.

나만 그렇게 느낀 것이 아니었다. 대장님께서 중간중간 제대로 가고 있는지 매 순간 알려 달라고 말하셨다. 좋게 얘기해서 '말'을 하셨지 속으로는 답답함과 대원들에 대한 배려가 섞여 목에 힘이 잔뜩 들어간 목소리로 짧고 굵게 말씀하셨다.

우리가 기지를 떠나서 크레바스를 만난 것은 1시간 10분 정도 후, 거리는 대략 12-13킬로미터 정도 되는 거리였다. 그러나 돌아올 때는 달랐다. 같은 시간이 지났어도 아직 멀었다. 속도를 낼 수가 없었다. 천천히, 그리고 꾸준히 갔다. 드디어 인호가 다시 GPS 포인트를 말해 줬다. 바톤 반도로 들어온 것이다. 방향을 꺾었지만 멈출 수 없었다. 땅을 보기 전에는 절대로 내릴 수 없었다.

기지를 호출해 우리의 위치를 수시로 불러줬다. 승일이형이 무전을 받고 있었다. 그러고도 한참을 달렸다. 엔진 소리만 들릴 뿐이었다.

저 멀리 왼쪽으로 검은 봉우리가 희미하게 나타났다. 드디어 바톤 반도 입구로 들어온 것이다. 작은 탄성이 터졌다. 좀더 달리니 오른쪽으로도 봉우리가 보이기 시작했다. 백두봉이 시작되는 곳이었다. 형철이형도 이제는 마음이 놓인다고 했다. 이제는 움직이는 느낌이 든다는 것이다. 우리가 봐도 그랬다. 비록 멀리 있어서 그 움직임이 작았지만 우리가 움직일 때마다 조금씩 다가오는 봉우리, 그리고 조금씩 멀어지는 봉우리만큼 우리를 안정시켜 준 것도 없었다.

계속 달렸다. 드디어 바톤 반도의 입구에 도착해서, 그리고 옆에 이 얼음들을 잡아 줄 봉우리가 가까이 있다는 것을 확인하고 나서야 설상차는 정지했다. 그때 시간이 저녁 6시. 이미 해는 져서 어둠이 깔리고 있었다.

이제야 모두들 설상차에서 내려 참았던 소변을 볼 수 있었다. 이제야 담배도 물 수 있었고 와이퍼가 옆으로 밀어낸 눈도 치울 수 있었다. 걱정하고 있을 하비 대장에게 연락을 했다. 거의 기지에 다 도착했다고 말이다.

다시 설상차에 올라 매번 다녔던 U자 계곡을 내려왔다. 체육관 뒤쪽이었다. 이곳에 도착하니 이미 해가 져서 앞이 잘 보이지 않았다. 계속 진행하고 있는데 인호가 말했다. GPS 포인트에서 벗어났다는 것이다. 설상차가 멈췄다. 이제는 자신있게 총무님이 내려서 전방을 살펴봤다. 길이 달랐다. 앞쪽으로 난 길은 체

세종기지가 있는 바톤 반도에 들어서자 겨우 설상차를 멈추고 긴장을 풀 수 있었다.
대원들이 기지로 돌아가기 위한 마지막 점검을 하고 있다.

육관으로 바로 내려가는 급경사 언덕이었다. 바로 옆길로 빠진 것이다.

다시 설상차를 돌려 원래 길로 갔다. 아무런 표지도 없고 모두 눈에 덮인 언덕이라서 어둠 속에서 잠시 헷갈렸다. 그렇지만 그 벗어난 거리가 불과 5미터 정도밖에 되지 않았다. 거의 다 돌아와서야 GPS의 정확도를 믿을 수 있었다.

이곳을 지나자 기지의 불빛이 보였다. 퍼렇게 어두워지는 이곳에서 주황색 기지 가로등 불빛을 보았을 때의 그 느낌이란…. 이제야 마음이 놓였다. 나중에 들은 이야기이지만 기지에서도 어두운 바톤 반도의 눈덮인 산만 보다가 설상차의 불빛과 엔진소리를 듣고 나서야 안심을 할 수 있었다고 했다.

마침내 세종로에 도착했다. 여전히 눈은 내리고 있었지만 눈발은 많이 잦아들었다. 기지 도착시간 저녁 7시. 1시간 남짓 올라간 거리를 다시 오는 데 무려 4시간 반이나 걸렸다. 모두들 녹초가 되어 있었다.

설상차에서 내리자마자 기지에서 초조하게 기다리고 있던 모든 대원들과 악

봄　331

수를 나누고 포옹을 했다. 대장님이 하비 대장과 우루과이 기지 대장님께 일단 구조는 실패했음을 알렸다. 그리고 세종기지 대원들은 모두 기지로 무사히 복귀했다고 알렸다. 나는 본관동에 들어와서 상훈이형부터 찾았다. 처음에는 서로 아무 말도 못하고 쳐다만 봤다.

 샤워를 하고 모두들 본관동으로 모였다. 분위기는 숙연했지만 긴장은 풀려 있었다. 사실 모두들 아무것도 먹지 못했다. 점심도 제대로 못 먹었고, 이날이 마침 연휴 첫날이었으니 아침을 먹은 사람은 당연히 아무도 없었다.

 모두들 잔에 술을 채웠다. 아무도 말이 없었다. 우리의 무사귀환을 축하하고 조난당한 아르헨티나 대원의 무사귀환을 빌면서 술을 들이켰다. 술이 한 배 돌고 나서야 말문이 트이기 시작했다. 오늘 하루 동안 벌어진 일, 서로가 느꼈던 긴장감, 기지에서 그저 무전만을 들어야 했던 무력감. 모두가 긴장할 수밖에 없는 하루였다.

 대장님께서 소장님께 연락을 하셨다. 떠나기 전에 미리 보고는 했지만 사후 보고도 필요했기 때문이다. 이미 이쪽 아르헨티나나 칠레 등 남반구에서는 난리가 난 일이었고, 우리가 나섰던 것도 이미 알려졌기에 극지연구소에서도 보도자료를 내기로 했다. 아르헨티나 대원들이 조난당해서 세종기지 대원들도 도와줬다고 말이다. 나중에 인터넷을 조회해 보니 호주, 뉴질랜드를 포함한 남반구의 모든 나라, 미국이나 영국 등 남극에 관심이 많은 나라에서는 커다란 사고로 보도되었지만 한국에서는 경제신문 한 곳에서만 단신으로 처리했다. 오히려 다행이었다. 공연히 식구들 걱정시키는 것보다 나았다.

 커피를 마시기 위해 본관동으로 갔다. 창밖으로 사고지점을 바라봤다. 어둠 속에서 눈보라만 몰아쳤다. 아무것도 안 보였다. 모두들 무사하기를 진심으로 바랐다.

17. 추석

 밤새 눈보라가 다시 몰아닥쳤다. 다행히 블리자드는 아니었지만 조난 현장에 남아 있는 아르헨티나 대원들이 걱정됐다. 아침에 일찍 일어나자마자 기상실로 갔다. 이미 여러 대원들이 나와 있었다. 기상실 망원경을 통신실로 가지고 와서 조난당한 위치에 맞춰 놓았다. 나머지 세 명은 살아 있었다. 나중에 알고 보니 가지고 있는 천막으로 추위를 피하고 두 명이 깨어 있고 한 명이 쉬는 식으로 번갈아 가며 휴식을 취했다고 했다. 다행히 눈도 차츰 멈추고 날씨도 좋아지고 있었다.

칠레 기지에서 이륙한 헬리콥터가 보였다. 하지만 헬기가 이곳에 도착할 쯤에 날씨가 갑자기 나빠져 다시 되돌아갔다. 불과 5분도 걸리지 않는 거리이지만 그 사이에 날씨가 나빠진 것이다. 한참 후에 다시 헬기가 떴다. 하지만 또 그 사이에 기상이 안 좋아져서 회항했다.

그러는 사이에 차례 지낼 시간이 다가왔다. 모두들 정장을 입고 본관동에 모였다. 18차 월동대 합동제례. 어느 때보다 더욱 의미가 깊었다.

차례가 끝나고 다시 밖을 봤다. 다행히 날씨가 점점 좋아지고는 있었지만 아직까지 안심할 수는 없었다. 이전에 계획했던 추석 일정은 모두 취소됐다.

칠레 기지에서 다시 연락이 왔다. 헬기가 세종기지에서 스탠바이하려고 하는데 그럴 수 있겠냐고 물어왔다. 그래서 날씨가 좋아지면 바로 이륙해서 사고 현장까지 갔다오겠다고 했다. 당연히 그렇게 하라고 했다.

오후에 다시 헬기가 이륙했다. 이번에는 사고현장으로 가지 않고 우리 기지 헬리포트에 자리를 잡았다. 물론 엔진은 끄지 않은 채 모두 그 안에 대기하고 있었다. 이날은 마리안 소만 안쪽에 얼었던 바다가 판상으로 깨지면서 바다 쪽으로 떠내려오고 있었다. 넓은 얼음판이 생기니 며칠 전부터 몰려왔던 해표들이 모두 이 얼음판 위에 올라와서 잠을 자고 있었다. 하루에도 몇 번씩 뜨는 헬기 소리가 시끄러웠는지 헬기가 이륙할 때마다 멀뚱히 쳐다보기만 했다. 다행히 이번에는 아르헨티나 대원 세 명을 구조할 수 있었다. 물론 크레바스에 빠진 두 명의 생사는 아직 불분명했다.

정말 얄밉게도 구조가 끝나자 날씨가 좋아지기 시작했다. 서쪽부터 구름이 걷히더니 이내 헬기가 떠나고 나서는 언제 날씨가 안 좋았냐는 듯이 햇빛이 내리비쳤다. 바다에 퍼진 판상형 얼음 위로 아무 일 없다는 듯 하품만 연신 해대는 해

봄 333

표들이 너무나 평화롭다 못해 짓궂어 보였다.

일단 이번 사고는 이것으로 일단락됐다. 크레바스에 빠진 두 명에 대해서 희망을 버릴 수는 없었지만 지금 할 수 있는 것은 아무것도 없었다. 아르헨티나에서 전문구조팀이 온다고 했다. 그들을 기다릴 수밖에 없었다.

마리안 빙벽을 보면서 이번 사건에 대해 다시 한 번 생각해 봤다. 만약 크레바스를 수직으로 넘지 않았다면 어떻게 됐을까. 만약 비스듬히 넘었으면 어떻게 됐을까. 그리고 우리 설상차가 차량 두 대가 아닌 한 대로 된 설상차라면 어떻게 됐을까. 그리고 차량 두 대를 이어 주는 케이블이 끊어졌다면 어떻게 되었을까. 이 모든 가정이 일어나지 않고 모두 좋은 결과로 경우의 수가 생겨서 그랬지 이 중에 한 개의 확률이라도 벗어났다면 그 결과는 장담할 수 없었을 것이다. 만약 비스듬이 건넜다면 설상차가 옆으로 기울었을 것이고, 폭이 2미터 정도면 그대로 설상차가 크레바스에 빠졌을지도 모른다. 밖으로 나올 수도 없고 안에 있을 수도 없는 상황이 됐을지 모른다. 수직으로 건너서 최단거리로 크레바스를 건넜다고 하지만 만약 한 대의 차량으로만 되어 있었다면 그대로 앞으로 곤두박질쳤을지도 모른다.

처음 크레바스를 건널 때는 뒤차량에, 두번째 건널 때는 앞차량에 탔었는데 그 느낌은 달랐다. 뒤차량에 탔을 때는 몸이 완전히 앞으로 쏠렸다가 다시 뒤칸으로 밀리면서 튀어올랐다. 하지만 앞차량에 탔을 때는 앞으로 쏠렸지만 이내 뒤로 젖혀지며 다시 곧바로 정상상태를 되찾았다. 요동은 심하지 않았다. 물론 두 번째는 전속력으로 건넜기 때문에 그랬을 수도 있었다. 그렇지만 다른 한편으로 생각해 보면, 크레바스에 처음 빠진 앞차량은 뒤차량 무게 덕분에 앞으로 많이 쏠리지 않았을 것이다. 공중에 뜬 상태로 뒤차량에 전달된 동력으로 일정하게 진행하다가 앞차량의 궤도가 건너편 크레바스에 닿았을 것이다. 이후 앞차량은 다시 바닥을 딛고 전진할 수 있었을 것이다. 앞차량은 크레바스 건너편 진행 방향에, 뒤차량은 그 반대 방향에 걸쳐진 채 균형을 이루고 몇 초간 진행했을 것이다. 앞차량은 건너편에 발을 디디고 전진하고 있었으니 뒤의 요동에서 조금은 자유로울 수 있었고, 더구나 디디고 있는 면적이 넓으니 뒤로 밀리지 않고 전진할 수 있었다. 따라서 아래로 꺼졌다가 다시 올라오기는 했어도 그렇게 요동이 심하지는 않았다.

하지만 뒤차량은 사정이 달랐을 것이다. 뒤차량이 반쯤 넘어왔을 때 무게중심이 급격히 무너지면서 뒤차량은 앞으로 쏠렸고 그러면서 크레바스에 순간 떨어졌을 것이다. 하지만 앞차량에 연결된 케이블이 힘을 받아서 더 이상 떨어지지 않았다. 다행이라고 여기는 순간 이번에는 여전히 진행하고 있던 뒤쪽이 크레바스에 빠지면서 뒤로 크게 쏠렸다. 이때가 앞으로 쏠리자마자 한 번 튕겨서 뒤로 밀렸을 때일 것이다. 이 순간은 크레바스 안에 있었을 것이다. 다행히 케이블이 끊기지 않았고 전진하는 앞차량 덕분에 뒤차량도 크레바스를 건널 수 있었던 것이다. 아찔했다. 물론 이 모든 것이 한순간에 일어났지만 만약 크레바스가 더 넓었다면…. 그럴 것까지도 없이 만약 케이블이 끊어졌다면…. 생각이 거기에 미치자 순간 내 목에 걸었던 목줄을 잡아당겨 보았다.

조촐하게 차려진 추석 합동제례상에 술을 올리고 있는 대원들. 명절을 맞이하여 오랜만에 모두 정장을 했다.

봄 335

일요일 저녁. 대원 요리였는지, 그냥 차례 지내고 남은 음식을 먹었는지 기억은 없다. 다시 대원들이 모여서 술잔을 기울였다. 어제 그 얘기와 오늘 얘기가 다시 나왔다. 내가 생각했던 것들도 얘기를 했다. 대장님도 고민이 많으셨단다. 내가 왜 이곳에 얼마 전에 2세를 본 요정이를 데리고 왔을까, 누구는 가고 누구는 안 가는 선택의 상황에서 왜 누구를 데리고 왔을까, 하지만 그렇지 않으면 또 누구를 데리고 왔어야 하나. 별의 별 생각이 다 났다고 했다.

나는 그냥 믿었다. 리더로서 대장님을, 경험자로서 총무님을, 설상차에서 형철이형을, GPS에 있어서는 인호를, 그리고 나와 같이 있었던 요정이를 믿었다. 어떻게 보면 나는 그때 아무 생각이 없었는지 모른다. 그래서 그 순간조차도 즐겼는지 모른다. 모두가 모두를 믿었기에 무사히 돌아올 수 있었는지 모른다. 아니면 전재규 대원이 우리를 지켜 줬는지도 모른다.

18. 독서 VII

드디어 『개미』 3권을 다 읽었다. 무려 9개월이나 걸렸다. 정말 이렇게 지겨운 책은 처음 봤다.

기지도 다시 평온을 되찾았다. 사고가 나고 며칠 뒤 아르헨티나에서 구조팀이 왔다. 아르헨티나는 빙하지역이 있는 나라답게 군대에 크레바스 전담팀이 있었다. 칠레 기지에서 헬기를 타고 사고현장으로 간 다음에 베이스캠프를 차렸다. 일주일 동안 수색한다고 했다.

19. 남극제비갈매기

처음에는 내 눈이 나빠서 그런 줄 알았다. 판상형 얼음이 녹으면서 바다로 흘러나올 때, 이 판상 위로 쌓인 눈과 표면의 바닷물이 얼어서 거칠어 보인다. 그 주변으로 바닷물이 넘실대기라도 하면 마치 유화의 거친 붓터치처럼 느껴진다. 그런데 그 위로 더욱 거친 느낌이 드는 얼음판이 종종 눈에 띄었다. 눈이 침침해져서 그런가 싶었다. 전체 풍경을 사진을 찍은 다음에 의무실로 와서 사진을 띄워 보았다. 처음에는 내 눈을 의심했다. 사진을 확대해 보았다. 세상에, 그 판상 얼음 위에 새가 앉아 있었던 것이다. 남극제비갈매기였다.

그런데 이 새들 모두가 판상 위에 같은 방향으로 앉아서 심한 파도에도 꿈쩍하지 않고 그대로 있었다. 여러 마리였지만 마치 한 마리처럼 행동을 했다. 날갯짓이라도 했으면 눈치를 챘을텐데 그렇게 바다 위에서 같은 모양, 같은 방향으로 있어서 새라고는 짐작도 하지 못했었다.

정말 봄이 오나 보다. 새들이 점점 모여들기 시작했다. 하지만 정작 스쿠아는 날아오지 않았다. 다행이었다. 그 녀석들이 다시 돌아오기 전에 맘껏 돌아다녀야 했다.

20. 세종이 돌잔치

요정이가 남극에 오기 전에 봤던 2세. 이름은 세종이었다. 한자는 달랐지만 기지 이름과 같았다. 9월 24일이 세종이가 태어난 지 일 년이 되는 날이라 우리도 조촐하게 돌잔치를 벌였다.

평소 하던 생일파티와 비슷했지만 좀 색다른 것이 있었다. 이곳에는 워낙 다양한 분야의 삼촌들이 있어서 세종이가 집었으면 하는 물건들을 올리고 싶어했다. 하지만 마땅한 것이 없어서 하는 수 없이 백과사전을 돌상에 올렸다. 동석이형은 아마 세종이가 자동차를 집었을 거라며 자동차 항목을 펴 놓기도 했다. 그 날 삼촌들은 역시 세종이 돌을 핑계로 술자리를 가졌다.

21. 다시 보고 싶은 풍경

마리안 소만 안쪽에서부터 흘러나오던 얼음판이 점차 줄어들었다. 이제 곧 있으면 첫 하계대가 들어올 예정이었다. 그전에 월동대에서 해야 할 일들을 끝내야 했다. 이제 샘플들도 정리를 해서 한국으로 보낼 준비를 해야 했다. 더 이상 미룰 수가 없었다.

막바지 샘플 채취를 위해 하루 날을 잡았다. 정원이의 남극대구 샘플 채취와 승일이형 토양 샘플 채취 두 팀으로 나뉘었다. 대부분의 대원들이 정원이 쪽으로 붙었다. 승일이형에게 붙은 대원은 해섭이와 나밖에 없었다. 모두들 추운 겨울에

강풍 속 유빙 위에 무리지어 앉아 있는 남극제비갈매기.

삽질하는 것이 싫었나 보다. 그나마 사진 찍기를 좋아하는 해섭이를 펭귄마을에 가면 찍을 거리가 많다고 설득했다. 나는 펭귄도 찍고 눈썰매도 타기 위해서 왔다. 그리고 솔직히 낚시는 별로 재미없었다.

점심을 먹자마자 떠났다. 일단 지난번에 구덩이를 팠던 비탈면으로 갔다. 이미 몇 번의 눈보라로 전에 깊이 팠던 구덩이는 모두 메워졌다. 어디가 어디인지도 모르게 말이다. 다시 새로운 곳에 구덩이를 파기로 했다. 이제는 좀 익숙해졌다. 남극 대구 샘플 채취팀도 멀리 펭귄마을 앞에 있는 바위섬 근처에서 열심히 '조업'중이었다. 이렇게 마지막 샘플 채취에 모두 열심이었다.

기지, 펭귄마을 앞바다, 그리고 펭귄마을. 이렇게 세 군데가 동시에 무전을 주고받으니 재미도 있었다. 우리는 펭귄마을 너무 안쪽에 있어서 비탈면에 가려 무전이 직접 들리지는 않았다. 펭귄이 있는 곳까지 가야 무전이 됐다. 하지만 바다에 있는 조디악은 무전이 모두 됐기에 혹 필요한 무전이 있으면 조디악을 통해서 기지와 대화를 주고받았다.

멀리서 펭귄 떼들이 이리저리 몰려다녔다. 떼를 지어서 한쪽으로 모두 폴짝 뛰어올랐다가 갑자기 선두가 방향이 바뀌면 또 다른 쪽으로 폴짝 뛰어올랐다. 마치 물고기 떼가 몰려다니는 것 같았다.

우리 팀의 작업은 여느 때와 마찬가지로 빨리 끝났다. 물론 그 전에 쌓았던 눈파기의 노하우가 쌓여서이기도 했다. 더구나 해섭이도 있어서 번갈아 가면서 속도를 낼 수 있었다.

우리 팀은 작업을 마치고 눈썰매를 탔다. 이전에 탈 때는 중간 위까지만 가는 것도 높다고 생각했는데 점점 더 대담해져서 결국 바톤 반도 평원까지 올라가서 타고 내려왔다.

나중에 바다에서 샘플 채취를 했던 팀에게 들어 보니 우리가 눈썰매를 타는 모습이 재미있어 보였다고 했다. 아마 먼 바다에서 펭귄마을을 둘러싼 하얀 스크린 위를 시원하게 가르고 내려오는 모습이 보기 좋았을지도 모른다. 하지만 그전에 우리가 삽질하는 모습을 보고서는 '저거 봐라. 얼마나 고생하냐. 이곳에서 그냥 낚싯줄 내렸다가 올리는 이곳 샘플 채취가 훨씬 편하다. 어떻게 같은 샘플 채취인데 분야에 따라서 이렇게 다를 수가 있을까? 끌끌끌…' 하면서 혀를 찼다고 했다.

펭귄마을 입구의 언덕을 내려오는데, 펭귄 한 마리가 우리 앞에 나타났다. 도망도 가지 않았다. 그래서 승일이형이 펭귄 겨드랑이 사이에 손을 넣어 들어 보았다. 펭귄은 사람이 주변에 있어도 도망가지는 않는데 너무 가까이 가면 기를 쓰고 도망간다. 뒤뚱뒤뚱 '달리는' 것으로는 절대 빠르지 않지만 급할 경우에는 엎드려서 마치 헤엄을 치듯이 땅바닥을 기어서 간다. 발로는 땅을 박차고 날개로는 땅바닥에서 노를 젓듯이 간다. 이런 자세로 도망갈 때는 잡을 수도 없고, 잡더라도 펭귄이 다칠까봐 그렇게 할 수 없다.

그런데 이 녀석은 자신들이 무슨 애완동물인 양 들어올려도 가만히 있었다. 우리는 언덕에서 신나게 사진을 찍었다. 승일이형, 해섭이, 마지막으로 내가 번갈아 가며 들어올려 사진을 찍었다. 그런데 너무 무겁다. 안고 있을 수 없을 정도였다. 언제 날개로 뺨을 후려칠지 몰라 거리도 둬야 했다. 그리고 사실 보기야 귀엽지 이곳에 사는 모든 동물들은 두꺼운 지방층 때문에 특유의 이상한 냄새가 났다. 그래서 녀석을 들은 채 팔을 앞으로 뻗어야 했는데 해섭이가 구도를 잡는 동안 너무나 무거워서 팔이 부들부들 떨렸다.

"빨리 찍어!"
"잠깐만. 바다 배경이랑 맞춰서 찍자고."
이런 대화 가운데 승일이형 말이 들렸다.
"펭귄들 올라온다."
전혀 귀에 들어오지 않았다. 펭귄이 올라오는 게 뭐 어쨌다고….
"펭귄들 올라온다니까."
이런 기회가 언제 있으랴. 승일이형 말에 신경 쓸 겨를이 없었다. 해섭이와 나는 펭귄을 들고 계속 사진을 찍었다.
"정말, 펭귄 올라온다니까."
뒤를 돌아봤다.
"히이야-!"

뭍으로 몰려 올라온 펭귄 무리.

펭귄들이 무리지어 올라오고 있었다. 오후 내내 바다 멀리서 물고기 떼같이 몰려다니던 그 많은 펭귄들이 언덕 아래 바닷가로 마구 올라오고 있었다. 마치 용수철을 발에 달고 바다에서 튕겨져 나오는 것 같았다. 수백 마리가 그렇게 뛰어올랐다. 폭발하듯이 밀려 들었다. 카메라로 나를 보고 있는 해섭이에게 소리쳤다.

"해섭아! 빨리 아래로!"

내가 들고 있던 펭귄을 내려 놓자 아무 일 없다는 듯이 위로 올라가고 있고, 대신 흥분한 나와 해섭이는 바로 카메라를 아래로 돌렸다.

"형은 지금 얘기하면 어떻게!"

"계속 얘기했잖아?"

"좀더 크게 얘기했어야지!"

말 같지도 않은 푸념을 쏟아내고 카메라를 연신 눌러댔다. 시간이 없었다. 배낭에서 캠코더를 꺼냈다. 기지에 남아 있는 공테이프가 없어서 아껴 쓰고 있었는데 지금은 아낄 때가 아니었다. 누가 이런 좋은 광경이 펼쳐질 줄 알았을 리도 없고. 나는 어찌할 줄을 몰랐다. 캠코더도 찍고 카메라도 찍고. 번갈아 찍다 보니 우왕좌왕할 수밖에.

캠코더를 승일이형에게 맡겼다. 저 멀리에는 지금 올라온 펭귄들보다 올라와야 할 펭귄들이 훨씬 더 많았다. 우리 셋은 언덕을 구르다시피 내려갔다. 한꺼번에 올라온 녀석들이 털을 고르더니 펭귄마을 언덕에 멈췄다. 우리 때문에 더 이상 올라오지 못하고 있었다. 우리가 옆으로 비키려는데…

"어 어…"

또 수백 마리가 뛰어올랐다. 먼저 올라와서 자동차만한 얼음에 모두 올라섰다. 하지만 더 그곳에 있을 수 없었다. 뒤에서 하도 많이 올라와서 앞에 있는 녀석들이 앞으로 쏠렸다. 이 커다란 얼음이 육지로 바로 이어지면 좋으련만 그렇지 못했다. 얼음과 육지 사이에 틈이 있었는데 그 위로 모두들 떨어질 수밖에 없었다. 한 녀석이 떨어지자 다른 녀석들도 용기를 냈는지, 아니면 그 순간 뒤에서 더 밀렸는지 모두 앞으로 떨어졌다. 급할 때는 엎드려서, 나 살려라 하는 모습으로 엎드린 채 날개와 발짓을 하면서 다시 바닷가로 올라왔다. 더러 너무 높게 뛰어오른 녀석은 일차 안착지를 넘어 얼음과 육지 사이로 떨어지기도 했다. 다치지나 않나 걱정스러울 정도였다.

앞서 우리 때문에 언덕을 오르지 못했던 녀석들도 뒤에서 꾸역꾸역 몰려드니 그냥 밀려 올라가게 되었다. 우리 앞에서 주춤했으나 이내 우리를 무시하고 옆으로 비켜 올라갔다. 내 위로 올라가는 많은 무리를 쫓아 나도 올라갔다. 앞에서 볼 때는 흰 배만 드러내놓고 있었지만, 뒤에서 보니 이 많은 무리가 검정색 양복을 입고 흰 눈을 배경삼아 올라가는 것 같았다. 이 모습을 찍으려고 언덕 중간까지 올라갔다. 여전히 나를 무시하고 내 옆으로 계속 펭귄들이 올라갔다. 언제 이런 모습을 담아 볼 것인가. 눈은 여전히 흩날리고 있었다.

한참이 지났지만 끊임없이 올라왔다. 이렇게 많았었나? 아래에서 승일이형 목소리가 들렸다. 아직도 올라온다는 것이다. 다시 부리나케 내려갔다. 이렇게 계속 올라올 줄 알았다면 진작에 여기로 내려올 것을 잘못했다고 생각했다.

멀리서 또 펭귄들이 몰려오고 있었다. 우리를 향해서 돌진하고 있었다. 펭귄들이 폴짝폴짝 뛰면서 바다를 가르는 모습. 지금까지는 옆에서 본 모습이 전부였는데, 나를 향해서 날아오르는 것은 처음 봤다. 유선형은 유선형인데, 무슨 럭비공 하나가 날아오는 것 같았다.

조금만 더 일찍 아래로 내려와서 옆에서 잡았어야 했는데. 조금만 일찍 눈이 멎고 해가 비춰 줬다면. 캠코더 테이프만 여유가 있었어도 좋았을 것을. 하지만 운이 좋았던 점이 더 많았었다. 우리가 더 늦게 내려왔다면. 만약 언덕에 물끄러미 우리에게 안겨 준 펭귄이 없었다면, 그래서 일찍 펭귄마을을 떠났다면. 만약 카메라 메모리가 부족했다면. 그리고 캠코더를 가져오지 않았다면 이 좋은 풍경을 담을 수나 있었을까. 이 흥분은 쉽게 가라앉지 않았다. 우리뿐만 아니라 바다에서 이 장면을 바라본 조디악팀도 신나 있었다. 이런 광경을 본 대원들이 세종기지 역사상 몇이나 될까.

기지에 들어와서 저녁시간에 텔레비전에 연결해서 모두들 그 장면을 봤다. 텔레비전에 나오는 승일이형의 목소리가 모든 것을 설명하고 있었다.

갑자기 나타난 펭귄들이 바다에서 뭍으로 떼지어 기어오르고 있다.

"송송송!"

하이라이트만 뽑아서 개인 홈페이지에도 올렸더니 반응이 폭발적이었다. 오늘 하루 펭귄이 뛰어오르듯 나도 기분이 무척이나 고조돼 있었다.

22. 무식하면 용감하다

이곳에 들여왔던 카메라는 속된 말로 본전 뽑고도 남았다. 워낙 사진을 많이 찍어 보통 사용하는 사람들보다 훨씬 많이 썼다. 그런데 렌즈를 여러 개 번갈아 쓰다 보니 카메라 안쪽에 먼지가 들어가는 일이 종종 있었다. 대개는 렌즈를 빼고 분사식으로 된 압축공기 스프레이를 뿌리면 해결이 됐다. 늘 이런 과정을 반복했다.

하루는 찍은 사진을 화면에 올려 보니 커다란 먼지 같은 것이 눈에 띄었다. 에어 스프레이 새것을 뜯어서 카메라의 망막이라고 할 수 있는 가장 중요한 CCD

에 뿌렸다. 그런데 이런. 새것이라 액체로 되어 있던 내용물이 CCD에 뿌려졌다. 사진을 찍으니 그 얼룩이 고스란히 사진에 남았다. 앞으로 남은 기간 동안 사진을 찍을 수 없다는 말인가? 친구에게 급히 전화를 했다. 친구는 면봉에 알코올을 묻혀 닦아 보라고 했다. 그대로 해봤다. 테스트를 했다. 온 사진에 작은 먼지가 쫙 깔리고 알코올의 자잔한 얼룩이 모두 나타났다. 망했다.

　인터넷을 뒤져 보니 절대로 면봉에 알코올을 묻혀 닦지 말고 그냥 대리점으로 가져가란다. 하지 말라는 짓을 그대로 해버렸으니. 하지만 이곳에는 대리점도 없고, 그렇다고 그냥 쓰지 않고 둘 수도 없지 않은가. 다시 알코올과 면봉을 집어 들었다. 더 좋은 결과를 얻기 위해 CCD를 닦았다. 물론 카메라 전문가분들은 아연실색하겠지만 당시로서는 그 방법밖에 없었다. 여러 번의 시행착오 끝에 가까스로 쓸 수 있을 정도로 해놨다.

　이번 일로 인터넷 사진동호회에 가입하게 되었고, 회원들로부터 많은 도움을 받았다. 이곳에서 찍은 사진을 올리면 회원들도 너무나 신기해 하고 좋아했

젠투 펭귄

다. 지구 반대편에서 벌어지는 일들을 실시간으로 책상에 앉아 볼 수 있는 것만으로도 즐거워했다.

질문도 많이 받았다. 추운 날씨로 인한 건전지 방전 문의가 가장 많았다. 몇 번 사진을 올리고 거기에 좋은 댓글들이 마구 올라오면서 나도 모르게 더 사진을 찍고 싶은 욕심이 생겼다. 개인 홈피에 올릴 때와는 또 다른 느낌이었다. 결국 카메라 본체만 다른 것으로 새로 들여오게 되었고, 이후 박준우 감독을 만나면서 더욱 사진에 매진하게 되었다.

23. 구조대 철수

아르헨티나 구조대가 시신 수습에 실패하고 철수했다. 크레바스 구멍을 중심으로 두 군데 구멍을 내고 크레바스 아래까지 내려갔다. 각각 100미터와 140미터 지점까지 내려가서 수색해 보았으나 실종자를 찾을 수 없었다. 사고 이틀째에 이미 인터넷 기사는 생존 가능성이 없는 것으로 봤다. 이렇게 일주일이 지나던 차에 이번에는 멀리 떨어진 또다른 칠레 기지에서 설상차가 크레바스에 빠지는 사고가 또 발생했다. 구조팀은 칠레 기지쪽 사고현장으로 철수했다.

24. 마지막 체육행사

병원에 다녀온 이후 얼마 동안은 모두 침체되어 있었다. 우리뿐만 아니라 남극의 모든 기지가 다 그랬다. 아르헨티나 주바니 기지는 말할 것도 없고, 필데스 반도에 있는 다른 기지들도 그랬다. 그래서 이번 해에는 남극 올림픽이 열리지 않았다. 지난번에 러시아 벨링스하우젠 기지를 방문했을 때 기상담당 알렉스가 자신은 이번에 배구 심판을 볼 것 같다고 즐거워하던 모습이 떠올랐다.

예전에는 한겨울에 올림픽을 하고 만약 이동이 불가능하면 칠레 기지에서 헬기를 제공했었다고 했다. 하지만 올해는 그럴 분위기도 아니었다. 그리고 설사 한다고 해도 불안했다. 혹시 누가 또 다치기라도 하면 안 됐다. 결국 병원에서 스키를 타는 꿈은 그저 꿈이 돼 버리고 말았다. 나중에 들은 얘기지만 필데스 반도에 있는 네 개 기지만 조촐하게 운동회를 했다고 한다.

우리도 심기일전도 하고 바쁜 여름을 맞을 준비도 하기 위해 마지막 체육행사를 가지기로 했다. 마침 날씨도 적당이 풀려서 운동하기에 좋았다. 그리고 날씨가 점점 더 풀리고 있어서 설상축구를 했던 세종곶도, 발야구를 했던 세종호도 곧 녹으려고 했다. 만약 물이 고이기 시작한다면 더 이상 운동을 할 수도 없었다.

운동을 마치고 세종로 한복판에서 간만에 바베큐를 했다. 오랜만에 아무 생각 없이 땀도 흘리고 불판에 고기와 알코올이 들어가니 뭔가 환기가 되는 것 같았다. 세종로에서 하는 덕분에 인호가 스피커로 좋은 음악도 계속 들려주었다.

25. 너무나 아름다운 금성

해가 지면서 서쪽 하늘에 금성이 보이기 시작했다. 한국에서도 금성을 무척이나 좋아했었는데, 이곳에서도 보게 되니 더욱 기뻤다. 내가 처음 금성을 본 것은 초등학교 4학년쯤 됐을 때다. 해가 지는데 너무나 반짝이는 것이 보여서 저녁을 먹다가 언덕 아래 잘 보이는 곳까지 내려갔었다.

금성이 가장 멋질 때는 뭐니뭐니 해도 겨울 저녁이다. 노을이 멋지게 지고 있을 때 보이는 금성. 여기에 초승달이라도 옆에 걸쳐 준다면 이보다 더 쨍한 느낌은 없다. 도시 건물들의 실루엣 위로 보이는 금성은 또 얼마나 아름다운가.

남극에서 보는 금성은 항상 좋았다. 항상 겨울이었기 때문이다. 언제 봐도 내가 좋아하는 분위기의 금성이었다. 그런데 이곳에서 보는 금성은 너무나 밝았다. 이렇게 크고 밝게 빛나는지 몰랐다. 구름이 얇게 깔려도 금성만큼은 보였다. 금성은 부드러운 곡선을 그리는 넬슨 섬 빙원, 그리고 아리랑위성 관제소와 어우러져 뭔가 묘한 분위기를 연출했다. 우주적이고 지구적이라는 표현이 있다면 이에 맞는 광경이었다. 그리고 같이 보였던 너무나 밝았던 목성. 논산에서 저녁 때면 금성, 화성, 목성 모두가 나란히 있던 것을 봤었는데 이곳에서도 목성과 금성이 어우러져 이동하는 것을 보니 너무 반가웠다. 하지만 가을부터 보였던 목성은 점점 기울고 있었다.

이곳에서의 금성의 또 다른 장점. 정말 오랫동안 보인다. 중위도 지방인 한국에서는 금성이 제대로 보이는 순간 주변의 노을이 없어지면서 어두워지다가

아리랑위성 세종과제스와 구름 사이로 빛나는 금성. 운주적이고 지구적인 느낌이다.

이내 금성도 서쪽 너머로 없어진다. 하지만 이곳에서 금성 궤도는 극지방답게 옆으로 길게 지나갔다. 그래서 오래도록 금성을 볼 수 있었다. 하지만 문제는 역시 급변하는 날씨였다. 한참 사진을 찍다 보면 어느새 구름이 몰려들어 촬영을 멈춰야 했다.

26. 오리온

여름을 알리는 오리온. 북반구와는 반대다. 역설적이다. 그렇지만 느낌은 같다. 추운 겨울을 알리는 북반구의 오리온과 차가운 여름에 본 오리온 모두 청명하고 뼈를 애는 추위 속에 떠오르는 것은 마찬가지였다.

봄이 되면서 동쪽 하늘에 오리온이 보이기 시작했다. 가을에서 겨울로 갈 때 바다 건너 저 멀리 서쪽 필데스 반도로 졌던 오리온이다. 겨우내 땅 밑을 건너 이제는 그 반대편인 동쪽 하늘에서 마리안 빙벽 위로 솟아오르고 있었다. 물론 거꾸로 매달린 채 말이다.

10월 보름을 향해 달리고 있던 어느 날이었다. 저녁을 마치고 본관동에서 쉬다 자정이 다 돼서 나왔다. 현관문을 나서는 순간 숨이 멎었다.

세종로에 푸스름하게 내리운 기지의 그림자, 그리고 세종로 눈을 밝게 비추는 오묘한 빛. 그렇다. 달빛이었다. 너무나 쨍 해서 또 하나의 태양 같았다. 동쪽을 봤다. 오리온이 떠오르고 있었다. 막 삼태성이 빙원 위로 올라오고 있었다. 나는 곧바로 의무실에서 카메라와 삼각대를 챙겨 나왔다. 이곳의 철칙. 한 번 지나간 기회는 다시 오지 않는다.

중장비보관동으로 갔다. 하지만 또 다른 문제에 부딪혔다. 바로 저 앞으로 기름탱크 세 개가 떡 하니 버티고 있었다. 이곳은 적격이 아니었다. 기름탱크는 중장비보관동 옆에 세 개, 그리고 체육관 가는 쪽으로 세 개가 있었다. 적어도 이 기름탱크는 모두 지나야 할 것 같았다. 다시 세종로로 내려왔다. 세종로 끝에서 눈사람을 지나서 기름탱크 쪽으로 갔다. 그곳까지 올라가는 모든 굴곡은 눈이 덮이면서 평평하게 되었다. 걷기에 무척 좋았다. 더구나 살짝 녹았다 얼어서 발이 푹푹 빠지지도 않았다.

"사각사각"

달빛이 비춰서 어둠이 덜 했지만 무서웠다. 어두워서 무서운 것이 아니었다. 너무 조용해서 무서웠다.

기름탱크를 지나 낮은 경사에 오르자 아래로 눈밭이 체육관까지 펼쳐져 있었다. 매번 보던 곳도 다른 시간, 다른 불빛 아래에서 보니 너무나 아름다웠다. 이쯤 되자 이미 삼태성은 더 위로 올랐고, 마지막 오리온의 팔까지 올라오고 있었다. 마리안 빙벽의 크레바스 위로는 낮게 화성이 떠오르고 있었다. 어렴풋이 보이는 이 모든 것들이 너무나 아름다웠다. 보름달에 푸르스름하게 비춰지는 세종봉. 그 옆으로 몸을 드러내는 오리온. 그리고 그 아래에 펼쳐진 크레바스의 빙원. 노출을 주는 동안 그것을 구경하고 있노라면 역시 기회는 그때그때 잡아야 한다는 말이 틀린 말은 아닌 듯했다. 행복했다.

27. 우리는 18차 월동대

세종기지 본관동에는 각 차대의 사진들이 걸려 있다. 마치 훈장을 걸어 놓은 듯하다. 처음 오는 사람들은 그 사진들을 보면서 아는 사람들을 찾아보곤 했다. 우리는 김총무님이나 요정이, 진희같이 월동 경험이 있는 사람들을 찾아봤다. 이 사진들 자체가 바로 세종기지의 역사인 셈이었다. 각 차대의 사진 한 장 한 장이 그 차대의 일 년을 말해 주는 듯했다.

욕심이 났다. 18차 사진은 내가 책임지고 싶었다. 모두가 원하는 곳에서 모두가 원하는 사진을 찍어서 걸어 두고 싶었다. 일 년 가까이 보내면서 어디에서 어떻게 사진을 찍을까 무척이나 고민을 했었다. 먼저 세종기지임을 알아볼 수 있어야 했다. 또한 이곳이 남극이라는 것도 나타내야 했다. 가장 중요한 것은 선임 차대와 중복되는 장소를 피하는 것이었다. 그러다 보니 선택할 수 있는 곳이 그리 많지 않았다. 그렇지만 몇 군데 후보지가 있었다.

하나는 기지 전체를 배경으로 찍은 사진이 없었기에 위성안테나 앞에서 기지를 포함한 배경을 설정했다. 나는 이곳 위성안테나가 너무 마음에 들었다. 아주 좋은 소재다. 이곳 위도를 이렇게 상징적으로 보여주는 것이 무엇이 있겠는가? 태양의 위치와 나침반을 보여줘도 소용없고, GPS 포인트를 보여줘도 소용없다. 적도 상공을 향해 뻗은 위성안테나. 그래서 지평선과 거의 수평을 이루는 위성안테나. 이만큼 극지방을 잘 표현해 주는 녀석도 없었다. 둘째는 멀리 마리안 빙벽을 이루는 크레바스를 포함하는 것이다. 두 가지 장소가 떠올랐다. 하나는 헬리포트가 있는 설상축구 운동장. 다른 하나는 그곳에서 펭귄마을 쪽으로 100여 미터 떨어진 세종곶이었다.

밤새 오리온을 좇아 헤맸던 날. 새벽 내내 맑은 날씨는 이날 오후까지 이어졌다. 점심시간에 공고를 하고 오후에 단체사진을 찍으러 예정 장소로 이동했다. 점점 눈이 녹고 있어서 눈이 있을 때, 그리고 날씨가 반짝 개었을 때 빨리 찍어야 했다.

한낮을 피하고 해지는 시간을 피하면, 그리고 맑은 날씨를 고른다면 그렇게 많은 기회가 주어지지 않았다. 모두들 바쁘게 준비했지만 서두르지는 않았다. 지난번에도 단체사진을 찍으려다가 태건이형이 넘어졌기에 모두들 차분히 움직였다. 미리 컨셉트를 말했기 때문에 내 뜻에 맞춰서 잘 움직여 줬다. 의도한 사진은 아니었지만 그래도 원하는 사진은 얻을 수 있었다.

28. 바람

10월 어느 날, 밤새 몰아친 강풍에 연구동에 높이 달려 있던 해상통신 안테나가 부러졌다. 일자로 길게 두 가닥 올라가 있던 안테나인데 강한 바람에도 부러지지 않도록 어느 정도 휘게 되어 있었다. 그런데 한 가닥이 부러지고 만 것이다. 마침 다음 날 날씨가 화창하고 좋아서 바로 안테나 교체작업을 했다.

나도 지붕에 따라 올라가 보았다. 기지 지붕 위에 올라와 본 것은 처음이었다. 매일 보던 모습이었지만 이렇게 지붕 하나 높이로 올라와서 내려다보니 느낌이 달랐다. 세종로도 더 넓어 보였고, 기지를 중심으로 바다와 마리안 소만이 더 가깝게 느껴졌다. 세종로 끝의 커다란 눈사람이 내 눈높이에 있으니 더욱 친근하게 느껴졌다.

강풍에 부러진 안테나를 수리하는 유지반 대원들. 세종로 끝에 눈사람이 보인다.

29. 다시 들어온 구조대

　아르헨티나 구조대가 철수한 다음에 우리 기지에서는 조금은 찜찜한 것이 있었다. 물증은 없었지만 정황상 그들이 살아 있을 가능성은 없었다. 그런데 그 지점이 바로 눈앞에 보이는 곳이었다. 수십 년에서 수백 년 빙하가 계속 바다로 무너지다 보면 그들도 바다로 흘러갈 것이다. 그 시신이 우리 기지 쪽으로 오고, 우리가 먼저 발견한다면 다행이지만 그렇지 않고 마리안 소만을 지나 맥스웰 만을 거쳐서 먼 외해로 나간다면 영영 찾을 수가 없을 것이다.

　아르헨티나 구조대가 다시 들어왔다. 9월 17일에 사고가 났고, 9월 24일에 1차 구조에 나서서 9월 29일에 철수했다. 다른 지역에서 조난당한 칠레 기지 대원들을 구조하고 아르헨티나로 돌아갔으나 대통령이 끝까지 찾으라고 지시를 내려 다시 들어온 것이었다. 안타깝게도 칠레 기지 대원들도 여덟 명이 크레바스에 빠져서 세 명이 목숨을 잃었다.

봄　355

10월 19일 들어온 2차 구조대는 먼젓번과 같은 구조대에 같은 구성원이었다. 이번에는 장비가 많아서 헬기로 옮길 수 없었다. 그래서 세종기지에서 지원 해주기로 했다. 조디악 두 대를 모두 이용해서 장비와 사람을 위버 반도 해안까지 옮겨 주는 것이다.

우리들도 분주해졌다. 일단 우편물. 지난겨울 동안 썼던 편지들을 모두 모았다. 특히 나의 경우는 그 많은 크리스마스 카드를 모두 쓰고 봉투에 넣고 우표를 붙이는 작업까지 마쳤다. 지난 추석, 카드를 쓰는 도중에 사고지점에 갔었다. 만약 그때 사고라도 났더라면 이 카드는 나를 아끼는 사람들에게는 마음 아픈 카드가 될 뻔했다.

10월 19일 아침. 날씨가 너무 좋았다. 오래간만에 화창한 날씨에 바람 한 점 없었다. 이곳 맥스웰 만의 장점은 바람이 없을 때는 바다가 아니라 호수같이 잔잔하다는 것이다. 세종기지에서 프레이 기지까지 40분이 채 걸리지 않는다. 두 대의 조디악이 오랜만에 바다를 거침없이 달렸다.

프레이 기지에 도착하니 오랜만에 보는 얼굴들이 많았다. 지난겨울에 푼타 아레나스까지 비행기를 몰았던 나오르 대위와 하비 대장도 오랜만에 만났다. 조금 있으니 닥터 미란다도 나왔다. 인사를 하고 바로 아르헨티나 구조팀을 만났다. 이미 해안에 장비와 사람들이 준비하고 있었다. 바위만한 얼음이 떨어져 나가 해안이 드러나기는 했지만, 아직까지 그 두께만큼 해안을 덮고 있어서 그 위로 올라서기가 쉽지 않았다. 어렵게 올라갔더니 칠레 기지 앞은 크랩이터 해표들로 덮여 있었다. 명장면이었지만 분위기가 분위기인지라 사진은 나중에 찍기로 했다.

구조대 장비가 지난번과는 달리 무척 많았다. 한 번에 갔다올 수 없을 것 같았다. 일단 조디악 한 대가 장비와 구조대원들 일부를 싣고 위버 반도에 갔다오기로 했다. 그동안 총무님과 나는 우체국과 은행에 들르기로 했다.

밀린 업무를 해결하는 것도 쉽지가 않았다. 오랜만에 이곳에 오기에 우체국이 여는 날은 아니었지만 미리 하비 대장에게 연락을 했었다. 사실 겨울이 되기 전만 하더라도 중국 장성기지와 많이 친했었다. 하지만 한겨울에 생긴 태건이형

일과 이번 9월에 생긴 아르헨티나 대원들의 조난사고 이후 하비 대장과 홍대장님 사이가 무척 가까워졌다. 당연히 그럴 수밖에 없었던 것이 이 모든 일에 세종기지와 프레이 기지가 엮였기 때문이었다.

두 분이 오랜만에 만나서 얘기를 나누는데 무척이나 반가워하셨다. 나중에 두 분이 실내에서 모자를 벗는데 두 분 머리가 모두 하얗다. 분명히 봄에 찍은 사진에는 검은 머리였는데 말이다.

다시 조디악이 왔다. 이번에는 두 대에 나머지 장비와 구조대를 싣고 위버 반도로 향했다. 바다는 조용하기만 했다. 위버 반도를 지날 때 지난여름에 설치한 대피소가 보였다. 만약 우리가 그때 위버 반도로 넘어와서 대피소로 왔다면 어떻게 됐을까 생각해 봤다. 설상차는 다시는 빙원을 넘지 못하고 이곳에서 남게 되었을 것이고, 그렇게 됐더라면 이것을 실을 바지선은 어디서 구하며, 설사 바지선을 구한다 하더라도 어떻게 설상차를 바지선으로 옮길 것인가. 그리고 그것을 기지에 어떻게 또 내릴 것인가. 생각만 해도 머리가 복잡했다. 하지만 그래도 이런 생각은 우리가 안전하다는 전제하에 가정한 생각이었다.

만약 가을 초입에 비행기가 취소되지 않아서 중간보급이 들어오고, 그래서 취재팀이 들어왔다면 어떻게 됐을까. 그 빙원을 우리가 먼저 건넜어야 했는데, 그 안전을 어떻게 보장할 수 있을까. 만약 우리가 그 크레바스를 만나지 않았으면 계속 끝까지 갔어야 하는데, 그러다가 더 많은 크레바스가 있는 곳으로 가게 됐으면 어떻게 됐을까. 차츰 모든 상황이 우리에게 유리하게 돌아갔다는 생각이 들었다. 오히려 처음에 만난 크레바스가 우리를 구한 것인지도 몰랐다.

멀리 사고지점을 보면서 여러 생각을 하는 동안 위버 반도 해안에 도착했다. 모든 장비를 내렸다. 해안의 암초 때문에 접안을 할 수가 없었다. 완전 방수되는 구명복을 입었던 경모와 요정이가 아르헨티나 대원들을 한 명씩 업어서 해안까지 날랐다. 모두들 고맙다며 일주일 뒤에 무전을 보내겠다고 했다. 우리도 그들의 건투를 빌었다.

30. 손꼽아 기다린 출남극

10월도 다 지나가고 있었다. 해야 했던 일들도 얼추 마무리가 되었다. 크리스마스 카드도 다 보냈고, 월동보고서도 모두 다 끝냈다. 앞으로 일어나는 상황은 살만 붙이면 됐다. 카메라 본체도 10월 말에 들어올 첫 하계대 편에 들어오기로 했다. 이제 12월까지는 한 달 남짓. 이곳 생활도 막바지를 향해 가고 있었다. 그런데 예기치 못했던 일이 생겼다. 귀국이 연기됐다. 그것도 한 달씩이나 말이다. 모두들 아연실색하고 말았다.

며칠 전부터 회의 시간에 대장님의 귀국 일정에 대한 뉘앙스가 이상했다. 귀국이 늦춰질 수 있다는 것이었다. 그거야 늘상 있는 일이어서 그러려니 했었다. 그런데 귀국이 늦어진 것은 비행기 편이나 다음 차대와의 교대가 늦어져서라기 보다는 세종기지 운영 시스템을 변경하기 위해서 어쩔 수 없다는 것이었다.

매년 신차대에서 경험도 없이 하역을 하다 보니 항상 사고의 위험이 있었다. 그래서 앞으로는 경험이 있는 구차대에서 하역을 다 해주고 그 다음에 기지를 인수인계해 주는 것으로 바뀐다는 것이다. 들어올 때는 종전대로 신차대로서 우리 물건을 하역했고, 나갈 때는 바뀐 운영지침에 의해 구차대로서 하역을 맡기로 한 것이다. 이게 무슨 난리란 말인가. 하필 그 차대가 우리 차대가 되고 만 것이다. 12월에 들어가면 크리스마스와 연말연시는 한국에서 가족과 함께 보낼 수 있을 것이란 기대가 수포로 돌아갔다.

대장님께서 대원들에게 양해를 구하셨다. 사실 이런 제안은 한국을 떠나기 전에 대장님께서 극지연구소에 제안했던 것인데, 우리 때부터 바뀌게 되었다는 것이다. 우리 차대는 경험을 안 해본 것이 없었다. 다행히 큰 사고는 없었지만 여러 상황에 처해 봤기 때문에 오히려 나름대로 노하우도 쌓였다. 그 많은 물자 하역과 거북호, 부두공사, 골절, 피부이식 그리고 후송과 구조 등등. 위기가 곧 영웅을 만든다고 하지 않았던가. 그런 거창한 표현은 아니더라도 이루 말할 수 없는 상황이 많았다. 사실 17차도 우리를 도와주고 떠났기에 우리도 어찌 보면 혜택을 미리 받았다고 할 수 있었다. 대신 다음 차대 선발대가 먼저 온다고 했다. 실질적인 일을 맡으실 반장님, 중장비 두 명, 이번에 새로 생긴 해상안전 한 명,

그리고 조리대원 한 명 등 총 다섯 명이 일 년치 물품을 실은 유즈모 호와 같이 들어온다고 했다. 아무튼 우리의 귀국 일정은 1월 초로 연기되었고, 그 덕에 귀국 경로에 대해 생각할 시간이 좀더 주어졌다.

31. 봄의 전령사, 스쿠아

먼저 남극을 갔다온 사람들이 그랬다. 겨울이 지나 스쿠아가 다시 와야지만 진정한 봄이라고 말이다. 그래야 남극을 떠날 때가 된 것이라고 했다. 하지만 나는 전혀 반갑지 않았다. 그동안 스쿠아가 없어서 돌아다니기 정말 편했었는데 갑자기 스쿠아라니. 집에 가려면 스쿠아가 빨리 와야 했지만 겨울과 가을이 너무 정신없이 일찍 지나간 것 같아서 내심 스쿠아가 오지 않기를 바랐다.

예정보다 늦게 들어오게 된 새박사 김정훈 연구원도 스쿠아가 천천히 오기를 바라는 눈치였다. 카메라 때문에 종종 연락을 주고받았는데 그때마다 스쿠아가 왔냐고 물어왔다. 만약 스쿠아가 자신보다 일찍 오면 사진을 찍어 달라고 했

새박사 김정훈 하계대원이 스쿠아를 살펴보고 있다.

다. 그리고 그 스쿠아 중에 지난여름에 발에 발찌를 해 놓은 녀석들이 있는지 확인도 부탁했다.

여느 때와 마찬가지로 펭귄마을에 갔다올 때였다. 무전으로 승일이형 목소리가 들렸다. 세종곶에서 스쿠아 한 마리가 펭귄마을쪽으로 날아갔는데 봤냐는 것이다. 멀어서 확실치가 않으니 확인해 달란다. '뭐? 스쿠아라고?' 주위를 둘러보았다. 김연구원에게 말해 줄 스쿠아 소식보다는 그놈이 정말 스쿠아인지 눈으로 확인하기 위해서였다. 한참을 찾아봤다. 다행이었다. 없었다. 다시 흥겹게 기지로 돌아오고 있었다. 그런데…

세종곶 멀리 바닷가에 검은 무엇이 보였다. 바닷가의 돌출 부분은 눈이 먼저 녹으면서 돌들이 드러났기에 검게 보였다. 물론 내가 봤던 검은 것은 좀 넓어 보였지만 그곳의 눈이 녹아서 그렇겠거니 생각을 몰았다. 먼 거리였지만 가까이 가 보기로 했다. 차츰 다가갔다. 스쿠아로 생각하면 스쿠아 같아 보였지만 그렇지 않게 생각하면 아닌 것 같기도 했다. 그래도 확인을 할 필요가 있었다. 점점 더 다가갔다. 좀더 가까이 가서 보니 아닌 것 같았다. 그런데 이건 또 웬걸…. 갑자기 그 돌무더기가 흰 눈 위로 냅다 뛰더니 날아가 버렸다.

아! 스쿠아였다.

32. 전기안전공사와 박준우 감독

세종기지가 배출한 최대의 독사, 전기담당 심해섭 대원이다. 해섭이가 정말 대단하다고 느꼈던 것은 주위가 아무리 소란스러워도 한 번 집중하면 꿈쩍도 하지 않았다. 공부를 할 때도 목표량을 채우고 나서야 담배 한 대 피우는 정도였다. 예전에 공부할 때도 전공서적 문제를 모두 정리하고 오답을 찾으면 그것이 왜 오답인지, 참고문헌으로는 무엇이 있는지를 모두 정리하곤 했다고 한다. 그 오답 노트를 출판사에 보냈더니 그 출판사에서 감사의 표시로 전공서 몇 질을 보내 주었다고 했다.

해섭이는 이곳에서도 그의 능력을 십분 발휘해 세종기지 전반에 걸친 전기 분야 보고서와 그 대책을 작성해서 대장님께 보고했다. 그 의견이 받아들여져서 우리 차대의 첫 하계대로 전기안전공사에서 들어오게 되었다.

사실 이번에 들어오는 팀을 무척이나 기다리고 있었다. 왜냐하면 새로 구입한 카메라 본체를 가지고 들어오기로 했기 때문이다. 덕용이에게 카메라를 구입해서 새박사 김정훈 연구원을 통해 보내 달라고 했다.

실은 이곳에 들어오는 사람에게 무엇을 가져다 달라고 하는 것은 엄청난 민폐가 아닐 수 없다. 평생 한 번 있을까 말까 한 기회여서 본인들 짐도 많기 때문이다. 최대한 줄이고 줄여서 들어오는데 다른 사람의 짐까지 부탁 받으면 상당한 부담이 될 수밖에 없었다. 따라서 무엇을 부탁할 때는 몇 가지 고려해야 할 사항이 있었다. 첫째, 그 부탁을 들어줄 사람이 나와 친분이 있는지, 둘째, 그 물건이 정말 필요한 것인지, 셋째, 물건의 부피나 무게가 과도하지는 않은지 여러모로 따져 봐야 했다. 그러나 이 세 가지 원칙에 앞서는 것은 '뻔뻔함'이었다.

나는 지난 2월 남극을 떠날 때 받았던 김정훈 연구원의 명함을 찾아 당장 전화를 했다. 오랜만에 전화를 받은 김정훈 연구원도 반갑게 받기는 했지만 뭔가 불안한 느낌이 든 모양이었다. 단도직입적으로 카메라를 부탁했다. 다행히 흔쾌히 부탁을 들어줬다. 기왕에 들여오는 것, 좀더 좋은 카메라를 들여오고 싶었지만 분실 우려도 있고, 들어오는 사람에게 부담이 될 것 같아 무난한 것으로 결정해 부탁했었다. 그것을 이번에 들어오는 김연구원이 가지고 오는 것이다. 또한 내게 너무나 좋은 기회를 줄 다큐멘터리팀도 함께 들어왔다. 박준우 감독님이 들어오신 것이다.

33. 구조대 철수

두번째로 온 구조대는 원래 일주일 일정이었다. 그러니까 10월 19일에 위버 반도로 이동해서 베이스캠프를 차리고 다시 크레바스 안을 훑기 시작했다. 10월 26일이 철수일자였다. 우리는 통신실에서 줄곧 그곳에 망원경을 고정시킨 채 지켜보았다. 25일이 되어도 시신을 찾지 못했다. 어느 순간 우리 모두 그들을 '시신'이라 부르고 있었다. 희망이 없었다.

드디어 26일. 날씨는 괜찮았다. 우리는 그쪽에서 올 무전만 기다리고 있었

시신을 수습해서 내려오는 아르헨티나 구조대. 칠레 프레이 기지까지 세종기지 대원들이 시신 운구를 도와주었다.

다. 혹 못 찾으면 일단 철수했다가 다시 가더라도 물자보급이 필요하고, 휴식도 필요했다.

무전 하나가 들어왔다. 크레바스 안 깊숙한 곳에서 눈더미가 쌓인 것이 발견됐는데, 그곳에서 기름냄새가 난다는 것이었다. 좀 더 찾아보겠다고 했다. 그리고 나서 얼마 후에 다시 연락이 왔다. 시신 한 구를 찾았다는 것이다. 다행이었다. 그 옆으로 또 기름냄새가 나는 눈더미가 있으니 하루 더 작업을 하겠다고 했다. 그 어둠컴컴하고 발아래 얼마나 깊은지도 모르는 곳에서 수색작업을 하는 것이 얼마나 힘들까.

다음 날 아침, 베이스캠프에

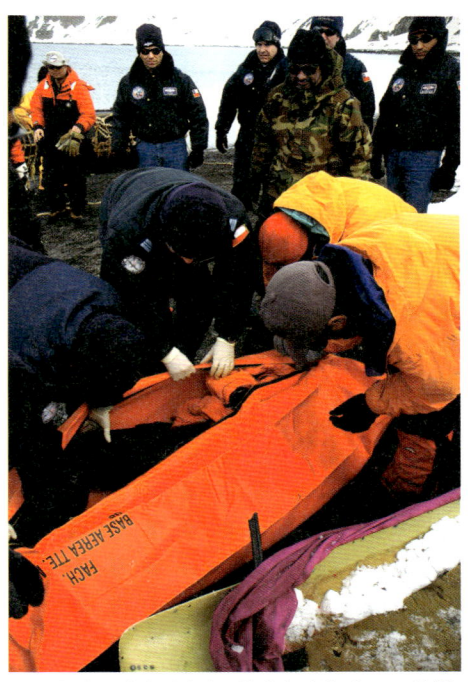

칠레 프레이 기지에 도착하자 시신 백으로 시신을 옮기는 닥터 미란다와 칠레 기지 대원들.

서 무전이 왔다. 나머지 시신 한 구도 수습했다는 것이었다. 곧 철수하기로 했다. 오후 3시 반경에 지난번에 내려 줬던 위버 반도 해안에서 만나기로 했다. 점심을 먹고 조디악으로 떠났다. 기지에서 위버 반도까지는 10분 정도 거리. 해안가에는 아무도 없었고, 플라스틱 드럼통에 담겨진 짐 일부만 해안가로 옮겨져 있었다. 짐을 먼저 실었다. 짐을 가득 실은 조디악 한 대는 바다로 나가 대기하기로 했다. 해안가 바닥이 고르지 못해 두 대의 조디악이 있기에는 적당하지 않았다.

잠시 후 멀리서 구조대가 나타나기 시작했다. 썰매 같은 것이 앞장을 서고 로프로 연결해서 뒤에서 잡고 내려오고 있었다. 한 사람은 뒤에서 그 로프를 잡았고, 다른 한 사람은 그 썰매 옆에 붙어서 내려오고 있었다. 그 썰매 안에 시신으로 보이는 것이 있었다. 다시 한 대의 썰매가 또 보였다. 두번째 시신이었다.

봄 363

그들이 점점 가까이 다가오자 실종됐던 대원들의 윤곽이 뚜렷해졌다. 얼굴에는 입었던 옷에 달려 있던 모자가 씌워져 있었다. 옷을 입고 있어서 정확히 몸 상태가 어쩐지는 알 수 없었지만 그래도 편안한 상태에서 숨을 거둔 것 같았다. 다행이었다. 한 구는 썰매같이 생긴 들것에 실려 내려왔고, 다른 한 구는 구조대가 가지고 간 플라스틱 드럼통을 반으로 잘라서 임시로 만든 것이었다.

구조대원들의 표정이 오히려 밝았다. 차디찬 얼음구덩이에 몇십 년이고 버려졌을지 모를 실종자의 시신을 수습한 것에 무한한 만족감을 느꼈을 것이다. 그들은 우리가 준비해 간 과자류와 맥주를 단숨에 들이켰다.

시신을 조디악으로 옮겼다. 나는 조디악 안에서 시신을 받아 자리를 잡는 역할을 했다. 몸이 그렇게 차지는 않았지만 생각보다 무거웠다. 이렇게 시신 두 구를 조디악 가운데에 놓고 그 앞에 자리를 잡고 앉았다. 구조대와 나머지 대원들이 조디악에 오르고 이미 바다에 나가 있던 조디악과 조우해서 인원을 다시 배정하고 칠레 프레이 기지로 떠났다.

다행히 바다는 조용했다. 목적지에 가까이 오자 멀리 사람들이 보였다. 많은 사람 중에 하비 대장과 닥터 미란다가 보였다. 이제는 멀리서 봐도 누가 누구인지 알 수 있었다. 조디악이 바닷가에 닿자마자 시신부터 내렸다. 미리 준비한 백에 시신을 옮기고 이날 오후 이곳을 떠났다. 이로써 이번 사고는 마무리됐다. 비록 그들을 살아서 만날 수는 없었지만 그래도 한 달에 걸친 수고 끝에 다시 가족의 품으로 돌아가게 한 것만으로도 큰 위안이 됐다.

34. 그래도 봄은 봄이었다

만물이 소생하는 봄. 추운 겨울만 있을 것 같은 남극에도 봄은 있었다. 세종 곶에 사진을 찍으러 다니다가 웨델 해표 어미와 새끼를 만났다. 해안에서 둘이 나란히 누워 자고 있었다. 새끼는 털갈이를 하는 중이었다. 셔터 소리에 깼는지 새끼는 나를 보고 잠시 놀라는 듯했지만 이내 잠자는 어미의 젖을 찾아 물었다. 너무나 평온하고 아름다웠다. 역시 봄은 봄이었다.

35. 다시 여름을 위해서

봄은 여름을 위해서 있었다. 이제는 한밤중에도 남쪽 외해 멀리는 바다의 푸른 빛이 감돌았다. 해가 점점 길어지고 있었다. 세종호도 세종곶도 모두 녹기 시작했다.

스쿠아를 마지막으로 모든 동물들이 이곳에 다시 모였다. 겨우내 기지 주변에 머물던 쉬스빌은 언제 갔는지 다른 곳으로 가고 없었다. 우리도 우리대로 마지막 체육행사를 하고 여름을 맞을 준비를 했다. 이제 돌아갈 날도 머지않았다.

■——— 다시 여름

다시 여름이다.
1년이 지났지만 이곳에 있는 것은
여전히 눈, 바람, 얼음뿐이다.

1. 본격적인 여름업무

첫 하계대가 들어오자마자 기지가 술렁이면서 바빠졌다. 김정훈 연구원은 마치 어제까지 이곳에서 일을 했던 사람처럼 스쿠아 연구를 위한 복장과 장비를 챙겨서 나가 버렸다. 전기안전공사팀도 바로 다음 날부터 해섭이와 세종기지 전반에 걸친 진단작업에 들어갔다. 박준우 감독도 카메라를 가지고 펭귄마을로 향했다. 김연구원이 들어오면서 푼타아레나스에서 맥주 몇 박스를 사 가지고 와서 오래간만에 시원한 맥주도 마셔 보았다. 새로 사람들이 들어오자 세종기지는 활기에 넘쳤다.

2. 준우와의 만남

하계대가 들어오면서 가장 큰 수혜자 중 한 사람은 나라고 해도 과언이 아니다. 새 카메라가 들어오기로 되어 있어서였다. 하지만 하계대가 들어오면서 바로 카메라를 받지는 못했다. 김연구원의 짐이 너무 많아서 무게가 나가는 것들은 짐으로 먼저 보냈는데, 그 짐이 나중에 들어오기로 되었기 때문이다. 내심 태연한 척했지만 너무나 카메라가 기다려졌다. 계속 덤덤한 표정으로 있으려고 했지만 카메라를 받자마자 입이 귀에 걸릴 정도로 좋았다.

박준우 촬영감독. 기지에서 제일 막내라 모두들 말을 놓기로 했다. 다큐멘터리 제작사에서 두 명이 들어오기로 했는데 준우가 먼저 들어와서 1차분을 촬영하고 나중에 책임감독님이 들어와 합류하기로 했다. 김연구원과 카메라건 때문에 자주 연락을 하게 되었고, 김연구원과 친분이 있던 준우와 책임감독님이 홈페이지에 올려놓은 펭귄 동영상을 봤다고 했다. 그래서 이곳에 빨리 들어오고 싶었다고 했다.

이곳에 먼저 들어왔다고, 그리고 많은 것을 봤다고 해서 아는 체하고 싶지는 않았다. 전문가도 아닌 아마추어가 아는 척하는 것은 별로 좋아 보이지 않을 것 같았다. 그냥 좋은 정보가 있으면 공유하고 궁금한 것을 물어오면 아는 대로 성심껏 대답해 주는 것이 좋겠다고 생각했다. 서로 허심탄회하게 도움을 줄 수 있다면 그것이 최상의 관계가 아니겠는가.

마리안 빙벽과 급하게 흐르는 물줄기. 여름이면 빙하가 녹은 물들이 다시 밑으로 내려가서
빙하 밑으로 용출된다. 이 물들은 그렇게 깨끗하지는 않았다.
많이 흐를 때는 바닷물도 뿌옇게 변했다.

　일과시간에는 펭귄마을에 갈 수가 없었던 내게 다큐팀이 들어온 것은 절호의 기회였다. 왜냐하면 누군가는 지원을 나가야 했고, 그렇게 같이 가게 되면 공식적으로 나갈 수가 있기 때문이다. 더구나 평소에 가장 시간이 나는 사람이 나였고, 틈만 나면 다니려고 했으니 너무나 좋은 기회였다.
　펭귄마을에 텐트를 치기 위해 미리 준비한 텐트를 가지고 준우와 같이 갔다. 하지만 첫날은 텐트를 칠 수가 없었다. 텐트 폴대가 땅에 박히지 않았기 때문이다. 이곳은 흙으로 된 땅이 아니라 돌로 된 땅이어서 쉽게 박히지도 않았고, 설사 박힌다고 해도 일반 폴대 정도로는 이 강풍에 어림도 없었다. 하는 수 없이 텐트는 바람을 피해 펭귄마을 어귀 바위틈에 두고 다음에 다시 와서 치기로 했다. 대신 몇 군데 후보지를 골라 두고 첫날은 일단 철수했다.
　다음 날 요정이가 길이가 80센티미터 정도 되는 쇠파이프로 폴대를 만들어

줬다. 모든 준비를 해서 동석이형, 준우 그리고 내가 다시 펭귄마을로 갔다. 이 날은 날씨가 굉장히 화창했다. 준우가 펭귄마을 가는 길을 찍는다고 우리 앞뒤를 분주히 오가며 촬영을 했다. 카메라를 들이대니 나는 괜한 욕심에 얼굴을 가렸던 복면을 머리 위로 올려 얼굴이 잘 나오게 했다. 셋이서 열심히 텐트를 설치하고 바람에 날아가지 않게 텐트 안팎으로 커다란 돌을 넣어 지지해 두었다.

멀리 화석마을 쪽에서 사람 하나가 걸어오고 있었다. 새박사 김연구원이었다. 김연구원의 복장과 장비는 독특하다. 멀리서 봐도 단번에 누군지 안다. 일단 옷이야 누구나 즐겨 입는 세종기지 작업복. 커다란 배낭에는 스쿠아의 발에 채워 줄 인식 발찌, 혈액을 채취할 팁과 샘플을 담을 시험관, 스쿠아 정보를 기록할 관찰노트 등이 들어 있었다. 그리고 그 배낭 옆에는 기다란 파이프가 마치 안테나처럼 흔들거리고 있었다. 이 안테나 같은 것 때문에 눈에 더 잘 띄었다. 이것은

스쿠아를 연구하는 김정훈 연구원. 매년 여름 세종기지에 들어온다. 스쿠아의 공격으로부터 보호받기 위해 오토바이 헬멧을 쓰고 작업중이다.

다시 여름

스쿠아가 공격을 하더라도 항상 윗부분만 공격하는 특성을 이용한 것이었다.

또 하나 김연구원의 특징은 오토바이 헬멧을 항상 쓰고 다니는 것이었다. 스쿠아를 생포했을 때는 스쿠아의 공격을 다른 곳으로 분산시킬 수 없어서 그대로 공격에 노출될 수밖에 없었다. 그래서 헬멧을 쓰고 작업을 할 수밖에 없었다.

김연구원은 벌써 바톤 반도를 다 돌고 기지로 돌아가는 중이었다. 그는 하도 밖으로만 돌아다녀서 얼굴이 많이 그을렸다. 히말라야를 등반하는 산악가, 북극의 에스키모들, 몽고의 유목민들. 이들은 모두 자외선에 그을려 피부가 거칠다. 우리의 피부도 거칠기는 마찬가지였으나 김연구원의 피부는 유독 거칠었다.

이날 기지로 돌아온 후에야 내가 복면을 전혀 쓰지 않고 다녔다는 사실을 깨달았다. 지난겨울 동안 남극의 자외선이 세다는 것을 잊었었다. 샤워를 하는데 더운 물이 얼굴에 닿자 몹시 화끈거렸다. 이후 한동안 고생을 했고, 자외선에 대해서 다시 한 번 주의하게 됐다.

3. 점점 길어지는 낮

푸코가 지구가 자전한다는 증거를 찾듯이 나는 이곳의 정북 방향이 어디인지 찾고 싶었다. 이곳에서의 위치 개념을 몸으로 익히고자 무척이나 노력을 했었다. 그래서 지난 일 년 동안 내가 있는 곳이 정말 남반구인지를 느껴 보기 위해서 했던 일이 바로 이곳 세종기지의 정중자오선 찾기였다.

해가 나는 날이면 어김없이 시간마다 헬기장에 나가서 그림자 길이를 재 보았다. 햇빛이 쨍한 날이 그렇게 많지 않아서 그렇지 그래도 나름대로 성실히 측정했다. 측정을 시작하는데 갑자기 날씨가 흐려지기도 했고, 블리자드가 강하게 불기도 했다. 바람이 세게 불 것 같으면 해시계를 헬기장 계단에 숨기고 무거운 돌 여러 개를 올려놔서 날아가지 않게 했다.

세종기지에 내 몸이 익숙하게 되었지만 그래도 30년 넘게 북반구에 익숙해진 나는 끝까지 개념잡기가 쉽지 않았다. 가령 위성이나 별들의 위치인 적경, 적위를 계산할 때도 항상 북반구 위주로 그림을 그린 다음에 수치를 구했다. 또한 황도면에 지구 공전을 그리고 금성이나 화성 등의 위치를 표시할 때도 항상 북반구가 위에 있는 것으로 그리게 됐다. 자전 방향을 염두에 둘 때도 북반구에서 본 다음에 지구본을 거꾸로 돌리거나 내가 고개를 거꾸로 돌리거나 했다. 도대체 남반구에서는 학생들에게 이런 것을 가르칠 때, 북반구를 기준으로 가르치는지, 남반구를 기준으로 가르치는지 무척이나 궁금했다. 이렇게 몸 따로, 머리 따로 북반구와 남반구를 오가며 동서남북을 따지는 것은 이곳을 나가기 전까지 나를 미치게 했다.

밖에 나가서 달을 볼 때는 더 심했다. 여기에서는 달의 고도를 도무지 종잡을 수가 없다. 정말 심하게 오르락내리락했다. 초승달은 고도가 너무 낮아서 위버 반도에 가려 보이지 않았다. 상현달부터 마리안 소만 안쪽 빙원에서 솟아올랐다. 상현달은 킹 조지 섬을 낮게 훑고 지나갔다. 그러나 보름달은 이미 달 수준을 넘었다. 내 등 뒤쪽 바톤 반도 뒤에서 솟아올라서 하늘 높이 내리쬔 다음에 서쪽을 지나 다시 바톤 반도 뒤쪽으로 졌다. 해처럼 밝았다. 한 달을 사이에 두고 달의 변화무쌍을 보다 보면 그 현란함과 사람을 홀리는 기술이 나를 더욱 헷갈리게 했다. 특히 상현달은 남반구의 특성까지 더해져 하루에도 몇 번씩 나를 놀리곤 했다.

상현달. 분명 북반구와 반대다. 달의 왼쪽이 불룩했다. 북반구의 하현달과 같았다. 상현달과 하현달은 모양이 반대인 만큼 느낌도 다르다. 적어도 내가 30여 년간 느꼈던 상현달과 하현달과는 달랐다. 상현달은 해가 지면서 더욱 눈에 잘 띄는, 점점 어둠이 짙어질 때 더욱 뚜렷하게 밝아지면서 맑은 느낌을 줬다. 반면 하현달은 푸르스름한 기운과 함께 점점 빛을 잃어가는, 차가운 새벽공기를 더욱 차갑게 하고 어둠과 함께 아쉽게 사라졌다.

이곳 여름의 상현달은 해가 지기 시작하면서 점점 뚜렷해지는 그런 상현달이었다. 하현달의 모양을 하고 있어서 마치 상현달을 흉내내는 하현달과 같았다. 느낌이 좀 이상했다. 점점 어둠이 깔리면서 그 상현달은 점점 더 눈에 띄게 밝아졌다. 역시 상현달이었다. 모양은 그저 겉모습에 지나지 않았다. 이름에 걸맞게 하는 짓은 상현달이 확실했다. 이 녀석은 절대로 땅 밑으로 내려가지 않고 빙원 위를 따라서 점점 서쪽으로 가고 있었다. 그리고 서쪽 끝을 훨씬 더 지나 바다로

하늘을 담은 호수. 얼음이 녹기 시작하고 위에서 물이 유입되면서 남아 있는 얼음과 눈, 그리고 맑은 하늘이 합해져 쪽빛 호수가 되었다.

지고 있었다. 그런데, 시간이 지나면 지날수록 이상해졌다. 내 확신이 점점 흐려졌다.

문제는 이 녀석의 이 길고 긴 밤길에 있었다. 너무나 오랫동안 하늘을 지나가기에 바다로 질 무렵에는 점점 동이 밝아 오고 있었다. 점점 달빛을 잃어 가면서 밤을 걷어 가고 있었다. 마치 북반구 하현달이 하는 짓을 흉내 내고 있었다. 분명히 상현달인데 말이다. 그런데 잠깐. 이 녀석의 모습을 보면 왼쪽이 뚱뚱한 북반구 하현달이 아닌가? 북반구의 하현달 모습이 저 모습이 아닌가? 그렇다면 북반구의 하현달을 닮고 하현달의 느낌을 흉내 내는 저 녀석은 하현달이란 말인가, 아니면 상현달이란 말인가?

아무리 일 년 내내 해를 쫓아가도, 가장 짧은 그림자 길이를 재도, 일 년 내내 나침반을 보고 별자리를 보고 지구를 그려 보고, 고개를 돌리건 지구를 뒤집건 그린 그림을 잘라서 천정에 붙이건 별짓을 다 해도 결정적인 순간에 머리에 박혀 있는 북반구 개념에서 벗어나지를 못했다. 도대체 누가 지구를 처음 돌린 것일까.

4. 하늘을 담은 호수

가운데가 푹 꺼진 호수. 그 가운데로 호수의 녹은 물이 고이고 있었다. 그런데 그 빛이 너무나 맑고 파랬다. 이곳의 모든 곳이 그렇듯이 호수 위로 내린 눈이 살짝 녹았다가 다시 얼기를 반복해서 방울방울 맺혀 얼어 있었다. 그런 얼음들이 다시 녹으면서, 그리고 멀리 바톤 반도 위에서 녹은 물들이 아래로 모여 호수 표면에 차츰 고이기 시작했다. 그 물빛은 너무나 파랬다. 파란 하늘을 담고 있지만 하늘보다 더 깊은 파란색을 띄고 있었다.

아직 호수 전체가 녹지는 않았지만 파란 물빛은 점점 넓어지고 있었다. 가까이 가 봤다. 얼마 전까지만 해도 신나게 발야구를 하던 곳이었다. 전혀 예상하지 못한 곳에서 오묘한 빛깔을 봤다. 하늘을 담은 호수였다.

5. 펭귄마을 - 짝짓기

　11월 초부터 펭귄들은 둥지를 틀자마자 짝짓기에 들어간다. 워낙 몸집이 두껍고 털이 길어서 둔하기는 했지만 나름대로 가장 편안한 자세로 교미를 하기 시작했다. 그러나 그전에 먼저 하는 일이 있다. 집터를 닦는 것이다. 항상 주위보다 약간이라도 높은 곳에 둥지를 틀었는데, 그래야 배수가 잘되기 때문이다. 그리고는 그곳에 돌멩이를 구해다 놨다. 돌멩이. 이곳에서 가장 귀한 물건이다. 아마 이 녀석들이 경제 개념을 가지고 거래를 시작한다면 돌멩이는 인간 세계의 금에 해당할 것이다. 이곳에서 둥지를 틀 재료가 돌밖에는 없기 때문이다. 새들이 나뭇가지로 둥지를 만들 듯이 이 녀석들은 작은 조약돌들을 모아다가 땅바닥에 둥지를 틀었다. 가운데가 움푹 들어가게 만들어서 그곳에 알을 낳고 엎드려서 알을 품었다. 그렇게 해야 물도 잘 빠지고 따뜻한 공기도 더 많이 품을 수 있기 때문이다. 황제 펭귄은 자신의 발등과 배 사이에 알을 품었지만, 작은 펭귄들은 그렇게 할 수가 없었다. 그래서 돌멩이가 무척이나 중요했다.

　처음 눈이 녹기 시작할 때는 바닥이 드러난 곳이 거의 없어서 돌을 구하기가 하늘의 별따기였다. 힘이 있는 펭귄들만 바닥이 드러난 곳에 둥지를 틀었다. 눈이 대부분 녹아 바닥이 드러나자 너도나도 둥지를 틀었지만 그래도 한계가 있었다. 어디 작은 돌들이 그리 흔하던가. 매년 같은 돌을 다시 썼다. 작년에 만들었던 둥지의 돌을 올해 또 사용하고, 올해 만든 펭귄 둥지는 내년이면 또 다른 펭귄들이 재활용할 것이다. 결국 수십 년, 혹은 수백 년째 자신들의 조상들이 썼던 돌을 계속 써 온 셈이다.

　펭귄들의 돌멩이 쟁탈전은 치열하다. 돌멩이를 보면 그 귀엽고 어수룩해 보이던 펭귄의 이미지는 온데간데 없고 사납고 무서운 금수로 돌변한다. 알을 낳으면 암수가 번갈아 품었다. 한 녀석이 품고 있으면 다른 녀석은 바다로 나가 식사를 하고 왔다. 그리고 교대해서 다른 녀석이 바다로 나갔다.

　둘이 같이 둥지에 있을 때는 한 마리는 알을 품고 다른 녀석은 계속 돌을 물어다 날랐다. 하지만 돌은 한정되어 있고, 알을 품은 펭귄은 많아 결국은 다른 둥지에서 훔쳐 올 수밖에 없다. 돌을 훔치려고 얼쩡거리는 녀석은 눈빛만 봐도 알

위, 펭귄 한 마리가 어디서 돌멩이를 구해 왔다. 돌멩이는 둥지를 만드는 데 쓰이는 재료로서 이곳에서는 아주 귀한 자산이다.
아래, 이미 만들어 놓은 둥지 위에서 짝짓기중인 펭귄.

수 있었다.

반면에 알을 품고 있는 펭귄들은 돌멩이를 빼앗기지 않으려고 난리를 친다. 목에 핏대를 세우면서 울부짖는데 꽥꽥 소리지르며 아우성이다. 더러 훔치다가 들켜 쪼이기도 한다. 그래도 돌멩이 하나를 빼 오는 데 성공하면 녀석은 뒤도 안 돌아보고 냅다 도망친다. 자신의 둥지에 돌을 무사히 내려놓으면 알을 품고 있는 어미가 뿌듯해 하는 것 같다. 만약 돌을 훔치려는 둥지에 부부가 같이 있으면 알을 품지 않는 펭귄은 이런 펭귄을 끝까지 쫓아가 사정없이 몰아낸다. 알을 품고 있는 펭귄은 가만히 알만 품고 있지 않고 엎드린 채 부리로 주변의 돌들을 모아 자신의 몸 주위에 쌓았다.

한정된 자원 속에 사는 펭귄 사회나 우리 인간 사회가 크게 다를 바 없어 보였다.

6. 중국 장성기지 방문

오랜만에 다시 중국 장성기지를 방문했다. 공식적으로는 다큐팀의 촬영과 전기안전공사팀의 타 기지 전기현황을 시찰하기 위해서였다. 그동안 친해진 중국 대원들의 근황이 궁금하기도 하여 세종기지 인원 중 절반이 함께 중국 기지로 향했다.

멀리 장성기지의 하얗고 파란 건물이 눈에 띄자 너무 반가웠다. 중국 대원들이 바닷가에 나와 있었다. 서로 보자마자 손을 흔들기 시작했다. 조디악이 바닷가에 닿자 서로 부둥켜안으며 인사를 건넸다. 닥터 첸은 그대로였다. 주방장도 그대로였다. 부대장 린은 체중이 좀 불었다. 이곳 대원들은 겨우내 머리를 기르는 것이 유행이었던 것 같았다. 장성기지 대장님도 좋아 보였다. 닥터 첸은 중국에 들어가면 결혼을 한다고 했다. 중국 기지 대원들은 파리를 거쳐서 중국으로 들어가는데 파리에서 며칠 쉬다 갈 거라고 했다.

장성기지 대장님께서 저녁식사를 하고 가라고 하셨다. 홍대장님이 극구 사양했지만, 이미 식사 준비는 거의 끝나가고 있었다. 우리는 못 이기는 체하며 저녁을 먹고 가기로 했다. 너무나 즐겁게 먹고 마셨다. 오랜만에 고량주까지 마셨으니 최고의 만찬이었다.

이날 저녁에 떠나올 때 중국 대원들과 함께 찍은 사진을 보니 모두들 흥겨운 모습이었다. 역시 이번에도 고량주와 맥주를 선물로 받았다. 이후 중국 기지 대원들이 우리보다 먼저 다음 차대와 교대해서 그들을 다시 만나지는 못했지만 좋은 추억을 안겨 준 중국 장성기지 대원들이었다.

7. 자이언트 패트렐 - 보금자리

펭귄마을과 기지의 해안 사이에는 약간 넘기 귀찮은 바위 무더기가 있다. 이곳에서 길이 방향을 틀기 때문에 이곳을 지나면 펭귄마을로 올라가는 언덕이 바로 보인다.

어느 날 이 길을 가는 데 바위 뒤에 앉아 있던 자이언트 패트렐 때문에 깜짝 놀랐다. 녀석도 놀랐고, 우리도 놀랐다. 녀석이 꿈쩍도 하지 않고 있어서 우리가 돌아서 갔다. 하필 왜 사람들 많이 다니는 길목에 자리를 잡고 앉아 있는지 모르겠다. 우리 눈에도 그 자리가 볕도 잘 들고 바람도 막을 수 있는 명당으로 보이긴 했지만 말이다.

8. 너무나 붉은 금성

해는 점점 늦게 지고 일찍 뜨고 있었다. 새벽에 나가서 사진을 찍고 있다 보면 어느새 먼동이 텄다. 새로 산 카메라로 이것저것 찍어 보았다. 같은 것을 찍어도 오랜만에 찍으니 기분이 새로웠다. 역시 새것이 좋긴 좋았다. 테스트도 겸해서 같은 대상을 여러 기능을 바꿔 가면서 찍어 보았다.

주로 사진을 찍고 들어오는 시간이 늦을 때는 새벽 3시 전후여서 이런 작업을 하기 위해서는 일찍 자고 일찍 일어나든지, 아니면 아예 늦게 자든지 해야 했다. 대개는 사진을 찍고 다음 날 정리했다.

카메라 테스트 한 것을 빨리 보고 싶어서 의무실로 곧장 와서 사진 정리를 했다. 이미 테스트는 한참 전부터 하고 있었다. 카메라의 디테일 잡는 능력을 보기 위해 잠자는 해표의 수염을 찍기도 하고, 색감을 보기 위해 다홍색에 가까운 기지 건물을 찍곤 했었다.

　마지막 테스트는 감도를 올렸을 때 노이즈가 얼마나 될까 보기 위해 같은 장소에서 같은 장면을 감도와 셔터 속도를 조절하면서 비교해 봤다. 그런대로 만족스러웠다. 그런데 아까부터 넬슨 섬 위에 밝은 빛이 하나 보였다. 금성이었다. 한참을 찍었는 데도 그것이 금성인지 몰랐었다. 동이 틀 무렵이라 점점 밝아져서 맨눈에는 금성이 안 보였나 보다고 생각했다. 사실 이곳의 금성은 너무나 길게 빛난다. 해질 무렵에 보였던 금성은 수평선을 따라 점점 기울다가 서쪽으로 넘어가는데, 이미 그 시간에는 동이 튼다.

　그런데 금성치고는 너무 작아 보였다. 조건을 바꾸면서 찍었는 데도 항상 같은 밝기의 금성이었다. 그리고 좀 어두웠다. 북쪽을 찍은 사진을 봤다. 이곳에도 나타났다. 불량화소였다. 갑자기 맥이 탁 풀리면서 난감했다. 불량화소가 있는 것을 계속 쓸 것인가, 아니면 다시 내보낼 것인가. 잠이 싹 달아났다. 한국에 들어가려면 적어도 두 달은 더 있어야 한다. 구입시에 불량화소가 보였다면 교환이 수월했겠지만 두 달 뒤에 가서 처음 사용할 때부터 그랬다고 하면 무슨 소용이 있겠는가.

　덕용이에게 전화를 했다. 구입할 때는 불량화소가 없었다고 했다. 시간을 보니 한국은 아직 오후였다. 바로 구입처에 문의를 했다. 내 상황을 얘기했더니 본사로 전화를 해보라고 했다. 몇 다리를 거쳐 본사로 전화를 했다. 이곳에서 한국으로 전화를 할 때 남극이라는 것을 밝히지 않고 한참을 얘기하다가 말이 잘 안 풀리는 것 같으면 남극이라고 말하곤 했다. 상대편의 반응은 대개 두 가지로 나타났다. 굉장히 놀라면서 잘 도와주거나, 거기가 남극이면 내 형은 대통령이란 식의 냉담한 반응도 있었다. 이번에는 일을 잘 풀어가기 위해 이곳이 세종기지임을 미리 밝혔다.

　"혹시 아이디가 Antarctica님이신가요?"

　"네?"

　오히려 내가 놀랐다. 사진동호회에서의 내 아이디가 Antarctica였기 때문이다. 전화 받은 담당자가 사진동호회에 올렸던 내 사진을 봤단다. 갑자기 카메라 얘기에서 내가 올린 사진으로 주제가 바뀌었다. 한참 동안 사진에 대한 얘기를 하고 나서야 본론에 들어갔다. 문제의 사진을 보내 달란다. 결국 핫픽셀로 판명이 났고, 언제든지 들어오면 애프터서비스를 해주겠다는 확답을 받았다. 역시 세상은 넓고도 좁았다.

9. 펭귄마을 - 알낳기

둥지를 틀고, 알을 낳고, 알을 품고 있는 펭귄들이 제법 많아졌다. 펭귄마다 알을 두 개씩 품고 있었다. 펭귄들은 무슨 장식용 원앙새처럼 쭈그리고 앉은 채 고개만 쳐들고 있었다. 온 마을에 이런 펭귄 부모들이 득실거렸다.

10. 너무나 바빴던 11월 15일

아침부터 저녁까지 빡빡한 일정이었다. 같은 이동경로를 거치더라도 목적들은 모두들 달랐다. 일단 전기안전공사팀이 모든 점검과 문제점과 해결책을 정리한 보고서까지 완성하고 이날 나갔다. 원래는 며칠 전에 나갔어야 했지만 계속 날씨가 좋지 않아서 못 나가고 있었다. 그러던 차에 브라질 수송기가 들어오기로 됐고 브라질 페라스 기지의 도움으로 자리를 확보할 수 있었다.

이날 스케줄은 첫째, 아침에 조디악으로 전기안전공사팀을 칠레 프레이 기지까지 데려다 줄 것, 둘째, 오는 길에 브라질 해군연구선 아리 론젤(Ary Rongel)에 감사 표시를 할 것, 셋째, 조디악 두 개를 두 팀으로 나눠 한 팀은 정원이의 마지막 대구 샘플 채취를 지원하고, 넷째, 다른 한 팀은 위버 반도에 승일이형과 새박사 김연구원을 내려 줘서 하계연구를 지원하며, 다섯째, 두번째 조디악은 다큐팀이 마리안 빙벽을 찍을 수 있게 해상지원을 할 것, 여섯째, 저녁 때 위버 반도에 내려준 팀을 데리고 기지로 복귀할 것이었다.

이번에 전기안전공사팀이 남극을 나가는 것은 나에게 무척이나 중요했다. 왜냐하면 불량화소가 보이는 카메라를 정대리님 편에 내보내기로 했기 때문이다. 택배로 본사에 보내면 12월에 들어오는 다큐팀 총감독님이 가지고 들어오기로 했다. 준우가 감독님께 미리 연락을 하겠다고 나서 줘서 이것이 가능했다. 모두에게 민폐를 끼치는 일일 수도 있었지만, 그래도 정대리님 아이의 의료 자문도 해주었고, 총감독님에게 도움을 줄 일도 있고 해서 뻔뻔하지만 부탁하기로 했다.

아침 일찍 조디악으로 칠레 프레이 기지에 갔다 오는 길에 맥스웰 만에 정박해 있는 브라질 해군연구선에 전기안전공사팀이 나갈 수 있도록 비행기 자리를 마련해 준 데에 대한 감사의 뜻으로 방문하겠다는 무전을 보냈다. 감사의 표시로 우리 차대 패치와 스티커, 전통차를 준비했다.

그런데 배에 올라 보니 페라스 기지 대장님은 없었다. 우연히도 페라스 기지 대장님과 아리 론젤 호 함장님 이름이 똑같았다. 잠시 당황했으나 이야기를 나누고 차 대접도 받았다. 함장님도 처음에 세종기지에서 방문하겠다고 했을 때 무슨 일인가 당황했다고 한다. 이야기를 나누다 보니 함장님은 전에 군함으로 한국을 방문한 적이 있다고 했다. 한국 사람이 한글로 써준 이름, 같이 간단한 한글 단어를 적으면서 대화 나눴던 쪽지가 담긴 수첩을 보여주었다. 미안하고 고마운 마음에 오후에 더 많은 대원들에게 스티커를 선물하러 다시 오기로 했다. 그리고 이곳에 있는 동안에 세종기지를 방문해 줄 것을 요청했다.

기지로 돌아오니 점심시간이었다. 점심을 마치자마자 전대원은 바로 펭귄마을 앞바다팀과 위버 반도 및 마리안 빙벽팀으로 나뉘어 두 대의 조디악에 올랐다. 나는 마리안 빙벽을 찍기 위해 뒷배에 올랐다. 나 외에도 대장님, 승일이형, 형철이형, 김연구원, 준우가 탔다. 대장님께서 타신 것은 마리안 빙벽에 너무 가까이 가지 않게 하기 위한 조절자 역할과 동시에 모처럼 위버 반도에 있는 대피소도 살필 겸 해서였다. 우리 차대에서 처음 만든 대피소라 다음 차대에 인계하기 전에 점검도 하고, 본격적인 여름이 되면 이곳에 따로 시간을 내서 올 여유가 없어 미리 들러 보기로 한 것이었다.

먼저 아리 론젤 호로 갔다. 이번에는 총무님만 선물 봉투를 들고 브라질 연구선에 건네주고 오셨다. 총무님이 돌아오자마자 우리는 위버 반도로 갔다. 그리고 이후 우리는 그곳에서 잊지 못할 경험을 하였다.

11. 바람

위버 반도로 향하면서도 빨리 마리안 소만으로 가고 싶었다. 빙벽이 무너지는 것을 사진에 담고 싶었다. 마리안 빙벽이 무너지는 장면은 모든 카메라맨들이 담고 싶어 하는 명장면이다. 그러나 그것을 찍기 좋고 안전한 장소가 그렇게 많지 않고, 찍고 싶다고 아무 때나 찍을 수가 없었기에 운도 어느 정도 있어야 했다. 이날은 날씨도 너무 화창해서 만약 무너져 주기만 한다면 멋진 광경이 펼쳐질 것 같았다.

흔들리는 배 위에서 카메라에 줌렌즈를 달고 위버 반도를 촬영하며 다가가고 있었다. 그런데…. 줌렌즈 안에 잡힌 상이 좀 이상했다. 너무 멀리서 봐서 그런가 아니면 배가 너무 흔들려서 그런가? 카메라를 통해서 본 위버 반도의 대피소가 기울어져 있는 것 같았다. 배가 흔들리고 줌을 너무 당겨서 조그마한 변화에도 화면에서는 크게 표현되는 것으로 생각했다.

"저기, 이상한데?"

나만 그렇게 느낀 것이 아니었다. 순간 모두들 할 말을 잃었다. 대피소가 넘어간 것이다. 그냥 넘어간 것도 아니고 구덩이에 꼬꾸라져 박혀 있었다. 모두들 난감해 했다. 그냥 '예의상' 대피소를 점검하려고 했던 것뿐인데.

위버 반도에 도착하자마자 모두들 대피소로 갔다. 대피소에 도착해 보니 원래 위치에서 생각보다 많이 떨어져 있었다. 데굴데굴 굴러서 이곳 구덩이에 박히고 나서야 멈춘 것이다. 대략 4평(약 13제곱미터) 정도 되는 크기인데 땅에 박아 놨던 지지대가 끊겨 날아간 것이다. 이곳에 대피소 위치를 정한 것은 그래도 바람이 세지 않을 것으로 생각해서였다. 대피소 뒤쪽인 동쪽으로는 완만한 언덕이 가로막고 있어서 블리자드로부터 안전하고, 대피소 양쪽으로는 해안을 따라 절벽들이 있어서 바람막이로 별 걱정은 안했다. 오히려 앞바다인 서쪽에서 강풍이 불까 걱정했을 뿐이었다. 그런데 굴러간 방향으로 봤을 때 북동풍을 맞아 와이어가 끊어지고 굴러간 것인데 이 측면에서 그렇게 센 바람이 불 것이라고 상상조차 못했었다. 분명 지난번 아르헨티나 구조대를 데려다 줄 때 본 대피소는 멀쩡했는데 말이다.

대장님은 화가 많이 나 보였다. 누구에게 화가 난 것이 아니었다. 이런 상황 자체에 화가 나는 것 같았다. 총무님과 상의를 했다. 이대로 대피소를 버려 둘 수 없었다. 다음 차대에서 해결해도 됐지만 자존심이 허락하지 않은 것 같았다. 다시 대피소를 세우기로 했다. 분해를 해서 다시 세워야 할지, 아니면 끌고 나와서 원위치로 돌려 놔야 할지가 관건이었다. 후자로 결론이 났다. 대장님은 펭귄마을 앞바다에 나가 있던 팀에게 무전으로 연락했다. 당장 기지로 돌아가서 로프와 기타 장비를 가지고 위버 반도 대피소로 오라고 말이다. 이미 샘플 채취를 위해 준비를 다 끝내고 막 시작하려고 하는데, 이유도 모른 채 무조건 하던 일을 멈추고 위버 반도로 오라고 하니 다들 긴장했었다고 한다. 더구나 목소리에 힘이 잔뜩 들어가 있어서 이유도 묻지 못했단다.

김연구원만 스쿠아 연구를 위해서 위버 반도로 올라가고 총무님과 일부 대원만이 남아 마리안 빙벽으로 떠났다. 날씨가 워낙 좋아서 마리안 빙벽을 놓치기는 아까웠다. 그전부터 준우가 마리안 빙벽에 대해서 대장님께 말씀드렸지만 날씨가 좋지 않든지, 기지에 일이 생겨 번번이 미뤄졌었다. 그러던 차에 날씨도 좋고, 일들도 없어서 오후에는 샘플 채취와 촬영에 전폭 지원을 하려던 참이었다. 약속은 약속이라 일단 마리안 빙벽으로 갔다.

바람 한 점 없는 날씨에 빙벽 앞 바다는 호수처럼 잔잔했다. 잔잔한 물결이 조디악에 부딪쳐 찰랑거리는 소리만 났다. 빙벽도 꿈쩍도 하지 않고 있었다. 하지만 그 안에서는 고요함을 깨뜨리는 소리가 여기저기서 들렸다. 안쪽 크레바스에서는 조금씩 빙벽이 무너지고 있었다. 여름의 태양 열기로 얼음이 녹아서 무너지는 것이었다. 듣기에도 무서운 소리들이 계속 들렸다. 하지만 바깥쪽은 요동도 하지 않았다. 고요했다. 준우의 카메라 돌아가는 소리와 내 카메라 셔터소리만 들렸다.

마리안 빙벽에 도착해서 몇 바퀴 돌지 않았는데, 대장님께서 입을 여셨다.
"준우야, 미안하다. 다음에 또 기회를 줄 테니 오늘은 이만 돌아가자."
곧바로 전속력으로 기지로 돌아갔다. 먼저 도착한 펭귄마을팀이 로프와 장비를 싣고 있었다. 배에서 내리지 않고 준비가 되자마자 모두 대피소로 떠났다.

당직과 조리담당을 제외한 전대원이 모두 위버 반도로 속속 모여들어 블리자드로 쓰러진 대피소를 다시 세우고 있다.

위버 반도에 도착하니 대피소 안에 두었던 삽으로 그 안에 쌓인 눈을 걷어내고 있었다. 옆 벽면이 바닥을 향하고 있어서 창문을 밟지 않게 조심해야 했다. 가능한한 대피소의 무게를 줄인 다음에 양쪽 끝을 로프로 묶어 구덩이에서 끌어냈다. 허리가 약한 대장님은 내 카메라를 들고, 구령을 붙이셨다. 몇 번에 걸쳐 구덩이에서 조금씩 움직인 후, 마지막에 뒤집기를 성공시켜 구덩이에서 끌어냈다. 이후 원 위치까지 옮기기 위해서 지그재그를 그리며 당겼다. 어느 정도 원래의 높이까지 다시 올라왔다. 이제 옆으로 또 끌고 가면 됐다. 하지만 그냥 그자리에 고정시키기로 했다. 이번에는 대피소를 잡아 줄 추를 더 깊이 잡아 넣었다. 어느새 김연구원도 이곳에 합류해서 모두 땅을 팠다. 한참을 판 후에 다시 와이어로 팽팽히 고정을 시키고 흙을 덮는 것으로 마무리했다.

기지에 돌아왔더니 상훈이형이 저녁 준비를 하고 목이 빠지게 기다리고 있었다. 우리를 기다렸다기보다는 도대체 어떤 일이 벌어졌는지 궁금해 하고 있었다. 한참을 얘기하고 또 한참을 웃었다.

이번 정원이 샘플 채취에 태건이형도 같이 갔다. 지난 7월 기지에 들어온 이후 처음으로 기지 밖으로 나간 것이다. 하지만 운도 없지. 바로 위버 반도로 가서 일에 투입됐다.

모두가 대피소에 투입된 상황에서 태건이형도 많은 도움이 됐다. 사실 대피소를 옮기는 사이 조디악을 지키고 있을 사람이 없었는데, 태건이형이 딱이었다. 나중에 보니 조디악에 이어진 로프를 허리에 묶고 바닷가에서 뒹굴거리고 있었다. 그러다가 주변에 스쿠아나 펭귄이 다가오면 몰아내고, 물때를 맞춰 조디악을 당기기도 하고 풀기도 하면서 제 역할을 다했다. 태건이형은 정말 오랜만에 나와서 이게 무슨 일이냐며 푸념을 했다.

12. 연기된 출남극

연구소에서 다시 연락이 왔다. 출남극이 2주 정도 미뤄졌다고 했다. 1월 초에 칠레 공군기를 전세 내어 나가려고 했는데, 칠레 공군의 일정으로 취소됐다고 했다. 하는 수 없이 우루과이 공군기를 전세 냈는데 1월 말경으로 일정이 잡혔다. 모두들 아연실색할 수밖에. 귀국이 점점 미뤄지는 것이 좀 불안했다.

귀국 일정도 결정됐다. 젊은 대원들은 오기 힘든 남미에 더 오래 있고 싶어했지만 나이 드신 형님들은 편히 쉬면서 귀국하는 것을 원했다. 서로가 원하는 곳에서 볼 만한 것, 여행사, 숙박 등을 치밀하게 사전조사해서 발표할 기회를 가졌다. 이후 투표를 부쳤는데 한 표 차이로 남미파가 밀렸다.

이제 귀국 일정이 결정된 이상 본격적인 귀국준비도 해야 했다.

13. 다시 바다로 나온 거북호

다시 하역의 계절이 돌아왔다. 이번 하역만 하고 12월 초에 출남극하는 것이 일 년 전 계획이었지만 그렇게 못 됐으니 작년에 했던 일들을 반복해야만 했다. 겨우내 체육관 뒤쪽 바닷가에 올려놨던 거북호를 끌어냈다. 이미 며칠 전부터 진희와 동석이형이 거북호 점검을 해오던 참이었다.

11월 22일, 거북호를 끌어다 기지 부두로 이동하는 예행연습을 했다. 다음 날이면 유즈모 호가 들어오기 때문이었다. 거북호를 부두에 정박시키기 위해서는 조디악 한 대가 접안해서 도와줘야 했기에 조디악 두 대가 모두 떴다. 이 와중에 조디악 한 대가 엔진 고장으로 말썽을 일으키기는 했지만, 그래도 거북호 예행연습이 원활히 끝나서 다행이었다. 작년과 같이 긴장하지 않고 오히려 부드럽게 사뿐히 접안시킬 수 있었다. 안에서의 진희의 감각적 운전과 밖에서의 요정이의 능수능란한 로프 실력 덕분이었다.
　내일이면 많은 팀들이 들어와서 기지가 복잡해질 것이다. 이미 며칠 전부터 2인 1실 체제로 바뀌었고, 비상컨테이너 숙소와 다른 숙소동 청소도 모두 마쳤다. 아리랑위성 관제소 점검을 위해 항공우주연구원에서 들어올 것이고, 다른 촬영팀도 들어올 것이다. 그리고 가장 중요한 다음 차대 선발대가 유즈모 호로 들어올 예정이었다. 아침에 도착 예정이라 기상시간도 빨라질 것이다. 하역에서 가장 역할이 작은 내가 전날 당직을 서기로 했다.

14. 불나는 전화통

　당직을 서면서 이렇게 많은 전화를 받아 보기는 처음이었다. 다음 날 들어오는 유즈모 호 때문이었다. 누가 들어오면 이 내용을 전해 달라에서부터 유즈모 호가 떠날 때 챙길 것을 확인하기 위한 전화까지 그 목적도 다양했다. 오랜만에 목소리를 듣게 된 분들도 있었다. 반가웠다. 대부분 이곳의 시차를 알기 때문에 자정 무렵부터는 전화가 뜸해졌다.
　여름에는 당직 때 많은 전화를 받게 된다. 그중에서 가장 놀랐던 전화는 흉부외과 인턴 시절 나를 담당했던 교수님의 전화. 힘든 인턴 시절이지만 너무나 신나서 잠시 쉬는 시기에도 일부러 찾아갔던 과였고, 그래서 내가 흉부외과를 전공하는 것으로 알던 사람도 있었다. 그 교수님께 크리스마스 카드를 보냈는데, 생각도 못했던 카드에 반가워 인터넷에 나와 있는 기지 번호로 전화를 하셨다. 정말 이곳에 있는지 궁금하셨나 보다. 그런데 마침 정확히 내가 당직 서던 날 새벽에 전화를 하셨다. 시차를 모르니 일단 아무 때나 전화를 하신 것이다.

"남극 세종기지입니다."

"어…. 혹시, 홍종원 있으면 전화 바꿀 수 있나요?"

"전데요. 누구시죠?"

"나 백OO인데…"

"어! 선생님, 안녕하세요?"

전화 거신 분도 놀랐고, 받는 나도 놀랐다. 그러나 이내 반가움으로 바뀌면서 그동안 있었던 이야기, 크리스마스 카드 이야기 등 짧은 시간 동안 많은 대화를 주고받았다. 인턴이었던 내 이름을 기억해 주신 선생님께 감사했고, 선생님은 잊지 않고 카드를 보내준 것에 대해 고마워하셨다.

가끔 황당한 전화도 있었다. 한국의 한 회사가 처음 이곳에 들어오는 외부 하계팀을 찾았다. 새벽 3시, 여자분이 한국에서 보낸 담당자를 바꿔 달란다. 마침 아침에 이곳에 들어올 예정이기에 조금 뒤에 도착하니 메시지를 전해 주겠다고 했다. 그리고 한국과 이곳의 시차를 말해 주고 나중에 혹 필요한 일이 있으면 시차에 맞춰 전화하는 것이 직접 대화하기 편할 것이라는 말도 해줬다.

2주 뒤에 그 하계팀이 나갔다. 그날 마침 내가 또 당직이었는데, 지난번에 전화했던 여자분이 한국에서 전화를 했다. 또 새벽 3시. 자기네 담당자를 바꿔 달란다. 이미 이곳에서 나갔다고 말씀드렸다. 이곳에 질문할 것들이 있는 것 같아서 혹 기지에 문의사항이 있으면 이곳 낮 시간에 맞추어 전화해서 담당자와 통화하시는 것이 나을 것이라 얘기했다. 갑자기 목소리가 굳어지더니 내 이름을 묻고는 그냥 끊어 버렸다. 이곳에 들어오고 나갈 때의 일정도 전혀 주고받지 않는지, 편하게 도움을 받을 수 있는 것을 왜 외면하는지, 아무튼 황당한 전화였다.

15. 본격적인 하역

멀리서 고동소리가 울렸다. 밖에 나가 보니 유즈모 호가 들어오는 것이 보였다. 바로 카메라를 들고 기지 뒤로 올랐다. 기지와 유즈모 호를 한 화면에 담아보고 싶었다. 모두들 예정보다 일찍 일어났다. 유즈모 호 안에 대원들도 이미 일어났을 것이다. 기상음악을 내보내면서 만약 유즈모 호에서 기지에서 나오는 음악을 들을 수 있다면 그것도 운치가 있을 것이라 여겼다. 새벽 공기를 가르고 바다에서 듣는 음악.

주방으로 와서 상훈이형을 도왔다. 이번 하역에서 나의 역할은 작년과 마찬가지로 기록 촬영과 주방 지원. 아침식사가 끝나자 본격적인 무전이 오고 갔다. 하계팀 중 기지에 내려야 할 사람들이 먼저 내렸다. 19차 월동대 다섯 명과 항우연 사람들 그리고 오랜만에 보는 칠레노 루이스와 호세. 지난겨울에 푼타아레나스에서 마지막으로 보고 처음이었다. 정말 반가웠다. 간단히 인사를 나누고 곧바로 하역에 들어갔다.

항우연 사람들도 들어오자마자 마치 어제 나갔던 사람인양 자연스럽게 안전모를 쓰고 목장갑을 끼고 나섰다. 새박사 김연구원도 안전모를 썼다. 이렇게 모두가 동참한 하역은 순조롭게 진행됐다. 19차 선발대로 들어온 사람들도 바로 하역에 투입됐다.

하역은 길어진 낮 덕분에 밤까지 이어졌고, 하역한 물건 중 냉동고에 들어갈 물건은 자정을 넘겨서야 냉동고에 다 넣을 수가 있었다. 본관동에 모여서 간단히 야식을 먹고, 상견례를 함으로써 이날 일을 마쳤다. 새벽 2시가 돼서야 숙소동으로 가는데 이미 멀리서 여명이 밝아 오고 있었다.

16. 자라 보고 놀란 가슴 솥뚜껑 보고 놀란다

유즈모 호는 하역을 끝내고 하계 연구를 위해 이곳을 떠났다. 남쉐틀랜드 군도를 돌아 연말에야 다시 들어와서 폐기물 선적을 할 것이다. 이후 유류보급선이 들어와서 기름도 받고, 그때 또 한 차례 짐들이 들어온다고 했다. 이젠 하역이란 말만 들어도 진저리가 났다. 대신 기지보수나 공사가 줄었다.

다음 배가 들어올 때까지 하계대 지원에 초점이 맞춰졌다. 하계대에는 여러 팀이 들어오는데, 그중 한 팀이 방송팀이다. 이곳에 대한 홍보도 무시하지 못할 부분이라 대부분의 요청은 그대로 받아들여졌다. 방송팀이 오면 보여주는 것 중에 하나가 빙원이다. 하지만 지난번 일도 있고 해서 빙원이 아닌 넓게 눈이 깔린 세종봉까지만 가기로 했다. 대장님은 총무님에게 모든 것을 일임하며 신신당부

차츰 얼음이 녹기 시작한 기지 주변의 호수에 빠진 설상차.
다행히 아무 피해없이 설상차를 무사히 견인할 수 있었다.

를 했다. 괜히 엄한 행동들 하지 말고 빙원 위는 안전한 곳이라도 절대 가지 말라고 하셨다.

　　대장님과 태건이형을 제외한 대부분의 대원들이 설상차에 올랐다. 앞차량은 말할 것도 없고 뒤차량에도 대원들이 가득 탔다. 오랜만에 이렇게 설상차에 오르니 너무 즐거웠다. 마치 스키 타러 가는 기분이었다. 이전에 갔던 길들을 올라가면서 한참 웃고 떠들었다. 많은 사람들이 타니 뒤차량의 조그마한 창문에는 금방 서리가 끼었다. 하지만 자주 다니던 길이라 굳이 밖을 보지 않아도 어디쯤인지 짐작할 수 있었다. 그렇게 한참을 가고 있는데….

　　갑자기 뒤차량이 앞으로 쏠리면서 모두 앞으로 처박혔다.

　　'크레바스다!'

　　그 짧은 시간에 모두들 생각한 것이 크레바스였다. 그런데 가만, 이곳은 크레바스가 있는 곳이 아닌데? 그리고 더욱 이상한 것은 앞으로 쏠렸던 차량이 뒤어 올라오지 않았다. 모두들 예전 경험을 떠올렸다. 사실 크레바스에 빠진다고 매번 다시 뛰어오르라는 법은 없었다. 그냥 끝없이 추락할 수도 있었다. 앞으로 완전히 쏠린 우리들은 그대로 멈춰 있었다.

'이건 또 뭐야!'

모두들 이렇게 멈춰 있는 사이 누가 문 좀 열고 나가라고 소리쳤다. 가운데 있던 나도 그냥 몸이 가는 방향으로 쓰러져 아랫사람을 누르고 있었다. 문을 열고 나갔다. 나와서 보니 세종봉이 시작되는 U자 계곡 입구에도 도달하지 못했다. 단지 체육관 뒤쪽일 뿐이었다. 그럼 우리가 겪은 이 상황은 도대체 뭐란 말인가.

호수였다. 아직 다 녹지 않은 호수에 빠진 것이다. 설상차가 가다가 옆으로 기울어지면서 호수에 처박혔다. 다행히 완전히 넘어가지는 않고 호숫가에 걸쳐 있었다. 앞차량에는 물이 들어왔지만 다행히 뒤차량은 무사했다. 이곳도 세종호와 마찬가지로 겨울 동안 얼음 밑에 있던 물이 다 녹아 상당히 깊은 호수를 만들었던 곳이다. 세종호보다 더 깊어서 안에 많은 물을 머금고 드러내지 않고 있었다. 호수인지도 모른 채 한쪽은 얼음 위로 걸치고 가다가 약한 부분을 만나자 가운데가 꺼지면서 한쪽으로 쏠렸던 것이다.

아무튼 감상에 빠질 시간이 없었다. 총무님이 대장님에게 무전을 보냈다. 뭐라고 얘기해야 할지 난감해 하는 표정이었다. 불가항력적인 일이었지만 그래도 총무님이 같이 와서 다행이었다. 어디가 어디인지 안내도 하고, 오는 도중 분위기도 진정시킬 겸 요정이와 내가 걸어 내려갔다. 걸어 내려오는데 예전에 스키를 타려고 이곳을 몰래 오르던 생각이 났다. 꼭 그 길인데 말이다. 대장님은 생각보다 의연했다. 19차 주형수 대원이 포클레인을 몰고 호수 입구까지 왔다.

로프로 설상차를 연결해서 손쉽게 끄집어낼 수 있었다. 동석이형과 형철이형이 서둘러 엔진 점검을 했고 운행할 수 있다고 판단하여 다시 돌아 내려왔다. 나머지 대원들은 모두 걸어 내려왔다. 대장님은 앞서서 내려가고 그래도 즐거운 우리는 오랜만에 기지와 흰 눈을 배경으로 서로 사진을 찍어 주면서 내려왔다. 멀리 지는 해에 반짝이는 바톤 반도, 그 흰 눈을 가르고 내려오는 포클레인을 담으면서 또 하나의 추억이 늘었다. 이제는 별게 다 추억이 된다.

17. 몽유병

해가 길어지자 아무리 어두운 밤이라도 여명이 있어 사진을 찍을 수 있었다. 밋밋한 남극의 흑백에 색을 입힐 수 있는 기회였다. 밤새 기지 근처 여기저기를 돌아다녔다. 자정 전후로부터 새벽 3시까지가 가장 좋았다. 이후는 너무 밝아져서 사진 찍기에 좋지 않았다. 그래서 몽유병자처럼 돌아다니다 동이 틀 무렵에 잠자리에 들었다.

18. 상부상조

이곳에서는 누구나 도움을 받을 처지가 될 수 있다. 우리도 마찬가지였다. 냉전시대임에도 불구하고 세종기지 초기에 소련의 벨링스하우젠 기지에서 많은 도움을 줬었다. 새로 도입한 발전기도 구소련의 수륙양용기를 이용해서 바다 건너 세종기지까지 옮겨다 줬다. 이곳에서는 다른 나라 기지와 최대한 협조를 해야 했다. 마치 자기 일처럼 도와줄 때는 너무나 고마웠다.

하지만 참 난처한 경우도 있었다. 한 번은 이번에 다시 들어온 러시아 올렉 대장으로부터 무전이 왔다. 혹시 러시아에 묵고 있는 모 기지 대원들을 배로 이동시키기로 했냐는 것이다. 그렇다고 했더니 혹 그 팀의 짐들도 옮겨 주기로 했냐고 물었다. 홍대장님께서 그런 요청을 들었기에 그렇다고 말하셨다. 그랬더니 올렉 대장이 한숨을 쉬면서 그러냐고 하면서 무전을 마쳤다고 하셨다.

우리의 중간보급품도 받을 겸, 모 기지 대원들도 이동을 시킬 겸 러시아 벨링스하우젠 기지로 갔다. 그런데 도착하고 보니 짐들이 너무 많았다. 처음 말로는 짐은 별로 안 되고 한 번에 갈 수 있다고 했지만 전혀 그런 상황이 아니었다. 올렉 대장이 이런 줄 알았느냐는 듯이 우리를 쳐다봤다. 결국은 배로 왕복 1시간 반 정도 되는 거리를 두 번에 걸쳐 옮겨 줬다.

다른 모 기지도 당황스러웠다. 그 기지 대장님과 하계 총무님 정도 되는 사람들이 대원들과 함께 우리 기지를 방문했다. 갑작스런 방문에 모두들 즐거운 시간을 보내다 갔는데 갑자기 거북호에 대해 관심을 보였다. 하역에 쓸 수 있냐는 것이다. 사실 거북호는 그동안 애물단지 취급을 받았다. 하지만 최근에는 그 능력을 인정받아 모두들 탐내는 존재가 됐다. 그렇지만 능력 발휘는 좋은 날씨에서만 할 수 있었기에 아무 때나 쓸 수는 없다고 했다.

그러던 어느 날, 다시 모 기지에서 연락이 왔다. 자기네 배가 들어왔는데, 기중기 하나를 내려야 한단다. 큰 것은 아니니 거북호로 도와줄 수 없냐는 것이다. 만약 어렵다면 한국의 극지연구소에 공문을 보내도 되겠냐는 것이다. 뭐, 어려운 일도 아니고 그리고 공문을 보내봐야 당연히 도와주겠다는 답이 올 것이 뻔해서 그러겠다고 답장을 줬다. 다만 연락받은 날은 날씨가 안 좋아 힘들고 날씨가 좋아지는 대로 연락을 주기로 했다.

며칠 뒤에 날씨가 좋아져서 모 기지 앞으로 갔다. 군함이 들어왔는데 모두들 반겨 줬다. 거북호와 군함을 연결한 다음에 옮겨야 할 기중기를 봤다. 그리 크지 않았다. 마티즈 크기 정도였다. 손쉽게 옮겼다. 옮긴 기중기는 러시아 기지 앞에 내려 주기로 했다. 그곳 해안이 완만하고 파도도 적어서 거북호를 해안에 대기가 쉬웠다. 군함과 우리 거북호를 연결한 로프를 풀려고 하는데 그곳 대장님이 홍대장님을 불렀다. 미안한데 철제 빔을 조금만 옮겨 주면 안 되겠냐는 것이다. 그런데 그 물건을 보신 대장님 표정이 말이 아니었다. 홍대장님은 자신의 마음을 잘 숨기지 못한다. 대원들이 멀리서 봐도 분위기를 짐작할 수 있었다. 알고 보니 이번에 건물을 하나 신축하는데 그 철제 빔을 이 배로 들여온 것이다. 아까 옮긴 기중기는 전체 하역품 중 일부에 지나지 않았다. 우리는 모두 황당했다. 처음부터 그렇게 얘기를 하던지. 이미 이곳까지 왔고, 더구나 우리가 아니면 저 배에서 철제 빔을 내릴 수조차 없어서 도와주기로 했다. 단, 군함에서 철제 빔을 옮길 때 대원들 다칠 염려도 있으니 그 일은 그곳 군인들이 하는 것으로 했다.

러시아 기지 앞에 접안을 하고 나서 올렉 대장이 올라와 기중기 내리는 것을 도와줬다. 우리는 다시 군함으로 돌아가 하역을 도와줬다. 그러는 동안에 점심시간이 지났다. 러시아 기지에 머물던 대장님이 그곳 대장님에게 우리 대원들 식사는 어떻게 했냐고 물었다. 그곳에서도 잊고 있었다. 급기야 대장님이 노발대발했다. 얼마 후 음식이 우리에게 전달됐다.

오후에 하역이 끝나자 기지에 돌아오니 저녁식사 시간이 훨씬 지났다. 원래 오전에 끝날 일이 결국은 하루 종일 걸리게 되어 우리가 계획했던 기지의 오후 일들은 당연히 미뤄질 수밖에 없었다. 그래도 어쩌겠는가. 이곳에서는 도와줘야 하지 않겠는가.

19. 호수를 찾아서

12월 초 의무실로 전화가 왔다. 경모였다. 나보고 오후에 시간이 되냐는 것이다. 19차 조리대원이 들어온 후 나는 주방보조에서도 빠졌고, 그렇다고 딱히 정해진 일도 없어서 괜찮다고 무슨 일이냐고 물었다. 하계팀 중에 어느 박사님이 세종기지 주변의 호수를 찾아다녀야 하는데 같이 가자는 것이었다. 지질학을 전공한 경모에게 부탁을 했고 경모는 가장 많이 돌아다녔던 내가 같이 가면 도움이 될 것 같다고 했단다. 나야 당연히 오케이. 이렇게 공식적으로 돌아다니면 눈치볼 필요도 없고, 따라서 심리적 부담도 적기 때문이다.

이날은 날씨가 너무 좋았다. 햇빛이 정말 강했다. 점심식사를 하고 연구동 앞으로 갔다. 이미 이곳 호수에 대한 나름대로의 경험도 있고, 승일이형 샘플 채취 때 항상 삽이 있었기에 왠지 삽이 필요할 것 같았다.

먼저 지난번에 설상차가 빠졌던 호수로 갔다. 체육관 위, 세종봉 아래에 있는 커다란 호수. 이번에 지도를 다시 보니까 그곳에 호수 표시가 있긴 있었다. 그렇지만 워낙 무정형의 지형이고 특별한 표시도 없어서 그 호수를 그냥 찾기가 쉽지는 않았다. 그러나 몸소 경험한 호수는 절대

호수를 찾은 후 GPS 포인트를 찍는 구경모 대원과 하계 연구원. 앞에는 눈에 덮인 호수가 있다.

잊지 못했다.

　열흘 만에 도착한 호수였는데 그동안 다시 살짝 얼고 그 위는 눈이 몽글몽글 덮고 있어서 그 모습이 감춰져 있었다. 이곳이 호수라고 말씀드렸다. 처음에는 믿을 수 없다는 표정이셨다. 처음 이곳에 도착해서 바톤 반도 위까지 갔었는데 이곳을 지나가셨다는 것이다. 그 증거인 듯한 발자국이 건너편 위로 나 있었다. 그런데 그 밑으로 호수 위를 지나간 발자국도 보였다. 이제 나는 그 둘의 차이를 구별할 수 있을 것 같았다. 이미 호수 주변에는 이곳이 호수임을 나타내는 흔적이 서서히 드러나고 있었다. 호숫가를 따라서 쌓인 눈 위로 약간의 균열이 나타났다. 그런데 처음 온 사람들은 잘 몰라서 한 사람은 그 균열 위로, 다른 사람은 그 균열 아래로 지나갔던 것이다. 삽을 들고 호수가 시작되는 곳의 눈을 팠다. 한 30센티미터 정도 파니 땅이 나왔다. 박사님은 그럼 그렇지란 표정이셨다. 지난번 호수에 빠진 일이 있어서 너무 조심을 하다 보니 호숫가 위를 팠던 것이다. 삽으로 앞쪽 눈을 치우면서 약간 속이 빈 듯한 소리가 나는 곳을 찾아 다시 팠다. 이번에는 맞았다. 30센티미터 정도 파고 보니 파란 물빛이 보였다. 그제야 나도 안심이 됐다. 바로 박사님과 경모가 GPS로 위치를 표시했다.

　다시 다른 호수로 갔다. 이제는 호수 위치를 짐작할 수 있었다. 내 생각으로는 U자 계곡 아래에도 빙하 아래로 흐르는 물들이 고인 호수가 있을 것 같았다. 지도를 봤다. 역시 U자 계곡 아래, 세종봉 옆으로 호수 표시가 있었다. 예전에는 보지 못했던 것들이 보였다. 예상 위치를 삽으로 두들겼다. 다른 곳보다 알차지 못한 소리가 들렸다. 역시 호수였다. 이미 아래는 얼음과 섞인 채 슬러시의 물이 고여 있었다. 이렇게 바톤 반도 위로 올라가서 다시 4봉, 3봉을 지나 관악봉을 통해 내려오고 있었다. 이제는 내가 모르던 호수도 찾고 싶었다. 이곳에 와서 2월에 처음으로 이 위를 올랐을 때 호수가 있었던 기억이 났다. 펭귄마을을 지나 바톤 반도를 너머서 기지로 왔을 때인데 지도에 보이는 호수 중 하나일 것 같았다.

　박사님과 경모를 그곳에 둔 채 주변에서 가장 높은 곳에 올랐다. 주변이 잘 보였다. 눈으로 펼쳐진 이곳에서 호수가 생김직한 곳이 보였다. 경모에게 손짓으로 저쪽으로 오라고 했다. 그곳에서 다시 삽을 들고 눈을 팠다. 지금까지 봤던 호수 중에서 꽤 큰 편에 속했다. 마지막 호수까지 파악을 하고 기지로 넘어왔다.

박사님이 이곳에서 호수 찾는 데 의사 도움을 받을 줄 몰랐다면서 고맙다고 했는데 그 말이 왜 이렇게 듣기 좋은지. 다음에도 이런 기회가 있으면 저를 불러 달라고 말씀드렸다.

20. 12월 7일

12월 7일은 전재규 대원을 비롯한 다섯 명의 대원들이 바다에서 조난을 당한 날이다. 세 명의 다른 대원들이 조난을 당한 후였다. 총 여덟 명이 조난을 당해서 한 명 사망에 일곱 명 생존. 그 2주기 추도식이 열렸다.

이곳에 들어와서 두 번의 추도식을 가지게 됐다. 이곳에 오자마자 얼떨결에 참석하게 된 동상제막식, 그리고 이제는 뭔가 알 것 같은 두번째 추도식. 이번에 두번째 월동을 하게 되면서 선발대로 오신 정상준 반장님은 지난 차대에 같이 월동했던 17차 대원들을 대표해서 온 격이 되었다.

21. 친구의 결혼

미국에서 의사생활을 하던 재훈이가 결혼을 한다며 메일을 보냈다. 나보고 언제 들어오냐고 물었다. 만약 때를 맞출 수 있다면 나보고 사회를 봐 달라는 것이었다. 일정을 맞출 수가 없어서 재훈이는 내가 이곳에 있을 때 결혼을 했다. 이곳에서 마땅한 선물도 없어서 친구와 아내 될 사람의 이름을 종이에 출력해서 세종기지를 나타내는 표석 앞에서 들고 찍었다. 또 건강한 2세의 출산을 기원하는 의미로 제 모양을 갖춘 펭귄알 껍질을 들고 한 장의 사진에 담았다. 메일로 보내 주었더니 재훈이는 무척이나 즐거워했다.

한국에서 참석하지 못하는 자리에 꽃이나 화분을 보내고 그 반응을 보는 것도 재미있었다. 꽃집에 전화로 주문을 하고 인터넷으로 입금시킨 다음에 보내는 사람을 '남극 세종기지 홍종원'이라 적는다. 받는 사람이나 그 자리에 참석한 사람들 반응들이 각양각색이었다. 마치 재미있는 심리테스트와 같았다. 나중에 주인공 얘기를 들어보는 것도 이곳에서 누리는 재미 중 하나였다.

22. 다시 한 번 기다린 하계대

유즈모 호로 일차 하계대가 들어왔고, 일부는 비행기를 통해서 들어왔다. 그 많은 하계대 중에서 12월 중순에 들어오는 하계대는 내가 무척이나 기다리던 하계대였다. 바로 다큐팀 총감독님이 반출했던 카메라를 다시 들고 들어오기 때문이었다.

그동안 카메라 본사 직원과 메일을 주고받으며 카메라 상태에 대해서 들었다. 본사에 가서 테스트를 했더니 핫픽셀이 나오지 않았다는 것이다. 특별히 내 카메라 때문에 기술진들과 회의도 거치고 온갖 테스트를 다 했는데 이상이 없었단다. 하지만 수리 의뢰가 너무나 특이한 경우여서 일단 CCD를 새것으로 갈았다고 했다. 사실 카메라를 보내면서 카메라만 보낸 것이 아니고 총무님처럼 스티커도 넣고, 내가 만든 크리스마스 카드 하나도 넣었었다. 당연히 받아 본 사람은 즐거워했다.

임완호 감독님을 만나자마자 카메라를 받았다. 들어오느라 고생했는데 샤워도 하고 짐도 풀고 나서 천천히 달라고 말은 했지만 속으로는 너무나 궁금했다.

부화한 새끼를 품고 있는 어미 펭귄.

이제는 두 대의 카메라를 가지고 다닐 수 있게 되어, 카메라 한 대로 렌즈를 바꿔 가면서 찍지 않고 카메라 한 대에 렌즈 하나씩 장착해서 찍을 수 있으니 너무 여유롭고 좋았다. 이렇게 짧은 기간 동안 한국과 남극을 두 번씩이나 왔다갔다 한 물건이 과연 있을까.

다큐팀과 함께 들어온 다른 팀. 바로 방송국 뉴스팀이었다. 우리가 들어올 때 같이 들어왔던 방송국이었는데, 그때 들어왔던 성인현 카메라 기자님도 다시 들어왔다. 지난번에 같이 들어와서 나에게 방송 카메라도 한 번 들고 찍을 수 있게 해줬던 인연도 있었다. 오랜만에 다시 뵈니 너무나 반가웠다.

23. 펭귄마을 - 부화 시작

하계대가 들어오면서 펭귄마을에 자주 가 보지 못했다. 그동안 준우는 펭귄마을 텐트에 상주하면서 펭귄의 일거수일투족을 촬영하고 있었는데 펭귄 새끼들이 부화하기 시작했다는 무전을 보내왔다. 남극에 있으면서 정작 봐야 할 것을 일 년 동안 월동한 사람이 보지 못한다는 것은 너무 억울했다. 저녁 때 총무님 허락을 받고 요정이와 펭귄마을에 갔다. 밤 9시가 넘어야 해가 지기 때문에 별 걱정은 없었다. 다행히 모든 펭귄들이 다 부화를 한 것이 아니어서 해질녘 빛과 함께 좋은 사진을 얻을 수 있었다.

24. 친해진 스쿠아, 그리고 무서워진 남극제비갈매기

워낙 많이 돌아다니다 보니 스쿠아와의 싸움은 피할 수가 없었다. 그러나 이제 나도 여유가 생겼다. 예전에는 사생결단하고 싸웠지만 이제는 여유 있게 삼각대를 머리 위로 돌리면서 지나간다.

세종곶에 있는 스쿠아들은 이제 나를 알아봤다. 오히려 내가 다가가면 나를 피했다. 지난여름에는 헬기장에만 가더라도 멀리 세종곶에 있던 스쿠아들이 전열을 가다듬고 몰려 왔지만 지금은 나를 슬금슬금 피한다. 이제 녀석들도 사진에 대해서 조금 알게 돼서 가까이서 찍으려고 해도, 제발 나를 공격하기를 기다려도 아무도 접근해 오지 않았다.

대신 남극제비갈매기가 사나워졌다. 펭귄마을에 가는 길목에 남극제비갈매기 무리들이 자리를 잡았는데 그 근처에 알을 낳았나 보다. 매우 작지만 그 날카로운 부리를 앞세워 사람한테 돌진할 때는 정말 무섭다. 바로 머리 뒤에서 소리를 한 번 빽 지르고 다시 날아오르는데 등골이 오싹해졌다. 그 사나운 스쿠아도 남극제비갈매기들이 위에서 날아들면 도망을 가든지 아니면 잠잠해질 때까지 하늘을 날지 못했다. 그래도 돌진하는 녀석들은 사진 찍기 참 좋게 날아와 줬다.

25. 위버 반도

마침 승일이형과 새박사 김연구원은 말할 것도 없고 위버 반도에 가야 할 사람들이 몇몇 있어서 날을 잡아서 함께 가기로 했다. 조디악도 다른 일로 칠레 기지에 갔다 와야 했기에 가는 길에 우리를 내려 주고 나중에 데리러 오기로 하고 하루 종일 위버 반도에 있어도 된다는 허락을 받았다.

승일이형과 내가 함께 다니기로 했다. 지난 3월에 같이 다녔던 곳은 안 가고 기지에서 보이는 인수봉을 측면에서 오르기로 했다. 밑에서 볼 때는 경사가 얼마 안 되는 것 같았지만 상당히 가팔랐다. 거친 돌들로 이루어진 사면이라 생각보다 오르기는 수월했지만 낙석 위험 때문에 앞뒤로 오를 수는 없었다. 옆으로 거리를 두고 올라야 했다. 옆에서 승일이형을 보니 그림이 좋았다. 거친 비탈면을 오르는 모습을 담으려고 했지만 화면은 생각한 것처럼 쉽게 잡히지 않았다. 이렇게 인수봉까지 직선 코스로 오르니 거리는 짧았다.

위버 반도 위로 올라오니 날씨가 급변했다. 바람이 갑자기 세졌다. 이런 경우 비탈면에서는 돌풍이 불 수 있기 때문에 특히 조심해야 했다. 멀리 조디악이 칠레 기지가 있는 필데스 반도로 가는 것이 보였다. 헬기를 타고 사진을 찍으면 좋으련만 그 대신으로 이렇게 높은 곳에서 양 옆으로 거칠 것 없이 펼쳐진 맥스웰 만과 남극의 전경을 바라보니 속이 후련했다. 남쪽에 보이는 외해에는 빙산들이 점점이 눈에 띄고 맥스웰 만 안쪽에도 모양이 독특한 빙산이 하나 들어오고 있었다. 마침 바람이 모두 남풍이라 저 빙산은 한동안 이 맥스웰 만 안쪽에서 빙빙 돌며 머물 것 같았다.

사진을 찍다 보니 갑자기 넬슨 섬에서 상승기류가 일어났다. 그 상승기류가 두꺼운 구름층을 만들었는데, 그 모양이 정말 멋있었다. 넬슨 섬을 덮은 빙원에서 모든 눈들이 상승기류를 타고 하늘로 솟아오르고 있었다. 만약 바다에서 이런 일이 있었다면 구름층만 보였을 텐데 마치 나에게 보여주려는 듯이 눈으로 그 과정을 보여주고 있었다. 남쪽에서 북쪽으로 이동하는 상승기류는 곧 필데스 반도를 덮칠 것 같았다.

그런 생각을 하는 동안 무전으로 동석이형 말이 들렸다. 칠레 프레이 기지에 도착해서 사람들 내려 주고 중간보급품을 받았는데, 눈보라가 심하게 치고 있다는 것이다. 내가 보고 있던 두꺼운 구름층이 이동하면서 그 안에 조디악팀이 갇힌 것이다. 날씨가 어떻게 될지, 그리고 만약 이렇게 계속 눈보라가 치면 이곳에서 하루를 보낼지 결정을 해 달라는 것이다. 동석이형 입장에서는 몇 년 전 전재규 대원 조난 때와 똑같은 경우를 겪고 있는 것이었다.

멀리 하늘에서 보고 있는 나는 별 걱정을 안했다. 두꺼운 구름층 이후로는 너무나 맑고 깨끗한 고기압이 있었기 때문이다. 멀리 브랜스필드 해협까지 청명한 날씨였다. 이내 기상실에 있던 수현이형 무전이 들렸다. 조금 있으면 걷힐 테니 여유 있게 기다리라는 것이었다. 동석이형은 눈보라가 더 심해진다고 했다. 기지 전체를 고기압이 덮고 있으니 조금 더 기다리라는 답변이 들렸다. 나도 한 수 보태고 싶었지만 오버다 싶어서 말았다. 좀더 사진을 찍는 동안에 상승기류는 멈췄고 구름층은 바로 필데스 반도를 빠져 나갔다.

승일이형은 이미 위버 반도를 넘어갔다. 점심시간에 맞춰 대피소 쪽으로 데리러 오기로 했기 때문에 위버 반도 아래에서 만날 시간을 정해 놓고 갈라졌었다. 나는 멀리 넬슨 섬과 상승기류를 담느라 봉우리에서 좀더 지체했던 것이다. 반도 안쪽은 대부분의 평지와 약간의 언덕이 어우러져 있었다. 회색빛 돌 위에 붙어 있는 남극이끼는 거친 녹색을 띠면서 위버 반도를 듬성듬성 덮고 있었다. 흐린 날씨와 투박한 위버 반도, 그 너머에 있는 하얀 빙원. 그 위를 달리고 있으니 마치 『반지의 제왕』에서 반지원정대가 달리던 느낌이었다.

더 진행하려고 했지만 약속시간에 대피소 있는 곳까지 가려면 서둘러야 했

갑자기 나타난 상승기류. 넬슨 섬에서 몰아친 상승기류는 눈보라를 일으키며 필데스 반도를 덮쳤다.
국지성 변화라 몇 분 지나지 않아 그쳤다.

다. 다시 방향을 돌려 대피소로 향했다. 아무래도 산 위에서는 속도가 느려서 해안을 따라가기로 했다. 이제는 예전같이 돌아서 가지 않았다. 이미 맨몸으로 미끄럼타는 것에 익숙해서 차라리 눈이 녹지 않은 비탈면을 찾았다. 그 비탈면을 타고 내려오는 것이 훨씬 빠르고 편했다.

이렇게 해서 내려오니 승일이형과 거의 비슷하게 약속 장소에 도착했다. 승일이형은 좀 전에 해안에서 위를 봤을 때 늦게 도착할 것 같더니 어떻게 이렇게 빨리 왔냐고 물었다. 하도 많은 곳을 다녀 봐서 빠를 수밖에.

26. 가까이서 본 빙산

위버 반도에서 눈여겨봤던 빙산은 세종기지 쪽이 아닌 필데스 반도 쪽에 자리 잡고 있었다. 너무 멀어서 그 희귀한 모양을 담을 수가 없었다. 그리고 그렇게 큰 빙산도 아니어서 잘 보이지도 않았다. 그냥 아쉬워만 하고 있었다.

그런데 뜻밖에 좋은 기회가 생겼다. 우루과이 아르띠가스 기지 창립식에 참석하고 중국 장성기지에 갈 일이 있었는데 그 길목에 바로 빙산이 있었다. 너무 신났다. 그 빙산을 배경으로 잠시 사진을 찍었다. 멀리서 봤을 때는 작았지만 역시 가까이에서 보니 무척 컸다. 근처에는 갔어도 더 가까이 갈 수는 없었다. 그래도 여유 있게 실컷 찍고 나서 중국 기지로 갔다.

중국 기지에 갔다가 오는데 날씨가 갑자기 맑아지면서 햇빛이 쨍하게 났다. 하지만 이미 빙산과는 거리가 좀 있었기에 이번에는 멀리서 찍을 수밖에 없었다. 너무나 아쉬웠다. 빙산 촬영도 햇빛이 나야 그 빛깔이 제대로 났다. 아무리 멋있는 빙산도 흐린 날씨 속에서는 흰색보다는 회색에 가까웠다.

의무실로 들어와서 찍은 사진들을 정리하고 있었는데, 갑자기 대장님이 오셔서 저녁 먹고 빙산을 촬영하기 위해 조디악을 띄우겠다고 했다. 모두가 이 이상하게 생긴 빙산을 멀리서 봤고 멋질 것이라고 생각하고 있는데, 우리가 찍었다고 하니까 모든 하계대들, 다큐팀들이 부러워하고 있었다. 저녁식사 때 모든 이야기가 빙산으로 시작해서 빙산으로 끝나는 것을 본 대장님이 조디악이 아직 부두에 정박돼 있으면 지금 한 번 더 띄우겠다는 것이다. 당연히 나도 따라나섰다.

이번에는 필름 카메라도 가지고 갔다.

　　시간은 저녁 7시 반. 아직도 해는 중천에 떠 있었다. 모두들 신나게 달렸다. 빙산에 가까이 오자 나도 모든 사진을 새로 찍는 것처럼 찍었다. 오후에 찍었던 사진들은 너무 어두웠다. 필름 카메라와 디지털 카메라를 번갈아 가며 찍었다. 사람들도 빙산을 배경으로 찍어 줬다. 서로 자신의 카메라로 찍어 달라기에 카메라 받고, 포즈 취하고, 사진 찍고, 그리고 다시 카메라를 돌려주기까지 그 시간이 너무나 아까웠다. 그래서 그냥 내 카메라로 사람만 바꿔 가며 찍었다. 그러던 중 내 눈에 확 들어오는 장면이 있었다. 사람 찍어 주는 것은 거기서 멈추고 이제는 그 장면을 향해 셔터를 눌러 댔다. 서쪽으로 기울어져 가는 햇빛이 제대로 빙산을 비추자 보는 위치와 각도에 따라 역동적인 모습이 된 것이다. 나도 전혀 예상치 못했던 모양이었다. 남들은 지쳐서 찍기를 그만두었지만 나는 한참을 더 찍었다.

　　이제는 돌아가야 할 시간. 너무나 아쉬웠지만 그래도 멀리 위버 반도에서 봐 뒀던 빙산을 가까이에서 제대로 담을 수 있어서 만족스러웠다. 의무실에서 혼자 실실 웃어 가면서 사진을 정리했다. 역시 아까 느낌이 왔던 그 위치에서 찍은 사진이 가장 좋았다. 만약 이미 찍었으니까 안 나간다고 했으면 너무나 후회할 뻔했다. 이곳의 철칙, 있을 때 할 것. 역시나 맞는 얘기였다. 이 사진을 동호회 게시판에 올렸고, 다음 날 다시 들어가 보니 오늘의 사진으로 뽑혀 있었다.

27. 각국 기지의 행사들

　　여름이 되자 각국 기지의 행사에 대한 초대 무전이 오곤 했다. 가장 먼저 11월 초에 있었던 칠레 프레이 기지 학예회. 칠레 프레이 기지의 장교들은 2년간 월동을 하게 되어 있어서 식구들과 같이 월동을 할 수 있다. 아이들은 칠레 기지 내에 있는 학교에 다니는데, 겨울 동안 학예회 준비를 해서 발표하는 시간을 갖는다. 노래, 전통춤, 연극 등을 선보이는데 내용은 전혀 알아들을 수 없었다. 하지만 긴 겨울이 끝나고 활기찬 모습들, 그리고 정말 오랜만에 보는 아이들의 재롱은 보는 것만으로도 즐거웠다.

12월이 되면서 본격적인 행사들과 초청들이 있었는데 대개는 기지 창립기념식이 주를 이룬다. 중국 장성기지의 경우는 공산당 관련 행사에 대한 초청이 오기도 하는데, 냉전시대가 생생한 우리에게는 조금 낯설고 당황스럽기까지 했다. 이런 행사는 그 행사의 본래 의미보다는 오랜만에 사람들끼리 모여 인사도 하고 다른 기지에는 누가 왔나 동정도 살피고 언제 어느 기지에 새로 월동대가 들어오는지 정보를 교환한다는 의미가 컸다. 그리고 다른 나라의 음식과 문화, 술도 맛볼 수 있는 좋은 기회였다.

세종기지는 바다 건너에 있는 관계로 다른 기지의 초청에 모두 응할 수가 없었고, 반대로 세종기지 행사에 다른 기지에서 오기도 쉽지가 않았다. 초청일의 날씨가 항상 좋으리라고 장담할 수 없었기 때문이다. 때로는 날씨가 좋지 않은 것이 좋기도 했다. 너무 바빠 그곳 행사까지 참여할 여력이 없을 때는 그것이 좋은 구실이 됐다. 하지만 대부분은 행사에 참석하기 위해 대원들 차례를 정하기도 했다.

우루과이 기지 창립식 때는 새로운 차대와 인사도 하고 칠레 기지 대원들과도 많은 얘기를 나눴다. 마침 이날은 중국 장성기지를 제외한 대부분 기지의 의사들이 모두 모였다. 이렇게 한 분야 대원들이 모두 모이기는 쉽지가 않았다. 월동보고서 끝부분에 각국 기지의 의무실 현황을 비교해서 세종기지 의무실 개선점을 조사하고 있었는데, 이날 모임은 무척이나 도움이 됐다. 이렇게 행사를 통해 각국 기지 대원들과 만나서 일종의 비즈니스를 하게 되는 경우가 많았다.

11월 초 칠레 프레이 기지 학예회에 갔을 때 중국 장성기지의 린 부대장을 만나서 곧 중국 기지의 월동대 교대가 있을 것이니 그전에 방문해 달라는 초청을 받았다. 대장님은 이곳에서 공항을 맡고 있는 자라 대위를 만나서 여름에 들어올 비행기 일정에 대해 의견을 충분히 나눴다. 그래서 브라질 비행기 스케줄을 사전에 알 수 있었고, 브라질 페라스 기지에 미리 기별을 넣어서 전기안전공사팀이 출남극할 수 있게 손을 쓸 수 있었던 것이다.

모든 행사 중에 단연 압권은 12월 25일 직전에 열린 프레이 기지의 크리스마스 파티였다. 말로만 들었던 크리스마스 파티라 정말 가 보고 싶었다. 작년에는

헬리콥터를 타고 내려온 산타클로스. 칠레 프레이 기지에서.

하역 때문에 전혀 시간을 낼 수 없었지만 이번에는 연말이 되기 전까지 아직 여유가 있었다. 학예회 때와는 또 사뭇 달랐다. 어른들도 합창을 하고 인형극도 하면서 유쾌한 시간을 보냈다. 월동대뿐만 아니라 각국 기지의 하계대들도 참석해서 많은 사람들로 시끌벅적했다.

이날 행사의 클라이맥스는 헬기를 타고 내려오는 산타클로스. 빨간색 헬기를 십분 이용해서 명장면을 연출했다. 모두들 밖에서 산타를 맞이한 후 행사장 안으로 다시 들어왔다. 산타클로스가 아이들과 일반 사병들에게도 직접 이름을 부르며 선물을 줬다. 모두들 기념사진을 찍고 너무나 즐거워했다. 그 모습을 보는 우리도 덩달아 즐거웠다.

칠레뿐만 아니라 다른 남미 국가도 한 집안에 자녀들이 많았다. 나와 동갑이었던 닥터 미란다도 벌써 애가 세 명이나 있었는데 큰애는 아홉 살이었고, 막내는 이곳에 들어올 때 생후 3개월이 안 됐었다. 가족 개념이 강한 중국 대원들이 이들을 항상 부러워했다고 한다.

다시 여름

28. 유즈모 호로 보낸 카메라

나도 유즈모 호를 타고 밖으로 나가 보고 싶었다. 지난겨울에 비행기를 타고 본 킹 조지 섬 바깥세상이 너무나 강렬해서 더욱 그랬다. 하지만 내가 유즈모 호에 승선할 수 있는 구실은 전혀 없었다. 그런데 마침 지질연구원 경모와 다큐팀 준우가 지난번 하역을 마치고 외해로 나가는 유즈모 호에 승선하게 됐다. 그 둘에게는 12월 말에 다시 기지로 들어올 때까지 유즈모 호 승선이 허락됐다. 내 카메라 두 대 중 하나를 경모에게 맡겼다. 평소 카메라에 관심이 있었기에 간단한 실전 사용법만 가르쳐 준 다음에 기존 렌즈를 장착해서 보냈다.

경모와 모종의 계약을 맺었다. 경모가 찍은 사진의 모든 저작권은 경모에게 속하고 다만 그중에 괜찮은 사진은 작가를 표시하는 조건으로 내가 쓸 수 있게끔 했다. 그리고 배에서 사진을 찍다가 위험한 상황이 되면 카메라에 절대 신경 쓰지 말라고 했다. 쓸 만큼 썼으니 설령 바다에 빠뜨리더라도 부담은 갖지 말라고 했다.

제발 좋은 장면을 많이 찍어 왔으면 좋겠다. 준우에게도 당부했다. 부디 좋은 장면 많이 찍어서 좋은 볼거리를 부탁한다고 말이다.

29. 빙벽 촬영 I

빙하의 끝, 빙벽이 무너지는 장면은 장관이다. 빙벽이 무너지는 것을 보는 것만으로도 정말 운이 좋은 것이었다. 그 넓은 빙벽 중에 어디가 언제 무너질지 아무도 몰랐다. 그래서 월동 일 년이 지나가도록 빙벽 무너지는 것을 제대로 담아 보지 못했다.

운이 좋게 빙산의 일부가 무너지는 것을 담을 수는 있었다. 빙산을 찍고 있는 도중에 카메라 앵글 안에서 보란 듯이 무너져 내렸기에 제대로 담을 수 있었다. 하지만 성에 차지 않았다. 점점 욕심이 났다.

겨울에는 태양 고도가 낮아 빛이 빙벽 아래까지 비추지 못해서 찍을 것이 없었다. 오래간만에 조디악으로 나갔을 때는 대피소가 뒤집혀지는 바람에 기회를 놓쳤다. 그러던 차에 빙벽 촬영의 기회가 왔다. 크리스마스 다음 날 방송팀에서 뉴스에 나갈 화면을 위해 위버 반도 설원에서 눈썰매 타는 것을 찍으려고 했다. 대원들과 그것을 찍고 남극의 산증인이신 장순근 박사님, 방송팀 그리고 내가 빙벽이 끝나는 해안가 안전지대에서 빙벽 촬영을 하기로 했다. 너무나 기대됐다.

오후에 가기로 해서 오전에는 다른 하계대 인솔차 펭귄마을에 갔다. 이미 카메라 한 대를 경모에게 줬기 때문에 나는 한 대의 카메라로 촬영을 했다. 그런데 이게 보통 귀찮은 작업이 아니었다. 멀리 있는 것을 크게 찍는 줌렌즈와 가까이 있는 것도 작게 보일 정도로 넓게 찍는 광각렌즈를 서로 바꿔 가면서 찍기가 이만저만 힘든 것이 아니었다. 줌렌즈를 끼고 찍다 보면 광각렌즈가 아쉬웠고, 광각을 끼면 줌이 아쉬웠다. 워낙 겨울 동안 이짓을 많이 해서 이제는 눈감고도 렌즈를 자연스레 갈고 끼우는 노하우가 생겼다. 카메라 가방을 멘 채 카메라를 가방 위에 올려놓고 잘 갈았었다. 이번에도 광각으로 바꿔 끼우고 카메라를 들어올리는 순간,

"빡!"

뷰파인더 안을 들여다 보고 있는데 무언가 박살나는 소리가 들렸다. 줌렌즈가 카메라 가방 안에 완전하게 들어가지 않았는데 몸을 돌렸던 것이다. 학생 때 용돈을 모아서 샀던 렌즈다. 겨울에도 이렇게 떨어뜨린 적은 있었다. 하지만 그 때는 온 사방에 덮여 있던 눈이 완충 역할을 해주었다. 이번에는 하필 눈이 녹은 돌덩이 위에 떨어졌다. 다행히 렌즈는 괜찮은데 조리개 조절 부분이 완전이 맛이 가 버렸다. 머리끝까지 화가 났지만 누굴 탓하겠는가.

기지로 돌아와서 마음을 진정시키고 아쉬운 대로 60밀리 렌즈를 챙겼다. 그만큼 당겨 찍을 수 있는 렌즈는 아니었지만 어쩔 수 없었다. 위버 반도로 가서 대원들과 눈썰매도 세 차례에 걸쳐 탔다. 여러 사람들과 즐거운 기분을 내니 이내 오전에 고장 난 렌즈는 잊혀졌다.

빙벽을 찍으려면 오랜 시간이 필요해서 재빨리 위버 반도를 떠났다. 마리안 소만 안쪽으로 점점 다가갔다. 마침 그곳에서 하계대 지원을 나왔던 조디악이 우리와 조우를 하면서 정말 멋진 장면을 봤다는 것이다. 조금 전에 그랬었는데 다시 계속 기다려 보라는 놀림 아닌 놀림을 받았다. 아쉬웠지만 그들 말대로 기다

려 볼 수밖에. 우리가 내린 곳은 마리안 빙벽이 끝나는 부분에 조금 노출된 지면이었다. 위로는 돌산이 있고 노출된 평평한 지면은 짧지도 길지도 않은 적당한 곳이었다.

몇 해 전까지만 하더라도 이곳 역시 빙벽으로 덮여 있다가 빙하가 후퇴하면서 최근에 노출된 곳이다. 한 번에 전 빙벽을 담을 수 있었을 거라고 생각했지만 그렇지 않았다. 옆에서 봐도 그 폭이 상당히 넓었다. 따라서 카메라를 세팅하려면 적어도 세 군데에 고정을 해놔야 했다. 카메라가 세 대가 아니므로 가장 가능성이 있어 보이는 쪽에 카메라를 세팅해야 했다.

전방을 주시하면서 조그마한 소리도 잡으려고 주의를 기울이고 있었다. 다행히 60밀리 렌즈도 빙벽을 잡을 수는 있었다. 어느 정도 규모가 되고 너무 멀지 않은 빙벽이 무너진다면 말이다.

오랫동안 물에 잠겨 있어 부드러워진 빙산의 측면 하단.

수면에 잠기지 않은 빙산은 거친 각을 유지하고 있다.

이제 무너져 주기만 하면 됐다. 바람은 불지 않았지만 날씨는 점점 흐려져 마리안 소만 전체가 회색빛을 띠었다. 이미 무너져서 바다로 흩어진 유빙들 위로 펭귄들이 한가롭게 올라왔다 물에 들어갔다 장난치고 있었다.

사실 다큐팀, 방송팀, 그리고 나는 미묘한 경쟁관계에 있었다. 다큐팀은 일찍 들어와 겨울 장면을 담았고, 방송팀은 이전에도 한 번 들어온 경험이 있어서 기지 돌아가는 분위기를 알고 있었다. 즉 언제 끼어들고 언제 빠질지를 나름대로 파악하고 있었다. 한 팀이 좋은 장면을 찍으면 다른 팀은 내색은 안하지만 조바심이 나는 표정이 역력했고, 다른 팀이 또 좋은 장면을 찍으면 반대의 분위기가 조성되었다. 여기에 지난 일 년 동안 몸으로 수집한 각종 사진을 가지고 있는 나도 무시할 수 없는 존재가 돼 버렸다. 비록 아마추어이기는 하지만 이곳에서 어디에 가면 뭐가 있고, 뭐는 어디가 좋고 하는 정보가 많았기 때문이다. 아마추어라고 무시하기에는 이곳에서 보낸 일 년의 시간이 꽤 컸다.

이 세 팀이 어느새 보이지 않는 경쟁관계가 되면서 더 좋은 장면을 담기 위해 더욱 노력할 수밖에 없었다. 나도 나중에 들어온 팀이 더 좋은 장면을 담는 것에 괜한 오기가 생겼다. 같이 담더라도 내가 먼저였다.

조그마한 것들은 감칠맛나게 무너져 내렸다. 내가 먼저 담았지만 그 규모는 별로 만족스럽지 않았다. 무너지기 전에 균형이 깨지면서 그 위에 있던 얼음덩어리들이 먼저 떨어지는 경우가 있었다. 바다에 떨어지면 물의 표면장력에 의해 마치 아스팔트 바닥에 떨어지는 듯한 짧고 강한 소리가 났다. 그런데 거리가 있어서 실제 보는 모습과 소리와는 시차가 있었다. 따라서 이후 무너지는 소리를 듣고 카메라 셔터를 누를 때는 이미 늦다. 항시 눈을 부릅뜨고 있어야 한다. 그런데 이것도 겨우 한두 시간이지. 두 시간이 넘어가면서 지겨워지기 시작한다.

빙벽 무너지는 것도 좋지만 빙벽 자체가 어우러져 있는 풍광도 너무 좋았다. 파란 하늘과 파란 바다 사이를 웅장하게 가르고 있는 하얀 빙벽. 광각으로 옆에서 멀리까지 한 번에 담아 보았다. 구름도 점점 걷히고 있어서 빛이 너무 좋았다. 다시 60밀리로 바꾸면 적당한 거리에서 알아서 무너져 내리고 또 알아서 찍어 주고, 그러면서 시간은 계속 흘렀다.

하지만 '촬영장' 분위기는 말이 아니었다. 성기자님은 한 컷도 제대로 담지 못하고 있었다. 점점 기지로 돌아가야 할 시간이 되는데, 성기자님이 세팅한 카메라 쪽 빙벽은 꿈쩍도 하지 않고 있었다. 한 번 무너져 내리기는 했는데 잡지 못했다. 반면에 나는 좀 여유가 생겼다. 아주 만족스러운 사진은 아니었지만 그렇다고 아쉬울 것도 없었다.

성기자님과 상의를 했다. 대장님에게 이곳에서 시간을 좀더 보내도 되는지 타진을 해보겠다고 했다. 장순근 박사님도 흔쾌히 승낙하셨다. 지난번에 같이 들어와서 대장님 성격을 아는지라 나와 의견을 같이해서 조심스럽게 물어 봤다. 오후 4시 반에 무전을 보내 오후 7시까지 있으면 안 되겠냐고 물었다. 대신 저녁식사는 우리가 알아서 해결하겠다고 했다. 대장님이 허락해 주었다.

한 시간을 더 벌었지만 괜히 나까지 초조해졌다. 그래도 여유 있는 마음으로 이곳저곳을 찍고 있었다. 점점 구름이 더 걷히고 햇빛은 서쪽으로 기울어 동쪽에 있는 빙벽을 제대로 비추고 있었다. 한편으로는 나도 마지막으로 찍을 빙벽에 신경을 쓰면서 흐릴 때 찍었던 장면을 다시 찍었다. 빛이 더욱 청명했기에 다시 찍고 싶었다. 찍었던 곳을 찍을수록 욕심이 더 났다. 광각으로 렌즈를 바꿨다. 이전 사진보다 훨씬 보기 좋았다.

"우르르쾅…."

다시 60밀리로 바꾸려는데 저 멀리 위버 반도 쪽 빙벽이 무너졌다. 소리를 듣는 순간 어느 정도일지 감이 왔다. 정말 제대로 무너졌다. 오늘 여태까지 무너진 것을 합친 것보다 더 많은 양이 보란 듯이 무너져 내렸다. 일단 정면에서 무너졌고, 블록 자체가 주저앉아 버렸다. 하지만 이미 늦었다. 렌즈를 바꾸려다가 포기하고 그냥 광각으로 2킬로미터나 떨어진 곳을 눌러댔다. 어찌나 제대로 무너졌는지 그 주위의 바닷물이 상승하면서 그 파동이 꿀럭거리며 우리에게 다가오는 것이 보였다. 우리는 재빨리 높은 곳으로 피했다.

몇 초가 지나자 우리 쪽 해안으로 쓰나미 같은 파도가 밀려왔다. 이 모든 광경이 성기자님이 카메라 세팅한 곳에서 일어났으니 분위기는 완전히 뒤바뀌었다. 성기자님 기분은 하늘을 찌를 듯했고, 나는 초상을 당한 분위기였다. 갑자기 내가 급해졌다. 7시가 가까이 돼 가는데 점점 초초해졌다. 무전으로 조디악이 기지를 떠난 것을 알 수 있었다. 더 이상 무너지는 곳이 없었다. 그 순간이 너무나 아까웠다.

조디악이 마리안 소만을 뒤덮은 유빙을 헤치고 오느라 우리가 있는 곳까지 빨리 올 수 없었다. 다행이었다. 그 시간조차도 흐르는 것을 막고 싶었다. 그러나 끝내 빙벽은 더 이상 무너지지 않았다. 기지에 돌아와서 미리 식사를 마친 다큐팀이 이날 얘기를 듣고는 겉으로는 웃고들 있었지만 마음은 그리 편해 보지 않았다.

나는 재빨리 의무실로 갔다. 찍은 사진을 확인해 봤다. 아주 잘 나왔다. 햇빛을 받은 광활한 빙벽이 파란 하늘과 파란 바다 사이로 조화를 이루며 펼쳐져 있었다. 그 가운데 아주 작게, 자세히 보지 않으면 이것이 무너지는 것인지 아닌지조차 알 수 없도록 무너지는 커다란 빙벽이 있었다. 한숨밖에 안 나왔다.

펭귄들도 자주 다니는 길이 있다.

30. 펭귄마을 - 유치원

12월 말이 되자 새끼 펭귄들이 제법 자랐다. 호기심도 무척이나 늘었다. 부화하자마자는 크기가 너무 작아서 스쿠아한테 손쉽게 잡아먹히기도 했다. 항상 어미 펭귄이 배 아래에 품고 돌봐야 했다. 하지만 이제는 스쿠아가 한 입에 물고 갈 수 없을 정도로 커졌다. 이때부터 둥지 근처에서 새끼들끼리 모여서 지냈는데 우리는 이것을 펭귄유치원이라고 불렀다. 몇몇 어른 펭귄들이 돌보고 새끼들끼리는 장난도 치고 이리저리 다니면서 한가한 때를 보냈다.

간혹 스쿠아의 공격을 받기도 했다. 마음에 두었던 사냥감을 언덕에서 굴려서 무리로부터 떨어뜨린 다음에 잡아먹었다. 스쿠아가 공격자세로 낮게 날 때는 모든 새끼들이 납작 엎드려서 경계하곤 했다. 내가 카메라를 들이댈 때 펭귄들은 그냥 외면하는데, 스쿠아가 지나칠 때는 눈에 두려움이 가득했다.

31. 세종곶에서 일출을

여름 해는 기지 남쪽에서 떠서 동쪽과 북쪽을 지나 서쪽으로 진다. 그렇기 때문에 기지에서는 해가 바톤 반도 뒤쪽 빙원에서 뜨는 것으로 알았다. 하지만 길고 짧은 것은 대 봐야 아는 것. 비록 기지에서는 바톤 반도에 가려서 일출을 볼 수 없었지만 세종곶 끝까지 나간다면 바톤 반도를 벗어나서 일출을 볼 수 있을 것 같았다. 며칠 동안 일출 무렵에 세종곶에 나가서 실체를 파악했다. 비록 구름이 끼어서 일출 자체를 잡지 못했지만 날씨만 좋다면 이곳으로 해가 뜰 것 같았다.

시험해 볼 기회가 곧 주어졌다. 새벽에 일어나서 세종곶 끝까지 갔다. 물론 당직에게 얘기하고 무전기를 가지고 말이다. 역시 내 생각이 맞았다. 바다에서 떠오르는 해를 담을 수 있었고, 이는 세종곶에서나 가능했다. 이내 해는 펭귄마을 뒤인 바톤 반도에 숨었다가 시간이 지나면서 바톤 반도 빙원 위로 다시 솟았다. 그러니 기지에서는 일출을 찍지 못한다는 상식 아닌 상식이 있었던 것이다. 이곳에 오래 전부터 오셨던 박사님들도 세종기지에서 일출을 볼 수 있는지 모르셨다고 하셨다. 기지에서 새해 일출을 볼 수 있었다. 뭔가 뿌듯한 일을 한 것 같았다.

32. 고래

여름이라서 그런지는 모르겠지만 지난해보다도 날씨가 좋은 날이 많은 것 같았다. 이제는 식사시간 외에는 모조리 밖으로 돌아다녔다. 하역 전후에 특별히 할 일도 없고, 기지 근처에만 있으면 됐기 때문이다. 이미 세종호는 모두 녹았다.

아리랑위성 관제소 앞에서 세종호에 있는 스쿠아를 찍고 있을 때였다.

"푸후 –"

빈 탱크에서 가스가 터져 나오는 듯한 소리, 빈 탱크가 공명으로 울리는 듯한 소리가 났다. 주위를 둘러봐도 아무것도 없었다. 내가 잘못 들었나 생각했다.

"푸후 –"

다시 들렸다. 고래다. 바로 고래임을 직감하고 바다 쪽을 봤다. 고래는 이내 물속으로 들어갔지만 고래가 뿜은 숨이 물방울과 함께 공중으로 솟아올라 만들어진 수증기가 바람에 흩어지고 있었다. 나는 카메라와 가방을 들고 그대로 뛰었다. 내가 있는 위치에서 바닷가로 가기 위해서는 스쿠아가 모여 있는 세종곶을 가로질러 가든지, 아니면 기지 쪽에 있는 헬기장까지 돌아서 가든지 두 가지 방법밖에는 없었다. 그런데 고래가 기지에서 점차 멀어지고 있었기에 헬기장을 돌아서 갈 시간이 없었다.

그냥 뛰었다. 물이 녹아 넓고 얇게 웅덩이를 이룬 세종곶을 무작정 가로질렀다. 온 주변에 물이 튀건 말건 고래를 담기 위해 뛰었다. 호수를 가득 메우고 있던 스쿠아들이 나를 피해 모두 날아올랐다. 미친 듯이 뛰니까 아예 공격조차 하지 않았다.

바닷가에 도착했으나 고래는 이미 기지에서 멀어지고 있었다. 이번에는 해안을 따라 뛰었다. 조금 뛰고 나서는 해안의 돌 때문에 뛰기가 더 쉽지 않아서 그쯤에서 앞뒤 보지 않고 셔터를 눌러댔다.

고래를 보면 행운이 온다고 한다. 하도 보기가 쉽지 않아서 생긴 말인 것 같았다. 나는 고래를 가까이서 보지는 못했다. 겨울에 들어왔던 고래도 저 멀리서 지나가는 것만 봤다. 다른 차대 대원들은 조디악을 운행하다가 보기도 했고, 우리 대원들 중 일부는 펭귄마을 근처에서 솟구쳤다 바다로 떨어지는 고래를 보기도 했다. 이 모습도 이번에 성기자님이 들어오자마자 담으셨는데, 그 화면을 보고 감탄하지 않을 수 없었다.

이곳 남극의 역사는 고래잡이로부터 시작했다. 그 당시 고래를 잡으면 근처 육지에서 고래 고기와 기름으로 발라 가져갔기에 고래뼈들이 이곳저곳에 널려 있었다. 바톤 반도 근처와 위버 반도에도, 그리고 세종기지 앞의 세종곶에도 고래뼈의 잔해가 널려 있었다. 각국 기지 앞에도 근처에서 발견된 고래뼈들을 모아서 누구나 볼 수 있게 했다. 이 근처 육지 대부분에서 고래뼈들이 발견돼 예전에 고래잡이가 상당히 번성했던 것을 짐작할 수 있었다. 100년이 넘게 이곳에 있었을 고래뼈들을 보고 있노라면 어느 유적지에 온 듯한 느낌이 들었다.

33. 다시 들어온 유즈모 호

외해에서 탐사활동을 벌이던 유즈모호 가 다시 들어왔다. 이번에 유즈모 호가 들어오면 3일간 정박을 한다. 1차 하계대가 유즈모호를 타고 출남극을 하며 폐기물과 반출물 중 냉동컨테이너가 먼저 나간다.

유즈모 호가 들어오기 전부터 기지가 다시 바빠졌다. 이미 정리해 둔 폐기물을 부두로 옮기고, 승일이형과 정원이는 지난 일 년 동안 모았던 샘플들을 마지막으로 정리하느라 정신이 없었다. 냉동고 안에서 분류를 하거나 이미 정리한 물건들을 냉동고에서 빼내기 쉬운 곳으로 자리를 옮겼다. 이곳에서 내보낸 샘플은 한국에서 분석을 해서 일 년을 마감하는 논문을 내야 했다.

다른 하계대원들도 바빴다. 이번에 들어와서 채취한 각자의 샘플도 이번 냉동컨테이너에 실어 내보내야 했기 때문이다. 예전에는 일찍 나간 월동대 때문에 유즈모 호편으로 귀국 짐을 보냈지만, 이번에는 일정이 늦어져서 1월에 들어오는 유류보급선으로 내보내기로 했다. 좀 여유가 있었다.

내가 유즈모 호를 기다린 이유는 따로 있었다. 유즈모 호를 타고 떠났던 경모와 준우가 들어오기 때문이었다. 경모가 좋은 사진을 많이 찍었기를 바랐다. 특히 킹 조지 섬을 떠날 때와 들어올 때 외해에서 맥스웰 만을 보면 어떤 느낌이 들까 굉장히 궁금했다. 왼편으로는 넬슨 섬이, 오른편으로는 킹 조지 섬이 있을

마리안 빙벽과 그 뒤로 펼쳐진 크레바스

것이고, 맥스웰 만 오른쪽에 있는 브라질 기지나 폴란드 기지쪽 풍경은 어떨지도 너무나 궁금했다.

　의무실에서 보니 세종곶 앞에 빙산이 하나 들어와 있고, 그 위로 펭귄들이 올라가고 있었다. 그 모습을 찍으려고 세종로에 나왔는데 뒤에서 준우가 불렀다. 몇 주 만에 보니 더욱 반가웠다. 유즈모 호에서 어떻게 지냈는지도 너무 궁금했다. 사실 다른 연구원들이 무엇을 하면서 어떻게 지냈는지는 별로 궁금하지 않았다. 왜냐하면 보는 관점이 좀 달랐기 때문이었다. 연구원들이 하는 프로젝트에 대한 것을 나는 잘 알지도 못했고, 그래서 별 흥미도 없었다. 그냥 배 안에서 그런 것도 하는구나 하고 느낄 뿐이었다. 또한 무엇을 봤고, 무엇이 보이는지 아무리 물어도 똑같은 얘기뿐이었다. 그냥 바다 위에 섬밖에 없다는 것이다.

　준우의 말로도 날씨가 그렇게 좋지 않아서 볼거리가 별로 없었다고 했다. 차라리 준우가 이런 얘기를 해주니 별 미련은 없었다. 내가 갔어도 마찬가지였을 거란 생각이 들었다. 마침 경모가 지구물리관측동으로 가기에 카메라 잘 썼냐고 물었다. 몇 장 찍었는데 만족스러울지 모르겠단다. 피곤할텐데 쉬었다가 저녁 먹고 카메라를 달라고 했다. 내심 기대를 했다. 그런데 저녁 때 의무실에서 본 사진은 정말 몇 장 없었다. 바쁜 때는 못 찍더라도 맥스웰 만으로 들어올 때 몇 장 찍었으면 했었는데, 나만 관심 있었나 보다. 자꾸 빙벽 생각이 났다. 만약 카메라 두 대 가지고 찍었으면 좋은 장면이 나올 수도 있었을 텐데. 그래도 내 분신 중 하나가 유즈모 호를 타고 외해까지 갔다 왔다는 것에 만족할 수밖에 없었다.

　경모가 유즈모 호 하계대들이 사다 놓은 과자, 초콜릿을 비롯한 떠먹는 요구르트 등 다양한 간식을 받아 가지고 왔다. 나가면 곧 먹을 수 있는 것이지만 오랜만에 한국의 군것질거리를 먹으니 모두들 즐거워했다.

　12월 31일, 유즈모 호를 보냈다. 예전 같으면 일 년 월동 뒤에 한국에서 보자는 인사를 했을 테지만 우리도 곧 있으면 한국으로 돌아가기에 별 느낌 없이 담담하게 유즈모 호를 보냈다. 지루할 때도 있었지만 막상 끝 무렵이 되니 일 년이 너무 빨리 지난 것 같았다. 이곳에서 일 년 동안 신문 등 매체를 통해 접한 한국은 너무 복잡했다. 특히 일 년을 마무리할 즈음 들렸던 줄기세포에 관한 소식은 이곳에서도 복잡하게 보였다. 먼 곳에 있었기에 객관적으로 바라볼 수 있었는데 한국 사회 전체가 보여준 모습은 분명 민망하기도 하고 씁쓸하기도 했다.

이곳 펭귄들도 이 작은 자신들의 세상에서 아옹다옹하면서 살고 있었다. 남극조약이란 커다란 테두리 안에서 그들이 그들 나름대로 살게끔 내버려 둔다. 우리도 혹시 우주의 누군가가 만든 조약에 의해 우리들끼리 아옹다옹 살아가고 있는 것은 아닐까.

이곳에서의 일 년을 마무리해야 했다. 승일이형이 정리하는 전체 월동보고서와 우리 생활을 정리한 『눈나라 얼음나라』도 완성됐다. 유즈모 호는 아쉬운 듯 고동소리를 내며 세종기지를 떠났다.

이곳에서 두번째 새해를 맞았다.

34. 펭귄마을- 먹이 먹이기

펭귄 어미들의 새끼에 대한 사랑은 지극정성이다. 멀리 바다에 나가서 크릴을 한껏 먹은 후에 새끼들에게 토해내 먹인다. 새끼들이 작을 때는 큰 영향이 없는데, 새끼가 점점 커지면서 어미만해지면 그 먹는 양을 어미가 감당하지 못한다. 실제로 여름이 끝나갈수록 어미들은 점점 살이 빠지는 것 같았다. 심지어 새끼가 쫓아오면 도망가기 바빴다. 바다에 들어가기 전에 훈련을 시키는 것이라고는 하지만 내가 봤을 때 어미들은 도망가는 것에 가까웠다. 미운 일곱 살 같았다.

35. 단체사진 I

막상 기지에 걸어 놓을 단체사진을 만들려고 하니 몇 가지 문제가 있었다. 인화지로 뽑으면 좋을 텐데 이곳에는 출력용지밖에 없었고 막상 뽑으려니 잉크도 모자랐다. 출력된 사진 크기도 액자보다 너무 작았다. 창고에 있던 새 액자들의 상태도 좋지 않았다. 앞으로 새로 신청을 해야 하지만, 우리는 일단 있는 것을 써야 했다. 하지만 정성껏 찍은 사진을 그렇게 성의 없이 뽑아서 걸어 두기는 싫었다. 19차가 들어올 때 같이 들어오는 팀에게 사진을 부탁하는 것이 좋을 것 같았다. 극지지원실에 바로 전화해서 의견을 타진하고 오케이 사인을 받았다. 바로 포토샵으로 보정한 파일을 인터넷으로 보냈다. 혹시 몰라 원본도 보냈다. 사진이 무척이나 기다려졌다.

36. 빙벽 촬영 II

다큐팀은 준우가 들어온 후 임감독님까지 두 명이 되자 빙벽 찍을 일정을 잡았다. 대장님도 지난번에 준우와 한 약속이 있어서 방송팀이 촬영했던 곳을 다시 취재하도록 허락해 주었다. 사실 내가 임감독님과 준우에게 바람을 넣은 것도 어느 정도 작용했다. 다큐팀은 우리 월동 차대가 나가더라도 이곳에서 여유 있게 촬영할 수 있었다. 하지만 나는 한번 나가면 그만이었다. 더 이상 기회가 없었다. 더구나 대장님은 지난 월동 동안에 많은 일들을 겪었고, 얼마 뒤면 우리 모두 출남극하기에 특별히 더 조심했다. 군대 말년에는 떨어지는 낙엽도 조심하라고 하지 않던가. 그래서 꼭 해야 하는 일이 아니면 좀처럼 허락하지 않았다. 그러니 내가 빙벽 찍는 곳에 가보겠다고 했을 때 허락할 리 만무였다. 그래서 다큐팀 임감

어미와 부화한 지 얼마 되지 않은 자이언트 페트렐.

독님과 준우를 거의 매일 졸라댔다.

겨우 허락이 떨어져 빙벽 찍는 곳으로 같이 갔다. 이번에도 장순근 박사님이 동참했다. 나로서는 많은 사람이 가면 갈수록 더 좋았다. 다큐팀은 카메라 두 대로 촬영에 들어가고 나도 카메라 두 대를 가지고 사진을 찍었다. 유혹에서 벗어나기 위해 광각렌즈는 가져가지도 않았다. 대신 기지에서 아무도 쓰지 않는 300밀리 줌렌즈를 가져갔다. 그런데 이 줌렌즈는 자동으로 초점을 맞추는 기능이 고장이 나서 초점 맞추기가 쉽지 않았다. 너무나 당겨 찍히기 때문에 작은 화면으로 봤을 때는 초점이 맞는지 아닌지 판단하기가 어려웠다. 그래서 생각한 방법이 초점이 맞는다고 생각한 지점에서 초점거리를 조금씩 이동하면서 여러 장을 찍는 것이었다. 대략 여섯 장을 찍으면 한 장은 건졌다. 이런 눈물겨운 노력을 해서 겨우 빙벽 무너지는 사진을 얻을 수 있었다.

37. 자이언트 패트렐 - 새끼 부화

펭귄마을 입구에 자리 잡았던 자이언트 패트렐 새끼가 부화했다. 혹시 우리가 다니는 것이 방해될까봐 걱정했었는데 다행이었다. 그곳 지나다닐 때는 놀라지 않게 멀리 돌아가곤 했었는데 그 정성을 알아주기라도 했나 보다.

38. 제대로 둘러본 바톤 반도

일 년을 월동하면서 그렇게 많이 돌아다녔어도 이곳을 다 알 수는 없었다. 새박사 김정훈 연구원은 이곳 바톤 반도에서 안 다녀 본 곳이 없었다. 스쿠아가 가는 곳이라면 어디든지 갔다. 그래서 이곳을 떠나기 전에 김연구원과 같이 다니기로 했다. 그가 봐뒀던 좋은 곳으로 안내해 주겠다고 했다. 하지만 시간이 좀처럼 나지를 않았다. 그는 바톤 반도를 건너 아르헨티나 주바니 기지까지 갈 일정을 나를 위해서 미루고 있었다.

1월 9일, 드디어 시간이 맞았다. 점심을 먹자마자 바로 떠나기로 했다. 해안을 따라가다가 다시 기지로 올 때는 바톤 반도를 가로질러 세종봉 옆 U자 계곡으로 넘어오기로 했다. 이미 바톤 반도는 많이 다녀 봤기에 더 볼 것이 있을까 싶기도 했다. 하지만 아는 만큼만 보인다고, 내가 못 봤던 것을 마지막으로 보는 것도 의미가 있을 것 같았다.

늘 가던 대로 펭귄마을을 지나서 화석마을로, 그곳을 지나서 넓게 펼쳐진 하안단구 호수가 있는 해표마을을 지나면 바로 아르헨티나 기지 건너편이었다. 안쪽으로 조금 더 들어가면 예전에 스키 타던 빙원이 나오고, 그 옆으로 쭉 올라가면 바로 제4봉이고 옆으로 U자 계곡이나 기지 뒤 관악봉 옆으로 내려오면 6시가 지면 충분했다. 일 년 전 어디가 어딘지 모르고 바톤 반도를 처음 갈 때와는 사정이 전혀 달랐다.

그러나 출발하자마자 내 예상은 깨지고 말았다. 조금 가다 보니 코끼리 해표 새끼가 혼자 바닷가에서 자고 있었다. 마치 사진을 찍어 달라는 듯이 혼자 놀고 있었다. 한참 새끼 해표와 시간을 같이하다 보니 펭귄마을에 도착했을 때는 이미 기지를 떠난 지 1시간이 훌쩍 지나 있었다.

해표마을을 지나서 또 한참을 가니 세종기지 반대편인 바톤 반도 끝부분에 이르렀고 안쪽으로 들어가면 포터 소만이었다. 그쪽에도 고래뼈들이 있었는데 머리 부분이 비교적 모양이 잘 보존된 상태로 있었다. 이렇게 눈에 띄는 몇 군데에서 사진을 계속 찍으면서 가고 있었는데, 김연구원 눈치가 좀 더 서두르자는 표정이었다.

조금 더 지나자 발걸음을 재촉하는 이유를 알 수 있었다. 포터 소만 입구에서 안쪽으로 더 들어가니까 갑자기 하늘 위에 남극제비갈매기 떼들이 하늘을 뒤덮었다. 무수히 많은 떼들이 날아다니면서 지저귀고 있었다. 바로 앞 해안에 돌무더기로 이루어진 언덕이 하나 있었는데 그곳 전부가 남극제비갈매기의 서식지였다. 펭귄마을 입구에 자리 잡았던 남극제비갈매기 숫자와는 비교가 되지 않았다.

그런데 갑자기 이 많던 무리들이 물 빠지듯이 쫙 빠지더니 한쪽으로 몰려서 날아가기 시작했다. 멋모르고 스쿠아 한 마리가 이쪽을 지나다가 남극제비갈매기의 군무 안으로 들어온 것이다. 이 순간 남극제비갈매기가 스쿠아를 쫓아내기 위해 모두 뒤쫓기 시작했고, 이 스쿠아는 기겁을 하면서 도망갔다. 지금까지 봤던 스쿠아들은 입을 꼭 다문 채 하늘 위에서 정찰을 하거나 눈을 부라리고 경고음을 크게 내면서 공격하는 모습이었다. 그런데 이날 본 스쿠아는 비명을 지르면서 허둥대며 도망치고 있었다. 어찌나 쌤통이던지. 우리한테는 펭귄마을 입구에 있던 녀석들만큼 필사적인 공격은 없었다. 그냥 머리 위에서 경계만 할 뿐이었다.

　다시 그곳을 벗어나 일 년 전 이곳에 왔을 때 들어갔던 가장 안쪽까지 들어갔다. 이제는 지형이 익숙했다. 포터 소만 건너편에는 아르헨티나 주바니 기지가 보이고 안쪽으로는 마리안 소만같이 빙벽이 바다를 막고 있었다. 그리고 언제 봐도 너무나 멋있는 빙원 위에 우뚝 솟은 누나탁. 지난겨울 스키를 타면서 평평한 해안까지 내려왔었는데 그곳까지 가 보기로 했다. 여름에는 어떤 모습인지 상당히 궁금했다.

　한참을 걸어 해표마을을 지나 남극제비갈매기 서식지까지는 그런대로 쉽게 왔다. 그 이후는 평지만 있고 해안에 돌들도 작게 깔린 상태라 그렇게 힘들지는 않았다. 하지만 걷다 보니 너무 멀었다. 좀더 걸으니 바톤 반도 안쪽으로 빙원이 펼쳐졌다. 중간중간에 바다로 바로 흘러들어가는 개울이 있었다. 여름에 녹은 눈들이 빙원 아래로 흘러서 해안에 모여 곧장 바다로 향했다. 회색빛 흙탕물이었다. 개울을 건너 계속 걸었다. 한참을 가는데 가만…. 저 앞이 빙원이 송두리째 빠져나간 그곳이 아닌가? 지금까지 지나왔던 이 폭격 맞은 것처럼 어지럽게 널려 있는 바위와 돌들은 겨울 동안 본 적이 없었는데…. 그리고 해안은 바로 평평했었는데….

　이 정돈되지 않고 파헤쳐진 돌들은 빙하가 몰고 내려온 빙퇴석과 그 퇴적물들이었다. 겨울 동안은 이곳 모두가 눈에 덮여서 그저 평평한 해안으로만 알았었다. 이 엄청난 힘의 결과물에 그저 감탄만 할 수밖에 없었다. 사진에 담기에도 벅찼다. 놀란 마음을 달래고 계속 걸어갔다.

　덕분에 좋은 구경 잘했다고 인사를 건넸다. 김연구원도 스쿠아가 없는 이 끝까지는 올 일이 없었는데 내 덕분에 이곳까지 와 봐서 좋았다고 했다.

39. 칠레 텔레비전 인기 프로그램을 위하여

기지로 돌아갈 시간이 다 됐다. 벌써 오후 5시다. 김연구원과 무조건 빨리 가기로 했다. 지난번과 마찬가지로 카메라는 가방에 넣고 빨리 걸었다. 이곳에서는 뛸래도 뛸 수가 없다. 거친 돌 위에서는 뛰는 것이 걷는 것보다 배는 힘들지만 그 속도는 조금 빠를 뿐이었다.

화석마을쯤에서 무전을 쳤는데 기지까지 닿지 않았다. 펭귄마을 위로 올라와서 무전을 하니 인호가 받았다. 지금 바로 본관동으로 달려갈 테니 의무실에 있는 비디오 장비를 본관동으로 갖다 달라고 했다. 인호와 나는 '로호' 방송 마니아여서 이곳을 떠나기 전에 프로그램을 녹화하기로 했었다.

펭귄마을을 벗어나자 염치불구하고 모든 가방을 김연구원에게 부탁하고 기지를 향해 거의 쉬지 않고 달렸다. 세종로에 도착해서 본관동에 이르렀을 때는 주변의 공기가 부족할 정도로 숨이 가빴다. 그런데 이제서야 인호 녀석이 통신실에서 나왔다. 이런…. 인호에게 텔레비전 앞을 선점하라고 하고 나는 의무실에 들러 비디오 가방을 가지고 왔다.

둘이 저녁을 먹으면서 텔레비전을 보고 있으니 김연구원이 그제서야 도착했다. 그는 정말 대단하다는 표정으로 우리 둘을 쳐다봤다.

40. 스쿠아의 공격

U자 계곡에서 세종봉이 있는 능선은 과거 빙하가 내려가면서 긁고 지나간 흔적이 선명했다. 처음에는 보이지 않다가 눈이 쌓여 가면서 요철 윗부분에는 눈이 쌓이고 그 안쪽에는 쌓이지 않아서 알게 되었다. 다 같이 등산을 하다가 홍대장님께서 말씀해 주셨는데 사진으로 담으려고 했을 때는 이미 해가 너무 짧아진 겨울이었다. 해는 세종봉에 가려서 이곳을 결코 비추지 않았다. 겨울이 더 지나니 눈이 너무 많이 와서 그 흔적들을 모두 덮어 버렸다.

그러던 어느 날 때가 왔다. 오전에 대원 대부분이 바쁜 일로 나갔다가 오후에 들어오기로 했다. 그런데 갑자기 오후 3시쯤에 중국 기지에서 손님이 방문한다고 연락이 왔다. 마침 기지에 사람들이 없어서 나와 몇몇이 손님 맞을 준비를 하기로 했다. 점심 먹고 이들을 기다리자니 날씨가 너무 좋았다. 점심식사 후에 본관동 청소를 미리 해 놓고 총무님에게 허락을 받았다. 단 3시까지 무조건 돌아와야 했다. 2시에 떠났다. 무작정 달렸다. 혹 중간에 다른 구경에 시간을 빼앗길까봐 카메라는 가방에 넣고 목적지까지 한달음에 갔다.

U자 계곡 옆 바톤 반도 평원. 가자마자 무작정 찍고 다시 달려 내려왔다. 여태까지 사진 중에 그나마 나왔다. 3시까지 시간이 없었다. 돌무더기에 발목이 다치지 않게 땅바닥만 보고 내려왔다. 머리 위에서 스쿠아가 날카롭게 공격을 해도 스키 폴대를 들고 갔었기에 위협적이지 못했다. 중간에 김연구원을 만나 스쿠아 연구하는 모습도 잠시 담았다. 기지가 바로 보이는 곳까지 왔다. 멀리 바다를 봐도 우리 기지로 오는 배는 보이지 않았다. 벌써 왔단 말인가? 멀리서 본 기지 분위기는 그런 것 같지 않았다. 다시 달렸다. 여전히 몇몇 스쿠아는 끈질기게 달라붙었고, 그래도 폴대 덕분에 머리 한참 위에서만 날아다녔다.

"퉁!" 뒤통수를 뭔가에 제대로 세게 얻어맞았다. 직감적으로 스쿠아였다. 언덕 위로 올라가서 목표물에 조준을 하고 언덕을 따라 활강을 하면서 가속도를 붙여 사격을 하고 있었다. 딱딱한 물건에 맞은 것이 아니니 기절할 정도는 아니었다. 하지만 고기 몇 근은 족히 될 만한 덩어리가 송두리째 날아와서 적확히 가격했다고 생각해 봐라. 얼마나 아픈가를, 그리고 얼마나 당황스러운가를 말이다. 너무 세게 맞아서 가치판단이 안 섰는지 모르겠지만 의외로 덤덤했다. 욕 한 마디에 그냥 잊혔다. 한 대 제대로 맞고 나니 오히려 공포에 떨었던 마음이 사라졌다. 이제는 올 테면 와 보라는 배짱이 생겼다.

41. 브라질 아리 론젤 호 방문

여름에 왔던 많은 손님들 중에는 브라질 극지연구소 소장님도 있었다. 이들 일행도 너무나 바빠서 5분만 머물다가 가겠다고 했었다. 지난번 브라질 연구선 아리 론젤의 헬기를 타고 왔는데 소장님, 여비서, 기장, 부기장, 기관사 다섯 명이 방문했다. 소장님과 여비서는 대장님과 대장실로, 나머지 사람들은 연구동 휴게실로 갔다.

헬기가 기지에 오는 경우는 손님이 오는 경우라 항상 카메라를 들고 나갔다. 마침 연구동 휴게실에는 김총무님, 인호만 있어서 접대할 몇 사람이 필요했다. 나도 연구동으로 따라 들어갔다. 마침 지난번에 아리 론젤 호에 헬기가 착륙하는 모습을 세종곶에서 찍은 사진이 있었다. 이 헬기가 지금 타고 들어온 헬기가 맞느냐고 물으면서 대화를 시작했다. 그리고 지난 일 년간의 사진 얘기와 다닐 곳은 웬만큼 다녔다는 얘기, 밖으로 나갈 수가 없는데 그쪽에서는 배도 타고 다니고 또한 하늘에서도 좋은 장면을 봐서 좋겠다는 얘기를 했다. 인호는 귀국길에 들릴 브라질에 대해서 많이 공부했던 터라 그 소재로 이야기를 풀어 나갔다. 몇 장의 기념사진을 찍고 가기 전에 헬기 앞에서도 같이 찍자고 했다.

나는 의무실로 돌아왔다. 대장실에서도 대화가 길어져 5분 일정이 1시간이 넘어서야 끝났다. 의무실에서 무료하게 시간을 보내고 있는데, 전화벨이 울렸다. 인호였다. 이어 다급한 목소리로,

"종원이형, 형 헬기 타기로 했어?"

"뭐?"

"헬기 태워 달라고 했냐고?"

상황 파악이 안 됐다. 하도 다급하게 물어오니…. 아까 헬기 앞에서 사진 찍었던 것을 말하나 보다고 생각했다.

"어, 어…."

"지금 빨리 나와요!"

이 녀석이 왜 이렇게 급해졌을까? 나는 의무실에서 뛰어나갔다. 모자고, 장갑이고 아무것도 없이 작업복에 달랑 카메라 하나 가지고 나갔다. 연구동에 뛰어가니 이미 모두 나와 있었다. 그냥 예의상 한 얘기인데 정말 사진을 같이 찍으려고 하는구나 생각했다. 대장님께서 멋쩍은 웃음을 지으시면서 나를 쳐다보셨다.

"종원아, 헬기 태워 준단다. 너 도대체 뭐라고 얘기했니."

헬기로 가면서 기장이 브라질 소장님에게 한참을 뭐라고 얘기하더니 대장님과 나를 자기네 헬기에 태워 마리안 빙벽을 찍게 해주겠다고 했다. 시간이 많지 않아 5분밖에 시간을 낼 수 없는데 그래도 괜찮으면 헬기에 타라고 했단다. 이제

야 상황이 파악됐다. 아마 멀리서 찍은 자기네 헬기와 연구선 사진이 효과가 있었나 보다. 그런데 나는 추위에 전혀 준비가 안 된 상태였다. 다시 의무실에 들어갔다 오려고 했지만 그럴 시간이 없었다.

일단 헬기장으로 갔다. 기장과 부기장은 조종석에, 나와 대장님은 뒷좌석에 앉았다. 순식간에 결정된 일이었다. 자리에 앉고 나서야 다큐팀 생각이 났다. 그렇지 않아도 항공촬영을 하고 싶어 했는데 빌리는 비용이 워낙 비싸서 보류하고 있었다. 대장님께서 준우 보고 와서 대신 타라고 할까 고민을 하셨다. 하지만 일단 시간이 없었고, 그리고 대장님과 나를 지칭해서 태워 주겠다고 한 것인데 다른 사람으로 바꾸는 것은 예의가 아닐 것 같았다.

기장과 부기장은 이륙 준비를 하고 있었고, 기관사 군인이 안전벨트를 점검해 주고 밖에서 기기 점검을 하고 있었다. 그런데 갑자기 준우가 뛰어왔다. 카메라만이라도 우리에게 넘겨 주면 안 되겠냐는 것이었다. 기지에서 쓰던 것과 같은 회사에서 만든 카메라여서 사용법은 알고 있었다. 카메라를 받아서 안쪽에 앉은 대장님께 건넸다. 갑작스럽게 결정된 일이라 준우에게 미안했는데 잘됐다.

항상 헬기는 기관사가 마지막에 타는데 이번에는 기관사가 타지 않았다. 밖에서 문을 닫아 주려나 보다 생각했는데 헬기가 땅에서 조금씩 멀어지면서 움직였다. 아마 이륙할 정도로 출력을 올린 다음에 기관사가 타면서 문을 닫으려나 보다고 생각했다. 이곳 남미 사람들답게 기관사가 밖에서 우리에게 엄지를 치켜세워 보였다. 나도 덩달아 엄지를 치켜세웠다. 그런데….

42. 뜻밖의 행운

헬기는 다시 내리지 않고 그대로 솟아올랐다. 그냥 창문을 열어 놓은 채로 말이다. 대장님과 나는 깜짝 놀랐다. 이륙 전에 부기장이 내게 했던 말이 생각났다. 이번에 사진 제대로 찍을 수 있게 해주겠다고 했는데 문을 닫지 않는 게 그 의미였다. 창문을 통해서 찍을 때 창문이 더러울 때도 있고, 아무리 깨끗해도 빛이 반사되면 아쉬울 때가 많았다. 그런데 그 사이의 방해물이 없으니 얼마나 좋은가. 하늘에서 보이는 풍경 그대로를 찍는 것이 어디 흔한 일인가. 갑자기 바빠

헬기에서 내려다본 세종기지 전경.

졌다.

　한 손에는 카메라를 다른 한 손에는 렌즈뚜껑을 쥐고 초점거리를 바꿔 가면서 마구 찍었다. 흐르는 시간이 너무나 아까웠다. 대장님께서도 바빠지셨다. 캠코더 액정 화면으로 보면서 되도록 수평면으로 찍으려고 부단히 노력하셨다. 나도 그렇고 대장님도 그렇고 안전벨트 하나에 의지하고 있었지만 혹시 헬기 밖으로 떨어지지 않을까 걱정할 여유가 없었다.

　사진이 찍히는지 안 찍히는지는 몇 가지 방법으로 알 수 있다. 먼저 셔터를 누를 때 반사경이 올라갔다 내려오는 소리, 둘째, 카메라 뷰파인더로 봤을 때 반사경이 올라갔다 내려오면서 깜빡거리는 것, 셋째, 셔터를 눌렀을 때 손으로 느껴지는 카메라의 진동, 넷째, 찍자마자 카메라 액정 화면에 나오는 결과물. 이 네 가지 방법인데, 그중에 앞에 세 가지 방법은 전혀 쓸 수가 없었다. 내가 사진을 찍고 있는 환경은 헬기 문이 열려 있는 상태였다. 장갑도, 모자도 없이 남극의 찬 공기에 그대로 노출됐다. 헤드폰은 썼지만 그래도 헬기 엔진 소리는 엄청 시끄러웠고 더구나 헬기에서 밀어내는 찬 공기는 나한테는 폭풍이 돼서 그대로 불어 닥쳤다. 눈을 제대로 뜨기도 힘들었다. 손의 감각은 이미 한참 전에 없어졌고 손가락 마디는 추위에 곱을 대로 곱았다. 적당한 힘으로 셔터를 누른다고 했을 때 과연 정말로 셔터가 눌려지는지 장담할 수 없었다. 결국 사진이 찍히는지는 소리로도, 눈으로도, 손으로도 알 수가 없었다. 한참 찍고 나서 카메라 액정 화면을 봐야만 했다. 그러나 그럴 여유가 없었다. 카메라 앵글을 가로와 세로로 바꿔 가면서, 가까이 당겼다가 밀었다가 번갈아 가며 찍느라 정신이 없었다. 한 바퀴 돌고 오는데 얼마나 아쉽던지.

　기장은 착륙하기 전에 기지를 한 바퀴 돌아서 전경을 찍을 수 있게 해준 다음에 착륙했다. 고마웠던 나머지 거의 부둥켜안고 작별인사를 했다. 의무실로 바로 와서 아직도 곱은 손으로 사진을 띄웠다. 결과물이 너무 좋았다. 자꾸 욕심이 났다. 시간만 더 있었으면, 조금만 더 안쪽으로 들어가 줬으면, 햇빛이 나와 줬으면, 카메라가 더 좋았으면….

　준우가 의무실로 뛰어왔다. 대장님께서 찍으신 영상도 너무나 잘 나왔다는 것이다. 안쪽에서 찍으셨지만 나나 헬기가 섞이지 않고 바로 마리안 빙벽과 빙원만 나왔다. 수평면도 잘 맞고 좋았다. 아마 복권에 당첨된 느낌이 이렇지 않을까 싶었다.

43. 유류 저장탱크 청소와 기름 보급

급기야 일 년 내내 긴장했던 유류 저장탱크 청소를 할 때가 왔다. 이후에 기름을 실은 보급선이 들어올 텐데, 그 전에 탱크 청소를 마쳐야 했다. 다행히 사람들이 많아서 빨리 마무리할 수가 있었다. 처음에는 탱크 안에 들어가서 청소하는 것이 걱정도 되었지만 막상 유류 저장탱크 청소에서 제외되니 좀 서운한 감도 들었다.

이번에 들어오는 유류보급선과 관련해서 많은 일이 있을 예정이었다. 가장 중요한 목적은 세종기지에 연료를 공급하는 것인데 이 배에 세종기지 물품이 들어오고 중국 기지 물건도 들어온다. 그리고 나가는 차대의 월동짐을 싣고 마지막으로 반출품, 폐기물이 나가기로 되어 있었다. 또 기름 보급하는 도중에 기름이 새지 않게 방지시설을 잘했는지 사진도 찍어서 남극조약협의당사국회의에 보고해야 했다. 보급선이 도착하기 전까지 유류 저장탱크 청소를 끝내고, 기름 받을 호스와 바다에 칠 펜스 등도 모두 점검해야 했다.

1월 14일, 드디어 유류보급선이 도착했다. 보급선에 있는 짐부터 내려야 했다. 유류보급선도 지난번 유즈모 호와 같이 세종기지 앞까지 올 수 있어서 하역하기가 수월했다. 그리고 이제는 모두들 익숙해져서 신속하게 잘 끝났다. 다음 날 중국 기지 앞으로 가서 보급물품을 하역하기로 했다. 이것까지 끝나야 기름을 옮길 수가 있었다.

1월 16일, 유류보급을 시작했다. 대개 한 차대에서 유류 저장탱크 청소를 하고, 다음 차대에서 기름을 받는 식으로 번갈아 하게 되는데, 이번에는 두 차대에서 탱크 청소와 기름까지 받는 일을 하게 돼서 모두들 힘들어 했다. 이 전 과정을 사진으로 기록해야 했는데, 그 과정이 재미있었다.

일단 배를 부두에 고정해야 하는데, 가까이 붙이는 것이 아니라 일정한 거리

유류 저장탱크를 청소중인 대원들.

유류 보급을 위해 수송 파이프를 설치중이다. 유류보급선과 부두에 X자로 로프를 고정시켰다.

로 벌리는 것이 관건이었다. 배에서 두 개의 로프를 부두에 X자로 걸어서 배 양 옆에 고정시켰다. 그리고 나니 배는 오히려 부두에서 멀어지는 방향으로 걸려 있었다. 배에서 고무파이프를 바다에 띄워 부두까지 오게 하고 부두에서 우리 파이프로 연결해서 기름탱크까지 연결했다. 그리고 부두와 유류보급선 양 옆으로 펜스를 설치해서 만일의 경우를 대비했다. 이 작업이 끝나고 유류보급선 가장 높은 곳에서 전경을 찍는 것으로 오전 일이 끝났다.

이제 기름만 보내면 됐다. 오후에는 중간 점검을 하면서 여유로운 시간을 보냈다. 그런데 저 멀리에서 덤프트럭만한 유빙이 다가오고 있었다. 너무 멀리 있었지만 혹시 몰라서 바다에 있는 유류 호스를 배를 유지시키는 로프에 묶는 작업을 했다.

그리고 몇 시간이 지났을까. 저녁식사를 하고 있는데, 부두에서 무전이 왔다. 유빙의 방향이 심상치 않다는 것이다. 형철이형이 뛰어나갔다. 우리도 덩달아 나갔다. 그 유빙이 하필이면 부두와 배 사이로 지나가려고 했다. 형철이형이 포클레인에 시동을 걸고 그 커다란 삽으로 기름 파이프가 없는 로프를 살짝 들어올렸다. 유빙 높이도 딱 그 정도였다. 유빙은 아무 일 없다는 듯이 유유히 빠져 나갔다.

마지막 날에는 그동안 우리가 사용했던 월동짐을 실었다. 그냥 가지고 온 짐 그대로 보내는 것도 있었고, 잘 쓰고 보내는 것도 있었다. 나는 모든 사진을 정리해서 외장하드에 저장해서 보냈다. 중간에 사람들을 통해 들여온 외장하드까지 합쳐서 모두 다섯 개에 똑같이 저장했다. 그중 세 개는 유류보급선에 보냈고, 나머지 두 개는 들고 왔다. 비행기를 탈 때도 한 개는 짐으로 부쳤고, 한 개는 들고 탔다. 이 사진들이 지난 일 년의 나를 나타내는 것이기에 더욱 조심할 수밖에 없었다.

이번 유류보급선편에 지난 수십 년간 세종기지에서 썼던 차 한 대를 방출했다. 상훈이형과 나의 애마로서 좋은 경험을 하게 해준 차였다. 폐차하려던 차를 아들 루이스가 인수하겠다고 했다. 이제 푼타아레나스에서 루이스가 몰고 다닐 것이었다.

44. 19차 입남극

유류보급선이 들어온 후 중국으로 짐을 내려주러 갔던 날, 19차 월동대가 들어왔다. 선발대로 들어오신 다섯 명의 대원분들과 합류하면 이제는 19차가 세종기지를 한 해 동안 이끌어 가게 될 것이다. 중국 기지로 대부분 하역을 나간 사이 남아 있는 사람들이 막바지 기지 정리를 했다. 사실 어수선할 때 들어와서 정신이 없는데 기지마저 지저분하면 안 될 것 같았다. 우리가 들어왔을 때도 이전 차대 대원분들은 계속 청소를 하고 있었다. 게다가 이번에는 친구 경남이가 들어오지 않는가.

청소가 끝나고 펭귄마을에 잠시 갔는데 멀리서 비행기 소리가 들렸다. 저 비행기를 타고 오는 대원들을 기지에서 볼 기대를 하며 돌아왔다. 점심 시간 무렵 19차가 들어왔다. 멀리서 경남이가 보였다. 무척 반가웠다. 18차 월동대가 들어왔을 때 남극에서 찍어 간 사진을 보고 큰이모, 큰이모부께서 집으로 전화를 주셨다고 했다. 그 얘기를 들었을 때 언제 사진 찍힌 적이 있었나 싶었는데, 이제는 그 사진을 내가 찍고 있었다. 19차 월동대가 들어오는 모든 장면을 찍었다. 누군가의 가족들이 보고 즐거워할 사진을 말이다.

이날은 너무 바빠 하역이 끝나고 밤늦게 기지에 들어와서야 선발대와 본대의 만남이 이루어졌다. 그리고 유즈모가 나간 후에야 비로소 18차와 19차 사이에 상견례가 있었다.

며칠간 업무별로 인수인계를 하고 나서 최종적인 인수인계식이 거행됐다. 감회가 새로웠다. 벌써 일 년이 지났나 싶기도 했다. 일 년 전에는 17차 뒤에 서서 인수인계식에 임했는데, 이제는 맨 앞에 서서 인수인계식을 했다. 일 년 전과 마찬가지로 열심히 사진을 찍었다.

처음에 우리가 들어왔을 때는 어디에서 무엇을 해야 할지, 심지어는 본관동에서 어디에 서 있어야 할지도 몰랐다. 스며들 줄 모르고 뭔가 부자연스러웠다. 그런데 이제는 모든 것이 너무 자연스러워서 인수인계가 끝났을 때는 기지를 인수인계하기가 싫을 정도였다. 마치 내 집에 남이 들어와서 지내겠다고 할 때의 느낌이랄까? 하지만 계속 있으라고 한다면 고개를 절레절레 흔들며 집에 갈 궁리를 하는, 그런 양가감정이었다. 시원섭섭하다는 말이 가장 적당할 것이다. 이 날도 일 년 전과 마찬가지로 기지 앞에서 바비큐를 하는 것으로 마무리를 지었다. 마지막 바비큐라 생각하니 너무 아쉬웠다.

45. 단체사진 II

드디어 단체사진이 들어왔다. 하계대로부터 받은 단체사진을 조심스럽게 펴 보았다. 다행이었다. 포토샵 한 그대로 나와 주었다. 사진 안쪽에 작은 글씨를 새겨 넣었었는데 아주 마음에 들게 나왔다. 사진은 두 장을 뽑았다. 어떤 방식으로 사진을 배열하는가로 대원들과 많은 상의를 했다. 남들이 봤을 때 그 사진이 그 사진이라고 할지 모르지만 내가 봤을 때는 전혀 느낌이 다를 수 있는 사진이었다. 최종안은 내가 원하는 대로 됐다. 만든 사람의 의지가 가장 많이 반영됐다. 이 사진이 앞으로 세종기지에 영원히 걸려 있을 것이라 생각하니 뿌듯했다.

46. 펭귄마을 - 펭귄마을 죽돌이

여름이 되면서부터 시간이 나면 항상 기지 주변을 돌아다녔다. 처음에는 사진 때문에 돌아다녔지만 시간이 가면 갈수록 떠나기가 너무나 아쉬웠다. 사진동호회의 호응, 계속 들어오는 촬영팀, 준우와의 토론도 많은 자극이 됐다.

19차 선발대를 위한 장소로 기계동 사무실 컨테이너에 있던 의무실을 비우게 됐다. 대신 의무창고를 총무창고와 같이 쓰게 되었는데 의약품을 꺼낼 때 총무님께 창고 열쇠를 받아 들어가곤 했었다. 총무창고에 들어온 새 달력을 무심코 넘겨 봤는데 갑자기 뒤통수를 한 방 맞는 느낌이었다. 일 년 전 체험단 때 정종원 기자가 찍은 사진이었는데 너무나 멋진 사진들이었다. 나보다 더 좋은 곳을 더 많이 다녔던 것 같아 갑자기 정신이 번쩍 들었다. 특히 빙벽 사진은 너무 멋있었다. 홍대장님은 아직도 무엇을 찍을 게 남아 있냐고 묻곤 했지만 다니면 다닐수록 같은 장면이라도 새롭고 또 담고 싶었다. 오늘은 카메라를 절대 꺼내지 않으리라 결심했으면서도 여지없이 카메라를 꺼내 들었다. 그냥 찍는 것과 돌아다니는 것 자체로 좋았다.

유빙 위의 펭귄들. 이렇게 유빙이 떠도는 날이면 펭귄 무리들이 올라가 쉬기도 한다.

    좋은 여행지에서 구경하랴 사진 찍으랴 바쁘게 다니는 것과는 달랐다. 이곳에서는 그저 감상하고 싶으면 감상하면 됐다. 여유가 있었다. 즐길 수 있었다. 항상 뒤에는 다시 돌아갈 기지가 있어서 편하고 좋았다. 홍대장님에게 세종기지 역사상 너만큼 돌아다닌 대원도 드물 것이란 말을 들으니 기분이 좋았다.

    월동대로서 공식적인 업무가 끝나자 더욱 돌아다녔다. 낮이건 밤이건 시간이 가는 것이 너무 아까웠다. 급기야 낚시의자를 가지고 펭귄마을에 갔다. 의자에 앉아서 펭귄도 보고 바다도 보면서 유유히 시간을 보냈다. 펭귄들도 이제는 내가 있건 말건 자신들 일을 하느라 바빴다.

    한 번은 의자만 두고 펭귄마을 다른 곳에 갔다 왔다. 그런데 멀리서 보니 내 의자 주위로 새끼 펭귄 몇 마리가 두리번거리고 있었다. 어찌나 궁금해 하던지 그 표정 없는 눈에도 개구쟁이 기질이 엿보였다. 한 마리가 용기를 내어 다가갔다. 그러더니 이내 그 뒤에 있던 녀석들도 따라와서 의자 밑으로 들어가고 의자기둥과 천을 물고 한껏 놀기 시작했다. 조금 거리를 두고 이 녀석들 노는 것을 지켜봤다. 끝이 없었다. 살며시 의자 있는 곳으로 다가왔다. 도망도 가지 않고 계속 자기들 놀이에 열중했다. 의자를 조심스레 잡은 다음에 살짝 당겼다. 그런데 더욱 꽉 물고 놓지 않았다. 예전 같으면 내가 다가갈 때 일단 피하고 거리를 두던 녀석들이 이날은 뺏기지 않으려고 기를 썼다. 그래도 의자를 더 당겨서 겨우 새끼 펭귄들에게서 뺏었다. 혼잣말로 미안하다고 하고 가려는데 녀석들, 무척이나 아쉽다는 표정이었다. 아쉽기는 나도 마찬가지였다.

47. 멋진 일출을 위해서

이제 해 지는 곳도 점점 서쪽으로 다가가고 있었다. 물론 아직까지도 남쪽에 걸려 있지만 조금만 더 서쪽으로 간다면 바다에서 뜨는 것을 제대로 볼 수 있을 것 같았다. 다큐팀 임감독님과 상의를 했다. 어디서 찍는 것이 가장 좋을까. 남극임을 나타내려면 빙원 위로 뜨는 것이 더 좋을 것 같았다. 그렇다고 빙원 위로 뜨는 것을 찍으려면 이미 해의 붉은 기운이 다 없어진 다음에나 가능했다.

내 생각으로는 2봉이 가장 좋았다. 바톤 반도 꼭대기에 펼쳐진 평원, 그 가운데에 화산같이 볼록 솟아오른 2봉. 주위에 거칠 것도 없고 적당한 높이여서 적격이었다. 그곳에서 아르헨티나 주바니 기지를 보면 오른쪽으로는 우뚝 솟은 형제봉, 왼쪽으로는 빙원이 펼쳐져 있다. 그 위로 내가 가장 좋아하는 누나탁까지 포함한다면 멋진 장면이 될 것 같았다.

문제는 시간이었다. 새벽 3시 전후로 여명이 밝아 오기 때문에 그곳에 가려면 아무리 늦어도 2시에는 기지에서 떠나야 했다. 새벽에 기지에서 1킬로미터 밖을 혼자서 가는 것은 말이 안 됐다.

임감독님과 의기투합해 계획을 세워 놓고 괜찮은 날씨와 일이 없을 한가할 때를 고르고 있었다. 1월 19일 밤, 날씨가 상당히 좋았다. 기상실에 물어보니 내일 오전까지는 좋을 것이라고 했다. 저녁 때 임감독님께 얘기하고 오케이를 받았다. 밤 11시 반쯤 자러 가기 전에 하늘을 봤다. 괜찮았다. 해는 졌지만 남쪽 하늘은 노을이 계속 남아 있었다.

요란하게 시계가 울리다가 지쳐서 꺼져 가고 있었다. 순간 눈을 떴다. 새벽 2시 30분. 이런! 잠 잘 들라고 검은 커튼을 쳤다가 깊이 잠들어 버리고 말았다. 부리나케 창문을 걷고 밖을 봤다. 이미 날이 밝아 오고 있었다.

재빨리 의무실에 가서 카메라를 챙겨서 임감독님이 있는 숙소 2동으로 갔다. 임감독님을 깨웠다. 어떻게 할 건지 물었다. 임감독님이 나오겠다고 했다. 나는 그 사이에 통신실에 가서 무전기 두 개를 챙겼다. 당직실로 가서 임감독님과 내가 2봉으로 갈 것이라고 말했다. 그러는 사이 임감독님이 밖으로 나왔고, 우리는 거의 뛰다시피 U자 계곡으로 갔다.

체육관으로 곧장 가서 위로 바로 올라가는 것이 빠를 수도 있을 것 같지만, 그냥 유류 저장탱크 뒤로 설상차 가던 길로 가는 것이 더 나을 것 같았다. 나는 내 장비를 들고, 임감독님은 그 무거운 HD 카메라와 방송카메라 삼각대를 메고 올라가셨다. 둘이 말도 없었다. 목적지를 향해 그냥 직선 방향으로 올라갔다.

계곡 위로 올라가니 평원이 펼쳐지고 그 가운데 제2봉이 우뚝 솟아 있었다. 다시 바로 올랐다. 이 새벽에 커다란 그림자 두 개가 빨리 움직이니 스쿠아들도 놀랐나 보다. 아무도 공격해 오지 않았다. 벌써 해가 뜨려는지 하늘은 온통 붉은 빛으로 물들고 있었다.

드디어 2봉 정상에 올랐다. 시계를 보니 3시 반. 기록이다. 빙원이 아닌 바다에서 해가 뜨려고 했다. 사실 정확한 각도를 맞춘 것은 아니니 그럴 수도 있었다. 그리고 멀리 수평선에 구름이 깔려서 제대로 된 일출을 보기에는 글렀다. 그런데 구름이 예술이었다. 만약 하늘에 구름 한 점 없다면 그저 밋밋한 여명으로 끝났을지 모르겠는데, 높은 구름이 해가 뜨려는 바다에서 내 머리 위까지 뻗어 있었다. 나를 위해 있는 구름 같았다. 거기에 주변에는 스쿠아까지 날아 다니며 적당히 조연 역할을 해줬다.

여명도 끝나고 완전히 밝아지려고 할 때 내려왔다. 내려올 때는 관악봉 쪽을 지나 기지 뒤쪽으로 내려왔다. 세종로에 도착한 시간이 새벽 5시 반. 나는 아침을 먹으러 본관동으로 들어가고 임감독님은 더 주무시기 위해 숙소로 들어가셨다. 하루의 시작이 아주 좋았다.

새벽에 바라본 일출. 해가 지는 듯하더니 곧바로 떠올랐다. 마치 해가 바다를 한 번 치고 올라오는 느낌이었다. 멀리 누나탁과 형제봉이 보인다.

48. 넬슨 섬으로

오래전부터 새로 세울 대피소 장소를 물색하고 있었는데 오늘이 가장 적합할 것 같았다. 우선 날씨가 좋았다. 밤새 좋았던 날씨가 계속 이어졌다. 그리고 하역에 관한 모든 일들이 끝나서 이제는 본격적인 여름철 업무를 시작해야 했다. 가장 유력한 후보지인 넬슨 섬으로 가기로 했다.

홍대장님과 19차 대장님을 비롯해서 실무진과 준우 그래고 내가 같이 갔다. 지난 4월 이후로 처음이었다. 전에 내렸던 바닷가에 조디악을 대고 주변 해안을 돌아다녔다.

바닷가 바로 오른쪽은 빙벽이었다. 우리가 대피소 자리로 물색했던 곳은 왼쪽이었다. 여러 번 이곳으로 대피를 한 적이 있었기에 우선적으로 고려되었다. 혹시 위쪽에 좋은 자리가 있는지 알아보기 위해 위쪽으로 올라갔다. 바로 위쪽까지는 땅이 단단하고 괜찮았다. 그런데 우리가 있던 위치와 멀리 빙원이 보이는 곳 사이는 역시 토목공사중인 듯이 파헤쳐진 거대한 돌무더기가 있었다. 대장님 말씀으로는 모레인이란 구조로 빙하가 내려오면서 옆에 흙을 쌓은 것이라고 한다. 저 위쪽으로 빙하 옆을 지키는 듯한 봉우리가 있었다. 모레인이 시작하는 곳에서 약 200여 미터 떨어져 있었는데 그곳까지 가 보기로 했다.

올라가서 보니 기지에서 매일 보던 넬슨 섬 빙원이 눈 앞에 펼쳐졌다. 또 하나 신기한 것은 여름에 녹은 눈과 빙원이 그 안에서 나름대로 개울을 이뤄서 흐르고 있다는 것이다. 무전으로 대장님을 불렀다. 박준우 감독이 이쪽으로 오면 좋은 그림을 딸 수 있을 것 같다고 보고했다. 곧바로 준우가 내가 있는 곳으로 왔다. 이곳에서 한참을 찍다가 빙원이 시작하는 옆까지 내려가 봤다.

가까이서 보니 너무나 신기했다. 하지만 한 발자국 더 나가지 않고 바로 돌아 나왔다. 이미 다른 일행들은 해안가로 내려가 있어서 우리는 빙원 옆 비탈면을 타고 내려왔다.

49. 빙하조흔

점심시간이 돼서야 기지로 돌아왔다. 점심을 먹고 난 후에도 날씨가 너무 좋앉다. 빙하조흔을 지난번에 찍기는 했지만 이날 새벽에 봤던 빙하조흔이 더 좋았다. 눈이 적당히 녹아서 그 흔적이 더 뚜렷하게 나타났다. 날씨도 따라 주고 며칠 뒤면 남극을 떠나야 하기에 가만히 앉아 있을 수 없었다.

점심을 먹고 다시 카메라를 들고 빙하조흔을 찍기 위해 나갔다. U자 계곡 아래 호수는 이미 모두 녹아 있었다. 새벽에 올랐던 비탈면을 따라 올라가 반대편 절벽이 잘 보이는 곳에 자리를 잡았다. 이제야 제대로 사진을 찍을 수 있었다.

나뿐만이 아니라 다른 대원들도 이곳을 떠날 날이 다가오면서 눈에 하나라도 더 담기 위해 많이 돌아다녔다. 인호가 바톤 반도 뒤까지 갔다 오고 싶어 해서 나와 함께 김연구원과 같이 갔던 곳을 또 돌아보고 왔지만 아쉬움이 남았다. 이때가 남극을 떠나기 불과 이틀 전이었다.

50. 필데스 반도

어떻게 보면 칠레 기지가 있는 필데스 반도는 재미가 없다. 같은 킹 조지 섬이라 해도 나는 세종기지가 좋았다. 마음대로 돌아다닐 수 있는 낮은 산들이 있고, 근처에는 펭귄마을도 있었다. 또 기지 주변에는 마리안 빙벽이 펼쳐져 있고, 서쪽으로 지는 해와 별자리들을 볼 수 있었다.

필데스 반도에서는 해가 지거나 별이 지는 것을 보려면 반도 반대편으로 가야 했다. 게다가 자연보호를 위해 애쓴다고 하지만 상주하는 인원이 많다 보니 아무래도 자연이 훼손되기 쉬웠다. 그런 면에서 세종기지가 있는 곳은 아기자기하면서도 넓어서 좋았다.

필데스 반도에서 활주로 너머로 간 적이 있었다. 활주로 끝은 바로 바다로 떨어지는 절벽이었고, 그 옆으로는 칠레 기지 뒤부터 바다로 넓게 이어진 계곡이었다. 마치 단층지대 같은 느낌을 줬는데, 이곳에서 사진 찍을 기회가 있었다. 세종기지에서 해가 질 무렵에 실루엣으로 보이던 두 개의 높은 봉우리, 그리고 성산일출봉이라고 이름 붙인 외해의 큰 바위 절벽 섬, 이런 것들을 가까이서 보니 느낌이 새로웠다.

갑자기 계곡 저 아래쪽에서 동물 우는 소리가 쩌렁쩌렁 울렸다. 계곡의 모든 바위에 부딪혀서 메아리까지 쳤는데 마치 동굴에서 들려오는 공포의 소리 같았다. 소리는 분명 코끼리 해표의 소리가 맞는데 모습은 전혀 보이지 않았다. 이미 날이 어두워졌기 때문에 다음 날 아침에 다시 와 보기로 했다.

아침에 활주로를 벗어나 계곡을 따라갔다. 그 전날 들리던 소리가 다시 들렸다. 바닷가에 코끼리 해표가 있을 법한 해초들이 널려 있었다. 자세히 살펴보니 코끼리 해표들이 모여 있었지만 너무 멀어서 제대로 보이지는 않았다.

곧 떠날 시간이 되었지만 아쉬운 마음에 완만한 경사지로 내려가서 해안가까지 갔다. 이 계곡의 폭은 적어도 500미터 정도는 됐다. 그리고 양 옆은 마치 그랜드 캐니언과 같은 절벽이었다. 내 양 옆으로 우뚝 솟아 있는 절벽들을 바라보며 내가 있는 이 자리를 빙하가 밀려 내려오면서 깎았을 것이라 생각하니 가슴이 벅차올랐다. 세종봉 옆의 U자 계곡에서 느꼈던 감정과는 또 다른 느낌이었다. 겁쟁이 코끼리 해표와 자는 척하고 있는 표범 해표를 찍고서는 재빨리 칠레 기지로 복귀했다.

마지막으로 필데스 반도를 둘러보면서 화재의 위험성을 다시 한 번 느꼈다. 우리가 있을 때 새로 세운 소방서가 지난겨울에 전소됐다. 소방서가 불타다니 정말 아이러니하지 않은가. 다행히 인명피해는 없었지만 한 번 불이 나면 소방서라도 어쩔 수 없는 것인가 보다. 그리고 그 앞쪽에 버려진 구소련의 수륙양용차는 지금은 고철이 되었지만 이곳의 명물이다.

51. Adios!

2006년 1월 24일. 내일이면 드디어 이곳을 떠난다. 떠나는 날이 결정되고 막상 이곳을 떠나야 한다고 생각하니 기분이 이상했다. 더 오래 있는 것도 싫었고 떠나기도 싫었다. 아침에 일어나서 창밖을 내다보니 세종호와 세종곶이 한눈에 들어왔다.

점심식사 시간. 오후부터 내일까지 날씨가 안 좋다고 일정을 하루 앞당겨 곧바로 이곳을 떠난다고 했다. 갑자기 급해졌다. 미리 싸 놓은 짐들을 부두로 옮겼다. 이곳에서 하루를 더 보낼 수 없게 되어 아쉬웠다. 너무 급히 떠나게 됐다. 날

물보라가 일고 있는 바다. 들어왔던 날도, 그리고 떠나는 날도 그렇게 바람이 세차게 불었다.
바다는 마치 물감으로 거칠게 덧칠한 유화와도 같았다.

씨가 점점 더 안 좋아져서 빨리 바다 건너로 가야 했다. 모두들 부두로 나왔다. 선임 차대를 보낼 때 우리가 했던 것처럼 19차 월동대들도 우리에게 요깃거리를 싸 줬다. 모든 짐들을 싣고 작별인사를 했다.

경남이에게 일 년 월동 잘하고 건강히 지내라는 말을 남겼다. 미리 들어와서 부대끼며 정들었던 19차 선발대와도 작별인사를 나눴다. 그리고 준우와 인사를 나눴다. 여름부터 같이 많이 돌아다니면서 정말 친해졌는데 너무나 아쉬웠다.

지난 1년여 동안 나는 운이 무척이나 좋았다. 생면부지였던 좋은 사람들을 만나서 좋은 곳에서 보람 있는 시간을 보냈다. 무엇보다도 우리 모두 무사히 임무를 마칠 수 있어서 좋았다. 물론 아프고 다친 대원들도 있었다. 그나마 내가 치료할 수 있는 범위 내의 일이어서 다행이었다. 아픈 대원들에게는 힘들고 어려운 시기였겠지만 결과적으로 나에게는 기회이기도 했다. 그곳에서 내가 맡은 역할을 제대로 했기에 시간이 지나면서 대원들도 나의 존재를 인정해 줬고, 그러기에

다시 여름   447

훨씬 자유로울 수 있지 않았나 생각해 보았다.

세종기지에는 너무나 많은 사람들이 오고 간다. 오는 사람들마다 목적이 달랐다. 그렇기에 남극을 보는 관점도 달랐다. 과학자들은 과학적으로, 행정가들은 행정적으로 남극을 바라봤다. 작가나 촬영팀은 그들 나름의 목적에 의거해 남극을 바라봤다.

나는 빙하 속 공기가 간직한 의미를 정확히 모른다. 펭귄이나 스쿠아가 어디서 무엇을 하는지도 모른다. 세종기지를 운영하기 위해 얼마의 예산이 어디에 어떻게 쓰이는지 모른다. 카메라를 들고는 다니지만 사진에 대해서 잘 알지도 못한다. 나는 그저 이곳에 놓여 있는 그들 그대로가 좋았다.

빙벽 그 자체 있는 그대로, 펭귄과 스쿠아가 어울려 이곳에 있는 것, 그리고 그들 속에 내가 들어가고 그들의 자연스러움을 담는 것, 그것 자체가 좋았다. 집같이 포근했던 기지가 좋았다. 세상과 단절된 채 세상 걱정 없이 사람들끼리 어울리는 것이 좋았다. 여러 위험과 어려움이 있는 그곳, 그 안에서 즐기는 여유로움이 좋았다. 내가 갔던 곳 중에서 가장 멀었지만 가장 집 같았던 곳, 그곳이 좋았다.

눈, 바람, 얼음…. 나에게 지금 남아 있는 남극의 기억은 눈, 바람, 얼음뿐이다. 그중에서도 바람에 대한 인상이 가장 강하다. 들어올 때처럼 떠나는 날도 예외없이 강풍이 불었다. 조디악으로 넘쳐 들어오는 파도가 너무나 거셌다.

2주 뒤에 집에 도착했을 때, 마치 며칠 집을 비웠다가 다시 돌아온 것 같았다. 일 년 만에 내 침대에 누웠지만 오늘 아침에 일어나서 나갔다 온 느낌이었.

아직도 눈을 감으면 눈앞에 펼쳐진 마리안 빙벽과 위버 반도, 멀리 넬슨 섬의 부드러운 빙원, 그리고 세종봉이 눈에 선하다. 머리 위로 모든 것이 거꾸로였던 그곳, 그곳에 바로 내가 있었다. Adios….

부기

2006

2월 10일 한국으로 돌아왔다. 남극에서 보낸 기간이 하룻밤 꿈만 같았다.
2월 11일 16차 의사인 찬이가 결혼을 했다. 17차 규현이와 같이 갔다.
3월 14일 귀국 건강검진과 해단식을 가졌다. 이날 WBC 야구경기에서 한국이 미국을 꺾었다.
4월 24일 남극에서 12월에 떠난 개인 짐이 극지연구소에 도착했다.
6월 12일 남극에서 촬영한 사진을 다시 정리하기 시작했다.
8월 26일 일본 극지연구소 초청으로 극지의학 세미나에 다녀왔다. 오랜만에 닥터 오노도 만났다. 세종기지에서 일본 쇼와 남극기지와 연락을 주고받았던 닥터 헤세가와도 처음 만났다.
8월 27일 일본 남극관측 50주년 기념전에 갔다.
9월 15일 3개월에 걸쳐 총 7만4천여 남짓한 사진 중 3백 장을 엄선해 계절별로 이야기 형식으로 정리를 마쳤다. 눈빛출판사와 상의하여 국내 독자들의 이해를 위해 체류기를 추가하기로 했다.
9월 23일 귀국 후에 처음으로 서울에서 18차 대원 모임을 가졌다. 전국에 흩어져 있기에 대표 지역과 서울에서 번갈아 모임을 가질 예정이다.
10월 14일 심해섭 대원이 결혼했다.
11월 14일 이상훈 대원이 20차 조리담당으로 다시 선발돼 선발대 일원으로 한국을 떠났다. 공항에서 배웅해 줬다.
11월 16일 막내 구경모 대원이 하계대 일원으로 남극으로 떠났다. 상훈이형과 푼타아레나스에서 합류해서 연구선 유즈모 호를 타고 남극으로 들어갈 예정이라고 했다.
12월 1일 세종기지를 위한 의료현황과 개선점을 극지연구소에서 발표했다. 홍성민 대장님, 강천윤 팀장님, 17차 이형근 대원님, 그리고 20차로 떠날 심지훈 의무대원과 같이 인천의 어느 허름한 횟집에서 술잔을 기울였다.
12월 20일 경남이가 다음 차대 물건 상자 중에 내 이름이 적혀 있는 상자를 발견했다고 했다. 상자를 재활용해서 다시 남극으로 들여간 것이다.
12월 25일 위문 카드를 보낸 초등학교 학생에게 보낸 답장 카드가 수신자 불명으로 1년 만에 다시 남극으로 반송됐다.

2007

1월 7일 20차 월동대가 출남극했다. 의사 심지훈 대원도 같이 떠났다.
1월 28일 경남이를 비롯한 19차 월동대가 월동임무를 마치고 세종기지를 떠났다.
1월 31일 틈틈이 썼던 글이 1차 완성됐다.
2월 18일 임완호 감독과 박준우 감독이 2년에 걸쳐 촬영한 다큐멘터리가 방영됐다.
4월 11일 대륙기지 의료분야 마스터 플랜을 극지연구소에서 발표했다.
4월 20일 두 달에 걸쳐 글에 인용된 17차, 18차, 19차 대원들, 체험단, 연구소 관계자들 모두와 직접 통화를 하고 실명 사용 허락을 받았다.
5월 1일 모교 병원으로 다시 들어갔다.
7월 17일 심혈을 기울인 사진집이 눈빛출판사에서 출간되었다.

에필로그
어느 여름날을 위한 마지막 보고서

  남극에서 돌아온 뒤 2006년 여름은 무척이나 더웠다. 근 2년 만에 경험하는 더위여서 정신을 못 차릴 지경이었다. 지구온난화니 이산화탄소를 줄이는 쿄토의정서니 그런 고상한 얘기는 둘째 치더라도 일단 숨이 턱하니 막혀 왔다.
  하필 남극에서 찍었던 사진들을 정리하려고 하니 무더위가 몰려 왔다. 모든 사진들을 꺼내 몇 차례에 걸쳐서 선정하고, 구성에 대해서도 한참을 고민하다가 시간순으로 정리를 하게 됐다. 하지만 사진 정리가 끝나자마자 체류기를 추가하자는 의견을 듣고 또 얼마나 숨이 막혀 왔던지….
  사진설명으로 시작한 글은 점점 장문이 되어 버렸고, 지난 1년 동안 잊고 지냈던 일들을 떠올리게 해주었다. 급기야 사진설명은 몇 개의 문단이 되었고, 마침내 생각나는 일들 모두를 적어 보기로 마음을 바꿨다. 결국 날짜별로 정리된 사진들을 모두 다시 보게 되었고, 7만4천 장이 넘는 사진을 가을, 겨우내 '복습'하게 되었다. 더구나 글을 써보지 않았던 사람이 글을 쓰려니 그 고역이 여간 심한 것이 아니었다. 일하는 틈틈이 글을 써야 하니 자꾸 흐름이 끊기는 것 또한 문제였다. 글을 쓰면서 혼자 웃기도 하고 때로는 혼자 심각해 하기도 했다. 그리고 남극에 있으면서 나와 인연을 맺었던 모든 분들과 다시 연락을 하게 되는 계기도 되었다. 시간이 모자랄 정도로 바빴다.
  지난봄에 어머니와 함께 조카가 있는 옌타이에 갔을 때다. 아파트가 해변과

접해 있어서 창문이 바다로 향한 방에 묵겠다고 했다. 아직 초봄이라 몹시 추웠다. 추위에 깨고 잠들고 깨고 다시 잠들기를 여러 번, 따뜻한 기운이 조금이라도 밖으로 샐까봐 비몽사몽간에 온몸을 이불로 칭칭 두르게 되었다.

'밖에 블리자드라도 불었으면….'

가만히 생각해 보면 블리자드는 나를 감싸 주는 포근한 역할을 했었다. 그 무서운 폭풍에 천지가 흔들리고, 그 진동음이 바람소리에 더해져 사방을 시끄럽게 했던 블리자드. 거기에 창문에 쉬지 않고 부딪히는 눈입자 소리. 그 추위에 그런 소리라도 나를 감싸주지 않았다면 더 추웠을지도 모른다. 그래서 추위에 떨 때면 남극의 블리자드를 생각했다.

이 책을 내기까지 도와주신 모든 분들께 감사드린다. 눈빛출판사의 이규상 사장님, 사진 작업에 조언을 해주신 이영준 교수님, 그리고 항상 친절히 상의를 해주신 강천윤 팀장님을 비롯한 극지연구소의 모든 분들께 감사드린다. 남극에서 함께 지낸 대장님을 비롯한 18차 대원들 모두에게 무어라 감사의 말씀을 드려야 할지 모르겠다. 간절하고 소중한 우리의 옛 추억이 담긴 이야기여서 정작 18차끼리는 이 책을 읽지 말아야 할지도 모르겠다.

2007년 여름
홍종원

부록
남극 南極, Antarctica
극지연구소 장순근 박사 감수

■ 개요

얼음의 땅 남극은 흔히 제7의 대륙 또는 미지의 대륙이라고 불리며, 인류의 손길이 아직 제대로 미치고 있지 못한 지구상의 유일한 대륙이라고 할 수 있다. 일반적으로 '남극'이라는 영역을 어떻게 정의할 것인가에 대한 많은 논의들이 있는데 남극 대륙만을 남극이라고 하기도 하고, 남극 대륙 및 그 주변 섬만을 남극이라 하기도 한다. 한편 남극조약(Antarctic Treaty, 1959)은 그 적용대상을 남위 60도 이남 지역으로 규정하고 있다.

해발 2,835미터의 남극점은 얼음의 두께가 2,800미터에 달하며, 1년 중 6개월은 낮만 계속되고 6개월은 밤만 계속된다. 1911년 12월 14일 노르웨이 탐험가인 아문센이 이곳에 첫발을 내디뎠으며, 그 이듬해에 영국의 탐험가 로버트 스콧이, 1929년에는 미국의 탐험가인 로버트 버드 비행기에서 내려다보았다. 1957년 초반 미국의 아문센-스콧 기지가 건설되었다. 한국은 1994년 1월 11일 허영호를 대장으로 한 남극점탐험대가 남극점을 정복했다.

남극의 면적은 한반도의 약 62배(1,380만 평방킬로미터)로서 지구 전체 육지 면적의 약 9.2퍼센트에 달할 정도로 광활하며, 남극 전체 표면의 약 99퍼센트가 평균 두께 2,160미터의 만년빙으로 덮여 있고, 지구상 담수의 약 70퍼센트가 이곳에 얼음 형태로 보존되어 있다. 전문가들은 만일 기상이변 등으로 이 얼음이 모두 녹는다면 지구 해수면이 약 60-70미터 정도 상승할 것으로 추산하고 있다. 남극지방은 지형적으로 북극지방과는 정반대로, 바다로 둘러싸인 대륙으로 바람이 아주 거세고 계절별로 기온차가 심하여 내륙 고원지대는 겨울철에 섭씨 영하 70도까지 기온이 내려가기도 한다.

남극 대륙 주변의 바다에는 편서풍이 불고 있는데 이의 영향으로 해류는 한류인 서풍피류가 흐른다. 1879년 남아메리카 남쪽에서 바람에 밀린 영국 상선이 남극을 발견했다. 현재는 쇄빙선과 비행기에 의해 교통이 비교적 편리해져 많은 관광객이 이곳을 찾고 있다. 관광은 여름철(북반구의 겨울철에 해당하며, 12월과 1월에는 최고기온이 영상인 곳이 많음)에 한정되기는 하지만, 현재로서는 광물과 생물자원에 비해 더 큰 경제적인 잠재성을 가지고 있다.

남극의 생태계는 작은 외부의 자극에 의해서도 쉽게 파괴될 가능성이 크다. 이는 남극지역의 생물들이 열악한 자연적 환경 때문에 다른 지역의 생물에 비하여 생장력이 약할 뿐만이 아니라, 대부분의 남극 해양생물들이 크릴을 주식으로 하고 있기 때문이다. 또한 남극지방은 사하라 사막보다도 연강수량이 적은 곳으로, 낮은 기온과 함께 물질의 자연적인 순환이 매우 느리게 진행되고 있어 자연환경이 한 번 파괴되면 원상회복에 많은 시간이 필요하다.

남극은 멀고 혹독한 자연환경 때문에 지구상에서 오염이 가장 적은 곳이다. 대기학·기상학·지질학·지구물리학 그리고 생물학 등 모든 과학 분야의 천연실험장이라고 할 수 있다. 또한 남극의 이러한 과학적 측면에서의 연구 중요성 이외에도 '크릴'로 대표되는 남빙양 수산자원, 석유와 천연가스, 금속광물 같은 남극 대륙과 그 주변 해역에 있을 것으로 예상되는 부존자원으로 인해 남극에 대한 세계 각국의 관심은 점차 높아지고 있다.

■ 지질

남극 대륙의 지사(地史)는 남반구의 다른 대륙과 비슷하다. 가장 오래된 암석은 30억 년 전의 선캄브리아기의 것으로, 그 분포는 빙원에 덮여 단편적이다. 중생대까지 남극 대륙은 남반구의 다른 대륙들(아프리카·남아메리카·오스트레일리아)과 붙어 있었는데, 당시의 통합대륙을 '곤드와나 대륙'이라고 부른다. 따라서 중생대까지 남극 대륙의 지각 변동과 생물 진화는 남반구의 다른 대륙과 비슷했다. 그러나 6천500만 년 전인 신생대에 들어서면서 곤드와나 대륙은 분리되어 현재처럼 위의 대륙들로 격리되어 위치하게 되었고, 각각 서로 다른 형태로 진화하게 되었다.

이의 증거로 현재의 남극 대륙에 살고 있지 않은 생물들의 다양한 종류의 화석을 들 수 있다. 남극 대륙에서 발견한 중생대의 파충류·양서류의 화석은 남반구의 다른 대륙의 것들과 유사하다. 뿐만 아니라 1982년에는 웨들 해의 시모어 섬에서 포유류와 유대류의 화석도 발견되었다. 이를 통해 신생대 초기까지는 남극 대륙에 대륙빙상이 형성되지 않았으며, 신생대 중기 이후 대륙빙상이 확장하여 육상동물이 급격히 감소한 것으로 추정된다.

남극 대륙의 지질구조는 단층지괴인 남극종단 산맥에 의해서 큰 남극과 작은 남극으로 구분된다. 큰 남극의 대부분을 차지하는 동남극은 선캄브리아대의 순상지로 곤드와나 대륙 당시에는 인도 및 오스트레일리아와 붙어 있었을 것으로 추정된다. 작은 남극의 대부분을 차지하는 서남극은 보다 새로운 중생대 및 신생대의 변동대로, 남아메리카의 안데스 산맥의 남쪽과 붙어 있었을 것으로 추정된다.

■ 지형

남극 대륙의 지표는 암석이 노출되어 있는 노암지역과 기반암면을 눈과 얼음이 덮고 있는 지역으로 나뉜다. 후자의 기반지형은 지진탐사나 원격탐사의 방법을 통해 간접적으로 파악된다. 빙하에 의한 침식 및 퇴적작용이 현재의 남극 대륙 형성의 주요한 지형 형성작용이었고, 유수작용은 매우 약하며 그 범위도 넓지 않다. 그러나 짧은 여름철에는 융빙수에 의한 하천이 어쩌다가 나타나기도 한다.

남극 대륙의 평균 해발고도는 2,100−2,400미터로, 세계에서 가장 높은 대륙이다(두번째는 아시아 대륙으로 800미터임). 그러나 대륙빙상의 평균 두께가 2,000미터가 넘으므로 대륙빙상을 제외한 기반지형의 평균고도는 450미터이며, 동경 90−150도(남극점에서 윌크스랜드까지)는 해발고도가 1,950−3,900미터이며, 최고봉은 서남극의 빈슨 대산괴로 4,897미터이다. 그러나 대륙빙상의 무게에 눌려 엘즈워스랜드·마리버드랜드 등의 기반지형은 해수면보다 낮다. 남극점의 해발고도는 2,835미터이다. 대륙을 덮고 있는 빙상은 약 3천만 세제곱킬로미터의 부피로 세계 전체 빙하빙의 90퍼센트에 해당한다. 비어드 모어·님로드·리디 빙하 같은 거대한 빙하들은 남극종단 산맥의 갈라진 틈을 통해 빠져나가 로스 빙붕으로 흘러 들어간다.

■ 기후

남극 대륙은 세계에서 기온이 가장 낮은 지역이다. 해발고도가 높은 내륙 빙상에 위치한 보스토크 기지에서 1983년 7월 21일에 섭씨 영하 89.2도를 나타내서 세계 최저기온을 기록했으며, 해안가에서는 영하 60도를 기록했다. 국제지구물리년 이래의 관측에 따르면, 겨울철의 평균기온은 해안에서 영하 20−30도이고, 내륙에서는 영하 40−70도이며, 가장 기온이 낮은 때는 8월말이다. 여름철의 기온은 남극반도에서 최고 영상 15도까지 오르기도 하지만 평균기온은 해안에서는 영상 0−4도, 내륙에서는 영하 20−35도이다. 이러한 기온 분포는 여름철에는 0도, 겨울철에는 영하 35도까지 변화하는 북극에 비해서 매우 낮다.

이곳 기후의 특징 중의 하나는 바람이 매우 강하게 분다는 것인데, 특히 겨울철에 심하다. 겨울철의 평균풍속은 시속 64킬로미터(초속 약 18미터)이며, 남극점에서는 이보다 약하여 6월과 7월(겨울철)에는 시속 27킬로미터(초속 약 7.5미터), 12월(여름철)에는 시속 14킬로미터(초속 약 4미터)의 월평균 풍속을 나타낸다.

대기중의 수증기 함량은 기온이 낮기 때문에 중위도 지역의 1/10에 불과하며, 대부분 눈이 내리고 비는 거의 내리지 않는다. 거대한 잠재수량이 얼음으로 저장되어 있지만 광대한 한랭사막으로서 남극고원에서의 연간 강수량은 50밀리미터, 해안지역에서는 500밀리미터 내외이다. 대륙의 높이가 높고 지표는 얼음으로 덮여서 반사율이 크고, 대기 중의 수증기 함량이 낮아 지표의 장파 복사열을 흡수·재방사하는 기능이 약하기 때문에 기온은 더욱 낮아진다.

남극의 기후를 결정하는 주된 요소는 지구 자전축이 공전궤도면에 대해서 23.5도의 경사를 나타내는 지구와 태양 간의 위치관계이다. 6월 21일 무렵의 낮에는 태양광선이 남위 66.5도(남극권)까지만 도달하여 이론적으로 남극점에서는 3월부터 9월까지가 밤이어야 하지만, 실제로는 빛의 굴절 때문에 6개월 중 1개월간은 여명이 존재한다. 남극반도의 북부 일부만이 남극대륙의 남극권 북쪽에 위치한다. 지면 복사량은 태양광선의 입사각의 영향으로 위도의 증가에 따라서 감소하여 극점에서 최소가 된다. 그러나 남극과 북극의 기후차가 큰 까닭은, 북극은 육지로 둘러싸인 바다에 위치하는 데 비해 남극은 바다로 둘러싸인 대륙에 위치하기 때문이다. 또한 주변의 바다는 강한 편서풍이 불고 있는 세계적인 폭풍 해역으로 이러한 폭풍을 예보할 전문적인 기상관측소는 없으나, 현재는 인공위성의 화상을 이용하고 있다.

남극 대륙 상공의 고층 대기에 대한 연구는 전 지구적인 규모의 대기 상태 해명에 매우 중요한 역할을 한다. 자기권 및 이온층의 연구 외에도 특히 오존층의 연구는 전체 지구의 환경오염 연구의 핵심과제이다.

■ 빙하

신생대 초기인 약 5천만 년 전 고산에서 발달하기 시작한 산악 빙하는 서서히 이동하면서 빙하곡을 형성하였다. 기온이 더 낮아지면서 바닷가에서는 빙붕이 만들어지고 빙하작용이 강화되면서 국지적인 빙상이 발달하였다. 이들 빙상은 서로 결합되고 동남극과 서남극의 대륙빙상이 연결되어 현재와 같은 하나의 대륙을 이루게 되었다.

남극 대륙의 대륙빙상은 그 형성 이래로 부피가 크게 변화되었는데, 이런 증거로는 현재의 대륙빙상의 고도보다 높은 곳에 빙하표력과 마찰흔의 존재를 들 수 있다. 또한 맥머도 만 근처에 있는 테일러·라이트·빅토리아 계곡과 같은 거대한 '건빙곡(乾氷谷)'을 들 수 있다. 이들은 빙상고도의 일반적인 하강작용으로 남극지역으로부터 배출되던 이전의 빙하가 후퇴하면서 생성된 것으로 여겨진다. 지구상의 여러 곳에서 과거의 높은 해수면기를 나타내는 증거들이 남극 대륙의 '빙상 후퇴-부피감소'의 가설을 뒷받침하고 있다. 현재의 남극 대륙빙상이 모두 녹으면, 전 세계의 해수면은 60-70미터 높아지게 될 것이다. 그러나 남극 대륙의 빙상은 축소와 확대가 없이 평형 상태에 있다는 주장도 있다. 남극 대륙의 빙상은 전 지구적인 규모에서의 대기성분과 외계물질의 저장고 역할도 하는데 기후의 변화와 고대 대기의 성분, 화산활동, 우주입자의 충돌 등의 기록이 포함되어 있다. 대륙빙상을 시추하여 채집한 표본 연구에 따르면, 빙상의 상층부는 산업폐기물과 핵실험 이후 방사성 동위원소의 낙진물로 오염되었다고 한다.

20세기 중반 이후 남극 대륙의 대륙빙상에서 수만 개의 운석이 발견되어 남극 대륙의 '우주시대'가 개막되었다. 1969년 일본의 지질학자들이 그들의 쇼와 기지[昭和基地] 주변에서 5

개의 운석을 발견한 이후, 일본과 미국 등의 과학자들은 2만 개 이상의 운석을 발견하였다. 운석의 대부분은 70만 년 전에서 1만 년 전 사이에 소혹성에서 떨어져 나온 것들이나, 일부는 화성이나 달에서 기원된 것들도 있다. 남극 대륙에서 특히 많은 운석이 발견되는 까닭은 한랭건조한 기후로 인해 운석이 그 본래의 상태를 장기간 유지할 수 있기 때문이다.

■ 해양

세계의 주요대양인 태평양·대서양·인도양의 남단부는 서로 연결되어 남극 대륙 주변의 바다인 남빙양이 된다. 이 해역은 강한 편서풍대로 위도가 높아질수록 풍속이 강해져 남극 대륙 주변은 세계적인 폭풍 해역이다. 해류는 서에서 동으로 흐르는 서풍피류 또는 남극순환류라고 하는 한류가 흐른다.

따뜻한 아열대 표층류는 남하하다가 남극순환류를 만나 동쪽으로 방향을 선회하여 흐른다. 이 난류는 남극표층수라고 하는 남극 한류를 만나 부분적으로 섞어 아남극표층수라고 하는 중간적 성질을 가진 수괴를 형성한다. 이렇게 난류와 한류가 섞이는 것은 해수의 표층수 부분에서 일어나나 '아열대 수렴선'(남위 40도 부근) 남쪽과 '남극 수렴선'(남위 50-60도 부근) 북쪽 사이의 위도상 10도에 걸치는 넓은 지역에서 일어난다. 이 수렴선들은 기후·해양·생물 부빙군과 빙산의 이동에 영향을 주는 해양의 중요한 경계선이며, 이 선들을 경계로 해수온도와 염도가 급격히 변화한다.

남극 대륙 주변의 바닷물은 수온이 낮고 증발량이 작아서 염분의 집적도가 작기 때문에, 열대의 바닷물에 비해 염분이 낮다. 아열대 표층류가 아열대 수렴선을 넘어 아남극 기후대로 남진하면, 해수온도는 5-9도로 낮아진다. 남극 수렴선을 넘어 남극 기후대로 계속해서 남진을 하게 되면 표층 해수온도는 더욱 더 낮아져 여름철에는 영상 8도가 4도로, 겨울철에는 영상 3도가 1도로 낮아진다. 지구의 자전, 바람, 바닷물의 밀도 차이, 해분의 형태 등에 의해 규제되는 표층류에 비해 심층류는 더 복잡할 뿐만 아니라 거의 알려져 있지 않다.

남극 대륙 주변에 형성된 부빙괴(浮氷塊)는 크게 빙붕과 해빙(海氷)의 형태이다. 빙하의 유입으로 형성된 빙붕은 때때로 로스 빙붕과 같이 엄청난 규모의 것도 있다. 계절에 따라 얼었다 녹았다 하는 해빙은 겨울철에는 대서양에서 남위 56도까지, 태평양에서는 남위 64도까지 이동한다. 해빙은 빙하와 빙붕에서 분리된 빙산이 결합된 것으로 전 세계의 기후와 일기 변화에 큰 영향을 주기 때문에, 인공위성의 영상을 이용하여 연구되고 있다.

1968-1983년까지 미국 정부는 심해저 굴착 계획의 일부로 남극 대륙 주변의 바다 밑을 시추했다. 이 탐사로 신생대 제3기 퇴적층의 탄화수소가 로스 해저층에서 발견되었으며, 후기 올리고세 퇴적층의 암석들이 대륙 주변 도처에서 발견되었다. 따라서 남극 대륙은 적어도 2,500만 년 전부터 빙하가 있었다는 것이 확인되었다.

■ **식물**

　남극 대륙은 한랭사막기후이며 겨울철에는 밤이 길기 때문에 내한성의 육상생물군만이 자란다. 생육기간은 여름철에 한정되며, 짧게는 수일에서 길게는 1~2개월에 걸쳐 생장한다. 남극 대륙의 식물은 총 900여 종(種)이며, 그 중에서 350종이 지의류이고, 선태류는 100여 종에 달한다. 그 외에 민물의 조류(藻類)와 세균류, 여러 종의 곰팡이류·효모·균류 등도 있다. 식물이 생장하는 분포 한계는 남위 87도까지라고 보고되고 있다. 바다에는 식물성 플랑크톤이 매우 풍부하며, 특히 해안 부근과 용승류의 부영양대(富營養帶)에 집중되어 있다. 토양 내부에는 세균류와 여러 종의 청회색 조류가 생장하는데 후자는 적은 양이지만 토양에 유기질을 공급한다.

　오늘날 볼 수 있는 황폐한 남극의 식물상은 고생대와 중생대의 번성했던 식물상과는 매우 대조적인 것이다. 대략 4천만 년 전부터 시작된 남극의 빙하작용은 양치류·소나무류·현화식물 등과 같은 모든 관속식물을 더 북쪽으로 옮겨 놓았다. 따라서 비목본성 식물들만이 아남극지역에 번성하게 되었으며 남극대에는 거의 생장하지 않게 되었다. 남극 수렴선 이남의 남극식물군과는 달리 이 수렴선 북쪽의 아남극 식물군지대(크로제·케르켈렝·매콰리 제도 등이 이에 속함)에는 다양한 종류의 관속식물들이 풍부하게 서식하고 있다. 사우스조지아 섬에서만도 최소한 50여 종의 관속식물이 서식하고 있다.

　남극 식물군이 포자로 번식하는 특징을 갖는 데 비해 아남극 식물군은 주로 종자 번식의 특징을 갖는다. 인간은 남극과 아남극 지역의 자연생태계에 큰 영향을 주었다. 포경기지 주변에는 다수의 고유식물군이 사람과 사람에 의해 유입된 순록 등으로 인해 파괴되었는데, 케르켈렝 제도와 포경기지 등이 있는 사우스조지아 제도가 그 대표적인 예이다. 또한 모든 남극기지 주변에는 사람에 의해 매개된 많은 외래의 미생물이 서식하게 되었다.

■ **동물**

　남극 대륙의 고유 육상동물은 모두 무척추동물이다. 미세동물로는 선충·섬모충 등의 원생동물과 조류나 해표에 기생하는 진드기·이·벼룩 등의 절지동물이 남극 대륙의 고유종이다. 그러나 최근 외래종인 투구벌레가 남극반도 부근의 섬에서 발견되었다. 50종 정도의 조류(鳥類)가 남극 수렴선 이남에 서식하며, 황제 펭귄·남극바다제비·남극도둑갈매기만이 남극 대륙과 그 주변의 섬들에서 알을 낳고 부화한다. 남반구 해안 전체에 걸쳐 널리 서식하고 있는 펭귄은 총 18여 종에 이른다. 남극 해안에도 몸집이 작은 아델리 펭귄과 몸집이 큰 황제 펭귄이 서식하고 있다.

　남극 대륙의 대부분의 새들은 바다의 어류·갑각류·오징어류를 먹고 살기 때문에 부빙이 북쪽으로 확장하는 가을철에는 그 북단으로 이동한다. 그러나 황제 펭귄만은 긴 겨울밤 동안에도 홀로 남아 남극을 지키는 외로운 파수꾼 역할을 한다. 황제 펭귄은 25구역의 서식지에 25만 마리 이상이 살고 있는 것으로 추정된다. 결집력이 강하여 무리를 이루며, 암컷은 매년 가을철에 1개의 알을 낳아서 그 수컷 배우자가 배의 살갗 밑에 품어서 부화시킨다.

남극 대륙 주변의 바다에는 식물플랑크톤이 풍부하며, 이를 동물플랑크톤이 먹고 살고 동물플랑크톤은 고래·해표·어류·오징어류·바다새 등의 기본먹이가 된다. 남극 수역의 먹이망에서 중요한 것은 크릴이다. 동물플랑크톤인 크릴은 다 커도 겨우 2.5-5센티미터에 불과하지만, 무리를 지어 살고 있기 때문에 수염고래의 좋은 먹이가 된다. 바다 밑의 생물로는 히드로충류·해면류·불가사리류·연체동물류 등이 있다. 거의 2만여 종에 가까운 현대의 어류 가운데 100여 종 미만의 어류가 남극 수렴선 이남의 바다에 서식하고 있다고 알려져 있다. 그 중에서 90여 종이 저서어류로 대부분은 남극 농어과에 속한다.

남극 대륙의 고유 포유류는 모두 바다에 사는 것으로, 작은 곱등어류·돌고래류·고래류 등이다. 웨들 해표·크랩이터 해표·코끼리 해표·표범 해표·로스 해표 등의 해표류는 남극에 서식하고 있는 거의 유일한 포유류이다. 고래류와 돌고래류는 북극에서 남극까지 전 세계의 바다에 분포한다. 남극수역을 대표하는 고래류로는 크릴을 먹이로 하는 수염고래, 지능이 매우 높은 범 고래, 향유 고래 등을 꼽을 수 있다.

아남극의 섬들에는 주로 사람을 매개로 하여 정착하게 된 외래 포유동물인 고양이가 반영구적으로 살게 되었다. 이들에 의한 자연생태계의 피해는 매우 커서 새들의 감소, 사람들에 의한 고래·물개의 감소에까지 이른다. 현재는 남극조약에 의해서 남극 대륙은 자의로 행해졌던 인간행위가 예전에 비해 많이 제한되고 있다.

■ 자원

19세기의 남극 탐험의 대부분은 직접적·간접적으로 경제적 동기에서 시작되었다. 이들은 새로운 항로의 탐험, 고래와 물개 포획 가능성의 조사, 광물자원의 부존 가능성의 탐사 등이었다. 남극의 자연자원은 '인간에게 쓸모있는 모든 자연의 물질이나 특성'으로 정의할 수 있다. 이러한 정의에 따르면 남극의 자연자원은 생물자원이나 광물자원뿐만 아니라, 대륙 그 자체와 인간의 생존·활동·저장 등에 필요한 물·얼음·기후 및 공간 등을 포함한다. 그러나 현재의 시장가격보다 사용비나 개발비가 적게 드는 것을 의미하는 '경제적' 자원이라는 보다 한정적인 개념에서 살펴보면 남극 대륙에는 여전히 경제적 자원은 존재하지 않는다. 그러나 시장가격·사용비·개발비는 모두 변하기 때문에 남극 대륙의 '잠재적' 경제자원은 무궁무진하다고 볼 수 있다.

■ 남극 탐험

　남극 대륙이 발견된 해는 1879년이지만, 발견한 사람에 대해서는 주장이 분분하다. 러시아의 벨링스하우젠이, 영국의 브랜스필드가, 미국의 파머가 발견하였다는 것이다.

　르네상스 시대까지 유럽의 지리학자들은 미지의 남쪽 대륙(Terra Australis Incognita)의 존재를 추측하였는데, 오스트레일리아 대륙이 발견되고 난 후에도 더 남쪽에 지구상의 최남단 대륙이 존재하리라고 믿었다. 1772-1775년까지 영국의 항해가인 제임스 쿡이 남반구의 고위도 해역을 회항하고, 최남단 대륙이 존재한다면 이는 그가 발견한 남위 60-70도의 부빙군보다는 더 남쪽에 있을 것이라고 확신하게 되었다.

　1760년대부터 1800년까지는 스코샤 해로 진입하여 아남극해와 남극해의 탐험이 이루어졌다. 이는 물개·해표·고래잡이와도 관련된다. 이 기간의 주요 탐험대와 그 업적은 다음과 같다. 러시아의 벨링스하우젠 탐험대는 1819-1821년에 남극 대륙 주변의 바다를 회합하였고, 영국의 브랜스필드 탐험대는 1819-1820년에 남극반도의 지도를 작성하기 위해 탐험하였으며, 프랑스의 뒤르빌 탐험대는 아델리랜드의 영유권을 주장하기 위해서 1837-1840년에 탐험하였다. 미국의 윌크스 탐험대는 1838-1842년 동남극의 해안을, 영국의 로스 탐험대는 1839-1843년에 로스 해와 로스 빙붕, 빅토리아랜드의 해안을 탐험했다.

아문센(Ronald Amunsen, 1872-1928)

■ 남극 탐험의 영웅시대

　19세기 말부터 20세기 초의 거의 30년간을 남극탐험사에서 '영웅시대'라고 하는데, 이는 남극의 환경이 가혹해도 남극 대륙에 대한 지리적 지식뿐만 아니라 과학적 지식을 위하여 용감한 탐험을 했기 때문이다. 영국의 스콧과 섀클턴 탐험대는 1901-1909년에 걸쳐 남극 대륙 내부로 항해하는 루트를 개척했다. 이때부터 남극 탐험에 썰매가 이용되기 시작하였다. 스콧 탐험대는 1902년 12월 30일에 로스 빙붕의 남위 82도 17분까지, 섀클턴 탐험대는 1909년 1월 9일 남극점에서 155킬로미터 떨어진 남위 88도 23분까지 진출하였다.

　영토 획득과 과학적 탐구뿐만 아니라 지구의 극점에 도달하려는 국가적 또는 개인적 위신과 야심이 20세기 초의 극지 탐험의 강한 동기가 되었다. 노르웨이 남극탐험대(1910-1912)의 아문센 등

영국 남극탐험대(1912). 뒷줄 가운데 서 있는 이가 스콧(Robert Falcon Scott, 1868-1912).

5명은 스키와 개썰매를 이용하여 악셀 하이베르크 빙하 루트를 지나 1911년 12월 14일 인류 최초로 남극점에 도달한 후, 로스 빙붕의 웨일스 만으로 무사히 귀환했다. 그러나 영국 남극탐험대의 스콧 등 5명의 탐험대원들은 사람이 직접 끄는 썰매를 이용하면서 비어드 모어 빙하를 경유하여 아문센 팀보다 1개월 후인 1912년 1월 17일 남극점에 도달했으나 귀환 도중 로스 빙붕에서 강한 한랭 강풍으로 모두 사망하였다.

아문센과 스콧이 남극점에 도달한 후 남극 대륙에 대한 새로운 도전은 남극 대륙을 종단하는 것이었다. 1914년 섀클턴이 영국의 남극종단탐험대의 도전이 실패한 후, 국제지구물리관측년 기간중 푸크스가 지휘한 영연방 남극종단탐험대가 비행기의 도움과 궤도차의 이용으로 1957년 11월 24일 필크너 빙붕의 섀클턴 기지를 출발해 남극점을 경유한 후, 1958년 3월 2일에 로스 섬의 스콧 기지에 도달하였다.

■ 남극조약

급격한 기술의 발전과 극지에 대한 관심의 고조와 더불어 여러 분야의 과학자들은 태양 흑점 활동이 최고조에 이를 1957-1958년에 전 세계적으로 동시다발적인 관측활동을 갖자는 제안을 1950년 국제학술연합회의(ICSU)에서 채택하였다. 이 연구계획은 전 지구적인 과학적 연구로 확대되어 67개국이 참여하였다. 연구대상은 대기권 상층과 남극조사가 강조되었다. 남극조사를 위해서 해안과 내륙에 기지가 건설되었고, 1957년 7월 1일부터 1958년 12월 31일까지 18

개월 동안 남극 대륙뿐만 아니라 전 세계와 우주공간에서 지구, 해양, 지각, 빙하, 대기 중력장과 자기장 등에 관한 연구가 진행되어 큰 업적을 이룩하였으며, 국가 및 과학자들 사이에서의 협력과 교류에도 크게 공헌하였다.

　　남극조약은 1958년 미국의 아이젠하워 대통령이 남극의 평화유지를 위해서 11개국의 이해 당사국에게 제안한 후, 1959년 12월 1일 워싱턴에서 서명되었다. 아르헨티나, 오스트레일리아, 벨기에, 칠레, 프랑스, 일본, 뉴질랜드, 노르웨이, 남아프리카공화국, 소련, 영국, 미국 등 12개국의 최종 비준으로 1961년 6월 23일 발효되었다. 남극조약은 전체 14개조로 구성되어 있으며, 남극의 평화적 이용, 과학적 조사와 교류, 기존의 영유권 유지와 새로운 영유권 주장의 금지, 남극에서의 핵실험 및 핵폐기물 처리의 금지, 남극에서의 활동에 대한 공개적 사찰 등을 규정하고 있다.

　　남극의 국제적 과학연구를 위해서 ICSU는 1957년 남극연구과학위원회(SCAR)를 결성하여, 남극 조사를 조정하며 최신의 연구자료를 교류하고 있다. 남극 연구는 1969년 일본이 운석을 발견하면서 그 연구를 우주공간으로 확대하고 있다.

■ 세종기지

　　우리나라는 1978-79년 남빙양의 크릴을 잡고 해양조사를 하면서 남극에 대한 관심이 고조되었다. 그후 1986년 세계에서 33번째로 '남극조약'에 가입, 극지 연구에 첫발을 내디뎠다. 이후 1987년 한국해양연구소 산하에 극지연구실을 창설하고 본격 남극 진출을 시작했다. 이어 1988년 2월 17일 준공한 남극 세종기지는 서남극 남극반도의 킹 조지 섬과 넬슨 섬으로 둘러싸인 맥스웰 만 연안에 위치한 우리나라 최초의 극지 연구기지다. 우리나라의 남극기지 설립은 세계에서 16번째로서 대기과학·지질학·지구물리학·생물학·해양학 그리고 우주과학 등의 연구를 수행하고 있다. 세종기지가 있는 킹 조지 섬은 남극에서 문명(남미)과 가장 가깝고 얼음의 장애가 적어 천혜의 환경을 갖추고 있다. 우리나라 외에도 아르헨티나, 러시아, 칠레, 우루과이, 브라질, 폴란드, 중국의 상주기지가 있으며 넬슨 섬에는 체코의 민간기지가 자리해 있다.

　　세종기지에는 매년 약 17명으로 구성된 월동연구대가 1년간 상주하고 있으며, 남극의 여름철인 12월에서 이듬해 2월까지는 하계연구대가 각종 연구를 수행하고 있다.

참고문헌

대한민국 제17차 남극과학연구단 월동연구대, '대한민국 제17차 남극과학연구단 월동연구대 월동보고서(2003. 12-2004. 12)', 한국해양연구원 부설 극지연구소, 2005. 3.

대한민국 제18차 남극과학연구단 월동연구대, '대한민국 제18차 남극과학연구단 월동연구대 월동보고서(2004. 12-2006. 2)', 한국해양연구원 부설 극지연구소, 2006. 2.

대한민국 제18차 남극과학연구단 월동연구대, '눈나라 이야기(2004. 12-2006. 1)', 한국해양연구원 부설 극지연구소, 2006. 2.

장순근, 『남극 탐험의 꿈』 사이언스 북스, 2004

홍성민, 『빙하, 커다란 과학의 나라』 봄나무, 2006

야후 백과사전

네이버 백과사전

두산동아백과사전

파스칼세계대백과사전

극지연구소 홈페이지 www.polar.re.kr

외교통상부 남극 홈페이지 www.antarctica.go.kr

Rodrigo Jordan Fuchs, *antarctica planet*, Vertical S.A., 2003

www.nasa.gov